中文社会科学引文索引（CSSCI）来源集刊

制度经济学研究

总第七十辑（2020年第4期）

黄少安　主编

中国财经出版传媒集团

经济科学出版社
Economic Science Press

图书在版编目（CIP）数据

制度经济学研究.2020年.第4期：总第七十辑/
黄少安主编.—北京：经济科学出版社，2020.12
ISBN 978-7-5218-2152-9

Ⅰ.①制…　Ⅱ.①黄…　Ⅲ.①制度经济学-文集
Ⅳ.①F091.349-53

中国版本图书馆CIP数据核字（2020）第242641号

责任编辑：于海汛　冯　蓉
责任校对：齐　杰
责任印制：李　鹏　范　艳

制度经济学研究
总第七十辑（2020年第4期）
黄少安　主编
经济科学出版社出版、发行　新华书店经销
社址：北京市海淀区阜成路甲28号　邮编：100142
总编部电话：010-88191217　发行部电话：010-88191522
网址：www.esp.com.cn
电子邮箱：esp@esp.com.cn
天猫网店：经济科学出版社旗舰店
网址：http：//jjkxcbs.tmall.com
北京季蜂印刷有限公司印装
787×1092　16开　19.25印张　370000字
2020年12月第1版　2020年12月第1次印刷
ISBN 978-7-5218-2152-9　定价：58.00元
（图书出现印装问题，本社负责调换。电话：010-88191510）

制度经济学研究

Research of Institutional Economics

目　录

CONTENTS

经济政策不确定性与企业短贷长投*

——基于中国上市公司的经验证据

叶德珠　张智豪**

【摘　要】本文以2003~2016年我国沪深A股非金融类上市公司作为研究样本，实证检验经济政策不确定性对企业短贷长投的影响。实证结果表明：经济政策不确定性上升会抑制企业短贷长投。使用替代变量进行稳健性检验以及使用工具变量处理可能存在的内生性问题后，结论依然成立。进一步研究表明，经济政策不确定性对非国有性质企业短贷长投的抑制作用更加显著；而对处于市场化程度较高地区企业短贷长投的抑制作用会被削弱。本文从短贷长投视角探讨经济政策不确定性对企业治理水平的影响，强化了经济政策不确定性对企业治理的经验证据。

【关键词】**经济政策不确定性　短贷长投　产权性质　市场化进程**

中图分类号：**F8302.5　F275**　文献标识码：**A**

一、引　言

10年来，我国全社会固定资产投资的年平均增长率为22.05%，占GDP比例的年平均值为61.68%（马红等，2018）。融资需求随着快速增长的固定

* 本文得到国家社科基金重点项目“金融与实体经济的结构匹配及其经济增长效应研究”（19AJY016）的资助。感谢匿名审稿人的宝贵意见。当然，文责自负。

** 叶德珠，暨南大学经济学院教授，博士生导师，研究方向为新结构金融学、文化金融与公司金融；地址：广东省广州市天河区黄埔大道西601号暨南大学校本部（广东广州510632）；E-mail：gzydz@126.com。张智豪（通信作者），暨南大学经济学院硕士研究生，研究方向为文化金融与公司金融；地址：广东省广州市天河区黄埔大道西601号暨南大学校本部（广东广州510632）；E-mail：jnuzzh16@163.com。

资产投资而急剧增长。然而，根据中国人民银行发布的《金融机构贷款投向统计报告》显示，2018年我国银行中长期贷款占比为57.65%，较2010年相比下降了2.64%，这说明企业的债务融资并没有按照实际期限进行使用，而是将短期信贷资金用于长期投资活动，即所谓的“短贷长投”。尽管有学者认为短贷长投现象的产生是企业为了降低债务融资成本而自主选择的结果（Kahl et al.，2015），但在我国金融抑制程度较高、融资渠道单一、融资制度不完善的特殊环境下，银行面临着相对较低的竞争压力，为了降低信贷风险、缓解信贷考核压力，其更愿意对外提供短期信贷（白云霞等，2016），即表明短贷长投现象的产生可能并非是企业的自主选择，而是面对融资约束时的被迫行为。但这一行为将会大大增加企业的财务风险与经营风险，导致非效率投资，降低企业绩效（钟凯等，2016）。因此，正确认识企业短贷长投的影响因素对于降低企业运营风险、促进经济稳定运行和高质量发展具有重要的理论价值与现实意义。

在经过2008年全球金融危机的挑战之后，宏观政策工具被普遍用于干预各国的经济发展。实践证明，虽然这种做法在一定程度上有助于经济发展，但同时也致使全球经济政策不确定性指数逐年攀升。由贝克等（Baker et al.，2016）构建、斯坦福大学和芝加哥大学联合发布的经济政策不确定性指数为定量研究经济政策不确定性对市场微观主体投融资决策行为的影响奠定了基础。近年来，已有较为丰富的文献研究表明，企业各方面行为都会受到其对经济政策预期的不确定性，以及实施方式的不确定性的显著影响（王红建等，2014；饶品贵等，2017；彭俞超等，2018；严复雷等，2020），而普遍存在于我国企业当中的短贷长投行为是否也会受到经济政策不确定性的影响成为一个现实的话题和关注的焦点。因此，本文以2003~2016年我国沪深A股非金融类上市公司作为研究样本，实证检验经济政策不确定性对企业短贷长投的影响。

通过实证研究，本文发现：经济政策不确定性上升会抑制企业短贷长投。使用替代变量进行稳健性检验以及使用工具变量处理可能存在的内生性问题后，结论依然成立。进一步研究表明，经济政策不确定性对非国有性质企业短贷长投的抑制作用更加显著；而对处于市场化程度较高地区企业短贷长投的抑制作用会被削弱。

与现有研究相比，本文可能的边际贡献可以归纳为：①现有研究企业短贷长投影响因素的文献还较为缺乏，本文探讨经济政策不确定性对企业短贷长投的影响是对已有企业短贷长投影响因素研究文献的重要补充；②现有研究着眼于经济政策不确定性对投融资、企业研发、现金持有和企业金融化等方面的影响，本文着眼于经济政策不确定性对企业短贷长投行为的影响，进一步拓展了经济政策不确定性对微观企业行为影响方面的研究。

本文余下部分安排如下：第二部分为文献综述、理论分析与研究假设；第三部分为研究设计；第四部分为实证结果；第五部分是结论与启示。

二、文献综述、理论分析与研究假设

（一）文献综述

学术界对于经济政策不确定性的界定及影响已有明确共识，即经济政策不确定性是指经济主体对政府在未来是否会改变现行经济政策、如何改变以及改变的时间无法确定，这种不确定性对经济主体的影响不易发觉但却十分重要（叶德珠等，2020）。现有关于经济政策不确定性影响的研究可分为宏观和微观两个层面。在宏观层面上，学者们从经济增长、经济波动、地方债务发行以及进出口等方面对经济政策不确定性带来的影响进行了较为详细的研究与讨论（杨海生等，2014；田磊等，2017；张夏等，2019）；在微观层面上，柏斯特和威罗斯（Pastor & Veronesi，2013）通过研究发现，股价波动性会随着经济政策不确定性的加剧而提高。古令和艾昂（Gulen & Ion，2016）认为经济政策不确定性会抑制企业投资，而李凤羽和杨墨竹（2015）则得出了不一致的结论，认为企业投资会受到经济政策不确定性的影响而增加。在企业创新的议题上，学者们对经济政策不确定性会抑制或是促进企业创新上也有不同的观点（孟庆斌和师倩，2017；顾夏铭等，2018；王全景，2018）。才国伟等（2018）研究发现经济政策不确定性的上升会加剧融资约束。王红建等（2014）认为经济政策不确定性的上升会显著提高现金持有水平，李凤羽和史永东（2016）通过研究也得出了一致的结论。此外，学者们还探讨了经济政策不确定性与企业的税收规避行为（陈德球等，2016）、风险承担水平（刘志远等，2017）、企业高管变更频率（饶品贵和徐子慧，2017）、企业的商业信用供给（陈胜蓝和刘晓玲，2018）、企业审计费用（马东山和韩亮亮，2018）以及企业金融化（彭俞超等，2018）等角度展开了详细的研究。

莫里斯（Morris，1976）提出的期限匹配理论认为，企业的资产和债务的期限应该尽量相匹配以降低无法支付本息的违约风险。现实经济中却往往发生投融资期限不匹配的情况，企业常用短期资金去满足长期投资的资金需求，即所谓的短贷长投。国内学者白云霞等（2016）从制度层面出发，采用中国与美国两国的样本研究发现，导致我国企业出现短贷长投现象的最重要的原因是资本市场发展不全面、利率期限结构不合理以及货币政策波动等制度缺陷，而不是企业出于节约融资成本的选择。部分学者从融资约束角度出发，发现货币政策的适度水平（钟凯等，2016）以及产融结合（马红等，2018）都是通过缓解企业面临的融资约束进而显著降低企业的短贷长投水平。少数学者发现，除了制度诱因，“人为诱因”也会促使企业选择短贷长投。从行为财务学角度出发，探讨管理者过度自信、羊群效应等非理性行为对企业短贷长投的影响。孙凤娥（2019）通过研究，发现除了制度缺陷这一诱因，管理者非理性行为也加剧了企业短贷长投现象的发生，体现为过度自信的管理者会低估短期融资带来的流动性风险，更多地选择短期借款，并且存在过度投资倾向，从而加剧短贷长投现象；而羊群效应倾向导致管理者在投融资决策上趋同，效仿同行进行短贷长投，认为可以通过展期、借新债还旧债等途径延迟还款，而不会使企业陷入财务危机。刘旭（2018）从管理者特征方面出发，发现高管团队中男性占比较大的企业，其短贷长投现象越严重；而年龄、学历、平均任期和总人数规模均与投融资期限错配度呈显著负相关关系。

（二）理论分析与研究假设

大部分研究表明，制度缺陷引起的融资约束是导致我国企业短贷长投的主要诱因，短贷长投是融资需求得不到充分满足的企业的被迫选择，增加了企业的财务压力，加剧了财务风险和经营风险。我国金融市场还不够成熟，企业的融资渠道相对单一，银行是资金的主要供给方，长期处于主导地位，把控着企业信贷资金的主要来源。为规避信息不对称导致的逆向选择和道德风险行为，银行往往愿意提供短期贷款以控制信贷风险；此外，我国的利率结构不合理，市场化程度不够高，长期信贷的利率并不足以弥补所承担的流动性风险（陆岷峰和季子钊，2017），也使得银行更愿意提供短期贷款，减少长期贷款。对于企业而言，经济政策不确定性程度的升高，意味着其所面临的外部环境风险的上升。当经济政策不确定性上升时，企业会通过减少长期投资降低内部风险以对冲外部风险，从而避免内外部风险叠加可能对企业造成的不利影响。对于银行而言，当经济政策不确定性升高时，银行受到经济政策噪音信号和借贷主体羊群效应的干扰，很难准确识别出融资方的真实还款能力和实际借贷风险，特别是当与货币政策有关的政策不确定性升高时，为满足谨慎性动机，银行会更为谨慎，缩小各类期限贷款的规模，从另一个方面降低了企业获得的短贷长投的资金来源。由此本文提出第一个假设。

假设1：经济政策不确定性上升会抑制企业短贷长投。

在我国，所有制属性一直是导致企业异质性的重要原因。国有企业相对于非国有企业在数量与规模上较大，并且国有企业的投资行为往往是在政策引导下进行，经营稳定性更好，另外国有企业的预算软约束与“隐性担保”，使得银行更愿意将信贷资源发放给国有企业，因此初步认为国有企业受到经济政策不确定性的影响会较小。基于我国金融抑制程度较高的制度背景、宏观经济政策欠缺稳定性和总体短期存款减少的现实，面临“金融歧视”的非国有企业在获取银行信贷支持中处于劣势地位，经济政策不确定性上升时会面临较大的偿债风险。并且相较于具有“隐性担保”这一特征的国有企业来说，没有“隐性担保”的非国有企业面临的不确定性更大，这会直接导致其大幅减少甚至停止长期投资。由此本文提出第二个假设。

假设2：相较于国有性质企业来说，经济政策不确定性上升对非国有性质企业短贷长投的抑制作用会更加显著。

企业投融资决策不仅受到自身内部环境影响，也要取决于企业所在区域外部市场环境的发展水平。其中我国市场化进程便是重要的一项，由于我国区域间经济发展水平差异较大，不同地区市场化发展水平也不尽一致，即使是同一地区的不同行业间，市场化水平也会发挥着不同的调节效应。尤其是我国正处在经济转型期，市场化导向的经济制度改革在我国经济高质量发展过程中发挥着重要作用（成力为和孙玮，2012）。从理论上讲，市场化进程的推进可以提高地区资源配置效率，并且也会分散企业投资风险，有利于提高企业进行投资的意愿。当企业所在区域的市场化水平较高时，首先，企业所面临的信息不对称困难就会越少，不仅可以及时全面地掌握投资信息，还可以为企业管理者减少大量的投资成本（黄平和宋丹丹，2019），尤其是企业固定资产投资中所面临的调整成本和专用性成本等都会大大减少，这有助于企业在高度经济政策不确定性的外部环境下保持一个稳定的固定资产等实物投资的增长比例，扩大企业经营规模。由此本文提出第三个假设。

假设3：经济政策不确定性对处于市场化程度较高地区企业短贷长投的抑制作用会被削弱。

三、研究设计

（一）样本选择与数据来源

本文选取2003～2016年我国沪深A股上市公司作为研究样本，并在原始数据的基础上进行如下筛选：①剔除ST以及*ST的上市公司；②剔除金融类上市公司；③剔除本文研究的主要变量数据严重缺失的上市公司；最终，本文得到16 977个上市公司样本数据。上市公司财务数据来源于WIND数据库。

（二）变量定义及说明

1. 被解释变量 SFLI

借鉴钟凯等（2016）、马红等（2018）的做法，采用如下方法构建了企业层面“短贷长投”的代理变量：“购置固定资产等投资活动的现金支出 -（长期借款本期增加额 + 本期权益增加额 + 经营活动现金净流量 + 处置固定资产等长期资产的现金流入）”，并利用上一年度资产总额对其进行标准化处理。其中，长期借款本期增加额为：本期长期借款金额 + 一年内到期的非流动负债 - 前期长期借款金额。

2. 解释变量 EPU

借鉴饶品贵和徐子慧（2017）、孟庆斌和师倩（2017）、顾夏铭等（2018）的研究，用由贝克等（Baker et al.，2016）构建、斯坦福大学和芝加哥大学联合发布的月度中国经济政策不确定性指数作为衡量我国经济政策不确定性水平的指标。该指数通过对香港的《南华早报》进行文本分析，识别出每个月刊发有关中国经济政策不确定性的报道，再除以该月《南华早报》报道的总数量，得到月度经济政策不确定性数据，再采用算数平均值的方法将月度数据转化为年度数据，并将所得年度数据除以 100。在稳健性检验中，本文采用戴维斯等（Davis et al.，2019）构建的指数，采用算数平均值的方法将月度数据转化为年度数据，并将所得年度数据除以 100。

3. 控制变量

本文结合前人的研究经验，将有可能影响企业短贷长投的企业资产负债率（ALR）、企业规模（LNASSET）、机构持股比例（JIGOURATE）、企业年限（FIRMAGE）、企业成长性（GROWTH）、企业可抵押资产（LNFIXED）、企业盈利能力（ROE）、企业前十大股东占比（TOPTENRATE）作为控制变量。除此之外，本文还控制了行业（INDUSTRY）和年份固定（YEAR）效应。主要变量定义及其说明见表 1。

表 1　　主要变量及其说明

变量	变量名称	变量描述
被解释变量	SFLI	短贷长投，等于购建固定资产等投资活动现金支出 -（长期借款本期增加额 + 本期权益增加额 + 经营活动现金净流量 + 处置固定资产等收回的现金净额），再除以期初总资产，参考钟凯等（2016）
解释变量	EPU	取自 Bakeretal.（2016）构建的指数，采用算数平均值的方法将月度数据转化为年度数据，并将所得年度数据除以 100
	EPU2	取自 Davisetal.（2019）构建的指数，采用算数平均值的方法将月度数据转化为年度数据，并将所得年度数据除以 100

续表

变量	变量名称	变量描述
控制变量	ALR	企业资产负债率
	LNASSET	企业规模：企业期末总资产的自然对数
	JIGOUTATE	机构持股比例
	FIRMAGE	企业年限：上市公司成立的年数
	GROWTH	企业成长性：营业收入增长率
	LNFIXED	企业可抵押资产：固定资产的自然对数
	ROE	企业盈利能力：净资产报酬率
	TOPTENRATE	企业前十大股东占比
	INDUSTRY	行业固定效应
	YEAR	年份固定效应

（三）研究模型

本文构建如下模型检验经济政策不确定性对企业短贷长投的影响：

$$SFLI = \beta_0 + \beta_1 EPU_{i,t-1} + \beta_2 Controls_{i,t} + INDUSTRY + YEAR + \varepsilon_{i,t} \quad (1)$$

其中，SFLI 是企业短贷长投的代理变量。EPU 是经济政策不确定性的代理变量。若本文假设成立，经济政策不确定性提升会抑制企业短贷长投，则解释变量 EPU 系数显著为负。为排除其他因素对结果的干扰以及更好地考察经济政策不确定性对企业短贷长投的影响，本文在回归模型中加入了公司层面的控制变量，并控制了行业和年份固定效应。此外，为剔除极端值的影响，本文对连续变量在1%和99%上进行缩尾处理，并在公司层面进行聚类处理以解决可能存在的异方差问题所带来的影响。

四、实证结果

（一）描述性统计结果

表2展示了本文主要变量的描述性统计结果。其中，短贷长投的代理变量 SFLI 的最小值和最大值分别为 -2.390 和 0.294，说明企业间短贷长投情况存在较大差异；经济政策不确定性代理变量 EPU 的最小值为 0.650，最大值为 3.648，这表明样本期内我国经济政策变动较大，两者间的较大差异也为本文后续研究提供了一个良好的考察环境。

表 2　主要变量的描述性统计

变量名	样本数	平均值	标准差	最小值	最大值
SFLI	16 977	-0. 168	0. 371	-2. 390	0. 294
EPU	16 977	1. 439	0. 783	0. 650	3. 648
EPU2	16 977	0. 916	0. 297	0. 504	1. 293
ALR	16 977	45. 51	20. 81	5. 214	99. 01
LNASSET	16 977	7. 499	1. 447	4. 422	11. 70
JIGOURATE	16 977	32. 44	24. 91	0	187. 0
FIRMAGE	16 977	11. 74	7. 890	1. 181	29. 45
GROWTH	16 977	19. 33	36. 04	-57. 22	208. 0
LNFIXED	16 977	5. 680	1. 825	0. 926	10. 52
ROE	16 977	13. 20	15. 16	-45. 29	63. 34
TOPTENRATE	16 977	59. 44	15. 77	22. 44	96. 94

（二）基本回归结果

根据前文变量的选取以及模型的设定，本部分对经济政策不确定性与企业短贷长投进行了基础回归。表 3 展示了基础回归的结果。在控制行业固定效应和年份固定效应的基础上，本文首先将有可能影响企业短贷长投公司层面的因素加入方程进行回归，从第 1 列的结果可知，企业资产负债比、企业规模、机构持股比例、盈利能力、创立年限、可抵押资产占比、前十大股东占比均会显著影响企业短贷长投情况。在第 1 列基础之上，本文将核心解释变量（*EPU*）加入回归方程中。结果显示，经济政策不确定性代理变量 *EPU* 的系数在 1% 显著性水平下显著为负，这说明经济政策不确定性确实对企业短贷长投行为有显著负向影响，即经济政策不确定性提升会显著抑制企业短贷长投。本文假设 1 得到初步验证。

表 3　基础回归结果

变量	(1)	(2)
	BANKLOANLEV	BANKLOANLEV
ALR	0. 003 *** (17. 23)	0. 003 *** (17. 23)
LNASSET	-0. 029 *** (-7. 86)	-0. 029 *** (-7. 86)

续表

变量	(1)	(2)
	BANKLOANLEV	BANKLOANLEV
JIGOURATE	0.002 *** (12.06)	0.002 *** (12.06)
FIRMAGE	-0.001 * (-1.71)	-0.001 * (-1.71)
GROWTH	-0.000 ** (-2.55)	-0.000 ** (-2.55)
LNFIXED	0.025 *** (8.58)	0.025 *** (8.58)
ROE	-0.008 *** (-26.64)	-0.008 *** (-26.64)
TOPTENRATE	-0.005 *** (-17.41)	-0.005 *** (-17.41)
EPU		-0.040 *** (-5.68)
_CONS	0.181 *** (5.05)	0.223 *** (5.46)
INDUSTRY	YES	YES
YEAR	YES	YES
N	16 977	16 977
adj_R^2	0.195	0.195

注：***、**、*分别代表在1%、5%、10%的水平上显著，括号内为t统计量，下同。

（三）内生性检验

为更好地考察经济政策不确定性与企业短贷长投之间的关系，克服内生性问题对得出结论的影响，本文参照陈胜蓝和刘晓玲（2018）、叶德珠等（2020）的研究，选择全球经济政策不确定性指数（GEPU）作为中国经济政策不确定性指数（EPU）的工具变量。原因在于：随着经济全球化程度的不断提高，我国有关经济因素的波动与全球经济波动密切相关，满足工具变量应具备的相关性；同时，全球经济政策不确定性不会直接影响我国企业短贷长投行为，满足外生性的要求。具体回归结果见表4。表4中第一阶段的F值远大于经验值10，拒绝了存在弱工具变量的原假设，说明全球经济政策不确定性与中国经济政策不确定性存在高度相关性；从第二阶段的回归结果可以看出，EPU的系数在1%的水平上显著为负，与预期一致。在利用工具变量进行最小二乘回归以解决可能存在的内生性问题后，本文假设1进一步得到验证，即经济政策不确定性提升会抑制企业短贷长投。

表4　　内生性检验回归结果

变量	第一阶段	第二阶段
	EPU	SFLI
GEPU	0.024*** (251.02)	
EPU		-0.02*** (-4.87)
CONTROLS	YES	YES
INDUSTRY	YES	YES
YEAR	YES	YES
N	16 977	16 977
adj_R^2	0.759	0.174
F统计值	63 016.3	

（四）进一步研究

1. 基于产权性质的异质性分析

本文依据企业产权性质划分为国有企业与非国有企业进行异质性分析，为验证企业产权性质异质性影响。从表5当中的回归显著性结果来看，国有性质企业组和非国有性质企业组当中的核心解释变量（EPU）系数均显著为负，说明经济政策不确定性对两个组别企业短贷长投均会产生抑制作用；从回归系数来看，非国有性质企业组当中的核心解释变量的系数在1%的显著性水平下为-0.388，而国有性质企业组当中的核心解释变量的系数在10%显著性水平下仅为-0.040。系数间的较大差异说明了经济政策不确定性对于不同产权性质企业的短贷长投的影响有显著差异，具体而言即对非国有性质企业短贷长投的抑制作用更为显著。本文假设2得到验证。

表 5　　　　异质性分析—企业性质

变量	(1)	(2)
	国有企业	非国有企业
ALR	0.002 *** (9.27)	0.005 *** (15.10)
LNASSET	-0.020 *** (-4.39)	-0.049 *** (-7.38)
JIGOURATE	0.002 *** (7.00)	0.002 *** (9.07)
FIRMAGE	-0.001 (-0.91)	-0.003 *** (-2.88)
GROWTH	-0.000 (-0.83)	-0.000 ** (-2.18)
LNFIXED	0.021 *** (6.10)	0.023 *** (5.15)
ROE	-0.007 *** (-20.29)	-0.008 *** (-16.54)
TOPTENRATE	-0.004 *** (-10.21)	-0.006 *** (-14.05)
EPU	-0.040 * (-3.07)	-0.388 *** (-4.14)
_CONS	0.140 *** (2.84)	0.421 *** (5.84)
INDUSTRY	YES	YES
YEAR	YES	YES
N	8 846	8 131
adj_R^2	0.165	0.219

2. 市场化进程的调节作用

本文将王小鲁等（2017）研究中的地区市场化进程相对指数（MARKET）与核心解释变量（EPU）进行交乘，以验证市场化进程的调节效应。表 6 展示了本部分的回归结果。回归结果显示，地区市场化进程相对指数（MARKET）与核心解释变量（EPU）的交乘项系数显著为正，与基础回归的系数符号相反，这表明在市场化水平越高的地区，经济政策不确定性对企业短贷长投的抑制作用会被削弱。本文假设 3 得到验证。

表 6　　市场化程度的调节效应

变量	(1)	(2)
	SFLI	SFLI
ALR	0.003*** (17.23)	0.003*** (15.64)
LNASSET	−0.029*** (−7.86)	−0.019*** (−4.54)
JIGOURATE	0.002*** (12.06)	0.002*** (10.20)
FIRMAGE	−0.001* (−1.71)	0.000 (0.56)
GROWTH	−0.000** (−2.55)	−0.000*** (−2.59)
LNFIXED	0.025*** (8.58)	0.020*** (6.14)
ROE	−0.008*** (−26.64)	−0.008*** (−25.67)
TOPTENRATE	−0.005*** (−17.41)	−0.004*** (−14.72)
EPU	−0.040*** (−5.68)	−0.388*** (−3.74)
EPU × MARKET		0.006*** (4.76)
_CONS	0.223*** (5.46)	0.469*** (3.44)
INDUSTRY	YES	YES
YEAR	YES	YES
N	16 977	13 515
adj_R^2	0.195	0.204

（五）稳健性检验

为检验结论的稳健性，本文采用戴维斯等（Davis et al.，2019）构建的指数来作为经济政策不确定性的代理变量，并采用算术平均值的方法将月度数据转化为年度数据，并将所得年度数据除以100。表7的结果显示，经济政策不确定性的代理变量EPU2在1%显著性水平下显著为负，与基础回归结果一致。这些结果说明本文的结论是较为稳健的。

表7　　　　稳健性检验

变量	(1)
	SFLI
ALR	0.003*** (17.23)
LNASSET	−0.029*** (−7.86)
JIGOURATE	0.002*** (12.06)
FIRMAGE	−0.001* (−1.71)
GROWTH	−0.000** (−2.55)
LNFIXED	0.025*** (8.58)
ROE	−0.008*** (−26.64)
TOPTENRATE	−0.005*** (−17.41)
EPU2	−0.149*** (−5.68)
_CONS	0.270*** (5.71)
INDUSTRY	YES
YEAR	YES
N	16 977
adj_R^2	0.195

五、结论与启示

近年来，伴随着外部经济发展条件和环境发生重大转变，我国经济转入新常态，对微观经济主体的各方面决策也产生了重要影响。本文以2003～2016年我国沪深A股非金融类上市公司作为研究样本，实证检验经济政策不确定性对企业短贷长投的影响。实证结果表明：经济政策不确定性上升会抑制企业短贷长投。使用替代变量进行稳健性检验以及使用工具变量处理可能存在的内生性问题后，结论依然成立。进一步研究表明，经济政策不确定性对非国有性质企业短贷长投的抑制作用更加显著；而对处于市场化程度较高地区企业短贷长投的抑制作用会被削弱。

基于上述研究结论，本文得到如下启示：首先，鉴于宏观经济政策在对企业经营、管理以及决策等方面的重要影响，政府应尽量保持所推行政策的长期性和稳定性，稳定各方面预期，避免经济政策不确定性带来的消极影响；其次，经济政策对具有异质性特征的企业所产生的影响水平不一致，政府在制定和变更经济政策时要充分考虑该因素，加强对经济政策不确定性敏感度较高企业的政策引导；最后，要建立健全多层次的资本市场，提高金融系统满足企业长期资金需求的能力。鉴于“追赶型”经济的特征，“银行主导型”金融体系虽然在促进我国经济增长方面发挥了重要作用，但也导致我国企业融资渠道较为单一，银行贷款成为我国企业最主要的融资渠道。在中长期融资市场，相比于以股债为代表的直接融资渠道，以银行信贷为代表的间接融资渠道并不具备提供长期资金来源的优势。银行等金融中介机构为了进行流动性管理，往往偏好于提供期限较短的融资。因此政府应当改善直接融资市场环境，建立多层次的资本市场结构，优化长短期资金供给结构。

参考文献

1. 白云霞、邱穆青、李伟：《投融资期限错配及其制度解释——来自中美两国金融市场的比较》，载于《中国工业经济》2016年第7期。

2. 才国伟、吴华强、徐信忠：《政策不确定性对公司投融资行为的影响研究》，载于《金融研究》2018年第3期。

3. 成力为、孙玮：《市场化程度对自主创新配置效率的影响——基于Cost－Malmquist指数的高技术产业行业面板数据分析》，载于《中国软科学》2012年第5期。

4. 陈德球、陈运森、董志勇：《政策不确定性、税收征管强度与企业税收规避》，载于《管理世界》2016年第5期。

5. 陈胜蓝、刘晓玲:《经济政策不确定性与公司商业信用供给》，载于《金融研究》2018 年第 5 期。

6. 顾夏铭、陈勇民、潘士远:《经济政策不确定性与创新——基于我国上市公司的实证分析》，载于《经济研究》2018 年第 2 期。

7. 黄平、宋丹丹:《市场化进程、研发投入与中小企业融资约束》，载于《牡丹江师范学院学报（社会科学版)》2019 年第 5 期。

8. 刘旭:《企业高管特征与投融资期限错配》，载于《首都经济贸易大学》2018 年第 4 期。

9. 刘志远、王存峰、彭涛、郭瑾:《政策不确定性与企业风险承担：机遇预期效应还是损失规避效应》，载于《南开管理评论》2017 年第 6 期。

10. 陆岷峰、季子钊:《关于企业期限错配的机理和财务危机的研究》，载于《宁夏大学学报（人文社会科学版)》2017 年第 2 期。

11. 李凤羽、史永东:《经济政策不确定性与企业现金持有策略——基于中国经济政策不确定指数的实证研究》，载于《管理科学学报》2016 年第 6 期。

12. 李凤羽、杨墨竹:《经济政策不确定性会抑制企业投资吗？——基于中国经济政策不确定指数的实证研究》，载于《金融研究》2015 年第 4 期。

13. 马东山、韩亮亮:《经济政策不确定性与审计费用——基于代理成本的中介效应检验》，载于《当代财经》2018 年第 11 期。

14. 马红、侯贵生、王元月:《产融结合与我国企业投融资期限错配——基于上市公司经验数据的实证研究》，载于《南开管理评论》2018 年第 3 期。

15. 孟庆斌、师倩:《宏观经济政策不确定性对企业研发的影响：理论与经验研究》，载于《世界经济》2017 年第 9 期。

16. 彭俞超、韩珣、李建军:《经济政策不确定性与企业金融化》，载于《中国工业经济》2018 年第 1 期。

17. 饶品贵、岳衡、姜国华:《经济政策不确定性与企业投资行为研究》，载于《世界经济》2017 年第 2 期。

18. 饶品贵、徐子慧:《经济政策不确定性影响了企业高管变更吗》，载于《管理世界》2017 年第 1 期。

19. 孙凤娥:《投融资期限错配：制度缺陷还是管理者非理性》，载于《经济科学》2019 年第 2 期。

20. 田磊、林建浩、张少华:《政策不确定性是中国经济波动的主要因素吗——基于混合识别法的创新实证研究》，载于《财贸经济》2017 年第 1 期。

21. 王全景:《政策不确定性抑制了企业创新？——基于地方官员变更视角的实证分析》，载于《经济经纬》2018 年第 5 期。

22. 王红建、李青原、邢斐:《经济政策不确定性、现金持有水平及其市场价值》，载于《金融研究》2014 年第 9 期。

23. 王小鲁、樊纲、余静文：《中国分省市市场化指数报告（2016）》，社会科学文献出版社 2017 年版。

24. 杨海生、陈少凌、罗党论，佘国满：《政策不稳定性与经济增长——来自中国地方官员变更的经验证据》，载于《管理世界》2014 年第 9 期。

25. 叶德珠、王梓峰、李鑫：《经济政策不确定性与企业多元化程度选择》，载于《产经评论》2020 年第 2 期。

26. 严复雷、史依铭、黎思琦：《经济政策不确定性、市场化进程与企业投资选择》，载于《投资研究》2020 年第 2 期。

27. 张夏、施炳展、汪亚楠、金泽成：《经济政策不确定性真的会阻碍中国出口贸易升级吗?》，载于《经济科学》2019 年第 2 期。

28. 钟凯、程小可、张伟华：《货币政策适度水平与企业"短贷长投"之谜》，载于《管理世界》2016 年第 3 期。

29. Baker, Scott, R., et al., 2016, "Measuring Economic Policy Uncertainty", *Quarterly Journal of Economics*.

30. Ion, Mihai, Gulen et al., 2016, "Policy Uncertainty and Corporate Investment", *The review of financial studies*, Vol. 29, No. 3.

31. KAHL M., SHIVDASANI A., WANG Y., 2015, "Short – Term Debt-as Bridge Financing: Evidence from the Commercial Paper Market", *The Journal of Finance*, Vol. 70, No. 1.

32. Morris, J. R., 1976, "On Corporate Debt Maturity Strategies", *Journal of Finance*, Vol. 31, No. 1.

33. Pástor, ubo, Veronesi P., 2013, "Political Uncertainty and Risk Premia", *Journal of Financial Economics*, Vol. 110, No. 3.

34. Steven J. Davis, Dingqian Liu, Xuguang S. Sheng, 2019, "Economic Policy Uncertainty in China Since 1949: The View from mainland Newspapers", working paper. http://www.policyuncertainty.com/china_epu.html.

Does Economic Policy Uncertainty Affect Enterprises "Maturity Mismatch"?

—Evidence from A-share Listed Companies

Ye Dezhu　Zhang Zhihao

(School of Economics, Jinan University, 510632)

Abstract: This paper looks at the non-financial listed companies in Shanghai and Shenzhen from 2003 to 2016 as a research sample, and empirically tests the impact of economic policy uncertainty on short-term loan long-term investment of enterprises. Empirical results show that rising economic policy uncertainty will inhibit short-term investment by enterprises. After using alternative variables for robustness testing and tool variables to deal with possible endo-existing problems, the conclusion is still valid. Further research shows that economic policy uncertainty has a more significant inhibitory effect on short-term loan long-term investment of non-state-owned enterprises, while the inhibition effect on short-term loan long-term investment of enterprises in areas with higher degree of marketization will be weakened. This paper discusses the impact of economic policy uncertainty on the level of corporate governance from the perspective of short-term loan long-term investment, and strengthens the experience evidence of economic policy uncertainty on corporate governance.

Keywords: EPU Maturity Mismatch　The Nature of Enterprise　The Level of Marketization

JEL Classifications: G31　E22

接受与生发：中国农村文化变迁的两种模式

——兼论后发地区的文化变迁

张清津*

【摘　要】改革开放之后中国的农村文化发生了巨大的变迁，但农村文化变迁的机制却仍然是一个有待深入研究的话题。本文认为广义的文化内容大致可以分为两个部分：一部分是服从效率的强偏好文化，另一部分是不服从效率的弱偏好文化。前者会在市场竞争中沿着提升效率的方向演变，而后者因为与效率无关主要服从于时尚。改革开放之后中国农村文化的变迁中，这两种不同的文化内容沿用了不同的演化路径。在中外、城乡之间存在着很大的文化势差的情况下，弱偏好文化因为无关效率，其演化的主要机制是“接受”，而强偏好文化因为与效率有关，其演化路径是“接受”与“生发”并存。

【关键词】**强偏好　弱偏好　文化势差　接受　生发**

中图分类号：**F069**　文献标识码：**A**

一、引　言

文化变迁是一个令人着迷却又令人困惑的话题。首先对于文化的定义就无法统一，很多学者基于自己的理解给出了不同的文化定义，人类学家和社会学家所给出的文化定义囊括了知识、信仰、艺术、道德、法律、风俗而无所不包（泰勒，2005；格尔兹，1999），而注重分析的经济学家则更趋向于把文化分解成能够明确界定的指标，如“信念”“社会规范”“取向”“偏

* 张清津，山东社会科学院农村发展研究所研究员；地址：（250002）济南市舜耕路56号山东社会科学院农村发展研究所；电子邮件：2281815670@qq.com。

好”“价值”“习俗”“身份”“社会资本”等（Fershtman & Weiss，1993；Abrams & Lewis，1995；Bisin & Verdier，2000；Francois & Zabojnik，2005；Guiso et al.，2006；Spolaore & Wacziarg，2006）。虽然诺斯（North，1981，1990）的“非正式制度”概念更像人们通常所指称的文化，即宗教、惯例、习俗等，但实际上他所谓的正式制度也属于文化范畴：谁能说法律制度不是文化呢？法律制度的差异是造成不同地区人的行为差异一个重要因素。实际上文化定义的差异并不像看起来那么大，仔细分析一下，大多数定义所包含的内容都大致相同，只不过采用了不同的方法进行分类罢了。本文所讨论的文化将是广义的文化，既包含作为正式规则的法律法规制度，也包含惯例、风俗甚至日常生活百态，例如衣食住行的方式等。

世界如此之大，不同国家不同民族之间，甚至不同区域之间的文化差异随处可见。导致文化差异的原因可能也是文化变迁的原因。从目前来看，大多数文献主要从个体层面上来研究文化的传承与变迁，其路径大致有两个：即家庭传承（Manski，2000；Bisin & Verdier，2001；Giavazzi et al.，2014）和外界影响。由于在家庭传承中起主导作用的父母一方在文化取向上受社会影响（Bisin & Verdier，2001），所以本文将不考虑家庭文化传承和变迁中的作用，主要考虑社会影响。

对于文化变迁，伍兹（Woods，1989）特别强调创新的作用，并进而探讨了传播和文化变迁之间的关系。他用“涵化”来概括两种不同文化之间的相互作用关系，指出强势文化主体对弱势文化主体影响更多一些。近年来，经济学家特别是演化经济学家文化变迁研究进行了新的探索，他们借助生物学的演化机制来研究文化的变迁。他们更看重文化和经济发展之间的交互关系，认为文化因素对经济发展有重要影响，同时经济发展也会推动文化变迁。例如迈尔（Mayr，2009）就认为人类合作能够增加生存机会，能够更好地利用合作机会的群体有更强的生存能力。古尔德（Guld，2008）认为文化演化是通过技术、知识和行为的习得传承的。哈耶克（Hayek，2000）把文化演化归之于理性不及的“自发秩序”，是对不可预见的事情和环境变化不断适应的过程。① 经济学家的心中都隐藏着效率的比较和进化论，由于他们更看重文化与经济发展之间的交互关系，特别是文化因素对经济发展的影响，所以他们的研究都隐含着一个结论，即在长时段内，优胜劣汰机制将促使好的文化——能够更好地促进经济发展的文化——被选择。但实际上他们的研究仅关注了文化的一部分，在广义的文化范畴中有相当一部分文化因素对经济发展没有显著的影响。经济学家也许觉得这一部分微不足道，所以他们有意无意地将这一部分忽略了。

---

① 限于篇幅，本文无意作详尽的文献概述。较为详尽的文献概述，参见方钦（2013）、刘业进（2014）、潘黎和钟春平（2015）。

大多数文化变迁研究都是基于一个文化系统在常规时期的自发演化，都是聚焦单一文化系统长时段的文化演化或进化，而对于短时期的文化剧变研究相对不足。中国改革开放之后重启与世界的经济文化交流，毫无疑问会导致中国文化的巨大变迁。封闭的文化系统开放之后会发生怎样的变化？其变化的机制和路径是什么呢？这显然是一个引人入胜的话题。中国改革开放导致农村文化的变化尤其剧烈。这种变化已经得到了学界的普遍关注，经济学、社会学、人类学等各界学者对此都进行了不同角度的探索。曾一果和潘阳（2009）、谭英（2008）、杨友国和刘志民（2011）等探索了农村传媒变革对农村文化变迁的影响。陈波（2015）通过对全国 25 省份 118 个村庄的调查，论述了农村 20 年中社会关系、风俗和价值观变迁，将变迁的原因归于发生于社会系统内的内发变迁或是社会系统外的计划变迁，而国家推动改革体制机制下进行的计划变迁是主要的。周军（2011）将农村文化变迁原因归纳为内源性文化危机与外缘性文化注入、文化异质性的增强、现代教育与大众传媒的普及等因素。夏国锋（2007）和张金平（2012）则通过对村庄的个案研究，认为国家和市场对推动农村文化变革的两个主要力量。张清津（2013）从社会分工的角度考察了改革开放之后村庄文化的变革，李军明（2017）研究了改革开放后京族的经济文化变迁，宋戈（2017）论述了苗族社区乡村文化的变革，陈修岭（2018）从人类文化学的视角考察了旅游对文化变迁的影响。另外还有很多学者揭示了农村文化发展中存在的问题（于德运，2003；乔咏波和龙静云，2019）。上述文献从大多从社会学角度对改革开放以后的农村文化变化进行了研究，但都没有推演出改革开放以来农村文化的演化机制。例如，指出市场和国家是农村文化演变的两个重要力量或影响因素，但并非文化演化机制。改革开放之后中国农村文化剧烈变化的背后肯定有独特的动因、机制和路径，对此还需要进一步的研究。

本文力图研究改革开放以来在一个剧烈的社会变动时期中国农村文化的变迁的机制。本文所着眼的文化是广义上的文化，除包含诺斯笔下的正式制度和非正式制度外，衣食住行的日常生活方式也包含在内。绝大多数文献在探讨文化演化和变迁时，都是基于独立系统的文化变迁，即不受外界影响的具有自发性质的文化变迁。但改革开放之后中国农村文化的演变具有明显的后发特征，即农村文化演变过程中大量地受到外界因素的影响，在很大程度上具有被动接受或被动演化的性质。本文首先把所有的文化内容分为两类：一类是有关效率从而服从竞争和进化机制的，本文称为强偏好文化；另一类是与效率无关，不服从竞争和进化机制的，本文称为弱偏好文化。这个分类是很重要的，因为这两类不同的文化呈现出不同的演化机制。在具有后发性质的中国农村，两类文化的变迁都受到传播的影响，但其变迁机制是不一样的。从目前中国农村文化的变迁实际来看，强偏好文化变化机制以生发为主，而弱偏好文化的变化则以接受为主。

需要说明的是，文化交流和影响是交互的。改革开放之后中国在与世界的交流中，中国文化也会对其他国家的文化产生影响。但这不是本文研究的内容，故不予论述。

二、两类文化和两种演化机制

文化之所以引起经济学家的注意是因为很多文化因素的确对经济发展有重要影响。首先是韦伯（1905）提出了不同宗教有不同的经济后果，他认为宗教改革后因为新教对上帝、财富、工作等有了新的解释，从而使新教徒有了更有利于工作和创新的态度，导致新教国家的经济发展普遍优于天主教国家。虽然韦伯的观点引起了很大的争议，但不同宗教社会经济发展绩效有很大差别也是显而易见的事实。韦伯的这个命题得到很多学者的跟进研究，最近兴起的宗教经济学在很大程度上继承了韦伯的观点，将宗教的经济后果作为重要的研究议题之一（Iannocconne，1998；Iyer，2016）。福山（Fukuyama，1995）将文化研究扩展到了信任。圭索等（Guiso et al.，2003）利用世界价值观调查数据，研究了不同宗教的经济态度，这些态度包括对合作、政府、女性、法律、市场、节俭和公正性的态度。

虽然仍有很大一部分学者坚持文化相对论，即不同文化传统之间是不可比较的，但很显然，文化范畴中有很大一部分因素对经济发展有重要的影响，圭索（Guiso）所研究的那些经济态度对经济发展都有不同程度的影响。文化影响经济效率的途径是交易成本，即好的文化能够有效降低交易成本，从而提高经济效率。例如，较高的信任程度显然能够有效地降低交易成本。对经济效率有显著影响的这部分文化，显然可以进行比较并能够相对容易地分出高下。本文将这部分文化称为“强偏好”文化。

但是也应该看到，文化范畴中还有很多因素对经济发展没有任何影响，最显著的是服饰和饮食。西方人喜欢吃面包而中国人喜欢吃馒头，只要营养足够，对经济发展似乎没有什么促进或者抑制作用。此外，西方人喜欢穿西服，阿拉伯人喜欢穿长袍，中国人在传统社会则是长袍马褂，不同的服装款式对经济发展似乎也没有什么明显的影响。本文将这部分文化称为“弱偏好”文化。①

需要注意的是，这两种文化并非截然两分的，有时候这两种文化因素会有所转变。比如服装款式一般来说不会影响经济发展和工作效率，但在特定

① 更详尽的论述，参见张清津（2006）。

职业却并非如此。比如军人和警察都不能随便着衣，而必须穿职业装，就是因为他们的职业要求他们必须行动敏捷，而职业装则有利于他们做动作。运动衣也是一个很好的案例：长袍马褂显然不利于行动敏捷，所以运动衣都是紧身型的，没有人将长袍马褂当运动衣。饮食习惯亦复如此，普通人尽可以按照自己的口味选择饮食，但运动员就会受到很多限制。比如不利于骨骼的碳酸饮料一般是不鼓励运动员喝的。

这两种文化的区分是很重要的，因为这两种不同的文化因素采用不同的机制进行演化和变迁。

第一种文化因素即强偏好文化，因为对效率有影响，所以也就有了高下之分并服从竞争—进化机制，即更能够促进效率的文化因素就是更好的文化，并最终会在竞争中胜出。不论初始的文化状态如何，只要置身于竞争环境中，能够最大提高效率的文化会成为主导性文化。比如股份制公司治理结构之所以会被全球接受，就是因为这种结构在融资、管理等方面更有优势。虽然交易成本目前仍然是无法精确度量，单凭交易成本这个概念来区分文化的高下仍然有很大的难度。但竞争环境却能够自动地区分文化的高下。只要置于竞争环境之中，那些更能够促进经济效率的文化最终会被所有的相关主体所选择。

第二种文化因素即弱偏好文化，因为对效率没有影响，所以没有一个公认的标准来区分高下。比如很难断言西服和阿拉伯长袍孰优孰劣。此类文化的演化和变迁则更多地受传统和时尚的影响。比如每个不同的国家甚至不同的地区之间都有不同的饮食习惯，就中国来说，有鲁菜、川菜、粤菜、淮扬菜四大菜系，这是传统使然。不同国家具有不同的服饰亦复如是。但在流动性很强的现代社会，时尚的流行往往会突破传统的界限。例如，以麻辣为主的川菜是云贵川地区的传统菜系，但现在川菜早已突破了传统界限而流行全国，甚至走向世界。而巴黎时装周的服装款式显然对全世界的服饰产生影响。

三、改革开放之后中国农村文化的后发特征

在2000年的封闭发展格局中，中国文化形成了迥异于世界其他民族的文化特质。（韦伯，2019；费孝通，2015；黄仁宇，2014）。近代以来，中国大门被动开放，中国文化开始了漫长的与世界文化特别是西方交流与嬗变的过程。虽然期间有所中断，但改革开放以后中国重新开启与世界交流的大门，这个过程得以重新接续。即使经历了一个多世纪的开放与交流，改革开放初期中国的经济和文化仍然处于半封闭状态。但改革开放的政策一旦实施，原

有的文化系统必然与外界产生交流并发生变化。①

我们可以断言，在改革开放之初，中国的文化形态和世界文化存在着很大的差异。需要说明的是，开放虽然是对全世界开放，但中国的改革开放初期由于重振经济的需要，中国与经济发达的西方国家交流更多，因之文化交流的对象也以西方国家居多。不难想象，在改革开放之初，中国和西方国家之间存在着很大的文化势差。这种文化势差表现在两个方面，一是文化的高下之分，二是文化的多样性差异。

文化的高下之分比较容易理解。如前所述，由于有一部分文化对经济效率有影响而且是服从进化规律的，所以这部分文化同经济发展效率是有对应关系的。因为不同的文化有不同的效率意义，所以那些能带来更高效率的文化就是好文化。相反，那些导致效率低下的文化就是次文化。这方面最著名的例子是，当深圳最早提出“时间就是金钱，效率就是生命”的时候，竟然在全国范围内带来了很大的骚动。② 时间观念对效率显然是有很大影响的。当时中国正试图摆脱计划经济的束缚向市场经济过渡，就需要改变计划经济体制下人们养成的“磨洋工”等懒惰懈怠、没有时间观念的习惯。质量观念现在看来是大家普遍认可的，但在当时并非如此。在当时计划经济体制下，最终产品可以分为一等品、二等品、三等品和次品。当外资企业强调“我们只有一等品，没有二等品三等品，更没有次品”时，也曾经引起轰动和反思。

另一种文化对效率没有影响，但我们可以假定文化多样性要优于文化单一性。因为文化多样化能给个体更多的选择，能够允许个体选择那些能给自己带来更多快乐的选项，从而通过提高每个个体的福利而增加社会福利。这方面最显著的例子是服装。在计划经济时代，由于“左”的观念居主导地位，导致全国人民服装单一，不仅款式单一，而且颜色也以“蓝黑灰”为主。改革开放之后，国外五彩缤纷的穿衣方式逐渐影响中国，并渐渐促使国内服饰走向多样化、个性化。③ 每个人都会因为选择自己满意的衣服而增加快乐，这是毋庸置疑的。服饰的多样化、个性化无疑会优于单一化。

正是这种文化势差使得中国在改革开放之初的文化演化具有明显的后发

① 刘岳认为，村庄在很大程度上受县以上外来因素的影响：“村庄作为“集体行动者”是内在于特定结构中的，村庄的样貌和行为模式甚至其内部结构的形塑，往往取决于外部市场网络体系的输入性因素，以及县一级规定性的行政力量”。参见刘岳：《我们为什么越来越看不懂县城了?》，载于《文化纵横》2019 年 12 月。

② 杨阳腾：《蛇口春雷：“时间就是金钱，效率就是生命”》，中国经济网，2018 年 1 月 24 日，http：//www. ce. cn/xwzx/gnsz/gdxw/201801/24/t20180124_27876897. shtml；林丹：《袁庚忆深圳特区历程　率先提出“时间就是金钱”》，载于《羊城晚报》2008 年 3 月 27 日。

③ 陆烨、周强、徐弘毅：《中国衣冠｜改革开放 40 年，国人曾穿过哪些衣服?》，新华社新媒体，2018 年 7 月 20 日，https：//baijiahao. baidu. com/s? id = 1606296236097800728。

特征，即更多的是学习、接受，而非原创性的生发。

改革开放之初中国国内存在的文化势差有两个层级：一是中国与发达国家的文化势差。① 近代以来中国本来就落后，在计划经济时代又主动或被动地与世界特别是与西方发达国家隔离，造成了改革开放之初中国不仅在经济发展方面远远落后于发达国家，而且中国在文化方面也落后于发达国家。② 在此背景下，改革开放之后西方发达国家文化对中国文化发展产生影响在所难免。大量西方文化元素的注入令人目不暇接，以致引入的某些文化因素被称之为“精神污染”。二是城乡之间的文化势差。计划经济时代中国采取了牺牲农村优先发展城市的策略，因而造成了在经济发展和文化发展方面农村都大大落后于城市的局面。不仅经济发展要素都集中于城市（金恩焘等，2019），而且文化发展方面，无论是基础设施、资本和人力资本配置等都偏向于城市。城市在文化发展方面大大领先于农村。当城市文化已经日益迫近于先进国家水平时，农村却依然在很大程度上保持了传统文化。（杨林、王璐，2017；赵迎芳，2016）

可见在改革开放初期，中国文化相对于西方发达国家的文化具有后发特征，而中国农村文化相对于中国城市文化也有后发特征。所以在此后的文化演进上城市文化和农村文化一直存在着两重性。这对于理解改革开放之后中国农村文化的演进会有很大帮助。

四、后发文化系统的两个演化路径：接受与生发

前面所论述的强偏好文化，其演化和制度有相似的特征，即有一个创新、

---

① 事实上文化相对论仍然很流行，特别是针对不同国家和民族之间的文化差异。但近来随着经济学理念越来越多地跟社会学、人类学等学科融合，文化进化论也越来越多地被接受，即认为文化是有高下之分的。参见罗伯特·埃杰顿《传统信念与习俗：是否有一些比另一些好?》，载亨廷顿和哈里森主编的《温和的重要作用 - 价值观如何影响人类进步》，新华出版社 2010 年版，第 175 ~ 189 页。有趣的是，持文化相对论的反而是发达国家的学者居多，很多发展中国家的学者反而反对文化相对论。例如，当理查德·施韦德主张很多发展中国家的传统习俗有独特价值时，遭到来自拉丁美洲和非洲学者的激烈反对。参见施韦德《道义地图，“第一世界”的自吹自擂，及新福音传道者》以及随后的评论，载亨廷顿和哈里森主编的《温和的重要作用 - 价值观如何影响人类进步》，新华出版社 2010 年版，第 208 ~ 229 页。

② 文化的差距从文化产业发展状况可见一斑。这方面的文献，参见赵继梅、孙建，2012；姜亦雯，2010。虽然艺术的好坏高低评价很难统一，但在艺术界还是有一些公认的准则和共识。著名艺术家张晓凌以“威尼斯双年展”为例，认为艺术界隐藏着一个“以自由主义为核心的等级结构”，西欧和北美位于顶层，东欧国家、东亚主要是日韩、南美和非洲的部分国家紧随其后，而中国、中亚、西亚、非洲在内的大多数发展中国家则位于底层。参见张晓凌：《寄生与救赎：直面中国当代艺术问题——在商务印书馆名家大讲堂上的演讲》，中国美术报，2019 年 10 月 11 日，http：//www. zgmsbw. com/Home/index/detail/relald/22823。

竞争、模仿的过程。好的文化最终会在竞争过程中胜出从而成为普遍接受的文化，而弱偏好文化则不服从竞争规则，但时尚等因素也会刺激弱偏好文化的变化。在演化中这两种不同的演化机制并存并同时起作用。下面我们来看一下，在中国改革开放之后中国和发达国家之间以及国内城市与农村之间存在巨大的文化势差的情况下，这两种文化演化机制是如何推动中国农村文化变革的。

后发国家和地区在开放之初的文化演化特征是模仿、接受与自我生发并行的。这不是理论推演，而是中国改革开放之后的现实观照。生发是指农村文化随环境变迁而逐渐演化，生发有一个演化过程。接受则是没有演化过程而完整地接受一种新文化。

（一）改革开放后农村文化的接受现象

前面说过，改革开放之初，中国存在着双重文化势差：中国和发达国家之间的文化势差和城乡之间的文化势差。所以，文化模仿和接受也是双重的：中国模仿和接受发达国家的文化，乡村模仿和接受城市的文化。

在强偏好文化方面，改革开放之初中国大量地借鉴了西方的文化和制度。在政治制度上逐级放权，给地方更多的自主权；在经济制度上从计划经济向市场经济转变，同时增加民营经济的成分；在企业管理上借鉴和学习西方企业管理经验和制度；借鉴西方的法律，制订、修改和完善了很多法律制度；思想观念方面，“时间就是金钱，效率就是生命”逐渐深入人心。前面已经说过，新制度经济学中的制度概念和文化概念有很多重合。大量地引进和学习西方制度必然极大地改变文化。这方面的变化都是耳熟能详的，不必赘述。

弱偏好文化本来不必服从竞争，但有趣的是，在改革开放之初很多弱偏好文化也在中国发生了大量的模仿和接受现象。服饰的变化最为明显，在改革开放之前中国人服饰颜色和款式都非常单一，但改革开放之后大量的西方服饰进入中国，比如西装、牛仔服、T恤衫等，西装早已成为中国人普遍接受的服饰。饮食方面，大量的西餐也进入中国市场，最为显著的是麦当劳、肯德基等西式快餐成为中国儿童的首选快餐，可口可乐、百事可乐等饮料也早已行销全国，被人们广为接受。

改革开放后中国和其他国家之间的文化交流和变革不是本文的重点。下面我们着重分析改革开放后农村文化演化和变迁中的接受现象。

改革开放之后的中国农村与国外直接交流的机会比较少，所以尽管中国和发达国家之间存在着文化势差，但发达国家的文化不能直接对中国农村的文化演化产生影响，而是经由城市传导间接产生影响。所以中国改革开放之后乡村文化的变化特征是大量地模仿和接受城市文化。虽然在电视、网络等通信技术日益普及之后，很多西方文化可以直接传递到乡村，但在改革开放之初西方文化的输入则是首先传入中国的城市，然后经由城市再传递到乡村。

改革开放之后中国城乡文化交流过程大体上呈单向特征，即主要由城市文化元素向乡村流动从而影响乡村文化（宋戈，2017），农村文化对城市文化的影响相对比较小，所以本文忽略不论。城市文化影响乡村文化的途径可以分为直接影响和间接影响两种，直接影响是通过人口流动和接触而产生的影响。城市和乡村之间的人员流动是双向的，城市人员向乡村的流动主要是投资和旅游，而乡村人员向城市的流动则以寻求就业机会为主。城市和乡村之间的双向流动都会造成城市文化直接影响乡村文化变革。例如，李军明（2017）描述了大量外地商人的到来极大改变了京族的经济结构和文化，宋戈（2017）则介绍了进城打工人员回乡后带来的新观念导致了苗族社会婚姻观念的变化（宋戈，2017）。此外，城市文化也会通过电视、网络等媒介间接地影响农村文化。

改革开放之后农村文化变迁中对新文化的接受可以说比比皆是。李军明（2017）在考察京族人改革开放之后的社会方式变革时，就描述了很多文化接受案例。比如京族人在文化娱乐上直接接受了一些现代的娱乐方式，从传统的踢沙子、掷木叶、对歌转变为看电影、去 KTV 唱歌、喝茶、旅游、打篮球；在生活方式上，接受了煤气灶、电饭锅而放弃了传统的土灶。现代的建筑格局也越来越多地为农村所接受，比如农村很多地方在建新房时，都一改卫生间与居住间分离的结构，将卫生间建在室内，室内装饰采用瓷砖、木门和门套、沙发等（李军明，2017；宋戈，2017）。服饰方面的接受更加明显，不仅旅游鞋、牛仔裤、T 恤衫等在全国范围内流行，而且连很多习惯穿传统服装的少数民族的穿戴也与汉族不断趋近（宋戈，2017）。

（二）改革开放后农村文化的生发现象

杨小凯（2019）认为，制度和文化的演化是社会分工的结果。而社会分工本身的形成就需要一个复杂的过程，相应的制度和文化演化肯定也需要一个过程。因此，即使在存在很大的文化势差的情况下，很多文化元素也不是后发地区通过简单的模仿和接受就能够在短时间内形成的，而是必然要经过一个演化过程。特别是涉及思想观念的转化、制度的改进、社会结构的调整等内容，即使引入先进的文化元素，也需要将这些元素植入本地文化系统之中，经过演化才能够稳定下来。虽然上面介绍了很多弱偏好文化的接受现象，但在强偏好文化变革方面，就不是简单地接受就能够概括的，而是接受和生发相结合的过程。

李军明考察了京族在改革开放后原有的共有经济解体以及相应的私有经济发展的过程，相应的社会分工网络变化（李军明，2017），以及由此带来的文化变革。比如家用电器的增多使女性从家务劳动中解放出来，能够从事更多的商业工作，从而形成了新的男女分工模式，减少了对男性的依赖，提升了女性的地位（李军明，2017）。随着农村社会分工的深化和新知识新技术在社会经济发展中的作用越来越大，社会结构和社区文化都发生了相应的变化，无论是在工作还是在生活方面，经验的重要性日益削弱，而对新知识、新技术的学习和掌握能力则越来越重要。这种变化的结果是，年轻人的地位越来越高，老年人的地位相对削弱（李军明，2017；宋戈，2017）。传统乡土文化中重视人情的现象也逐渐为商业关系所取代，在建房、农业生产等方面原来的街坊邻里帮工变为雇工（张清津，2013）。另一个值得注意的文化现象是乡村社会阶层的重新构建，特别是经济发展的成功人士或者新富阶层的地位有了显著的上升（李军明，2017；宋戈，2017）。上述这些文化现象的发展显然都需要一个演化过程，并不是通过引入新文化元素在一夜之间就能够形成的。即使我们明明知道年轻人知识更新，头脑更灵活，更适合在市场经济中经营，但农村年轻人替代老年人成为商业的主导，还是经历了一个过程。

农村制度文化的演化中还有一个现象值得特别一提。虽然股份制已经成为一个非常成熟的产权制度安排并在世界范围内广为接受，但在改革开放之后农村产权制度安排方面却还是经历了波折和演化。在农村改革开放初期，乡镇企业迅速崛起，当时的乡镇企业的主体形式有乡镇办、村办、联户办和个体，所谓“四个轮子”一起转。前三种形式都存在产权模糊问题。前两种形式，即乡镇办和村办企业还可以理解，因为当时乡镇政府和村集体都承担了很多经济职能，而且其中很大一部分企业在计划经济时代就存在。值得特别关注的是第三种形式即联户办的所谓“联合体”，即由各户以各种形式自发结合的经营实体。这种“联合体”最初在投资模式、管理制度、分配形式等方面都没有明确的规定和制度约束，所以很快就因为管理问题消失了。有人可能会问，模糊产权没有效率早已是经济学的共识，难道农民不可以避开模糊产权形式，直接采用产权清晰的股份制，不是会避免因走弯路而造成的损失吗？但在当时的情境下，没有任何一个机构和个人能够强制农民抛弃产权模糊的“联合体”而采取产权清晰的股份制。可见一个好的制度并非简单地引进或植入就能够成功地成为本地制度，制度演化仍然需要一个过程。文化演化亦如是。

从以上所述可以看出，对竞争效率没有影响的弱偏好文化可以比较容易地接受，并替代原有的文化元素成为本地的新文化；而对竞争效率有影响的强偏好文化则无法简单地接受，外来文化元素进入本地后会刺激本地文化演变，进而进化、生发，形成新文化。其中的道理不难理解：弱偏好文化因为对生存竞争没有影响，所以无关紧要，接受起来没有阻力；而强偏好文化则对生存竞争有影响，因而事关相关人员的利益，所以不能简单地接受，而是需要相关人员之间的博弈来演化生发。例如，虽然股份制在世界范围内已经成为一种成熟的制度，但在具体合作时，合作者因为身份、知识、能力、投入等都存在着差异，所以在具体的管理制度、分配制度的确定上，仍然需要合作者自己的博弈才能确定，并不是简单地复制一种制度就能够完成的。相反，服装款式、饮食方式等则完全不需要此类博弈，因而可以迅速地接受。

改革开放之后中国农村文化的演化机制可以用图1演示。

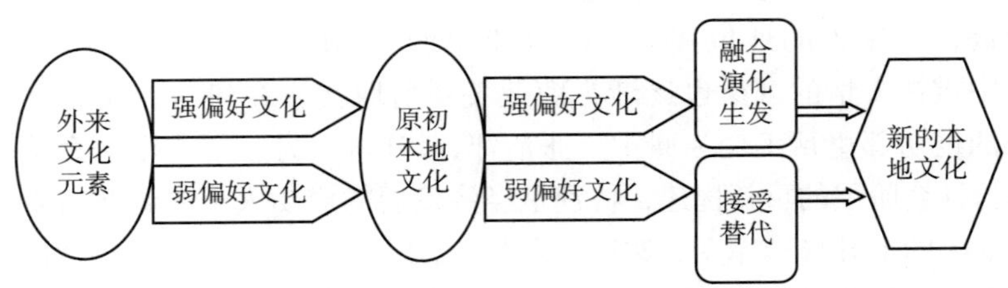

图1　改革开放后中国农村文化演化机制示意图

五、结　　语

改革开放之后中国农村文化发生了巨大的变化，以致回溯过去常有沧海桑田之感。改革开放之后无论在中外之间还是在城乡之间都存在着很大的文化势差，表面看来文化变迁似乎是弱势文化接受强势文化的过程。但细致观察之下可以发现，农村文化的变迁并非沿用单一的模式，而是采用了生发和接受两种模式。其原因是文化可以分为两类：即对竞争效率有影响的强偏好文化和对竞争效率没有影响的弱偏好文化。前者因为对相关人员的利益有影响，所以需要经过博弈才能够形成，因而有个演化生发的过程，而后者因为对利益没有影响，所以可以通过毫无阻力地接受而形成。

本文所提出的文化演化路径，对后发国家的文化变化应该有一定的参考价值。

参考文献

1. 陈波：《二十年来中国农村文化变迁：表征、影响与思考——来自全国25省（市、区）118村的调查》，载于《中国软科学》2015年第8期。

2. 陈修岭：《旅游、文化变迁与文化认同》，中国社会科学出版社2018年版。

3. 方钦：《经济分析中文化的表诠及其意义（上）》，载于《南方经济》2013年第5期。

4. 费孝通：《乡土中国》，人民出版社2015年版。

5. 格尔兹：《文化的解释》，上海人民出版社1999年版。

6. 古尔德：《熊猫的拇指——自然史沉思录》，海南出版社2008年版。

7. 哈耶克：《法律、立法与自由》，中国大百科全书出版社2000年版。

8. 黄仁宇：《中国大历史》，生活·读书·新知三联书店2014年版。

9. 姜亦雯：《中外文化产业政策研究－基于国际比较视角》，载于《美与时代（下）》2010年第11期下旬刊。

10. 金恩焘等：《21世纪以来中国城乡福祉差距的时空分异与政策研究》，载于《公共行政评论》2019年第4期。

11. 李钒、孙林霞：《农村居民文化消费的现状及对策研究》，载于《人民论坛》2013年第2期。

12. 李军明：《京族：经济发展与文化变迁》，华中科技大学出版社2017年版。

13. 刘业进：《理解自发秩序：一种文化演化的视角》，载于《新政治经济学评论》2014年第26期。

14. 迈尔：《进化是什么》，上海科学技术出版社2009年版。

15. 潘黎、钟春平：《文化、经济行为与经济发展——基于经济学视角和文化内在特性的研究前沿》，载于《国外社会科学》2015年第6期。

16. 乔咏波、龙静云：《贫困问题的文化和伦理审视》，载于《华中师范大学学报》（人文社会科学版）2019年第3期。

17. 宋戈：《媒介与乡村社会的文化变迁——以贵州黔东南施洞镇苗族社区为例》，中国传媒大学出版社2017年版。

18. 谭英、王悠悠、缑博、赵士文、李庆凤：《电视文化传播对农村文化生态的干预研究——以山西省高平市南朱庄村和内蒙武川县三间房村为例》，载于《新闻界》2008年第4期。

19. 泰勒：《原始文化》，广西师范大学出版社2005年版。

20. 韦伯：《儒教与道教》，江苏人民出版社2019年版。

21. 伍兹：《文化变迁》，河北人民出版社1989年版。

22. 杨林、王璐：《城乡公共文化服务资源非均衡配置的影响因素及其改进》，载于《宏观质量研究》2017年第3期。

23. 杨友国、刘志民：《现阶段我国农村地区政治文化实证研究——基于苏北B县六村的调查分析》，载于《理论与改革》2011年第4期。

24. 于德运：《我国农民文化心态的变化与现阶段农村文化建设的价值取向》，载于《社会科学战线》2003年第3期。

25. 曾一果、潘阳：《大众传媒与“新农村”的文化重建——对江苏省灌南县李集乡张庄村的社会调查》，载于《新闻大学》2009年夏季刊。

26. 张清津：《转型期村庄的文化变迁——基于专业分工的分析》，载于《东岳论丛》2013年第2期。

27. 赵继梅、孙建:《中外文化产业发展比较研究》，载于《合肥工业大学学报》(社会科学版) 2012 年第 3 期。

28. 赵迎芳:《当代中国公共文化服务均等化的路径选择》，载于《云南社会科学》2016 年第 5 期。

29. Abrams, Burton A. and Lewis, Kenneth A. , 1995, "Cultural and Institutional Determinants of Economic Growth: A Cross – Section Analysis," *Public Choice*, vol. 83, no. 3/4, pp. 273 – 289.

30. Bisin, Alberto and Verdier, Thierry, 2000, " 'Beyond the Melting Pot': Cultural Transmission, Marriage, and the Evolution of Ethnic and Religious Traits," *The Quarterly Journal of Economics*, vol. 115, no. 3 (Aug.), pp. 955 – 988.

31. Fershtman, Chaim and Weiss, Yoram, 1993, "Social Status, Culture and Economic Performance," *The Economic Journal*, vol. 103, no. 419 (Jul.), pp. 946 – 959.

32. Francois, Patrick and Zabojnik, Jan, 2005, "Trust, Social Captial, and Economic Development", *Journal of the European Economic Association*, vol. 3, no. 1 (Mar.), pp. 51 – 94.

33. Fukuyama, Francis, 1995, *Trust: The Social Virtues and the Creation of Prosperity*, New York: Free Press.

34. Guiso et al. , 2003, "People's Opium? Religion and Economic Attitude", *Journal of Monetary Economics*, 50, 225 – 282.

35. Guiso, Luigi; Sapienza, Paola and Zingales, Luigi, 2006, "Does Culture Affect Economic Outcomes?" *The Journal of Economic Perspectives*, vol. 20, no. 2 (Spring), pp. 23 – 48.

36. Iannaccone, Lawrence, 1998, "Introduction to the Economics Religion". *Journal of Economic Literature*, Vol. 36, Issue (Month): 3 (September), Pages: 1465 – 1495.

37. Iyer, Sriya, 2016, "The New Economics of Religion", *Journal of Economic Literature*, 54 (2), 395 – 441.

38. Manski, C. F. , 2000, "Economic Analysis of Social Interactions", *Journal of Economic Perspectives*, Vol. 14 (3), pp. 115 – 136.

39. Spolaore, Enrico and Wacziarg, Romain, 2006, "The Diffusion of Development", NBER Working Paper, No. 12153.

40. Weber, Max, 1905, *The Protestant Ethic and The Spirit of Capitalism.* London, Unwin.

Accepting and Making: Two Models of Cultural Changes in Rural Areas of China

—Also on the Cultural Changes in Later-Development Areas

Zhang Qingjin

(Department of Rural Development, Shandong Academy of Social Sciences, 250002)

Abstract: Dramatic cultural changes have happened in China's rural areas after China's Reform & Opening, but the mechanism of these changes remain to be further studied. This paper believes that cultures in general can be divided into two different parts: one can be called Strong Preference culture which subject to competition efficiency, and another called Weak Preference culture which is not subject to competition efficiency. The former will develop along a path of improving competition efficiency, and the latter will change according to fashion due to its irrelevant to competition efficiency. The two different kinds of cultures in China's rural areas have been changing along different paths after China's Reform and Opening. With the large gap existing between developed countries and China as well as between domestic urban and rural areas of China, the changing mechanism of Weak Preference culture shows more features of "Accepting" due to its irrelevance to efficiency, and "Accepting" and "Making" co-exist in the evolution process of Strong Preference culture due to its effects on the competition efficiency.

Keywords: Strong Preference　Weak Preference　Gap of Culture　Accepting　Making

JEL Classifications: Z10

多维视角下中国农村家庭相对贫困的测度与比较*

孙　颖　苏　剑**

【摘　要】2020年我国将打赢脱贫攻坚战，全面建成小康社会，农村的工作重心将由绝对贫困向相对贫困转移。治理相对贫困的关键在于设定合理的相对贫困标准并精准识别相对贫困人口。研究基于2016年中国家庭追踪调查数据（CFPS），利用A－F方法从相对贫困角度测算了我国农村家庭的多维贫困指数。研究认为：在相对贫困标准设定中，需要考虑收入、教育、健康、资产等多维贫困状况，设定多维相对贫困标准；对相对贫困人口的识别需要分性别、分年龄和家庭状况进行比较，以实现相对贫困治理的精准施策；相对贫困治理需要重视女性在家庭内的赋权，女性户主有利于合理配置家庭资源，有助于降低贫困程度。

【关键词】**多维贫困　相对贫困　户主性别　AF模型**

中图分类号：**F061.3**　文献标识码：**A**

一、引　言

2020年底我国将全部消除绝对贫困，未来扶贫工作的重中之重将转向巩固脱贫攻坚成果，建立解决相对贫困的长效机制。截至2019年底，农村累计减少的贫困人口中约一半为女性，农村妇女将成为脱贫攻坚成果巩固的关键

* 本文为教育部人文社会科学研究青年基金项目（批准号：15YJC790094）、国家语委优秀成果后期资助项目（批准号：HQ135－31）、山东女子学院高水平科研项目培育项目基金（批准号：2019GSPGJ01）等项目的研究成果之一。

** 孙颖，山东女子学院经济学院副教授；地址：（250300）山东省济南市长清区大学城山东女子学院经济学院，E-mail：sunying@sdwu.edu.cn；苏剑（通信作者），山东大学经济研究院副教授；地址：（250100）山东省济南市山大南路27号山东大学经济研究院，E-mail：sujian@sdu.edu.cn。

所在。这其中农村女户主家庭显得尤为重要，因为女户主家庭不仅面临风险冲击的可能性比较大，还可能会导致更为严重的代际贫困问题。近年来，随着城镇化进程的加快、农村老龄化程度的提高以及人们社会观念的改变，因留守、丧偶、离异而导致的农村女户主家庭比重不断提升，因此在未来建立解决相对贫困长效机制中不可忽视农村女户主家庭的贫困问题。

本文从多维相对贫困的视角比较男女户主家庭的贫困状况，为相对贫困人群的识别提供一些有益的验证和补充。具体而言，本文的贡献主要有以下两点：一是从经济赋权角度定义了女户主家庭和男户主家庭，并比较两种家庭间的多维贫困问题，以验证女性在家庭中拥有经济决策权后，是否更有利于家庭内部的资源配置，从而使得家庭更不易贫困。二是从相对贫困的视角测度多维贫困。目前多维贫困测度指标的选取及贫困阈值的设定基本上是以绝对贫困线为主，对多维相对贫困的讨论不多，因此针对下一步相对贫困的解决，本文希望对多维相对贫困的测度做一点有益补充。

本文主要结构如下：第二部分梳理了国内外已有的文献观点；第三部分说明了多维相对贫困测度的数据来源及指标选取；第四部分基于 A – F 方法框架构建了多维相对贫困指数模型并比较分析了男女户主家庭的多维相对贫困测度的结果；第五部分对结果的稳健性进行了检验；第六部分是对结果的进一步讨论及下一步研究的展望。

二、文献综述

目前人们已经普遍达成共识，认为贫困是一个多维现象，多维贫困测度的方法相应也得到了长足发展。萨比娜·阿尔基尔和詹姆斯·福斯特（Sabina Alkire and James Foster）2011 年提出的 A – F 多维贫困测度方法受到世界广泛关注和应用。桑托斯（Santos，M. E.，2018）的研究表明，多维贫困与收入贫困之间呈现一定的交叠错位关系，两者在一定程度上是互补的关系。在女性多维贫困研究中，以萨比娜·阿尔基尔（Sabina Alkire，2013）提出的农业妇女赋权指数（WEAI）最为典型。该指数主要由五个妇女赋权分项指数组成：农业生产决策、生产资源获取和决策权、收入使用控制、社区领导和时间分配。通过危地马拉的试验数据显示，71.3% 的妇女在 5DE 中丧失了权力，男性丧失权力的比例为 39.1%。对妇女丧失权力贡献最大的方面是收入、领导能力和对生产资源的控制（Sabina Alkire，2017）。但在多维贫困文献中与性别差异有关的证据依然不是很多。来自欧洲的研究表明，女性在多个维度上都比男性贫穷，而且各国之间的性别差距存在显著的差异（Sabina Alkire，2014）。对于撒哈拉以南非洲地区，贝塔娜（Batana，2013）发现，在收入和教育和资产等多维贫困的关键组成部分，妇女比男子更贫困。在南非，罗根（Rogan，2015）比较了不同性别的收入贫困和多维贫困差异，发现与传统收入贫困差异相比，MPI 差异较小，两种方法中女性和女性户主家庭的贫困率都较高。在拉丁美洲，阿尔塔米拉·诺蒙托亚等（Altamirano Montoya，álvaro José，et al.，2017）运用尼加拉瓜的数据测度比较了男女户主家庭以及女单亲家庭的多维贫困指数，结果表明，女户主家庭的多维贫困状况要显著好于男户主家庭。

国内目前关于男女户主家庭多维贫困的比较主要出现在部分多维贫困测度的文章中。郭熙保（2016）运用 CHNS 的跨年数据分析长期多维贫困中发现户主性别对长期多维贫困有显著影响，但女性户主家庭长期多维贫困发生率相比男性户主家庭要低，且女性户主贫困家庭中的被剥夺深度也比男性户主家庭要低。为此，该文进一步探究了造成这一结果的原因，通过对比户主年龄、教育水平、家庭规模以及城乡差异后，发现女性户主家庭多集中在家庭规模小、自身受教育程度高以及城市地区，而这些因素综合导致了女性户主家庭的贫困程度明显低于男性户主家庭。此外，樊丽明和解垩（2014）的研究表明，女性户主相对于男性户主将面临更多生产、生活等方面的脆弱性，其未来的收入存在较高的不确定性风险，导致女性户主采取多种手段提高未来收入，这可能会使女性户主家庭中有计划的储蓄、投资等行为偏好增强，这也从另一角度解释了为何女性户主家庭贫困程度及其不平等要低于男性户主家庭。但沈扬扬等（2018）通过对中国家庭追踪调查（CFPS）数据的多维贫困测度结果进行分解，并未观测到多维贫困的性别差异，甚至发现女性户主家庭贫困度略低于男性户主家庭，但结果不具有统计显著性，即便是考察了不同婚姻状态，也未观察到男女户主家庭间的显著差异。

2020 年后我国将步入相对贫困阶段，多维相对贫困标准，既要包括反映“贫”的经济维度，也要包括反映“困”的社会发展维度（王小林等，2020）。那么，男女户主在多维相对贫困中是否有显著差异？女户主家庭是否会处于劣势地位呢？本文将通过对 CFPS 2016 的数据分析，对这些问题进行探究和回答。

三、指标选取、数据说明与统计性描述

（一）数据来源

本文主要选取 2016 年中国家庭追踪调查（CFPS）数据对中国农村家庭的多维相对贫困进行测度。中国家庭追踪调查是由北京大学中国社会科学调

查中心实施，以 2010 年为基线，对所界定的所有基线家庭成员进行永久追踪，跟踪调查个人、家庭、社会三个层面的信息，数据样本覆盖了 25 个省份，其中对健康、教育、资产、收入等方面的数据完全满足本研究的需要。本文将成人数据库、儿童数据库和家庭经济数据库进行了逐一合并匹配，剔除了变量中 3 倍标准差以外的异常值，并根据数据库对缺失值的说明进行了匹配和补充，最终样本为 5 321 个家庭。

（二）指标选取及数据处理说明

1. 户主的界定

由于分析的重点是男女户主家庭的多维贫困差异，因此我们在分析中主要以家庭而不是个人为分析对象。因此，在指标选取上，尽量以家庭为单位计算比率或均值，以便于比较家庭的整体情况。

传统意义上的户主一般是指户籍上的一家之主，即户口本上的户主信息。但本文所用的 CFPS 数据认为随着我国经济和社会事业快速发展，流动人口增多，完全用户籍人口来界定家庭成员的构成可能存在诸多限制。因此，该数据对家庭成员的定义主要是从经济意义上进行界定，即“经济上联系在一起的直系亲属，或经济上联系在一起，与该家庭有血缘、婚姻、领养关系且连续居住时间满 3 个月的非直系亲属”。因此，CFPS 数据库虽然没有从户籍上认定户主信息，但从经济层面设计了与户主定义可能相关的概念：主事者、决策者、财务管理者、房产所有者等。鉴于本文所采用的是 2016 年农村调查子样本数据，该年调查不涉及主事者和大事决策者等问题，而房产证署名等信息不适用于农户实际情况，因此，本文采用的是“过去一年，您家哪位家庭成员最熟悉并且可以回答家庭财务的部分问题?”这一问题来确认户主信息。本文认为这一问题相较于传统户籍意义上的户主而言，更能体现一种“当家”或“赋权”的理念，即通过这种界定便于考察男性与女性在拥有家庭财务支配权的前提下对家庭资源配置的差异性。

2. 贫困维度和指标的确定

在指标选取方面，主要参考联合国千年发展目标中的具体指标以及已有的研究文献，从收入、健康、教育、生活水平以及生产类资产等方面入手，考察农村男女户主家庭的收入贫困、健康贫困、教育贫困、消费贫困和生产性贫困。本文主要关注相对贫困测度，因此在具体指标选取方面根据中国农村家庭的实际情况进行了部分调整。具体指标及贫困阈值的设定如表 1 所示。

（1）收入贫困。

本文认为相对于平均收入，中位数收入水平更能够反映人们的相对收入感受。因此，在基数选择上，本文倾向采用按照社区内家庭人均纯收入中位数作为基数，以社区内家庭人均纯收入中位数的50%作为收入的贫困阈值。

（2）健康贫困。

本文在考虑家庭规模的基础上，采用了家庭成员中患慢病人数比例、家庭成员营养不良率、过去一年家庭医疗支出水平占家庭总收入比例等三个指标作为健康维度的衡量，若这三者中任意一项超过社区平均水平即为健康贫困。

（3）教育贫困。

相较于单个家庭成员的受教育水平，家庭成人的人均受教育水平更能体现其人力资本积累和可持续收入能力，因此，本文主要采用家庭成员中成人受教育年限的均值作为教育贫困的测度指标，以便于与社区平均水平进行比较。

（4）消费贫困。

本文主要选择安全饮用水、生活燃料、耐用品消费价值、吃穿消费支出、人均住房面积五个指标衡量生活水平。其中，食物和衣着等消费支出的大小、住房面积等与家庭规模直接相关，因此本文采用家庭人均吃穿消费作为衡量标准。

（5）生产性资产贫困。

资产匮乏也是造成家庭贫困的重要原因。根据农村家庭生产经营的特点，本文主要选择了土地资产、农用机械以及生产性固定资产三个指标作为衡量家庭生产性贫困。

表1　　多维相对贫困的维度和指标

贫困维度	分类指标	剥夺临界值说明	权重
收入贫困	家庭人均纯收入	若农户家庭人均纯收入低于社区家庭人均纯收入中位数的50%则认为该指标下存在剥夺	1/5
健康贫困	家庭成员患慢性病人数占比	若超过社区该比例均值，则认为该指标下存在剥夺	1/15
	家庭成员营养不良人数占比	若超过社区该比例均值，则认为该指标下存在剥夺	1/15
	家庭医疗支出负担	若超过社区家庭医疗支出中位数，则认为该指标下存在剥夺	1/15
教育贫困	家庭成人平均受教育年限	若低于社区成人平均受教育年限，则认为该指标下存在剥夺	1/5
消费贫困	做饭用水	做饭用水非“自来水、矿泉水、纯净水、过滤水”则认为该指标存在剥夺	1/25
	做饭燃料	生活燃料非“电、天然气、液化气、太阳能、沼气”则认为该指标存在剥夺	1/25

续表

贫困维度	分类指标	剥夺临界值说明	权重
消费贫困	人均住房面积	若低于社区人均住房面积中位数则认为该指标存在剥夺	1/25
	家庭耐用品价值	若低于社区家庭耐用品价值中位数的 50% 则认为该指标存在剥夺	1/25
	家庭人均吃穿消费支出	若低于社区家庭人均吃穿消费指数的 50% 则认为该指标存在剥夺	1/25
生产贫困	农用机械总价值	若低于社区中位数的 50% 则认为指标存在剥夺	1/15
	生产类固定资产		1/15
	土地资产		1/15

（三）指标相关性及描述性统计结果

多维贫困测度指标间的统计属性通常是相关的，但应该在合理且可行的前提下尽可能选择相关性不高的指标。本文测算了所选用的 13 个指标间的相关系数。结果表明，各指标之间大都存在显著的相关性，但除了人均吃穿支出与人均收入之间相关系数超过了 0.4 之外，其他指标的相关系数都在 0.3 以下。一般而言，相关系数在 0.7 以上说明关系非常紧密；0.4 ~0.7 说明关系紧密；0.2 ~0.4 说明关系一般。因此，各指标间的相关性较弱，并不存在高度相关的指标。

为了能够反映整体情况，在描述性统计中，本文用家庭层面的抽样权重进行了修正，结果与原样本没有实质上的差异。从表 3 的分布来看，男户主家庭占比为 54.23%，女户主家庭占比为 45.77%，这一比例显著高于按传统户籍意义上的女户主的比例。为了进一步比较男女户主家庭的异质性，本文还根据“当前婚姻状况”这个问题，以是否离异或丧偶作为标准，筛选了男单亲户主家庭和女单亲户主家庭。从表 2 中可以看出，男户主的平均年龄为 53.48 岁，显著大于女户主的 49.9 岁，而在单亲家庭中，女户主平均年龄偏大，为 64.32 岁，这与农村实际情况较为相符。从家庭规模来看，单亲家庭的家庭规模平均偏小，但男女户主家庭间的家庭规模不存在显著差异。

从表 2 中可以看出，女单亲家庭的收入显著偏低，营养、健康状况也相对较差，医疗支出负担较重；女户主家庭的受教育水平要高于男户主家庭，这从侧面也表明教育水平的提高有助于女性在家庭内部的赋权，但女单亲家庭的平均受教育水平较低，仅有 3.24 年。从生活水平来看，男户主家庭和女户主家庭之间在用水方面不存在显著差异；而在做饭燃料使用方面，女户主

表 2 描述性统计结果

指标	总体		男户主家庭		女户主家庭		男单亲家庭		女单亲家庭	
	均值	标准差	均值	标准差	均值	标准差	均值	标准差	均值	标准差
户主年龄	51.849	14.231	53.482	14.277	49.914	13.93	62.229	14.597	64.319	12.663
家庭规模	3.824	1.925	3.783	1.996	3.871	1.837	2.334	1.651	2.781	2.014
家庭人均纯收入	13 471.91	15 052.46	13 690.09	15 971.1	13 213.45	13 881.35	16 549.72	23 710.78	10 620.12	16 232.56
慢性病成员比例	0.155	0.266	0.152	0.264	0.159	0.269	0.154	0.316	0.222	0.378
营养不良比例	0.09	0.208	0.092	0.209	0.089	0.207	0.119	0.287	0.139	0.307
医疗支出占比	0.234	0.877	0.238	0.95	0.229	0.782	0.354	1.226	0.392	0.889
平均受教育水平	5.646	3.523	5.449	3.444	5.879	3.601	5.175	3.664	3.237	3.388
生活用水	0.381	0.486	0.398	0.489	0.362	0.48	0.453	0.498	0.38	0.485
做饭燃料	0.467	0.499	0.506	0.5	0.421	0.494	0.469	0.499	0.451	0.498
人均住房面积	46.284	42.01	46.714	41.448	45.776	42.661	70.903	60.466	67.721	67.818
耐用品价值	17 337.15	34 177.69	16 786.55	33 486.36	17 989.39	34 967.75	10 593.2	29 919.26	8 806.469	24 502.68
人均吃穿消费	4 099.036	4 157.427	4 223.147	4 662.823	3 952.011	3 458.845	4 671.91	4 718.158	3 530.675	3 575.565
农用机械价值	2 182.779	6 300.674	2 569.881	6 908.284	1 724.207	5 459.213	1 918.171	5 199.383	873.569	5 200.726
土地资产	29 382.13	44 012.39	33 074.31	46 819.51	25 008.28	39 997.01	18 802.58	34 019.96	11 064.74	21 176.21
生产性固定资产	7 939.729	47 196.57	8 148.953	39 483.65	7 691.877	54 949.01	5 480.496	23 163.28	1 662.45	10 105.11
样本占比	100		54.23		45.77		4.34		4.43	

家庭要显著好于男户主家庭，这可能跟女性是家庭做饭的主要负责人有关，相较于男性，她们更在意使用更健康和方便的燃料。在耐用品消费和人均吃穿消费方面，男女户主家庭间呈现较为明显的消费决策性别差异。在耐用品消费方面，女户主家庭耐用品价值明显高于男户主家庭，但在人均吃穿消费方面，男户主家庭的消费支出却高于女户主家庭。这与现实中观察较为一致，女性在决策日常消费时更为精打细算，而男性在日常花销方面则显得更为"粗放"。但女单亲家庭在消费方面普遍处于劣势，这或许跟女性单独支撑家庭运营压力较大有关。相较于家庭经济状况的其他方面，资产方面的差异在男女户主家庭之间表现是最为明显的。在土地资产方面，女户主家庭的土地资产平均仅有 25 008. 28 元，不仅低于男户主家庭的 33 074. 31 元，而且也低于总体的平均值 29 382. 13 元。这与当前农村土地权益的归属状况是密切相关的，女性在农村土地权益分配中处于不利地位。此外，在生产性固定资产、农用机械价值方面，女性户主家庭也显著低于男户主家庭。

从描述性统计结果可以初步判断，在 4 种家庭类型中，女单亲家庭在各方面状况表现均比较弱，而普通的男户主家庭和女户主家庭在资产条件方面具有显著差异，女户主家庭的资产拥有量，尤其是土地资产方面处于劣势。即便如此，女户主家庭的家庭收入水平、生活条件以及健康营养状况方面与男户主家庭基本保持一致，这或许是女性赋权在家庭内部的正向效应的一种体现。

四、多维相对贫困指数模型的构建及测算结果分析

本文主要基于森的能力贫困理论，按照目前多维贫困测度应用最为广泛的是萨比娜·阿尔基尔和詹姆斯·福斯特（Alkire & Foster，2011）提出的"双界线"方法（A - F 法）对多维相对贫困进行测度。鉴于该方法相对成熟且受篇幅所限，本文将不再重复 A - F 模型的具体步骤。

（一）不同性别户主家庭的贫困发生率比较

根据前文对各指标贫困线的设定，本文在考虑家庭规模的基础上，按人口数计算了不同性别户主家庭在各指标层面的贫困发生率，如表 3 所示。从表 3 中可以看出，男女户主家庭在家庭人均纯收入的贫困发生率没有显著差异，但单亲家庭的收入贫困发生率较为突出，女单亲家庭有 27. 38% 低于社区人均收入的中位数水平；健康维度的各个指标贫困发生率都在 20% 以上，这说明健康贫困仍然是困扰农村家庭的重要方面。其中，女单亲家庭健康贫困的比例要显著高于其他几类家庭。在健康贫困三个维度中，男户主家庭和

女户主家庭的慢性病患者比例超过社区平均数的家庭比例在30%以上，相较于其他两个指标，其占比较高。这表明，在农村家庭中慢性病的影响越来越突出。此外，在消费贫困和生产性贫困发生率中，除了燃料使用方面，女户主家庭贫困率发生较低之外，其他指标方面男女户主家庭间的贫困发生率并不存在显著的差异，但相比之下女单亲家庭的贫困发生率较高。这表明，在我国农村家庭中，女单亲家庭应是相对贫困关注的重要群体。

表3　　不同性别户主家庭的贫困发生率　　单位：%

指标	总体	男户主	女户主	男单亲	女单亲
家庭人均纯收入	19.06	19.48	18.53	23.14	27.38
医疗支出	21.95	22.28	21.54	19.61	28.26
慢性病	32.29	31.88	32.80	28.43	36.50
营养	22.75	24.61	20.44	23.53	49.43
教育	42.07	43.49	40.30	52.94	68.31
用水	39.76	40.19	39.23	43.73	40.05
燃料	52.81	58.04	46.27	51.57	45.75
住房	47.52	46.83	48.39	33.92	44.23
耐用品消费	24.85	25.09	24.54	36.86	37.26
吃穿消费	17.25	16.80	17.81	14.90	25.48
土地资产	22.99	21.84	24.42	32.35	39.80
农用机械	15.33	15.50	15.12	16.08	24.08
生产性固定资产	16.35	16.03	16.75	17.65	26.11

在之前的描述性统计中，女户主家庭在资产维度的三个指标均值与男户主家庭均存在显著差异，但在贫困发生率方面没有显著差异。鉴于此，本文分别考察了资产维度的贫困家庭和非贫困家庭的均值。均值统计结果显示，在农用机械价值方面，非贫困的男户主和女户主家庭的均值分别为3 779.4元和2 355.3元，相比之下，农用机械价值方面的贫困男户主和女户主家庭的均值分别为205.6元和153.9元；生产性固定资产方面，非贫困的男女户主家庭的均值分别为10 921.2元和9 953.05元，而贫困的男女户主家庭的均值分别为213.06元和183.8元；同样，在土地资产方面，非贫困的男女户主家庭的土地资产均值分别为42 127.06元和32 832.55元，而贫困的男女户主家庭的土地资产均值分别为3 780.4元和3 561.96元。从资产均值来看，贫困家庭和非贫困家庭的差距显著，而在贫困家庭内部，男女户主家庭的资产差异并不是很显著。同样，本文也探索了其他指标的贫困与非贫困群体的均值比较，

结论与资产指标均类似，都表明农村贫困家庭的贫困深度是较为突出的。

（二）不同性别户主家庭的多维相对贫困指数测算与比较

如前所述，本文在进行多维相对贫困测度时，两个临界线均采用相对指标概念，k 的选取以 Ci 值的相对比例来确定。根据样本所测算的 Ci 值，本文选取了 Ci 值分布的 50 分位和 70 分位两个点来表示一般相对贫困和深度相对贫困，其对应的 Ci 值分别位于 0.28 和 0.39，因此，本文主要测度了 K = 0.28 和 K = 0.39 两个临界值下的多维贫困指数，结果如表 4 所示。当 K = 0.28 时，总体样本的多维相对贫困发生率为 52.77%，被确定为多维贫困人群内部的平均受剥夺程度（100% 为最大值，即全部被剥夺）为 44.65%，多维贫困指数为 0.2356。与已有的研究相比，从相对贫困的角度来测度多维贫困，其多维贫困发生率和剥夺强度是偏高的。从男女户主来看，男户主家庭的多维贫困发生率比女户主家庭高 4 个百分点，但女户主家庭的多维相对贫困的深度比男户主家庭略高。从多维相对贫困指数来看，男户主家庭在 K = 0.28 的临界水平下，其多维相对贫困发生率要高于女户主家庭，但两者之间差异不具有显著的统计学意义。这与已有的研究结果是相呼应的。但从单亲家庭来看，女单亲家庭的多维相对贫困发生率为 79.06%，其多维相对贫困深度也要高于其他类型家庭，多维相对贫困指数达到了 0.277，显著高于其他类型家庭，再次表明女单亲户主家庭多维相对贫困问题比较突出。

表 4　多维相对贫困指数测算结果

项目	指标	多维相对贫困发生率（H）	多维相对贫困强度（A）	95% 置信区间		多维相对贫困指数（M_0）	95% 置信区间	
				上限	下限		上限	下限
Ci 的 50 分位（K = 0.28）	总体	0.5277	0.4465	0.4414	0.4516	0.2356	0.2329	0.2383
	男户主	0.5463	0.4419	0.3931	0.4906	0.2414	0.2148	0.2681
	女户主	0.5044	0.4528	0.3961	0.5096	0.2284	0.1998	0.2571
	男单亲	0.5972	0.4641	0.4378	0.4905	0.2772	0.2614	0.2929
	女单亲	0.7906	0.5019	0.4816	0.5222	0.3968	0.3807	0.4128
Ci 的 70 分位（K = 0.39）	总体	0.2868	0.5639	0.5566	0.5712	0.1617	0.1596	0.1638
	男户主	0.2882	0.5438	0.4767	0.6110	0.1567	0.1374	0.1761
	女户主	0.2861	0.5449	0.4694	0.6204	0.1559	0.1343	0.1775
	男单亲	0.3365	0.5643	0.5346	0.5941	0.1899	0.1799	0.1999
	女单亲	0.5596	0.5711	0.5511	0.5911	0.3196	0.3084	0.3308

从表4中还可以看出，随着K值的提高，多维相对贫困的发生率在下降，而多维相对贫困的强度却随之上升。在K=0.39时，男户主家庭和女户主家庭无论是多维相对贫困的发生率还是多维相对贫困强度都不存在显著差异，多维相对贫困指数也基本接近。但在女单亲家庭，其贫困发生率和多维相对贫困指数显著较高，但在多维相对贫困强度方面与其他类型家庭差异并不显著。这表明，在贫困程度较深的时候，不同户主类型的多维贫困家庭的被剥夺程度都是类似的。

（三）维度分解结果

本文测算了不同维度对多维贫困的贡献率，具体结果见表5。为了更好地比较在不同多维相对贫困程度下各个维度的比较，本文选择了0.3、0.4、0.5和0.6四个K值进行测度。从表5中可以看出，教育贫困对多维相对贫困指数影响比较大，以K=0.3为例，教育贫困的贡献率达到了34.08%，而且对于男户主家庭来说，教育贫困的贡献率高于女户主家庭近1.2个百分点，这说明对于男户主家庭而言，教育贫困的影响更大。但随着临界值K的提升，教育贫困的贡献率略有下降，但一直维持在30%左右。由此可见，教育贫困是导致多维贫困的重要因素。其次是消费贫困，在K值较低的时候，消费贫困的贡献率也基本在20%左右，男女户主家庭间的差别并不特别显著。健康贫困和生产贫困的贡献率一直比较平稳，均在14%~15%，且随着K值的变化，其贡献率变化不大。值得注意的是，收入贫困对女户主家庭多维贫困的贡献率相较男户主家庭更大，而且贡献率随着K值的增加而增加。在K=0.3的时候，其贡献率只有15%左右，但对女户主家庭的贡献率达到了16.08%。当K=0.6时，女户主家庭的收入贫困贡献率达到了26.17%，显著高于男户主家庭。这说明，在一般程度的多维贫困中，非收入贫困比收入贫困维度影响更大，而对于深度多维贫困而言，收入因素依然是较为重要的影响因素，而且收入因素对于女户主家庭更重要。

表5　各个维度的贡献率　　单位：%

指标	K=0.3			K=0.4			K=0.5			K=0.6		
	总体	男	女	总体	男	女	总体	男	女	总体	男	女
收入贫困	15.63	15.29	16.08	19.04	18.76	19.38	23.90	23.32	24.68	25.58	25.10	26.17
健康贫困	14.34	14.16	14.58	14.66	14.69	14.63	14.12	14.05	14.22	14.62	14.56	14.69
教育贫困	34.08	34.58	33.41	31.04	31.14	30.92	28.62	28.94	28.19	27.19	27.18	27.20
消费贫困	22.36	22.63	22.01	20.69	20.94	20.37	18.91	19.07	18.69	18.35	18.44	18.25
生产贫困	13.59	13.34	13.94	14.58	14.47	14.71	14.45	14.62	14.22	14.26	14.72	13.70

五、稳健性检验

为了检验男女户主多维相对贫困测度的稳健性，本文主要采取了两种方法进行验证，一是通过改变临界值 K 的取值，二是通过改变不同维度间的权重。

在已有研究中，K 的取值目前有两种方式，一是根据贫困维度来设定，二是按照 Ci 的取值来设定。无论哪种方法，K 取值越大，代表贫困维度越多。结果表明，无论是 K 取值为 3、4、5、6、7，还是取值为 0.3、0.4、0.5、0.6，男户主家庭的多维相对贫困指数都略高于女户主家庭。但这种差距相对不是很显著，尤其是在高维度的贫困状态下，两者之间的多维相对贫困指数几乎没有差异。这与之前的分析结果基本是一致的，这说明多维相对贫困测度在不同 K 值取值水平下是比较稳健的。

本文参照沈扬扬（2018）的做法进行权重调整，即将其中一个维度的权重从 1/5 放大到 1/2，其余四个维度权重从 1/5 等比例缩小为 1/8，以此类推，形成 5 种权重设置方式，W_1、W_2、W_3、W_4、W_5。本文根据五种新的权重重新计算了男户主家庭和女户主家庭的多维相对贫困指数，具体结果见表 6。测算结果表明，在不同权重比重下，男户主家庭的多维相对贫困指数均大于女户主家庭，但差异并不显著，这说明本文之前的结果是比较稳定的。此外，从不同权重设定结果比较来看，在五个方面等权重的情况下，所得到的多维相对贫困指数相对比较适中。在放大收入贫困和生产性贫困的比例为 1/2 时，即在 W_1 的权重下，多维相对贫困指数相对较低，这说明在男女户主家庭中，收入贫困和生产性贫困可能不是造成多维相对贫困的主要因素；相反，将教育贫困权重提升至 1/2 时，男女户主家庭多维相对贫困指数显著提高，接近 0.3，这说明教育是影响农村家庭多维相对贫困的重要因素；此外，消费方面的贫困对多维相对贫困指数的影响也是不容忽视的。

表 6　不同权重下的男女户主多维相对贫困指数测算结果

指标	男户主家庭			女户主家庭		
	多维贫困指数	95% 置信区间		多维贫困指数	95% 置信区间	
		上限	下限		上限	下限
W_0	0.2356	0.2312	0.2399	0.2260	0.2213	0.2306
W_1	0.1583	0.1552	0.1614	0.1552	0.1519	0.1585
W_2	0.1972	0.1941	0.2004	0.1894	0.1859	0.1929

续表

指标	男户主家庭			女户主家庭		
	多维贫困指数	95%置信区间		多维贫困指数	95%置信区间	
		上限	下限		上限	下限
W_3	0.2983	0.2955	0.3012	0.2836	0.2805	0.2867
W_4	0.2370	0.2339	0.2401	0.2243	0.2208	0.2278
W_5	0.1689	0.1657	0.1721	0.1697	0.1661	0.1732

六、结论与展望

通过以上数据统计、测算、检验与比较，本文得出以下结论：第一，女户主家庭并不一定是多维贫困的。如前所述，在我国户主的界定有两个角度，一方面是户籍意义的户主界定，由于社会习俗的影响，在农村户籍意义的男户主比例要远高于女户主比例。女性大都因为单身、离异、丧偶等才会成为户主，而这部分女户主家庭从统计特征来看具有显著的贫困特征。另一方面是从家庭决策和经济赋权的角度来看，事实女户主家庭可能并不存在显著的贫困特征，因此，从已有的研究和本文的分析来看，女户主贫困问题并不是一概而论的问题。在扶贫中需要区别事实女户主和法理女户主，尤其是要关注单身母亲家庭的贫困问题。第二，多维相对贫困的性别差异可能更多存在于家庭内部或者个人层面，而不是家庭层面。本文的测算表明女户主家庭并不存在显著的多维贫困差异，但这并不等同于性别间的多维相对贫困差异不显著。男性和女性的多维贫困差异可能存在于家庭内部。以家庭为贫困人口识别单位的多维贫困衡量方法对性别敏感程度不高，因此无法揭示家庭内部的性别差异。同一家庭的女性在家庭资源支配、信息获取以及教育等多方面可能处于不利地位，因此在未来研究中有必要加强对个人贫困的研究和识别。

2020 年后，我国将基本消除绝对贫困，贫困问题将从绝对贫困转向相对贫困。在相对贫困治理阶段，如何设定相对贫困标准，更为精准地识别相对贫困人口成为亟待解决的首要问题。本文运用 CFPS 2016 年的数据测度了我国农村家庭的多维相对贫困指数，并从户主性别的角度进行了比较分析，考察了收入、教育等因素对多维相对贫困指数的影响。本文认为在 2020 年后的相对贫困治理中，需要注意以下问题：

（1）相对贫困标准的设定需要考虑多维因素。

脱贫攻坚期间我国采取的“三不愁两保障”的贫困标准是多维贫困在政策实施中的重要实践，并取得了显著成效。在相对贫困治理过程中，也需要将收入、住房、健康、教育、资产等多个维度纳入相对贫困衡量标准。受数据所限，本文主要以社区中位数为衡量标准，但在实际应用中可以考虑县域或市域等更为宽泛的地域指标，既考虑地域差异，又能够降低政策实施的交易成本。

（2）可以按照城乡、性别、年龄、区域等角度对相对贫困人口进行差异化识别，以提高减贫政策的针对性。

本文在这方面进行了初步尝试，从户主性别的角度对农村家庭相对多维贫困进行比较分析。我国目前处于城市化和老龄化快速推进的叠加期，这使得性别视角下的贫困治理问题更为复杂。从已有的研究和本文的分析来看，女户主贫困问题并不是一概而论的问题。在相对贫困治理过程中，需要特别关注单身母亲以及老年独居女性家庭的贫困问题。

（3）需重视家庭内部资源配置对相对贫困的影响。

习近平主席曾指出要“注重发挥妇女在社会生活和家庭生活中的独特作用”。[①] 在消除贫困过程中需重视女性在家庭内赋权的问题。从本文的分析来看，两种家庭之间的贫困差异较小，但女户主家庭在生产性资产拥有量方面均值显著偏低。即便是在这种情况下，女性当家的家庭却在健康、教育、收入以及消费方面并没有表现出特别的差异。由此可见，加强对妇女赋权有助于充分有效地利用家庭资源来实现家庭收益最大化，进而降低相对贫困程度。当然，赋权女性对家庭内部资源配置的影响机理还需要进一步的探究。

参考文献

1. 郭熙保、周强：《长期多维贫困、不平等与致贫因素》，载于《经济研究》2016 年第 6 期。

2. 樊丽明、解垩：《公共转移支付减少了贫困脆弱性吗?》，载于《经济研究》2014 年第 8 期。

3. 沈扬扬、Sabina Alkire、詹鹏：《中国多维贫困的测度与分解》，载于《南开经济研究》2018 年第 5 期。

4. 王小林、冯贺霞：《2020 年后中国多维相对贫困标准：国际经验与政策取向》，载于《中国农村经济》2020 年第 3 期。

5. Alkire, S., & Foster, J., 2011, “Counting and Multidimensional Poverty Measurement”, *Journal of Public Economics*, Vol. 95, No. 7.

6. Alkire, S., Meinzen - Dick, R., Peterman, A., Quisumbing, A., Seymour, G., & Vaz, A., 2013, “The Women's Empowerment in Agriculture Index”, *World Development*, Vol. 52.

① 习近平同全国妇联新一届领导班子成员集体谈话并发表重要讲话［EB/OL］. 中国政府网，2018 - 11 - 2，http：//www. gov. cn/xinwen/2018 - 11/02/content_5336958. htm.

7. Alkire, S., Roche, J. M., & Vaz, A., 2017, "Changes Over time in Multidimensional Poverty: Methodology and Results for 34 Countries", *World Development*, Vol. 94.

8. Alkire, S., & Santos, M. E., 2014, "Measuring Acute Poverty in the Developing World: Robustness and Scope of the Multidimensional Poverty Index", *World Development*, Vol. 59.

9. Altamirano Montoya, álvaro José, & Teixeira, K. M. D., 2017, "Multi-dimensional Poverty in Nicaragua: Are Female-headed Households Better Off?" *Social Indicators Research*, Vol. 132, No. 3.

10. Batana, Y. M., 2013, "Multidimensional Measurement of Poverty among Women in Sub – Saharian Africa", *Social Indicators Research*, Vol. 112, No. 2.

11. Rogan, M., 2015, "Gender and multidimensional poverty in South Africa: Applying the Global Multidimensional Poverty Index (MPI)", *Social Indicators Research*, Vol. 126, No. 3.

12. Santos, M. E., & Villatoro, P., 2018, "A Multidimensional Poverty Index for Latin America", *Review of Income and Wealth*, Vol. 64, No. 1.

Measurement and Comparison of Relative Poverty of Rural Households in China from a Multidimensional Perspective

Sun Ying

(School of Economics Shandong Women's University, 250000)

Su Jian

(Center of Economic Research, Shandong University, 250100)

Abstract: In 2020, China will win the battle of poverty alleviation and build Well-off society in an all-round way. The focus of rural work will shift from reducing absolute poverty to relative poverty. The key to reducing relative poverty is to set reasonable relative poverty standards and accurately identify the relative poverty population. Based on the data of China Family Panel Studies, CFPS in 2016, the paper used the AF method to measure the Multidimensional Poverty Index of rural households in China from the perspective of relative poverty. The results showed that: we need to consider the Multidimensional Poverty conditions such as income, education, health, assets and so on for the setting of multidimensional relative poverty standards; we should identity and differentiate relatively poverty population by gender, age and family status, so as to to take targeted measures in poverty alleviation; we need to pay attention to the empowerment of women in the family to reduce relative poverty Female-headed households are conducive to the rational allocation of family resources and help to reduce poverty.

Keywords: Multidimensional Poverty Relative Poverty Gender of Headed Household AF Model

JEL Classifications: P36 J16

哪种融资方式更能促进新型农业经营主体的发展？*

鲁钊阳**

【摘　要】为避免既有研究注重从融资渠道层面而忽视从融资方式层面探究新型农业经营主体的融资问题，以西部地区 2 703 份有效问卷为例，分别采用最小二乘法（OLS）与 Ordered Probit 模型实证不同融资方式选择对新型农业经营主体发展的影响。结果发现：不同融资方式各有利弊，都能够显著影响新型农业经营主体的偿债能力、营运能力和盈利能力，但不同融资方式对新型农业经营主体发展的影响不同；与外源融资相比，内源融资更能够促进新型农业经营主体的发展；与长期融资相比，短期融资更能够促进新型农业经营主体的发展。同时，还发现：不同融资方式选择对不同地区和不同户籍新型农业经营主体发展的影响存在差异，且这种异质性不随被解释变量的变化而变化。机制检验表明，内源融资可以显著提高新型农业经营主体的决策自主性，短期融资可以显著增加新型农业经营主体的社会资本积累，两者都可以有效促进新型农业经营主体的发展。

【关键词】**融资　融资方式　新型农业经营主体　融资方式选择　新型农业经营主体发展**

中图分类号：**F320.2**　文献标识码：**A**

---

* 本研究获国家社会科学基金项目《基于社会责任视角的农村金融服务乡村振兴战略研究》（项目编号：19CJY031）、重庆市教委人文社科研究计划项目《重庆武陵山片区脱贫机制与返贫抑制模式研究》（项目编号：17SKG188）、重庆市教委科学技术研究计划项目《绿色金融发展促进武陵山少数民族地区乡村振兴的政策引导机制研究》（项目编号：KJQN201900304）、西南政法大学校级重点项目《乡村振兴战略背景下“乡村旅游”+“农产品电商”联动发展机制与模式研究》（项目编号：2018XZZD－11）以及西南政法大学经济学院项目《绿色金融发展促进乡村振兴战略实施的机制与模式研究》（项目编号：2019YJXM010）的资助。

** 鲁钊阳，西南政法大学经济学院教授、博士生导师，西南政法大学制度经济学研究中心研究员；地址：（401120）重庆市渝北区回兴街道宝圣大道 301 号西南政法大学经济学院；E-mail：hament2009@163.com。

一、引　　言

2018年中央一号文件明确指出，农业农村农民问题（以下简称“三农”问题）是关系国计民生的根本性问题，解决好这一根本问题是实现国家长治久安的重要基础。实施乡村振兴战略，是决胜全面建成小康社会、全面建设社会主义现代化国家的重大历史任务，是新时代“三农”工作的总抓手，自然也是破解“三农”问题的重要内容①。作为发展现代农业的主力军和突击队，新型农业经营主体是实施乡村振兴战略的重要力量，高素质的新型农业经营主体能够为乡村振兴战略的实施夯实基础。作为主要萌芽并发展于传统农业经济体基础上的现代农业组织，新型农业经营主体的发展仍然无法摆脱金融服务诉求难以得到有效满足的困境，而解决这种困境又迫在眉睫。很显然，研究不同融资方式选择对新形势下新型农业经营主体发展的影响无疑具有重要的意义。

从既有文献来看，学者们鲜有直接研究融资方式选择对新型农业经营主体发展的影响，但相关的研究成果则较多。在国外，学者们较多地关注农户、家庭农场、农业合作组织和农业企业的融资问题。在农户融资方面，巴特查里亚和坤哈卡巴（Bhattacharyya and Kumbhakar，1997）认为，基于资本逐利性与避险性的考虑，正规金融机构会以农户贷款可能存在道德风险和逆向选择问题而拒绝农户的贷款申请，而对于那些急需资金的农户来说，非正规金融机构的作用就显得尤为关键；从总体上来看，非正规金融机构已经成为农户获取信贷资金的重要渠道；科恰尔（Kochar，1997）、穆欣斯基（Mushinski，1999）、巴奇尔和高肯格尔（Boucher and Guirkinger，2007）认为，受抵押品缺乏和非正规融资交易成本低等因素的影响，农户更愿意选择从非正规金融机构获得贷款。当然，并非所有的个体农户都能够从非正规金融机构获得贷款，非正规金融机构在审核贷款时仍然会看重个体农户所拥有的社会资本（主要是以互动、信任和关系为基础的社会资本），因为这些社会资本的存在可以为贷款分担风险、降低交易成本、减少信贷违约行为的发生，奇利斯和麦克马金（Chiles and McMackin，1996）、多尔芬和基尼卡特（Dolfin and Genicot，2010）、坎南和汤森德（Kinnan and Townsend，2012）已经证明了这一点；葛鲁塔特（Grootaert，1999）甚至认为，拥有更高社会资本的家庭更容易获得非正规金融机构的贷款。在家庭农场融资方面，学者们也从不同的角度研究了家庭农场的融资问题，认为虽然与个体农户相比，家庭农场在自

① 资料来源：《中共中央　国务院关于实施乡村振兴战略的意见》，中国政府网，2018年1月2日，http：//www. gov. cn/zhengce/2018－02/04/content_5263807. htm。

身资产储备方面更有优势，但是，在某些情况下，家庭农场仍然会面临借贷危机，政府对家庭农场的各方面优惠政策是其最大限度地获取信贷资源的重要支持。此外，亨利等（Henry et al.，2015）、圣保罗（Paulo，2016）重点研究了农业合作组织发展中的融资困境问题，维罗妮卡等（Veronika et al.，2015）、约瑟夫和佐尔坦（József and Zoltán，2015）则重点研究了融资对农业企业发展的影响。

在国内，依据研究结论的不同，可以将学者们的成果归为以下几个方面：第一，在新型农业经营主体融资需求特征研究方面，华中昱和林万龙（2016）认为新型农业经营主体的融资规模大、资金用途多、融资周期长、贷款意愿和还款能力较强，且新型农业经营主体的融资需求与产业链联系密切，金融需求日趋多元化；王洪波（2017）则认为，不同种类的新型农业经营主体对农业保险的认识过于理想化，普遍存在“重经营、轻风险”的现象，且合作社、龙头企业等新型经营主体更关注理赔手续和赔付效率等后期环节。第二，在新型农业经营主体融资约束原因研究方面，林乐芬和法宁（2015）认为，新型农业经营主体融资困难是多方面的原因造成的，既有新型农业经营主体自身的原因，也有金融机构方面的原因，还与政府及其相关主管部门的政策密切相关；鲁钊阳（2017）认为，新型农业经营主体能否及时足额获得金融服务，与其自身个人禀赋、家庭禀赋及地区资源禀赋密切相关。第三，研究金融支持新型农业经营主体发展的模式。周明明等（2016）结合当前互联网+的时代背景，深入分析了新型农业经营主体P2P网络融资模式、新型农业经营主体众筹融资模式、新型农业经营主体基于大数据的电商小贷融资模式以及新型农业经营主体供应链融资模式四种模式的流程与特点。此外，赵晓峰和赵祥云（2016）、阮荣平等（2017）、李湘和纪秀风（2018）、王睿和周应恒（2019）还从发挥金融服务的功能如何促进新型农业经营主体的发展方面进行了深入研究。

很显然，国内学者们都充分认识到及时足额的融资对于新型农业经营主体的发展来说具有重要的促进作用，但受多方面因素的制约，新型农业经营主体融资困境问题难以有效得到解决。考虑到新型农业经营主体发展水平的差异，整齐划一的融资方式必然难以满足实际需要；不同类型的融资方式并存是市场经济条件下的必然产物，更是新型农业经营主体发展的必然要求。与既有文献相比，本文研究的贡献表现为：第一，现有研究特别是国外研究更多的是注重从融资渠道（正规金融机构与非正规金融机构）层面探究新型农业经营主体的融资问题，鲜有学者从融资方式的层面着手来展开相关的研究。事实上，就新型农业经营主体的融资本身而言，融资渠道和融资方式是不可忽视的两个重要方面，探究融资方式对新型农业经营主体发展的影响一样具有重要意义。本文研究以融资方式为切入点，显然可以拓展新型农业经营主体的融资理论。第二，不同融资方式各有利弊，并无优劣之分，但不同融资方式选择对新型农业经营主体发展的影响并不一样；本文拟在理论分析的基础上，通过分别采用最小二乘法（OLS）与 Ordered Probit 模型实证探究到底哪种融资方式更能够促进新型农业经营主体的发展，可以在一定程度上直接为政府及其主管部门出台解决新型农业经营主体融资困境政策提供一定的理论支撑。

二、概念界定、研究假说与模型构建

（一）概念界定

要研究到底哪种融资方式更能促进新型农业经营主体的发展，必须弄清楚融资方式和新型农业经营主体的概念内涵。所谓的融资方式，是指企业融通资金的可能途径，或者说是企业获取资金的渠道。理论上来说，在不考虑融资成本的情况下，企业融资方式越多，意味着企业可以获得和使用的资金越多。依据分类标准的不同，企业融资方式可以分为不同的类型。比如，按照资金是否来自企业内部，可以将企业融资方式分为内源融资和外源融资；前者指企业通过内部资源来进行融资，如可以是内部资金拆借、折旧基金重新转化为投资、留存收益转化为新增投资等，后者则指企业通过外部资源来获得融资。比如，按照资金使用期限的长短，可以将企业融资方式分为短期融资和长期融资；前者多指期限在一年以内的企业融资，而后者则指期限在一年以上的企业融资；前者主要用于企业的流动性资金需求，而后者则多用于企业固定资产投资和其他长期投资等（荆新等，2015）。

从现有文献来看，新型农业经营主体的概念最早出现在 2012 年 7 月浙江省人民政府办公厅下发的《关于大力培育新型农业经营主体的意见》中；2012 年年底，中央农村工作会议才正式提出要大力培育和发展新型农业经营主体。对于什么是新型农业经营主体，鲜有学者直接明确其概念。本文研究在借鉴鲁钊阳（2016）、朱仁友和吴扬（2019）成果基础上，认为所谓新型农业经营主体，指的是为满足农业生产力发展需要和市场经济发展要求，以传统个体农户和涉农类乡镇企业为基础，在国家支农惠农政策直接扶持下，以农产品产—供—销一体化为主要业务发展起来的且具有集约化、专业化、组织化、社会化等特征的农业生产经营组织主体。一般来说，新型农业经营主体可以分为四大类，分别是种养殖业专业大户、家庭农场、农民专业合作社和农业产业化龙头企业（潘泽江和黄霞，2019）。需要特别说明的是，四类新型农业经营主体中的家庭农场、农民专业合作社、农业产业化龙头企业需要经过政府主管部门登记注册，除享受国家特殊的税收优惠和财政补贴外，与一般意义上的企业并没有本质上的区别；受多方面原因的限制，种养殖业专业大户较少在国家工商行政管理部门登记注册，但其具有诸如组织性、经济性、商品性、盈利性、独立性等企业的基本特征，可以看作是特殊的企业。从融资的层面来看，新型农业经营主体与一般企业并无本质区别，他们只有满足相应的融资条件，才能够获得融资。

（二）研究假说

在国家支农惠农政策的直接作用下，我国新型农业经营主体飞速发展，表现最为显著的是各地新型农业经营主体的数量显著增加。当然，在此过程中，新型农业经营主体的融资难问题一直存在。笔者近三年的多次实地调研发现：新型农业经营主体融资主要用于五大方面，分别是筹措资金成立新型农业经营主体、筹措资金壮大新型农业经营主体、筹措资金偿还即将到期的各种债务、筹措资金调整新型农业经营主体自身的资本结构、筹措资金强化新型农业经营主体适应环境变化。也就是说，新型农业经营主体发展的每一个阶段都需要资金支持；但是，由于新型农业经营主体自身的弱质性，他们在融资过程中，并不能够通过单一的融资方式获得足够的资金支持；因此，多渠道的融资方式必然会受到新型农业经营主体的青睐。很显然，内源融资与外源融资、短期融资与长期融资均具有自身的特点，能够在很大程度上满足不同种类不同发展阶段的新型农业经营主体的不同融资诉求。基于此，本文提出如下假设：

假设 1：无论是内源融资还是外源融资，无论是短期融资还是长期融资，不同融资方式均能够在一定程度上缓解新型农业经营主体的融资困境，促进新型农业经营主体的发展。

新型农业经营主体的个人因素、家庭因素及其所在地区的地区因素，均会从不同方面对其发展产生影响。从个人因素层面看，与农业和非城镇蓝印户籍（农村户籍）的新型农业经营主体相比，城镇户籍的新型农业经营主体大多经济条件较好，在抵押品方面具有优势，更容易得到金融机构的青睐；不仅如此，受当前城乡信息化建设水平差异的影响，后者在获取一线市场信息方面也具有显著优势，城镇户籍的新型农业经营主体拥有更多的发展机会。对已婚有配偶的新型农业经营主体来说，他们不仅拥有基于婚姻关系所带来的人脉资源，还可以从配偶方面获得更多的内在动力，能够在一定程度上促进自身的发展。文化程度高的新型农业经营主体，对于现代科学技术和国家政策法律法规掌握更快，更善于借助外力的作用来促进自身发展。与体弱多病的老年新型农业经营主体相比，处于青壮年期的、身体健康的新型农业经营主体拥有充沛的精力来安排农产品产—供—销一体化活动，进而又好又快地促进自身发展。当然，随着经济社会的快速发展，性别和政治面貌等因素对新型农业经营主体发展的影响难从定性的角度弄清楚。与独裁型的新型农业经营主体相比，民主型的新型农业经营主体更容易从家庭其他成员身上获得物质和精神层面的支持，有利于自身农业生产经营活动的开展。雄厚的家庭经济收入、多元化的家庭社会资本能够为新型农业经营主体的发展夯实基础，家中大学生人数和家中村民代表人数能够分别为新型农业经营主体的发展提供智力支持和政治保障。新型农业经营主体所在地区的经济发展状况、金融服务状况、基础设施建设状况、农业技术培训状况、农村治安状况、农村教育状况和农村普法教育状况等外围因素，是区域范围内新型农业经营主体逐步发展壮大的关键；离开外围因素的支撑，单个新型农业经营主体难以健康稳定可持续发展。基于此，本文提出如下假设：

假设2：新型农业经营主体个人因素对其自身的发展有影响，其中，新型农业经营主体的户籍状况、婚姻状况、文化程度有正向影响，年龄、健康状况有负向影响，而性别和政治面貌的影响方向不确定。

假设3：新型农业经营主体家庭因素对其自身的发展有影响，其中，新型农业经营主体的家庭整体氛围、家庭经济收入、家庭社会资本、家中大学生人数以及其家中是否有村民代表均有正向影响。

假设4：新型农业经营主体地区因素对其自身的发展有影响，其中，新型农业经营主体所在地区的经济发展状况、金融服务状况、基础设施建设状况、农业技术培训状况、农村治安状况、农村教育状况和农村普法教育状况均有正向影响。

（三）模型构建

本文将不同融资方式对新型农业经营主体发展影响的基准模型设定如下：

$$Y_{i\chi} = \alpha_0 + \alpha_i Z_n + \alpha_j \sum_{j=1}^{K} X_{ji} + \varepsilon_i \tag{1}$$

在式（1）中，Y表示新型农业经营主体的发展水平。前文的分析已经表明，新型农业经营主体是特殊的企业，因此，本文研究拟借鉴测度企业发展水平的指标来衡量新型农业经营主体的发展水平。在本文研究中，拟从偿债能力、营运能力和盈利能力等三个维度来测度新型农业经营主体的发展水平。下标i表示第i个新型农业经营主体。当χ取1、2和3时，分别表示新型农业经营主体发展的偿债能力、营运能力和盈利能力。α为待估参数。Z_n为两组虚拟变量；当新型农业经营主体在内源融资与外源融资之间选择时，n取0表示新型农业经营主体选择内源融资，n取1表示新型农业经营主体选择外源融资；当新型农业经营主体在短期融资与长期融资之间时，n 取 0 表示新型农业经营主体选择短期融资，n 取 1 表示新型农业经营主体选择长期融资。下标 j 表示新型农业经营主体发展的第 j 个因素，j 的取值范围为 1 到 K，K 取正整数。X_{ji}为控制变量，表示影响新型农业经营主体发展的其他因素。ε 为随机误差项。

对新型农业经营主体发展水平 Y 的测度，本文研究拟采取调查问卷中新型农业经营主体对其自身发展水平的评价表示。在操作过程中，新型农业经营主体对其自身发展水平的评价分别为“减弱”“一般”“增强”，对应的赋值分别为 -1、0 和 1。借鉴汪发元等（2016）、鲁钊阳（2017）的研究成果，本文研究将个人因素的指标设定为新型农业经营主体户主的性别、年龄、民族特征、户籍状况、婚姻状况、健康状况、文化程度和政治面貌，家庭因素的指标设定为新型农业经营主体的家庭整体氛围、家庭经济收支状况、家庭社会资本状况、村民代表情况以及大学生人数，地区因素的指标设定为新型农业经营主体所在地区的经济发展状况、金融服务状况、基础设施建设状况、农业技术培训状况、农村教育状况以及农村普法教育状况。相关变量的赋值、描述性统计分析结果及其预期影响如表 1 所示。

表 1　　　　变量赋值、描述性统计分析结果及其预期影响

变量	变量赋值	均值	标准差	预期影响
性别	男 =1，女 =0	0. 5527	0. 2027	影响待定
年龄	30 岁以下 =1，30 ~ 39 岁 =2，40 岁及以上 =3	2. 2357	0. 1027	负向影响
户籍状况	城镇 =1，农业和非城镇蓝印户籍 =0	0. 4957	0. 1022	正向影响
婚姻状况	已婚有配偶 =1，其他（如未婚、丧偶、离异等）=0	0. 8617	0. 2547	正向影响
健康状况	良好 = -1，一般 =0，差 =1	0. 6219	0. 1571	负向影响
文化程度	小学及以下 =1，初中 =2，高中及以上 =3	2. 2987	0. 1267	正向影响
政治面貌	中共党员 =1，非中共党员 =0	0. 3715	0. 7819	影响待定
融资方式	融资方式 1：内源融资 =0，外源融资 =1	0. 3217	0. 1087	负向影响
	融资方式 2：短期融资 =0，长期融资 =1	0. 4512	0. 1226	负向影响
家庭整体氛围	民主型 =1，独裁型 =0	0. 5217	0. 3227	正向影响
家庭经济收入	家庭实际收入额	39 620	22. 2317	正向影响

续表

变量	变量赋值	均值	标准差	预期影响
家庭社会资本	家庭全年礼金支出额	8 823	15.5627	正向影响
家中大学生人数	1 人及以下 =1，2 人 =2，3 人及以上 =3	1.2365	7.7821	正向影响
是否有村民代表	有 =1，无 =0	0.3316	0.9812	正向影响
经济发展状况	不满意 = -1，一般 =0，满意 =1	0.3765	0.0369	正向影响
金融服务状况	不满意 = -1，一般 =0，满意 =1	0.1217	0.1169	正向影响
基础设施建设	不满意 = -1，一般 =0，满意 =1	0.1327	0.3217	正向影响
农业技术培训	不满意 = -1，一般 =0，满意 =1	0.1029	0.1367	正向影响
农村治安状况	不满意 = -1，一般 =0，满意 =1	0.0985	0.0037	正向影响
农村教育状况	不满意 = -1，一般 =0，满意 =1	0.1021	0.1215	正向影响
农村普法教育	不满意 = -1，一般 =0，满意 =1	0.1211	0.1327	正向影响

（四）数据来源

本文研究的原始数据来源国家社会科学基金青年项目“金融服务创新促进新型农业经营主体发展的长效机制研究”课题组。该课题组于 2015 年 1 ~ 8 月，对除西藏和新疆外的西部 10 个省级单位进行了问卷调查；随后，根据研究的实际需要，课题组又分别于 2016 年 9 月、2018 年 5 月和 2019 年 3 月再次进行补充调查。为确保研究数据的科学性，课题组按照样本省级单位下属区（县）第一产业产值前三年均值排名情况，选择第一产业产值均值排名居中的区（县）作为问卷发放区域。在具体操作过程中，考虑到农业主管部门工作人员对农业调研熟悉，对不同种类新型农业经营主体分布情况了解，课题组选择与相关样本省级单位农业主管部门合作，依靠农业主管部门训练有素的工作人员，最终以随机的方式将调查问卷发放至样本区（县）范围内不同种类新型农业经营主体负责人（即新型农业经营主体的户主）手中，并让他们帮忙填写。在每一个样本省级单位发放调查问卷 300 份，除去 297 份关键信息不全和存在明显缺陷的调查问卷，实际回收有效文件 2 703 份。

三、模型估计与结果分析

（一）基准回归结果

对于被解释变量为有序变量的情况，既有文献多直接采取 Ordered Probit

模型或者是 Ordered Logit 模型来进行实证，也有文献直接采用最小二乘法（OLS）进行实证；到底哪种做法更科学合理，学者们存在不同的意见。比如，费雷尔和弗里吉特斯（Ferrer and Frijters，2004）、安格里斯特和皮施克（Angrist and Pischke，2009）、陈钊等（2012）、鲁元平等（2016）等的研究结论就表明：无论被解释变量是否是有序变量，只要模型设置科学合理，最小二乘法（OLS）与 Ordered Probit 模型并不存在本质的区别。基于研究的稳健性考虑，本文同时采用最小二乘法（OLS）与 Ordered Probit 模型实证不同融资方式选择对新型农业经营主体发展的影响。从实际结果来看，最小二乘法（OLS）与 Ordered Probit 模型实证结果并无本质上的差别；受篇幅限制，本文研究仅展示最小二乘法（OLS）回归结果，并以此为基础进行分析。

在具体实证过程中，本文研究按照仅纳入关键核心变量和纳入所有控制变量的步骤探究不同融资方式选择对新型农业经营主体偿债能力、营运能力和盈利能力的影响；当被解释变量分别取新型农业经营主体的偿债能力、营运能力和盈利能力时，无论是否纳入全部控制变量，核心解释变量的系数正负及其显著性并未发生质的变化。受篇幅限制，表 2 仅展示纳入所有控制变量进行实证的回归结果。从表 2 中的回归结果来看，无论是否纳入所有的控制变量，当被解释变量分别取新型农业经营主体发展的偿债能力、营运能力和盈利能力时，两组核心解释变量（内源融资与外源融资选择情况、短期融资与长期融资选择情况）的系数均在相应的显著性水平上显著且为负；如果将这一实证结果与表 1 中变量赋值情况有机结合起来进行分析，不难发现：与外源融资相比，内源融资更能够促进新型农业经营主体的发展；与长期融资相比，短期融资更能够促进新型农业经营主体的发展。之所以如此，主要是因为：虽然以银行贷款、股票和企业债券发行等为代表的外源融资，具有资金来源广泛、方式多样、资金使用率高等优势；但是，并非所有的新型农业经营主体都满足采用外源融资方式的条件。以股票发行为例，绝大多数新型农业经营主体无法满足上市的条件，他们不可能通过证券市场来满足自身的融资诉求。在外源融资渠道不畅通的情况下，绝大部分新型农业经营主体转而寻求门槛相对较低的内源融资获取相应的资金支持，内源融资对新型农业经营主体的发展影响更积极。考虑到新型农业经营主体成长发展规律的特殊性，他们更需要来自金融机构的长期融资，但现实中，受资本逐利性和避险性的影响，新型农业经营主体一般很难获得金融机构的长期融资；相反，在国家政策的刺激下，金融机构为了规避风险、减少损失，往往更愿意为新型农业经营主体提供短期融资；与长期融资相比，短期融资在现实中更能够促进新型农业经营主体的发展。

表 2　不同融资方式对新型农业经营主体发展影响的实证结果

项目		被解释变量：偿债能力		被解释变量：营运能力		被解释变量：盈利能力	
		OLS	2SLS	OLS	2SLS	OLS	2SLS
性别	融资方式 1	0. 1522 (0. 1011)	0. 1617 (0. 2107)	0. 1129 (0. 2007)	0. 1228 (0. 2716)	0. 1345 (0. 3201)	0. 1516 (0. 2187)
	融资方式 2	0. 1002 (0. 2129)	0. 1127 (0. 2328)	0. 1665 (0. 1027)	0. 1702 (0. 2443)	0. 1302 (0. 1058)	0. 1417 (0. 1342)
年龄	融资方式 1	-0. 1023 *** (0. 0064)	-0. 0978 *** (0. 0000)	-0. 1327 *** (0. 0082)	-0. 1276 *** (0. 0075)	-0. 1625 *** (0. 0000)	-0. 1528 *** (0. 0091)
	融资方式 2	-0. 1562 *** (0. 0029)	-0. 1472 *** (0. 0022)	-0. 1376 *** (0. 0067)	-0. 1287 *** (0. 0085)	-0. 1872 *** (0. 0056)	-0. 1702 *** (0. 0078)
户籍状况	融资方式 1	0. 1325 *** (0. 0046)	0. 1411 *** (0. 0032)	0. 1287 *** (0. 0028)	0. 1305 *** (0. 0000)	0. 1417 *** (0. 0032)	0. 1502 *** (0. 0000)
	融资方式 2	0. 1411 *** (0. 0000)	0. 1526 *** (0. 0075)	0. 1322 *** (0. 0068)	0. 1407 *** (0. 0017)	0. 1226 *** (0. 0034)	0. 1302 *** (0. 0072)
婚姻状况	融资方式 1	0. 1526 *** (0. 0000)	0. 1637 *** (0. 0028)	0. 1367 *** (0. 0000)	0. 1422 *** (0. 0078)	0. 1332 *** (0. 0000)	0. 1439 *** (0. 0062)
	融资方式 2	0. 1337 *** (0. 0068)	0. 1427 *** (0. 0052)	0. 1225 *** (0. 0000)	0. 1329 *** (0. 0026)	0. 1108 *** (0. 0000)	0. 1232 *** (0. 0036)
健康状况	融资方式 1	-0. 2987 *** (0. 0000)	-0. 2873 *** (0. 0026)	-0. 3071 *** (0. 0043)	-0. 2912 *** (0. 0045)	-0. 2765 *** (0. 0000)	-0. 2617 *** (0. 0052)
	融资方式 2	-0. 2711 *** (0. 0029)	-0. 2614 *** (0. 0000)	-0. 2981 *** (0. 0000)	-0. 2816 *** (0. 0000)	-0. 2671 *** (0. 0032)	-0. 2556 *** (0. 0045)
文化程度	融资方式 1	0. 2662 *** (0. 0037)	0. 2731 *** (0. 0000)	0. 2542 *** (0. 0027)	0. 2646 *** (0. 0039)	0. 2441 *** (0. 0014)	0. 2506 *** (0. 0000)
	融资方式 2	0. 2517 *** (0. 0000)	0. 2645 *** (0. 0028)	0. 2324 *** (0. 0089)	0. 2407 *** (0. 0063)	0. 2712 *** (0. 0014)	0. 2821 *** (0. 0042)
政治面貌	融资方式 1	0. 2995 *** (0. 0065)	0. 3012 *** (0. 0000)	0. 2817 *** (0. 0034)	0. 2932 *** (0. 0057)	0. 2238 *** (0. 0000)	0. 2351 *** (0. 0029)
	融资方式 2	0. 3213 *** (0. 0000)	0. 3345 *** (0. 0089)	0. 3145 *** (0. 0078)	0. 3219 *** (0. 0062)	0. 2904 *** (0. 0000)	0. 2098 *** (0. 0065)

续表

项目		被解释变量：偿债能力		被解释变量：营运能力		被解释变量：盈利能力	
		OLS	2SLS	OLS	2SLS	OLS	2SLS
融资方式	融资方式 1	-0.3876*** (0.0000)	-0.3761*** (0.0025)	-0.3612*** (0.0000)	-0.3501*** (0.0046)	-0.3312*** (0.0021)	-0.3201*** (0.0058)
	融资方式 2	-0.2785*** (0.0000)	-0.2612*** (0.0037)	-0.2447*** (0.0002)	-0.2302*** (0.0056)	-0.2661*** (0.0000)	-0.2526*** (0.0023)
家庭整体氛围	融资方式 1	0.1876*** (0.0000)	0.1945*** (0.0000)	0.1562*** (0.0027)	0.1664*** (0.0031)	0.1742*** (0.0042)	0.1815*** (0.0025)
	融资方式 2	0.1768*** (0.0002)	0.1834*** (0.0071)	0.1672*** (0.0065)	0.1702*** (0.0053)	0.1598*** (0.0000)	0.1637*** (0.0004)
家庭经济收入	融资方式 1	0.1542*** (0.0000)	0.1623*** (0.0000)	0.1442*** (0.0000)	0.1558*** (0.0023)	0.1672*** (0.0000)	0.1735*** (0.0042)
	融资方式 2	0.1825*** (0.0000)	0.1932*** (0.0024)	0.1765*** (0.0031)	0.1802*** (0.0045)	0.1902*** (0.0000)	0.2024*** (0.0071)
家庭社会资本	融资方式 1	0.2026*** (0.0001)	0.2111*** (0.0029)	0.2004*** (0.0000)	0.2129*** (0.0000)	0.2024*** (0.0071)	0.2143*** (0.0096)
	融资方式 2	0.1845*** (0.0075)	0.1915*** (0.0017)	0.1807*** (0.0000)	0.1965*** (0.0034)	0.1782*** (0.0049)	0.1816*** (0.0000)
家中大学生人数	融资方式 1	0.2987*** (0.0000)	0.3011*** (0.0014)	0.2765*** (0.0041)	0.2813*** (0.0036)	0.2561*** (0.0000)	0.2614*** (0.0016)
	融资方式 2	0.2011*** (0.0000)	0.2123*** (0.0076)	0.1989*** (0.0024)	0.2017*** (0.0031)	0.2321*** (0.0000)	0.2404*** (0.0012)
是否有村民代表	融资方式 1	0.1028*** (0.0000)	0.1132*** (0.0000)	0.1324*** (0.0023)	0.1411*** (0.0000)	0.1524*** (0.0004)	0.1627*** (0.0000)
	融资方式 2	0.1227*** (0.0029)	0.1336*** (0.0045)	0.1011*** (0.0037)	0.1154*** (0.0002)	0.1424*** (0.0001)	0.1538*** (0.0067)
经济发展状况	融资方式 1	0.2415*** (0.0083)	0.2513*** (0.0067)	0.2214*** (0.0000)	0.2356*** (0.0045)	0.2098*** (0.0056)	0.2145*** (0.0042)
	融资方式 2	0.2017*** (0.0009)	0.2154*** (0.0063)	0.2327*** (0.0051)	0.2407*** (0.0035)	0.2112*** (0.0000)	0.2219*** (0.0015)

续表

项目		被解释变量：偿债能力		被解释变量：营运能力		被解释变量：盈利能力	
		OLS	2SLS	OLS	2SLS	OLS	2SLS
金融服务状况	融资方式 1	0.2017 *** (0.0045)	0.2129 *** (0.0000)	0.2564 *** (0.0012)	0.2647 *** (0.0035)	0.2443 *** (0.0004)	0.2516 *** (0.0057)
	融资方式 2	0.1562 *** (0.0032)	0.1624 *** (0.0000)	0.1337 *** (0.0089)	0.1443 *** (0.0071)	0.1678 *** (0.0001)	0.1782 *** (0.0062)
基础设施建设	融资方式 1	0.2512 *** (0.0012)	0.2634 *** (0.0000)	0.2345 *** (0.0056)	0.2417 *** (0.0072)	0.2336 *** (0.0000)	0.2427 *** (0.0029)
	融资方式 2	0.2218 *** (0.0000)	0.2319 *** (0.0006)	0.2037 *** (0.0068)	0.2123 *** (0.0052)	0.2456 *** (0.0046)	0.2576 *** (0.0013)
农业技术培训	融资方式 1	0.1763 *** (0.0026)	0.1803 *** (0.0000)	0.1656 *** (0.0037)	0.1715 *** (0.0042)	0.1562 *** (0.0000)	0.1627 *** (0.0069)
	融资方式 2	0.1887 *** (0.0000)	0.1928 *** (0.0000)	0.1727 *** (0.0005)	0.1815 *** (0.0042)	0.2023 *** (0.0000)	0.2126 *** (0.0049)
农村治安状况	融资方式 1	0.2982 *** (0.0000)	0.3015 *** (0.0000)	0.2856 *** (0.0079)	0.2941 *** (0.0062)	0.2667 *** (0.0058)	0.2712 *** (0.0061)
	融资方式 2	0.3117 *** (0.0025)	0.3224 *** (0.0051)	0.3002 *** (0.0063)	0.3117 *** (0.0000)	0.3218 *** (0.0000)	0.3326 *** (0.0004)
农村教育状况	融资方式 1	0.2558 *** (0.0012)	0.2641 *** (0.0035)	0.2332 *** (0.0000)	0.2445 *** (0.0049)	0.2665 *** (0.0032)	0.2776 *** (0.0041)
	融资方式 2	0.2327 *** (0.0000)	0.2456 *** (0.0089)	0.2983 *** (0.0016)	0.3021 *** (0.0048)	0.2653 *** (0.0055)	0.2776 *** (0.0061)
农村普法教育	融资方式 1	0.3721 *** (0.0000)	0.3892 *** (0.0008)	0.3556 *** (0.0067)	0.3672 *** (0.0058)	0.3312 *** (0.0000)	0.3489 *** (0.0000)
	融资方式 2	0.2885 *** (0.0000)	0.2916 *** (0.0000)	0.2702 *** (0.0026)	0.2883 *** (0.0037)	0.2563 *** (0.0008)	0.2617 *** (0.0000)
地区变量	融资方式 1 融资方式 2	YES	YES	YES	YES	YES	YES
R^2	融资方式 1	0.1723	0.1812	0.1562	0.1738	0.1671	0.1839
	融资方式 2	0.1662	0.1787	0.1694	0.1822	0.1642	0.1765
F 统计量	融资方式 1	29.0927	59.0392	33.3098	80.0812	40.0312	79.0932
	融资方式 2	58.5093	88.3865	41.2316	112.2083	35.6853	189.2973

续表

项目		被解释变量：偿债能力		被解释变量：营运能力		被解释变量：盈利能力	
		OLS	2SLS	OLS	2SLS	OLS	2SLS
观测值	融资方式 1	内源：1 903 外源：800	内源：1 903 外源：800	内源：1 903 外源：800	内源：1 903 外源：800	内源：1 903 外源：800	内源：1 903 外源：800
	融资方式 2	短期：1 876 长期：827	短期：1 876 长期：827	短期：1 876 长期：827	短期：1 876 长期：827	短期：1 876 长期：827	短期：1 876 长期：827

注：①表格中，融资方式 1 指的是新型农业经营主体在内源融资与外源融资之间的选择情况，融资方式 2 指的是新型农业经营主体在短期融资与长期融资之间的选择情况。②受篇幅限制，表中省略了常数项和两组虚拟变量的估计结果。③ *、**、*** 分别表示 10%、5% 和 1% 的显著性水平。④括号中的数值是稳健性标准差，2SLS 估计中汇报的 R^2 指的是中心 R^2。⑤若无特殊说明，下文表中关于显著性水平、稳健性标准差以及 R^2 等相关解释与本表中的相同，不再做另外说明。

从表 2 中的结果，还可以看出：从个人因素的层面看，户籍、婚姻、文化程度、政治面貌的系数在 1% 显著水平上为正，年龄和健康状况的系数在 1% 显著水平上为负，性别的系数不显著。这说明户籍、婚姻、文化程度、政治面貌等变量对新型农业经营主体发展具有正向影响，年龄和健康状况具有负向影响，而性别和民族的影响则不显著。金融机构的“嫌贫爱富”倾向，决定了城镇户籍的新型农业经营主体更容易受青睐，更容易享受金融机构的金融服务；在同等条件下，基于交易成本和贷后管理考虑，城镇户籍的新型农业经营主体具有更明显的优势。目前金融机构在提供金融服务（如发放贷款）时，均会要求新型农业经营主体自身及其直系亲属签署无限连带责任合同，竭力提高新型农业经营主体的违约成本；很显然，已婚有配偶的新型农业经营主体在此方面优势更明显。随着市场经济的快速发展，以传统方式从事农业生产经营活动优势并不明显，现代科学技术在农业生产中的重要性日益显现，与文化素质低的新型农业经营主体相比，文化素质高的新型农业经营主体具有更为显著的优势。党员由社会各阶层的优秀分子组成，在农村能够入党的新型农业经营主体，绝大多数都是农产品产—供—销一体化过程中的“领头雁”，他们自身在发展方面都具有先发优势。要在农产品产—供—销一体化利益链条中获得相应的收益，首先要求新型农业经营主体自身有足够的时间和精力投入，与年龄偏大、身体健康状况偏差的新型农业经营主体相比，身体健康的中青年新型农业经营主体更具有优势。随着经济社会的快速发展，男女平等的理念日益普及，性别不再成为影响新型农业经营主体发展的重要因素。从家庭因素的层面看，家庭整体氛围、家庭经济收入、家庭社会资本、家中大学生人数以及其家中是否有村民代表的系数在 1% 显著水平上为正，这说明这些因素对新型农业经营主体的发展具有正向影响。民主的家庭氛围，有利于聚集新型农业经营主体所在家庭所有成员的集体智慧，有利于新型农业经营主体面对外在市场的挑战，可以为新型农业经营主体的发展提供保障。雄厚的经济实力，可以为新型农业经营主体的发展提供财力支持，为新型农业经营主体的发展壮大创造条件。丰裕的社会资本，可以为新型农业经营主体业务的拓展和融资渠道的畅通创造条件，在一定程度上也可以规避新型农业经营主体可能遭受的危机，有利于新型农业经营主体的发展。知识具有逆向代际传递的特征，家中大学生人数越多，越有可能影响新型农业经营主体的决策；换句话来说，家中大学生人数可以为新型农业经营主体的发展提供智力支持，有利于促进新型农业经营主体的发展。村民代表的有无，在一定程度上意味着新型农业经营主体能否准确及时地了解国家和地方政府各项最新的优惠政策；家中有村民代表的新型农业经营主体，往往会更多地享受各项优惠政策，能够更科学合理地借助外力发展自己。从地区因素的层面看，经济发展状况、金融服务状况、基础设施建设状况、农业技术培训状况、农村治安状况、农村教育状况和农村普法教育状况的系数在1%显著水平上为正，这说明这些因素对新型农业经营主体的发展具有正向影响。良好的地区经济发展状况，可以为新型农业经营主体的发展拓展市场空间；高效的金融服务，可以满足新型农业经营主体发展所需要的投资、融资、保险及个性化金融服务需求；优质的基础设施建设，是农产品产—供—销一体化顺利实现的关键所在，更是促进新型农业经营主体发展的重要因素；务实的农业技术培训，有利于全面提升新型农业经营主体的专业技术素质，有利于优质高效农产品的生产，这是新型农业经营主体发展的重要基础；良好的农村治安、优质的农村教育和健全的农村普法体系，具有显著的正向外溢性，是农村经济环境稳步优化的关键，是新型农业经营主体健康稳定可持续发展的重要保障。

（二）内生性问题

前文基准回归结果可靠性的重要前提是模型中内生性问题的有效规避，如果内生性问题继续存在的话，则相关研究结论的可靠性必然无法得到保障。从本文的实际情况来看，核心解释变量新型农业经营主体不同融资方式的选择确实是一个内生变量，因为这一变量与新型农业经营主体自身发展之间存在双向因果关系。一方面，前文的实证结果已经表明：虽然外源融资和长期融资均有自身的显著优点，但受新型农业经营主体自身发展水平的影响，与外源融资和长期融资相比，内源融资和短期融资更能够促进新型农业经营主体的发展。另一方面，新型农业经营主体的快速发展，可以显著增强自身获得不同融资方式的机会，能够显著改善自身在享受金融服务方面的劣势。受资本逐利性和避险性特点的影响，健康稳定可持续发展的新型农业经营主体必然会更加受到内源融资和短期融资的青睐。针对内生性问题，本文研究沿袭既有学者们的普遍做法，拟以寻求工具变量的方式来予以解决。在本文研究中，最终拟将新型农业经营主体每天关注财经类信息的时间作为工具变量①。在互联网快速发展的时代，对财经类信息及时准确地了解能够为新型农业经营主体自身的发展提供极大的便利。比如，当无法通过正规金融机构获得金融服务时，新型农业经营主体能够凭借对国内外最新财经类信息的了解，转而选择通过网络金融机构获得相应的金融服务。以信贷为例，无法及时足额获得信贷资金的新型农业经营主体，可能会选择通过 P2P 网络借贷等方式来获得外界的资金支持。对于确定的工具变量，到底是否科学合理呢？还有待进一步验证。将工具变量纳入模型（1）中实证，结果发现：无论被解释变量取新型农业经营主体发展的偿债能力、营运能力，还是取新型农业经营主体发展的盈利能力，Wald 检验结果均表明，在 1% 的显著性水平上变量外生的假设不成立，即原模型中存在内生性问题；两组 F 统计量分别为 26.6217、38.0259、22.2317 和 25.5617、42.1217、49.5618，显然均大于 10，这说明工具变量是弱工具变量的原假设并不成立。在工具变量科学合理的前提下，实证结果还发现：消除内生性问题后，分别与外源融资和长期融资相比，内源融资和短期融资更能够促进新型农业经营主体的发展。

（三）异质性检验

前文从宏观层面着手，实证了不同融资方式选择对新型农业经营主体发展的影响。考虑到我国不同地区之间经济社会发展的巨大差异，不同地区新型农业经营主体发展水平也千差万别，民族地区与非民族地区、城镇地区与农村地区新型农业经营主体非均衡发展态势明显。基于此，有必要对不同融资方式选择对新型农业经营主体发展影响的异质性问题进行验证。

第一，民族视角下不同融资方式对新型农业经营主体发展的影响。从表 3 中的回归结果来看，民族视角下不同融资方式对新型农业经营主体发展的影响存在异质性，这主要表现为：对民族地区而言，新型农业经营主体对内源融资与外源融资的选择并不会显著影响自身的发展。这与现实是相吻合的。与非民族地区相比，民族地区各级各类新型农业经营主体整体发展水平相对较弱，通过内部筹措资金缓解自身融资困境的能力有限。不仅如此，对民族地区各级各类新型农业经营主体而言，他们满足股票发行、债券发行等条件

① 需要说明的是，此处还有理论上可以作为工具变量的若干指标（问卷中的相关问题）；但遗憾的是，通过 LR 统计量检验（检验工具变量的识别不足问题）和 Hansen's J 统计量检验（检验工具变量的识别过度问题）发现：最终能够作为工具变量的只有新型农业经营主体每天关注财经类信息的时间，至少理论上如此；工具变量的选择是否恰当，还需要进行进一步的验证（如分析 Wald 检验和 F 统计量）。

的极少，绝大多数新型农业经营主体也很难通过外源融资方式获得资金来源，外源融资方式真正对民族地区新型农业经营主体发展的促进作用非常有限。笔者近三年对川渝两地民族地区的实地调研发现，相当多数民族地区新型农业经营主体较为淳朴，整体商业意识不够强，他们更倾向于用量入为出的方式来安排组织农业生产经营活动，即便能够通过金融机构获得信贷资金，他们也会基于风险考虑而宁愿选择放弃贷款；与此同时，即便国家支农惠农政策种类繁多，但依然难以改变金融机构“嫌贫爱富”的本性，在新型农业经营主体贷款信心不足的情况下，金融机构的支农成效进一步打折扣，外源融资方式对民族地区新型农业经营主体发展的影响自然不会显著。

表3 民族视角下不同融资方式对新型农业经营主体影响的实证结果

不同融资方式对民族地区新型农业经营主体发展影响的回归结果

项目	被解释变量：偿债能力		被解释变量：营运能力		被解释变量：盈利能力	
	OLS	2SLS	OLS	2SLS	OLS	2SLS
融资方式1	0.1325 (0.2237)	0.1449 (0.1028)	0.1223 (0.2387)	0.1339 (0.3219)	0.1102 (0.1526)	0.1205 (0.3815)
融资方式2	-0.3762*** (0.0056)	-0.3619*** (0.0000)	-0.3972*** (0.0047)	-0.3815*** (0.0072)	-0.3515*** (0.0000)	-0.3424*** (0.0085)
地区变量	YES	YES	YES	YES	YES	YES
R^2	0.1725	0.1836	0.1627	0.1782	0.1713	0.1821
F统计量	102.8769	213.3985	76.6728	118.8912	39.0397	100.0232
观测值	811	811	811	811	811	811

不同融资方式对非民族地区新型农业经营主体发展影响的回归结果

项目	被解释变量：偿债能力		被解释变量：营运能力		被解释变量：盈利能力	
	OLS	2SLS	OLS	2SLS	OLS	2SLS
融资方式1	0.1012*** (0.0006)	0.1146*** (0.0057)	0.1324*** (0.0000)	0.1452*** (0.0096)	0.1561*** (0.0012)	0.1669*** (0.0002)
融资方式2	-0.2786*** (0.0015)	-0.2613*** (0.0032)	-0.2515*** (0.0041)	-0.2403*** (0.0037)	-0.2976*** (0.0000)	-0.2815*** (0.0000)
地区变量	YES	YES	YES	YES	YES	YES
R^2	0.1617	0.1803	0.1675	0.1822	0.1721	0.1845
F统计量	39.0937	76.6721	44.4082	98.0925	56.5612	102.0271
观测值	1 892	1 892	1 892	1 892	1 892	1 892

注：同表2。

第二，户籍视角下不同融资方式对新型农业经营主体发展的影响。从表4中的回归结果来看，户籍视角下不同融资方式对新型农业经营主体发展的影响存在异质性，这主要表现为：对城镇户籍的新型农业经营主体而言，与内源融资相比，外源融资更能够促进新型农业经营主体的发展；与短期融资相比，长期融资更能够促进新型农业经营主体的发展。之所以如此，主要是因为：与农村户籍新型农业经营主体相比，城镇户籍新型农业经营主体受市场经济的影响更为深入，且在相对发达的城镇经济体内，新型农业经营主体拥有更多的发展机会，自身整体实力较强，相当部分是各级各类金融机构的长期服务对象。当然，内源融资、短期融资等方式对城镇户籍新型农业经营主体发展的影响依然重要。特别是对于一些家境殷实、社会资本丰富的新型农业经营主体而言，他们的内源融资能力和短期融资能力都不容忽视。

表4　户籍视角下不同融资方式对新型农业经营主体影响的实证结果

不同融资方式对城镇户籍地区新型农业经营主体发展影响的回归结果						
项目	被解释变量：偿债能力		被解释变量：营运能力		被解释变量：盈利能力	
	OLS	2SLS	OLS	2SLS	OLS	2SLS
融资方式1	0. 1325 *** (0. 0028)	0. 1434 *** (0. 0041)	0. 1556 *** (0. 0000)	0. 1602 *** (0. 0032)	0. 1102 *** (0. 0078)	0. 1236 *** (0. 0056)
融资方式2	0. 2112 *** (0. 0000)	0. 2236 *** (0. 0009)	0. 2237 *** (0. 0002)	0. 2315 *** (0. 0000)	0. 2537 *** (0. 0015)	0. 2653 *** (0. 0000)
地区变量	YES	YES	YES	YES	YES	YES
R^2	0. 1617	0. 1788	0. 1625	0. 1773	0. 1702	0. 1826
F统计量	40. 0786	89. 8912	67. 3872	123. 3827	39. 0912	79. 2385
观测值	1 323	1 323	1 323	1 323	1 323	1 323
不同融资方式对农村户籍新型农业经营主体发展影响的回归结果						
项目	被解释变量：偿债能力		被解释变量：营运能力		被解释变量：盈利能力	
	OLS	2SLS	OLS	2SLS	OLS	2SLS
融资方式1	-0. 2878 *** (0. 0047)	-0. 2716 *** (0. 0032)	-0. 2935 *** (0. 0049)	-0. 2883 *** (0. 0064)	-0. 2512 *** (0. 0000)	-0. 2441 *** (0. 0000)
融资方式2	-0. 2518 *** (0. 0078)	-0. 2413 *** (0. 0065)	-0. 2317 *** (0. 0000)	-0. 2253 *** (0. 0000)	-0. 2017 *** (0. 0042)	-0. 1976 *** (0. 0031)
地区变量	YES	YES	YES	YES	YES	YES
R^2	0. 1623	0. 1756	0. 1664	0. 1767	0. 1598	0. 1665
F统计量	30. 3098	69. 9387	45. 5982	76. 6215	55. 5623	78. 0918
观测值	1 380	1 380	1 380	1 380	1 380	1 380

注：同表2。

四、进一步机制分析

为什么分别与外源融资、长期融资相比，内源融资、短期融资更能够促进新型农业经营主体的发展，前文并未给出解释。本文研究认为：与外源融资、长期融资相比，内源融资、短期融资更好地促进新型农业经营主体发展的机制分别体现为：内源融资可以显著提高新型农业经营主体的决策自主性，短期融资可以显著增加新型农业经营主体的社会资本积累，两者都可以有效促进新型农业经营主体的更好发展。

（一）内源融资比外源融资更有利于新型农业经营主体发展的机制检验

作为不同的融资方式，内源融资与外源融资各有优劣。与后者相比，前者最为突出的特点是自主性强、融资成本相对较低以及可以切实保障原股东的每股收益和控制权等。在现实生活中，内源融资对企业生产经营活动最为突出的影响表现为可以确保企业自主决策，确保企业生产经营活动的独立性，申索克（Shinsuke，2014）的研究成果也得出类似研究结论。农业生产经营活动有其自身的规律，在外界自然条件发生急剧变化的情况下，新型农业经营主体需要根据实际调整信贷资金用途以便最大限度地规避损失，进而确保自身平稳发展；但是，这与金融机构的具体要求相违背，金融机构的管理方式极为机械，不具有灵活性，往往对新型农业经营主体的生产经营活动造成干扰，影响新型农业经营主体的发展。笔者实地调研发现：一方面，除非依靠自身的资金积累，新型农业经营主体一般较难从正规金融机构获得足额、及时、有效的金融服务（王吉鹏等，2018；钟真，2018）；另一方面，即便获得有限的信贷资金，新型农业经营主体正常的生产经营活动也难以得到保障。

在调查问卷中，有一个问题与基于独立自主性考虑内源融资比外源融资更能够促进新型农业经营主体的发展密切相关。这个问题是“如果您生产经营活动使用的是家庭自有资金，请问您在生产经营决策中是否拥有足够的自主权？A. 是，B. 否”。基于研究的实际需要，将这个问题的答案作为被解释变量，对为什么内源融资更能够促进新型农业经营主体的发展机制进行验证，结果如表 5 所示。从表 5 中的回归结果来看，内源融资对新型农业经营主体的独立自主性具有显著的正向影响。在金融机构刚性的管理模式影响下，基于规避风险和减少损失考虑，新型农业经营主体的生产经营活动会被严密监视；当资金使用的方向发生变化时，必然会受到来自金融机构的干扰，无法确保自身生产经营活动的独立自主性。作为特殊的产业，农业生产经营活动有其自身规律性；当面临的外部环境发生变化时，新型农业经营主体若不改变策略，必然会遭受更大的损失。

表5　不同融资方式促进新型农业经营主体发展的机制检验结果

项目	被解释变量：独立自主性		被解释变量：社会资本积累	
	OLS	2SLS	OLS	2SLS
内源外源融资	-0.2125*** (0.0026)	-0.2008*** (0.0000)		
短期长期融资			-0.1857*** (0.0000)	-0.1752*** (0.0000)
地区变量	YES	YES	YES	YES
R^2	0.1589	0.1692	0.1612	0.1783
F统计量	56.2627	125.2369	40.1217	169.6217
观测值	2 703	2 703	2 703	2 703

注：同表2。

（二）短期融资比长期融资更有利于新型农业经营主体发展的机制检验

理论上来说，短期融资的主要表现形式分为正规和非正规两种；前者主要包括商业信贷、银行借款、商业票据以及短期融资券（commercial paper，CP），后者则往往指的是典当抵押融资。从现实来看，我国新型农业经营主体虽然发展较快，但发展的水平还有待进一步提高，相当部分新型农业经营主体因此游离于正规金融机构的服务范围外，只得向非正规金融的典型代表典当抵押机构寻求资金来源。与正规金融机构不同的是，典当抵押机构除高度重视考察新型农业经营主体的抵押品外，还尤为重视对新型农业经营主体综合还款能力的评价，也就是高度重视对新型农业经营主体家庭社会资本的考察；甚至在某些情况下，典当抵押机构基于对新型农业经营主体家庭社会资本的了解而在抵押品出现问题的情况下仍然放贷。从社会资本的角度来看，新型农业经营主体家庭社会资本的丰裕度是其基于地缘或血缘关系长期累积的结果，没有交往，社会资本不会产生；反过来，通过与非正规金融机构反复打交道，也会慢慢导致家庭社会资本的日积月累。我国是典型的人情社会，新型农业经营主体通过与各级各类金融机构打交道，在逐步壮大自己的过程中也会积累更多的社会资本（周广肃等，2012；严奉宪和张琪，2017）。从长远来看，这必将促进新型农业经营主体的可持续发展。

在调查问卷中，有一个问题与基于社会资本积累考虑短期融资比长期融资更能够促进新型农业经营主体的发展密切相关。这个问题是“为获得及时足额的外来应急资金，请问您在人情往来方面会有额外的费用支出吗？A.是，B. 否”。基于研究的实际需要，将这个问题的答案作为被解释变量，对为什么短期融资更能够促进新型农业经营主体的发展机制进行验证，结果如表5所示。从表5中的回归结果来看，短期融资对新型农业经营主体的社会资本积累具有正向的积极意义。笔者多次对重庆市、四川省和湖北省等地的实地调研发现：对新型农业经营主体而言，能够从正规金融机构或非正规金融机构获得五年及以上期限贷款的极为罕见（实际上，两年及以上的贷款都不多见），绝大多数新型农业经营主体得到的是短期贷款；为获得一笔及时足额的短期资金，新型农业经营主体至少要经过提交信贷申请、提交基本资料、业务经理贷前调查、补充额外资料等程序，任何一个程序都需要与金融机构工作人员反复沟通，基本的借贷无法避免；在反复沟通的过程中，社会资本也会逐步积累，至少是通过信贷，新型农业经营主体与金融机构之间会更为了解、更为熟悉。虽然我国城镇化进程在不断加快，但这仍然无法改变农村人情社会的现实。总体上来看，在人情社会，借助于社会资本，新型农业经营主体必将一步一步嵌入基于地缘和血缘关系的农村社会，这对于新型农业经营主体的长远发展具有重要意义。

五、研究结论及对策

为探究不同融资方式选择对新型农业经营主体发展的影响，本文研究以西部地区2703份有效调查问卷数据为例，分别采用最小二乘法（OLS）与Ordered Probit模型进行实证。结果发现：不同融资方式的选择，能够显著影响新型农业经营主体的偿债能力、营运能力和盈利能力，且不同融资方式对新型农业经营主体发展的影响不同；与外源融资相比，内源融资更能够促进新型农业经营主体的发展；与长期融资相比，短期融资更能够促进新型农业经营主体的发展。不仅如此，不同融资方式选择对新型农业经营主体发展的影响具有显著的异质性，不同地区和不同户籍视角下，不同融资方式选择对新型农业经营主体发展的影响具有质的区别，但这种异质性不随被解释变量的变化而变化。考虑到新型农业经营主体发展的经济社会基础，个人层面、家庭层面和地区层面的相关因素也会对新型农业经营主体的发展产生影响。

本文研究蕴含的政策含义如下：第一，要促进新型农业经营主体的发展，需要灵活运用不同融资方式的优点。考虑到内源融资与外源融资、短期融资与长期融资的利弊，新型农业经营主体要在全面评估自身发展阶段和金融服务诉求前提条件下，选择合适的融资方式。各级各类金融机构需要抢抓当前乡村振兴战略的历史机遇，充分认识到新型农业经营主体在农业和农村的特殊地位，不断创新金融服务，真正为新型农业经营主体的发展保驾护航。政府要强化在金融机构与新型农业经营主体之间的桥梁和纽带作用，通过指导性政策的制订，真正引导金融机构服务新型农业经营主体的发展。第二，要促进新型农业经营主体的发展，需要全面扫清其他层面因素的障碍。比如，不仅要加快城乡融合发展，还需要全面提升新型农业经营主体的商业意识，缩小不同户籍新型农业经营主体在经商营商理念层面的差距；不仅要继续加大落实有关新型农业经营主体发展的各项支农惠农政策，还需要强化对新型农业经营主体的思想教育，在条件具备的情况下，要有意识地引导符合条件的新型农业经营主体加入党组织；在加大扶持农户兼业经营的同时，要采取措施引导专业经营农户向家庭农场、农业龙头企业转变，还需要强化对农民专业合作社的扶持，重视农业保险发展，创造条件卓有成效地规避市场经济风险；稳步推进农村经济体制改革，减轻新型农业经营主体的家庭负担，为全面改善新型农业经营主体家庭的经济收支状况创造条件；在继续强化九年义务教育的同时，要采取措施强化对农村贫困大学生的帮扶力度，减少直至杜绝因贫困失学大学生人数；在竭力改善农村经济金融状况的同时，要逐步缩小城乡信息化水平差异，要拓展农田水利基础设施建设的融资渠道，要稳步提升针对新型农业经营主体的现代农业技术培训水平，要高度重视农村留守人员的社会治安和幼儿教育问题，要卓有成效地开展农村普法教育，健全农村法制教育体系，真正为新型农业经营主体的发展扫清障碍。

参考文献

1. 陈钊、徐彤、刘晓峰：《户籍身份、示范效应与居民幸福感：来自上海和深圳社区的证据》，载于《世界经济》2012 年第 4 期。

2. 华中昱、林万龙：《贫困地区新型农业经营主体金融需求状况分析：基于甘肃、贵州及安徽 3 省的 6 个贫困县调查》，载于《农村经济》2016 年第 9 期。

3. 荆新、王化成、刘俊彦：《财务管理学（第七版）》，中国人民大学出版社 2015 年版。

4. 李湘、纪秀风：《互联网金融下新型农业经营主体融资创新研究：以山东省为例》，载于《农村金融研究》2018 年第 1 期。

5. 林乐芬、法宁：《新型农业经营主体融资难的深层原因及化解路径》，载于《南京社会科学》2015 年第 7 期。

6. 鲁元平、王军鹏、王品超：《身份的幸福效应：基于党员的经验证据》，载于《经济学动态》2016 年第 9 期。

7. 鲁钊阳：《社会资本对新型农业经营主体融资的影响研究》，载于《制度经济学研究》2018 年第 1 期。

8. 鲁钊阳：《新型农业经营主体对 P2P 网络借贷的接受意愿分析》，载于《财经论丛》2017 年第 2 期。

9. 鲁钊阳：《新型农业经营主体发展的福利效应研究》，载于《数量经济技术经济研究》2016 年第 6 期。

10. 潘泽江、黄霞：《新型农业经营主体的选择与培育：以湖南永州市为例》，载于《中南民族大学学报（人文社会科学版）》2019 年第 4 期。

11. 阮荣平、曹冰雪、周佩、郑风田：《新型农业经营主体辐射带动能力及影响因素分析：基于全国 2615 家新型农业经营主体的调查数据》，载于《中国农村经济》2017 年第 11 期。

12. 汪发元、吴学兵、孙文学：《农业创业中新型农业经营主体带动效应影响因素分析：基于湖北省 713 家新型农业经营主体调研数据分析》，载于《干旱区资源与环境》2016 年第 10 期。

13. 王洪波：《不同新型农业经营主体的农业保险需求研究》，载于《农村金融研究》2017 年第 2 期。

14. 王吉鹏、肖琴、李建平：《新型农业经营主体融资：困境、成因及对策》，载于《农业经济问题》2018 年第 2 期。

15. 王睿、周应恒：《乡村振兴战略视阈下新型农业经营主体金融扶持研究》，载于《经济问题》2019 年第 3 期。

16. 严奉宪、张琪：《社会资本对农业减灾公共品支付意愿的影响?》，载于《农业经济问题》2017 年第 6 期。

17. 赵晓峰、赵祥云：《农地规模经营与农村社会阶层结构重塑：兼论新型农业经营主体培育的社会学命题》，载于《中国农村观察》2016 年第 6 期。

18. 钟真：《改革开放以来中国新型农业经营主体：成长、演化与走向》，载于《中国人民大学学报》2018 年第 3 期。

19. 周广肃、樊纲、申广军：《收入差距、社会资本与健康水平：基于中国家庭追踪调查（CFPS）的实证分析》，载于《管理世界》2014 年第 7 期。

20. 周明明、王俊芹、王余丁：《互联网金融视角下新型农业经营主体的融资模式研究》，载于《农村金融研究》2016 年第 8 期。

21. 朱仁友、吴扬：《完善新型农业经营主体农地经营权抵押贷款的对策：以广东省德庆县试点为例》，载于《农村金融研究》2019 年第 4 期。

22. Angrist，J. D.，Pischke J，S. 2009，Mostly harmless econometrics：An empiricist's companion，Princeton：Princeton University Press.

23. Bhattacharyya, A. , Kumbhakar, S. , 1997, "Market imperfections and output loss in the presence of expenditure constraint: A generalized shadow price approach", American Journal of Agricultural Economics, Vol. 79, No. 3.

24. Boucher S. , Guirkinger C. , 2007, "Risk, wealth and sect oral choice in rural credit markets", American Journal of Agricultural Economics, Vol. 89, No. 4.

25. Chiles T. H. , McMackin J. F. , 1996, "Integrating variable risk preferences, trust, and transaction cost economics", Academy of Management Review, Vol. 21, No. 1.

26. Dolfin S. , Genicot G. , 2010, "What do networks do? The role of networks on migration and coyote use", Review of Development Economics, Vol. 14, No. 2.

27. Ferrer C, A. , Frijters P. , 2004, "How important is methodology for the estimates of the determination of happiness?", Economics Journal, Vol. 114, No. 97.

28. Grootaert C. , 1999, "Social capital, household welfare and poverty in Indonesia", Working Paper, Washington, DC: World Bank, No. 6.

29. Henry Y. , Erma K. N. , Cahyo S. A. , Wahyu S. , 2015, "The strengthening factors of tea farmer cooperative: Case of Indonesian tea industry", Agriculture and Agricultural Science Procedia, No. 3.

30. József V. , Zoltán S. , 2015, "The financing of the agricultural enterprises in hungry between 2008 and 2011", Procedia Economics and Finance, No. 30.

31. Kinnan, C. , Townsend R. M. , 2012, "Kinship and financial network, formal financial access and risk reduction", The American Economic Review, Vol. 102, No. 3.

32. Kochar A. , 1997, "Does lack of access to formal credit constrain agricultural production? Evidence from the land tenancy market in rural India", American Journal of Agricultural Economics, Vol. 79, No. 3.

33. Mushinsk I. D. , 1999, "An analysis of loan offer functions of banks and credit unions in Guatemala", Journal of Development Studies, Vol. 36, No. 2.

34. Paulo Alberto Machinski, Mauro Cézar de Faria, Vilmar Rodrigues Moreira, Alex Antonio Ferraresi, 2016, "Agricultural insurance mechanisms through mutualism: the case of an agricultural cooperative", Revista de Administração, Vol. 51, No. 3.

35. Shinsuke K. , 2014, "Impacts of internal financing on investment deci-

sions by optimistic and overconfident managers", European Financial Management, Vol. 20, No. 1.

36. Veronika F., Tibor T., Kinga Z., 2015, "Financial performance evaluation of agricultural enterprises with DEA method", Procedia Economics and Finance, No. 32.

Which Kind of Financing Modes is More Capable of Promoting the Development of the New Agricultural Operating Entity?

Lu Zhaoyang

(School of Economics / Center for Institutional Economics Research, Southwest University of Political Science and Law, 401120)

Abstract: This paper has proved that which kind of financing modes is more capable of promoting the development of the new agricultural operating entity, used the ordinary least squares (OLS) and the Ordered Probit Model, with 2703 valid questionnaires from western China. The results are that the pros and cons of different financing modes are different, and every financing mode can influence the paying ability, the operational capacity or the profitability of the new agricultural operating entity, but the different financing mode has different effect. The internal financing is more capable of promoting the development of the new agricultural operating entity than the external financing, and the long-term financing is more capable of promoting the development of the new agricultural operating entity than the short-term financing. At the same time, the different financing mode has different effect to the different region and the different household registration, the heterogeneity exists from the financing mode to the development of the new agricultural operating entity, and the heterogeneity can't be changed when the explained variable has been changed. The result of mechanism test is that the internal financing can significantly improve the decision-making autonomy of the new agricultural operating entity, and the short-term financing can significantly increase the social capital accumulation of the new agricultural operating entity.

Keywords: Financing Financing Mode The New Agricultural Operating Entity The Choice of Financing Mode The Development of The New Agricultural Operating Entity

JEL Classifications: Q14

投资者情绪和市场流动性如何影响股票市场稳定性？

——基于股价崩盘视角的科创板市场 TVP－VAR 模型时变研究

▶杨文祺　李珂涵*◀

【摘　要】选取科创板市场2019年7月22日~2020年7月22日的日频数据，对股票涨跌个数比、市盈率、换手率和成交量涨跌停数目、基于权重的成交金额、动量效应指数、基于权重的换手率、基于符号的跳跃指数和已实现偏度指数8个投资者情绪代理指标通过主成分分析法构造投资者情绪综合指标，应用TVP－VAR模型实证研究投资者情绪和市场流动性对市场稳定性的时变影响。结果表明，投资者情绪与市场稳定性显著正相关，并呈现一定的时变特征，市场非平稳期中稳定性受投资者情绪影响更为显著，短期影响呈现V字形变化；市场流动性与市场稳定性也显著正相关，存在显著的时变性，非平稳期及过渡期中市场流动性的影响更强，短期影响呈现W字形变化。另外，市场稳定性对投资者情绪和市场流动性均具有“正反馈效应”，并且不存在明显的时变特征。

【关键词】**TVP－VAR模型　科创板市场　投资者情绪　市场流动性　市场稳定性**

中图分类号：**F832.5**　文献标识码：**A**

一、引　言

中国当前正面临产业升级的关键时期。然而，以华为、中兴为代表的本土高科技企业却频遭西方国家围剿。与此同时，中国开始迎来以5G技术、

* 杨文祺，山东大学经济研究院博士研究生；地址：（250100）山东省济南市历城区山大南路27号山东大学（中心校区）经济研究院；E-mail：sdu_yl@ yeah. net。李珂涵（通信作者），山东大学经济研究院博士研究生；地址：（250100）山东省济南市历城区山大南路27号山东大学（中心校区）经济研究院；E-mail：kehanlee@ 126. com。

云计算以及人工智能为代表的新一轮科技创新发展周期。这意味着科技将是未来的长期发展主线，高科技企业将成为推动国家可持续发展的主力军。作为高科技属性的直观体现，研发投入对于高科技企业而言至关重要，但截至目前，国内绝大部分高科技企业极少拥有完整的核心技术。从这种意义上讲，这些企业将长期处于创新周期中，需要大量资金来推动技术革新。然而，对于高科技企业而言，由于技术单一导致其市场规模较小，这些企业存在严重的融资困境。2018 年 11 月 5 日，国家正式创立科创板，通过试点注册制、实施严格的退市制度以及允许尚未盈利的高科技公司上市，降低高科技企业申请上市的门槛，为国内的优秀高科技企业打开进入资本市场的大门，以缓解这些企业的融资困境。相应的，为鼓励本土企业赴科创板上市、引导资本进入高科技领域，中国多省陆续出台科创板鼓励政策，使得科创上市成为高科技企业一条效率极高的融资方式，从而进一步推动这些企业的技术和产品迭代，产生先进的原创技术。可以说，促进科创板市场未来的健康稳定发展，让一批优质高科技企业在本土的资本市场成熟壮大，是国家完成“落实金融服务实体经济”和“深化金融改革”目标任务的重要举措。

党的十九大报告明确提出，要健全金融监管体系，守住不发生系统性金融风险的底线。但在试点注册制的背景下，赴科创板上市的高科技企业们所处的发展阶段不尽相同，甚至很多企业没有开始盈利，从而导致市场股价走势变化不定，频繁出现暴涨暴跌不断现象，这将导致市场发展的不稳定性及不确定性大幅增加，自科创板开市一周年以来，其平均日频涨跌幅显著高于上证 A 股市场。其中，平均日频涨跌幅为上证 A 股市场的5.74 倍。剧烈的市场价格起伏可能引发“追涨杀跌”等现象，造成市场大规模的震荡，削弱市场资产配置功能，甚至会引发整个市场的系统性风险。因此，探究科创板市场稳定性的影响因素对于防控市场系统性风险、维护科创板市场未来的可持续发展具有重大的现实意义。

相较于传统金融学理论，行为金融学摈弃了投资者理性的假设，强调如投资者情绪、行为等非市场因素在投资决策过程中的关键作用。而大量投资者之间非理性和异质性的情绪偏差会导致投资者无法在交易决策中实现效用最大化的目标，并会通过交易行为反馈机制显著影响市场的资产价格偏离其基本价值（Olsen，1998）。多数研究认同基于异质性的投资者情绪对股票市场稳定性有重要影响。德隆等（De Long et al.，1990）发现，投资者情绪是影响市场股票定价的重要系统性风险因子。达斯特（Datst，2003）的实证研究表明，在股票市场的牛市顶峰以及熊市低谷时期，投资者情绪对市场股价的影响约为60%，远超基本面因素的影响。许承明和宋海林（2005）以大盘封闭式证券投资基金为实证对象，分析发现投资者情绪风险对市场稳定性存在显著的影响。施梅林（Schmeling，2009）针对 18 个工业化国家研究发现投资者情绪对市场股市收益率存在明显的反向影响，极端投资者情绪甚至引发市场出现极端羊群行为，并在极大程度上破坏市场的稳定性和均衡状态。王道平和贾昱宁（2019）针对上证A股市场研究发现，投资者情绪的变化始终是导致股票市场极端波动的重要因素。高珂和张临政子（2019）选择沪深股票资产组合，研究发现市场投资组合的收益率及其稳健性显著受到投资者情绪的影响。但也有部分研究对上述结论提出质疑。比如，杨阳和万迪昉（2010）基于上证股市分析发现，投资者情绪对股票市场的收益并无显著影响，而股票收益却显著反馈作用于对投资者情绪，并且投资者情绪对收益波动的影响在不同市态下存在异化性特征。

目前，学者们用于测量投资者情绪的指标有以下三种：直接指标、间接指标和综合测指标。其中，直接指标是由机构及个人向投资者直接询问而获得，常见的直接指标包括好淡指数（HDI）和消费者信心指数（CCI）等。间接指标由市场的各类变量构成，能间接反映投资者的情绪变化，常见的间接指标包括交易金额、市盈率、ADL腾落指数等。综合指标是基于直接指标和间接指标的各种组合中获得。例如，贝克和格勒（Baker and Wurgler, 2006）以IPO数量、IPO首日收益率、换手率、股票融资与外部融资之比、股利溢价以及封闭式基金折价率等间接指标进行主成分分析获得。为了全面多维度精准地刻画科创板市场投资者情绪的动态变化，本文将采用基于日频交易数据的综合指标方法，并基于科创板市场股票日频交易的特点以及数据的连贯性与可获得性，选取涨跌停数目（NUD）、基于权重的成交金额（WA）、动量效应指数（MTM）、基于权重的换手率（WT）、基于符号的跳跃指数（SJV）和已实现偏度指数（RS）六个指标作为情绪代理指标，并运用主成分分析法来构建投资者情绪指标。

市场流动性反映了资产价格在均衡状态下迅速变现的能力，它是衡量市场运行效率的主要指标之一。在有关市场流动性与股票市场稳定性的研究中，阿米胡德（Amihud, 2002）通过研究市场流动性和横截面收益间的动态关系，发现市场流动性显著反向影响股票收益。苏冬蔚和麦元勋（2004）基于沪深股市的实证研究，发现沪深股市存在显著的流动性溢价，并且流动性是市场资产定价的重要因素。张峥等（2014）以高频数据计算的买卖价差作为市场流动性指标，实证发现把流动性因子加入CAPM模型中能够更好地解释A股市场投资组合收益率的差异，证明A股市场存在显著的流动性溢价。宋光辉等（2017）证明了上证A股市场流动性与动量效应高度负相关，并发现流动性是影响市场稳定性的重要指标。

需要指出的是，在构建市场流动性指标的过程中，李宏等（2016）认为，类如换手率、买卖价差等流动性指标不能同时完全兼顾市场流动的价格尺度和时间尺度。因此，本文参考阿米胡德（2002）提出的非流动性指标，兼顾价格尺度和时间尺度，提出适用于科创板市场的日频流动性指标。

股票市场稳定性至今在学术界没有广为接受的统一定义。艾伦和伍德（Allen and Wood，2006）提出，股市稳定性的定义为极端不稳定事件不太可能在股市内发生的一种均衡状态。鲍尔和舒尔茨（Baur and Schulze，2009）认为，市场稳定性是指在正常或者极端的市场条件下，系统性冲击对市场产生恒定的影响。史金凤等（2018）在鲍尔和舒尔茨（2009）的基础上，认为市场稳定性是指基于正常条件与极端条件下的市场收益波动率对系统性冲击的影响相同。彭俞超等（2018）使用股价崩盘作为股票市场稳定性的度量指标，他们认为，股价崩盘的产生源自被隐藏的坏消息的集中释放，基于信息不对称的股价崩盘对市场系统性风险具有重要影响。同样地，许年行等（2012）也将股价崩盘用于检测股票市场的稳定性。所以，本文参考彭俞超等（2018）以及许年行等（2012）的做法，使用股价崩盘来构建反映科创板市场稳定性的指标。

综上所述，考虑到投资者情绪、市场流动性和股票市场稳定性三个变量的互动关系研究中，一般只着重于其中某两个方面，很少关注三个变量间的联动性和时变性特征。鉴于此，本文通过构建 TVP－VAR 模型，把科创板市场的投资者情绪、市场流动性和市场稳定性纳入同一研究框架。与现有研究相比，本文可能的边际贡献主要有以下三点：第一，考虑到金融市场上投资者情绪和市场流动性具有异质性、短期性和易变性特征，本文使用基于日频的股票交易数据构建各类指标，克服了低频数据可能造成的谬误。第二，截至目前，鲜有研究统一、系统的分析投资者情绪和市场流动性对市场波动稳定性的时变影响。本文将通过构建 TVP－VAR 模型，把三个指标纳入统一框架进行研究，并讨论基于不同滞后期和时间点的投资者情绪和市场流动性对市场稳定性脉冲响应的时变影响以及市场稳定性的时变反馈影响，从而丰富了相关的学术研究。第三，现有研究大多以沪深 A 股市场为研究对象，而本文以成立一年的科创板市场为研究对象，全面比较分析了投资者情绪和市场流动性在科创板市场由非平稳期至平稳期对市场稳定性的影响差异，完善了相关领域的实证研究，对引导科创板市场未来健康平稳发展的相关政策制定具有一定的实践意义。

本文之后的结构安排为：第二部分介绍投资者情绪、市场流动性与股票市场稳定性的指标设计与数据处理；第三部分为 TVP－VAR 模型的建立及其参数估计；第四部分为实证结果的分析；第五部分总结全文。

二、指标设计与数据处理

（一）投资者情绪指标（IS）的设计

考虑到科创板市场交易数据的连贯性和可获得性，为了尽可能全方面地反映投资者情绪的实际状况，本文将选取涨跌停数目（NUD）、基于权重的成交金额（WA）、动量效应指数（MTM）、基于权重的换手率（WT）、基于符号的跳跃指数（SJV）和已实现偏度指数（RS）六个指标作为情绪代理指标，并运用主成分分析法来构建投资者情绪（IS）。

1. 涨跌停数目（NUD）

股票的涨跌停限制是为了防止市场价格频繁出现暴涨暴跌现象而设定的价格涨幅限制，以抑制市场大多数投资者进行过度投机行为，但涨跌停限制也在无形中大幅增加投资者的交易障碍，极大地减少了市场的流动性，涨跌停限制所造成的价格发现延迟也极大程度削弱了市场的定价功能。在中国A股市场，除首日上市的股票外，正常股票的最大涨跌幅限制为10%。不同于A股市场，科创板市场在股票上市5个交易日后的最大涨跌幅限制为20%。股票的涨跌停数目是反映投资者情绪的重要代理变量，若市场涨停板的数量明显多于跌停板，则说明此时市场投资者情绪越积极；反之，则说明市场投资者情绪越消极。涨跌停数目（NUD）的具体公式如式（1）：

$$NUD_t = NU_t - ND_t \quad (1)$$

其中，NUD_t 为第t天的涨跌停数目指标，NU_t 和 ND_t 分别为第t天的涨停板数目和跌停板数目。

2. 基于权重的成交金额（WA）

成交金额被定义为市场投资者一天内交易股票的所有成交金额之和，其反映股票市场当天成交的总体状况、活跃程度和投资者的投机程度。成交金额能够深刻反映投资者情绪的强弱变化趋势，当股票市场的成交金额越高，投资者情绪越乐观，反之则越悲观。考虑到市场资产的规模差异，为了消除不同股票的规模因素，本文对样本区间内每个股票的成交金额数值赋予规模权重，构造基于权重的成交金额（WA）：

$$WA_t = \frac{D_{i,t}}{\sum_{i=1}^{N_t} D_{i,t}} \times Amount_{i,t} \quad (2)$$

其中，WA_t 为第t天基于权重的成交金额指标，$Amount_{i,t}$ 为第t天第i只股票的成交金额，$D_{i,t}$ 为第t天第i只股票的总市值，N_t 为第t天市场交易的股票总数目。

3. 动量效应指数（MTM）

杰加迪西和蒂特曼（Jagadeesh and Titman，1993）以美交所和纽交所市场的交易数据为研究对象，实证发现股票市场存在动量效应。动量效应是指股票收益率延续原有运动方向变化的一种趋势。投资者往往按照这种趋势来大量买进过去收益率高的股票，并大量卖出过去收益率低的股票，并更加爱好短线交易，容易跟从其他投资者的决策。所以，从价格变化的角度来说，动量效应指数（MTM）能够很好地反映投资者情绪的变化趋势，动量效应指数越高则投资者情绪越乐观，反之则越悲观。动量效应指数（MTM）的基本公式为：

$$MTM_t = \frac{1}{N_t}\sum_{i=1}^{N_t}\frac{P_{i,t}^2 - P_{i,t}^1}{P_{i,t}^2} \tag{3}$$

其中，MTM_t 为第 t 天的动量效应指数，N_t 为第 t 天市场交易的股票总数目，$P_{i,t}^1$ 和 $P_{i,t}^2$ 分别为第 t 天第 i 只股票的开盘价和收盘价。

4. 基于权重的换手率（WT）

换手率反映市场交易活跃程度的一个有效指标，是指股票在某个时间区间内的转手买卖频率值，换手率越高的股票，其投机性越强，投资风险越大，投资者对市场现状的态度越积极。贝克和格勒（2006）认为，换手率可以作为衡量投资者情绪的有效间接指标。何基报和鲁直（2006）发现，当市场的换手率持续保持高水平状态时，投资者卖出股票的意向会显著发生改变。市场换手率越高，市场流通性越好，投资者对市场现状的态度越积极。所以，为更精准地刻画投资者情绪，本文选择换手率作为刻画投资者情绪的代理指标之一，并对个股换手率的数值赋予权重，构造基于权重的换手率（WT）：

$$WT_t = \frac{D_{i,t}}{\sum_{i=1}^{N_t} D_{i,t}} \times T_{i,t} \tag{4}$$

其中，WT_t 为第 t 天基于权重的换手率指标，$T_{i,t}$ 为第 t 天第 i 只股票的换手率，$D_{i,t}$ 为第 t 天第 i 只股票的总市值，N_t 为第 t 天市场交易的股票总数目。

5. 基于符号的跳跃指数（SJV）

跳跃是指市场股票价格的非连续变化，邓纳姆和弗瑞森（Dunham and Friesen，2007）认为，股票的跳跃风险是其收益的系统性风险因子。因此，跳跃指数越高，说明市场投资者的情绪越积极，使得市场的股票价格出现正向跳跃；反之，则说明市场投资者情绪越消极，使得市场的股票价格出现反向跳跃。所以，股票的跳跃指数是反映投资者情绪的重要代理变量，考虑到市场股票价格的变化具有方向性特征，本文在跳跃指数的基础上对其数值赋予符号，构造基于符号的跳跃指数（SJV）：

$$SJV_t = \sum_{i=1}^{N_t} R_{i,t}^2 D_{i,t}^1 - \sum_{i=1}^{N_t} R_{i,t}^2 D_{i,t}^2 \tag{5}$$

其中，SJV_t 为第 t 天基于符号的跳跃指数指标，$R_{i,t}$ 为第 t 天第 i 只股票的收益率，N_t 为第 t 天市场交易的股票总数目，$D_{i,t}^1$ 和 $D_{i,t}^2$ 均为示性函数，当第 t 天第 i 只股票的收益率为正时，$D_{i,t}^1 = 1$；当第 t 天第 i 只股票的收益率为负时，$D_{i,t}^2 = 1$。

6. 已实现偏度指数（RS）

已实现偏度是指市场股票收益的非对称程度。陈坚和张铁凡（2018）以中国股市为研究对象，实证发现已实现偏度能够影响股票市场的交易活跃程度，从而传导到股票的收益率，并且投资者情绪和已实现偏度存在正相关关系。因此，本文使用日频已实现偏度指数（RS）作为投资者情绪的代理变量：

$$RS_t = \frac{\sqrt{N_t}\sum_{i=1}^{N_t} R_{i,t}^3}{\left(\sum_{i=1}^{N_t} R_{i,t}^2\right)^{3/2}} \tag{6}$$

其中，RS_t 为第 t 天的已实现偏度指数指标，$R_{i,t}$ 为第 t 天第 i 只股票的收益率，N_t 为第 t 天的市场交易股票总数目。

此后，本文对以上的6个代理指标进行主成分分析，首先对6个代理指标做标准化处理，然后对标准化处理后的6个代理指标进行KMO检验以及巴特利特球形度检验。结果表明，KMO检验数值为0.707，巴特利特球形度检验的数值为0.000，说明上述6个标准化处理后的代理指标均适用于进行主成分分析。

表1显示了6个代理指标的主成分分析结果，发现前两个主成分的特征值均大于1，累计方差解释率为80.263%，278%，能够在损失很少的数据信息基础上很好地解释科创板市场交易数据的绝大部分信息，所以选取前两个主成分加权构造投资者情绪指数（IS）：

$$IS_t = NUD_t \times 0.595 + WA_t \times 0.237 + MTM_t \times 0.600 + WT_t \times 0.396 + SJV_t \times (-0.584) + RS_t \times (-0.505) \tag{7}$$

表1　　主成分分析结果

成分	特征值	方差%	累积方差%	成分矩阵					
				NUD	WA	MTM	WT	SJV	RS
1	3.122	52.041	52.041	0.925	-(0.132)	0.915	0.114	-(0.931)	-(0.730)
2	1.693	28.222	80.263	-(0.015)	0.917	0.018	0.917	0.056	-(0.090)

（二）市场流动性指标（Liq）设计

流动性是指在既定的市场条件下，单位流动性引起的价格变化（阿米胡德，2002）。市场流动性指标可以表示为：

$$Liq_{i,t} = \frac{1}{T_{i,t}} \times \left| \ln P_{i,t}^2 - \ln P_{i,t-1}^2 \right| \tag{8}$$

$$Liq_t = \frac{D_{i,t}}{\sum_{i=1}^{N_t} D_{i,t}} \times Liq_{i,t} \tag{9}$$

其中，Liq_t 为第 t 天的市场流动性指标，$T_{i,t}$ 为第 t 天第 i 只股票的换手率，$D_{i,t}$ 为第 t 天第 i 只股票的总市值，N_t 为第 t 天市场交易的股票总数目，$P_{i,t}^2$ 分别为第 t 天第 i 只股票的收盘价。

（三）股票市场稳定性指标（Ncs）设计

参考许年行等（2012）的做法，采用负收益偏态系数（Ncs）作为股价崩盘风险指标，来衡量科创板市场的稳定性。负收益偏态系数（Ncs）表示市场股票收益率左偏的程度，其数值越大，股价崩盘风险越高，股票市场稳定性程度越低。

首先，对市场各个股票的收益率进行基于股票总市值的加权，得到市场收益率，并做如下回归：

$$R_{m,t} = \frac{D_{i,t}}{\sum_{i=1}^{N_t} D_{i,t}} \times R_{i,t} \tag{10}$$

$$R_{i,t} = \alpha_0 + \alpha_1 R_{m,t-2} + \alpha_2 R_{m,t-1} + \alpha_3 R_{m,t} + \alpha_4 R_{m,t+1} + \alpha_5 R_{m,t+2} + \varepsilon_{i,t} \tag{11}$$

其中，$R_{m,t}$ 为第 t 天的市场收益率，$D_{i,t}$ 为第 t 天第 i 只股票的总市值，N_t 为第 t 天市场交易的股票总数目，$R_{i,t}$ 为第 t 天第 i 只股票的收益率，$\varepsilon_{i,t}$ 为第 t 天第 i 只股票的回归残差。在式（11）的基础上，定义第 t 天第 i 只股票的特有收益：$\omega_{i,t} = \ln(1 + \varepsilon_{i,t})$。则负收益偏态系数（Ncs）的具体公式为：

$$Ncs_t = \frac{n(n-1)^{3/2} \sum_{i=1}^{N_t} \omega_{i,t}^3}{(n-1)(n-2)(\sum_{i=1}^{N_t} \omega_{i,t}^2)^{3/2}} \tag{12}$$

其中，Ncs_t 为第 t 天的股票市场稳定性指标，n 为样本区间内股票市场的交易天数。

（四）数据来源与预处理

1. 数据来源

本文选取科创板市场成立一周年（2019 年 7 月 22 日～2020 年 7 月 22 日）的日频时间序列数据用于各个指标的构建。截至 2020 年 7 月 22 日，科创板市场已有 140 家高科技公司上市，样本集（包含科创板市场所有股票的日频开盘价、收盘价、换手率、成交金额、总市值和涨跌幅等数据）共有 204 960 个日频数据。原始数据均源自 Wind 数据库。计算市场收益率和股票市场稳定性指标的时间窗口为 4 天。

2. 平稳性检验

为防止时间序列在运行 TVP - VAR 模型过程中出现伪回归现象，去除各个时间序列的单位根影响，本文首先进行 ADF 单位根检验。

根据表2，投资者情绪（IS）、市场流动性（Liq）与股票市场稳定性指标（Ncs）的0阶差分均在1%的显著性水平下拒绝原假设，说明三个指标均是平稳序列，适用于 TVP - VAR 模型。

表 2　　ADF 单位根检验结果

指标	IS	Liq	Ncs
0 阶差分下单位根检验：t 值	-12.570 ***	-4.942 ***	-5.756 ***
0 阶差分下单位根检验：p 值	(0.000)	(0.000)	(0.000)

注：*、**、*** 分别表示 10%、5%和 1%的显著性水平。

三、TVP - VAR 模型的建立及其参数估计

（一）TVP - VAR 模型的建立

参数向量自回归模型（VAR 模型）假设所有参数以及扰动项的方差保持恒定不变，但这一假设通常与实际相违背。对比之下，TVP - VAR 模型不仅能够分析变量之间的时变特征，还能处理时间序列的异常变动，增强结果的稳定性。

首先，在一个标准的 VAR 模型中，将所有参数扩展为时变性参数：

$$y_t = X_t\beta_t + A_t^{-1}\sum t\varepsilon_t \tag{13}$$

其中，$t=s+1$，…，n，ε_t 为结构性冲击，并且服从于 $\varepsilon_t \sim N(0, I_k)$，$I_3$ 为三维的单位变量，y_t 为自回归序列，并且 $y_t=(IS_t, Liq_t, Ncs_t)$，β_t 为时变性系数，$X_t = I_3 \otimes (y_{t-1}^T, \cdots, y_{t-s}^T)$，并且$\otimes$为克罗内克乘积，s 为滞后期，$\sum t$ 为对角矩阵，并且 $\sum t = \begin{bmatrix} \tau_{1,t} & 0 & 0 \\ 0 & \tau_{2,t} & 0 \\ 0 & 0 & \tau_{3,t} \end{bmatrix}$。

参考中岛（Nakajima，2011）的做法，本文假设 A_t 为对角线元素是 1 的下三角时变性系数矩阵，即 $A_t = \begin{bmatrix} 1 & 0 & 0 \\ a_{21,t} & 1 & 0 \\ a_{31,t} & a_{31,t} & 1 \end{bmatrix}$，$h_{kt} = \ln(\tau_{k,t}^2)$，$h_t = (h_{1,t},$

$h_{2,t}$，$h_{3,t})^T$，$k=1$，2，3，并且 $t \geqslant s+1$。假定参数都服从随机游走：

$$\beta_{t+1} = \beta_t + \mu_{\beta t} \tag{14}$$

$$\alpha_{t+1} = \alpha_t + \mu_{\alpha t} \tag{15}$$

$$h_{t+1} = h_t + \mu_{ht} \tag{16}$$

并假设 ε_t、$\mu_{\beta t}$、$\mu_{\alpha t}$和 μ_{ht}的方差为类对角模式：

$$\begin{pmatrix} \varepsilon_t \\ \mu_{\beta t} \\ \mu_{\alpha t} \\ \mu_{ht} \end{pmatrix} \sim N\left(0, \begin{pmatrix} I & 0 & \cdots & 0 \\ 0 & \sum_\beta & \ddots & \vdots \\ \vdots & \ddots & \sum_\alpha & 0 \\ 0 & \cdots & 0 & \sum_h \end{pmatrix}\right) \tag{17}$$

其中，$\mu_{\beta t}$、$\mu_{\alpha t}$和 μ_{ht}为其随机游走对应的随机波动，并且不同随机游走的同期参数间相互独立，β_{s+1}、α_{s+1}和 h_{s+1}具有正太的先验分布。

（二）基于 MCMC 算法的参数估计

本文依据基于 VAR 模型的 AIC 准则，选择 2 作为模型的最优滞后阶数，并运用马尔可夫链蒙特卡罗（MCMC）算法进行 20 000 次抽样。其中，前 2 000 次抽样用于预期模拟，后 18 000 次抽样用于后验分布的参数估计。

在表 3 中，无效影响因子是估计模拟过程中产生不相关样本的个数，Geweke 诊断值是用于检验参数估计中马尔科夫链的收敛性，只有满足 Geweke 诊断值、无效影响因子以及参数均值是否落入 95% 置信区间这三个检验标准，才说明基于 MCMC 算法的参数估计结果具有有效性特征。

表 3　　后验估计结果

参数	均值	标准差	95% 置信区间	Geweke 诊断值	无效影响因子
$(\sum_\beta)1$	0.0023	0.0003	[0.0018，0.0029]	0.115	18.28
$(\sum_\beta)2$	0.0023	0.0003	[0.0018，0.0028]	0.729	11.55
$(\sum_\alpha)1$	0.0087	0.0041	[0.0039，0.0191]	0.001	111.69
$(\sum_\alpha)2$	0.0056	0.0016	[0.0035，0.0095]	0.373	72.00
$(\sum_h)1$	0.0058	0.0017	[0.0035，0.0120]	0.681	68.51
$(\sum_h)2$	0.3114	0.0790	[0.1754，0.4890]	0.444	76.62

表3说明，所有参数的Geweke诊断值均未超过趋于后验分布的5%置信水平临界值1.96，并且所有参数的无效影响因子数值均满足要求，其中最大的无效影响因子数值仅为111.69，说明MCMC算法至少可以得到18 000/111.69≈161个不相关样本来进行有效的后验估计，从而满足后验估计的统计需要，并且所有参数的后验估计均值均落入95%置信区间内，因此说明参数估计具备有效性特征。

图1和图2分别给出样本后验估计的自相关系数图和收敛轨迹图，随着模拟次数的逐渐增加，参数的自相关系数均收敛于0，并且以白噪声的状态在均值附近波动。这说明基于MCMC算法的参数估计效果良好，说明TVP-VAR模型的参数模拟结果具备有效性特征。

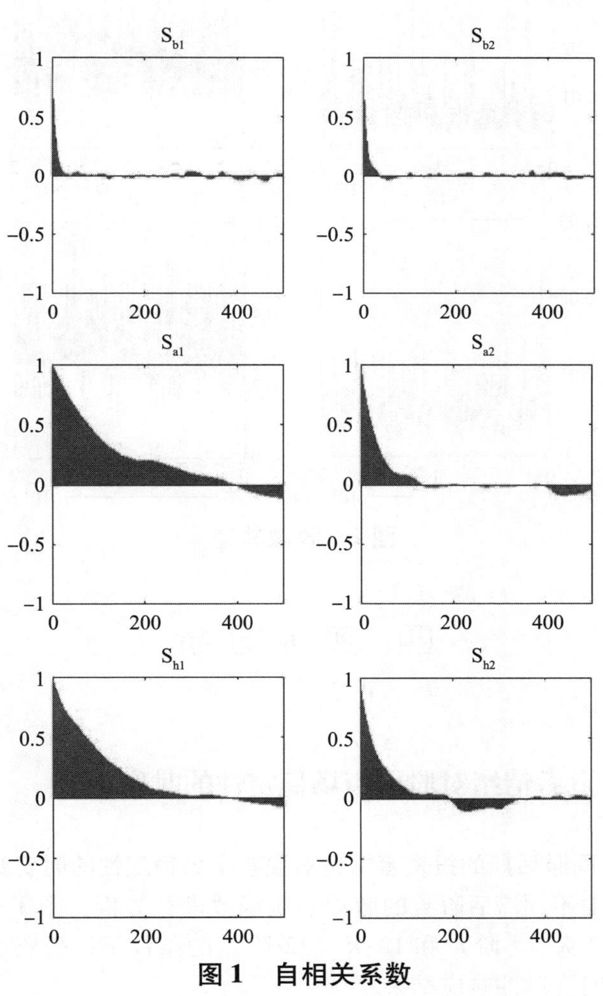

图1　自相关系数

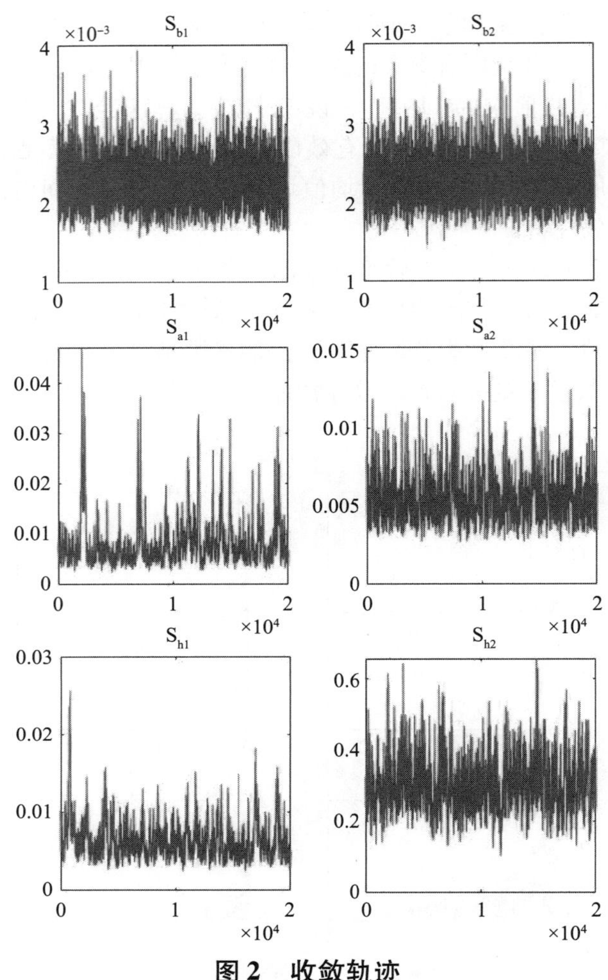

图 2　收敛轨迹

四、实 证 分 析

（一）投资者情绪对股票市场稳定性的时变影响

1. 基于不同滞后期的投资者情绪对股票市场稳定性的时变脉冲响应结果

本文首先对不同滞后阶数的脉冲响应函数进行分析，图 3 给出了在滞后 2 天（2 阶）、7 天（7 阶）和 12 天（12 阶）的条件下，投资者情绪对股票市场稳定性的时变脉冲响应结果。

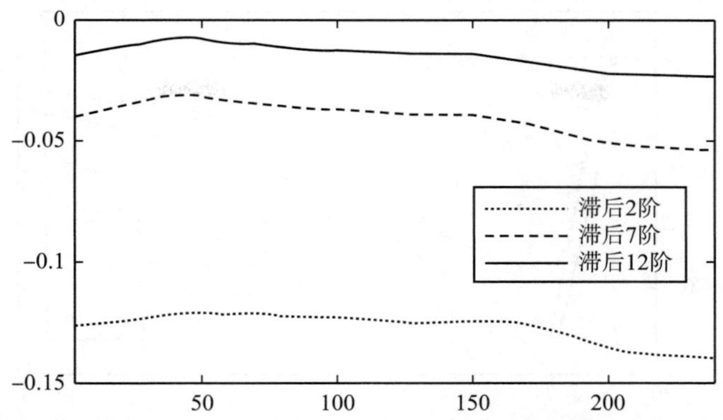

图3　基于不同滞后期的投资者情绪对股票市场稳定性的时变脉冲响应结果

根据图3所示，在整个样本期内投资者情绪对股票市场稳定性指标的脉冲响应恒为负值，存在一定的时变效应，在2019年7月~2019年10月，投资者情绪的冲击响应值缓慢增加，但在10月后又缓慢回落。随着滞后期的增加，冲击响应值逐渐减少。这说明投资者情绪的正向冲击在整个样本期内会造成股票市场稳定性指标的数值减少，即导致股票市场稳定性的增加，而且相比较于长期影响，短期影响更为强烈。相较于科创板创立初期，投资者情绪对股票市场稳定性的增强作用在后期更为显著。

2. 基于不同时间点的投资者情绪对股票市场稳定性的脉冲响应结果

本文对不同时间点的脉冲响应函数进行分析，图4给出了在t=20（2019年8月22日）、t=120（2020年1月20日）和t=220（2020年6月22日）的条件下，投资者情绪对股票市场稳定性的脉冲响应结果。选择这三个时间点是在于，它们分别位于样本区间的前期、中期和后期，正对应科创板市场发展的初期、过渡期与成熟期，从而保证了实证分析的全面性。

根据图4所示，在三个时间点上，投资者情绪对股票市场稳定性指标的冲击响应也恒为负值，但不完全一致：在这三个时间点上，投资者情绪的脉冲响应均呈现V字形变化，在滞后2阶之前，冲击抑制作用随着滞后阶数的增加而递增，在滞后2阶之后，冲击抑制作用随着滞后阶数的增加而递减，并在滞后2阶达到峰值；此外，相比较于其他时间点，在2019年8月22日，滞后1阶的单位正向冲击会降低股票市场稳定性，而从滞后1阶开始，单位正向冲击反而会促进股票市场稳定性。这说明投资者情绪对股票市场稳定性的短期影响存在一定程度的震荡，此后随着时间累计，其长期影响逐渐消减，但依旧持续存在，同时也印证了相比较于长期影响，投资者情绪的短期影响更为强烈的结论。

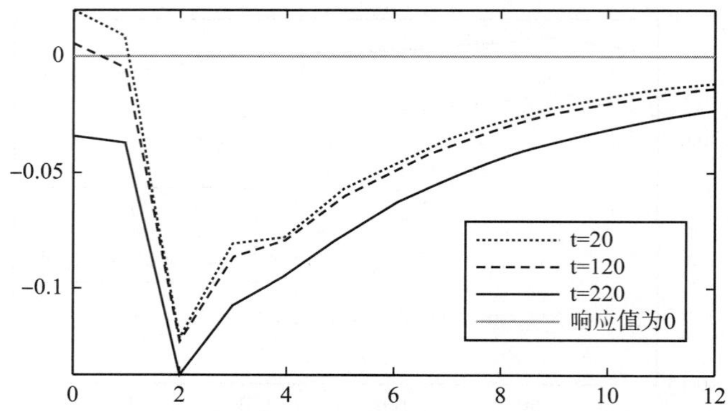

图 4　基于不同时间点的投资者情绪对股票市场稳定性的脉冲响应结果

（二）市场流动性对股票市场稳定性的时变影响

1. 基于不同滞后期的市场流动性对股票市场稳定性的时变脉冲响应结果

图 5 给出了在滞后 2 天（2 阶）、7 天（7 阶）和 12 天（12 阶）的条件下，市场流动性对股票市场稳定性的时变脉冲响应结果。

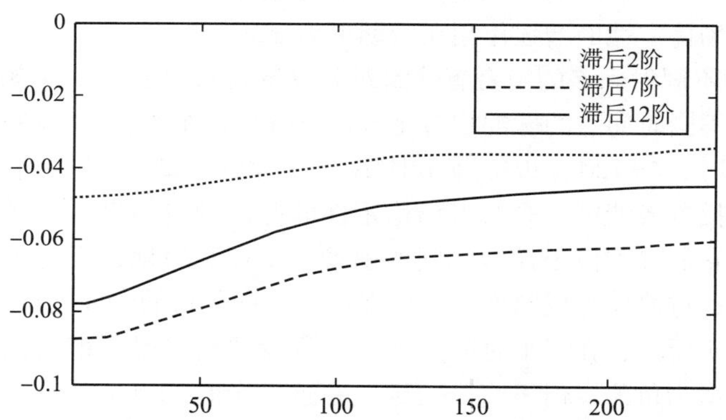

图 5　基于不同滞后期的市场流动性对股票市场稳定性的时变脉冲响应结果

根据图 5 所示，整个样本区间内市场流动性对股票市场稳定性指标的脉冲响应恒为负值，并存在明显的时变效应，在 2019 年 7 月 ~2020 年 2 月，市场流动性的冲击响应值显著增加，在 2 月后趋于平稳。随着滞后期的增加，冲击响应的反向作用逐渐增加。这说明市场流动性的增加会造成稳定性指标数值的减少，即导致市场稳定性的增加，而且相比较于短期影响，长期影响更为强烈。此外，市场流动性对市场稳定性的正向作用在科创板初期更为显著。

2. 基于不同时间点的市场流动性对股票市场稳定性的脉冲响应结果

图 6 给出了在 t = 20（2019 年 8 月 22 日）、t = 120（2020 年 1 月 20 日）

和 t = 220（2020 年 6 月 22 日）的条件下，市场流动性对股票市场稳定性的脉冲响应结果。

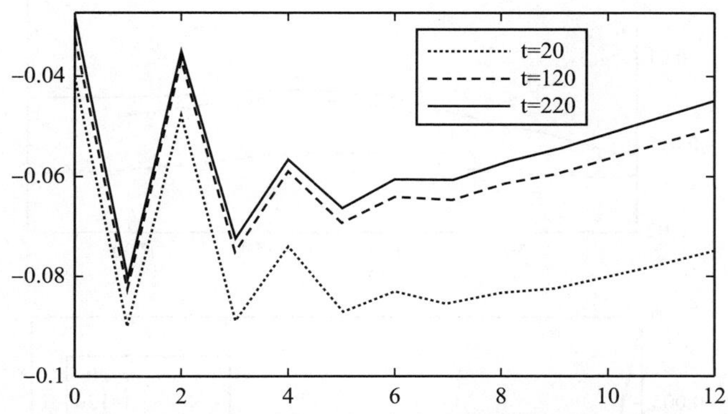

图 6　基于不同时间点的市场流动性对股票市场稳定性的脉冲响应结果

根据图 6 所示，在三个时间点上，市场流动性对股票市场稳定性指标的冲击响应基本一致：其脉冲响应均呈现典型的 W 字形变化，在滞后 1 阶之前，冲击抑制作用随着滞后阶数的增加而递增，在滞后 1 阶之后，冲击抑制作用开始逐渐下降，在滞后 2 阶达到底值，在滞后 2 ~ 3 阶，冲击抑制作用又随着阶数的增加而回升，在滞后 3 阶达到小高峰，在滞后 3 阶之后，冲击抑制作用开始震荡下降；此外，时间点越靠后，单位正向冲击的影响越小。这说明市场流动性对股票市场稳定性的短期影响存在剧烈震荡，而随着时间累计，长期影响逐渐消减，但依旧持续存在，同时也印证了相较于科创板创立后期，市场流动性的正向作用在初期更为显著的结论。

（三）股票市场稳定性对投资者情绪和市场流动性的时变反馈影响

1. 股票市场稳定性对投资者情绪的脉冲响应

图 7 分别给出了在不同滞后期和时间点的条件下，股票市场稳定性对投资者情绪的脉冲响应结果。

根据图 7（a）所示，在不同滞后阶数下，股票市场稳定性指标在整个样本期内对投资者情绪的冲击响应为负值，不存在明显的时变效应，而且相较于滞后 2 阶和 12 阶，滞后 7 阶的冲击抑制作用最大，说明股票市场稳定性指标对投资者情绪的反馈影响在中期更明显，在短期和长期的反馈影响相对较小，但持续存在。

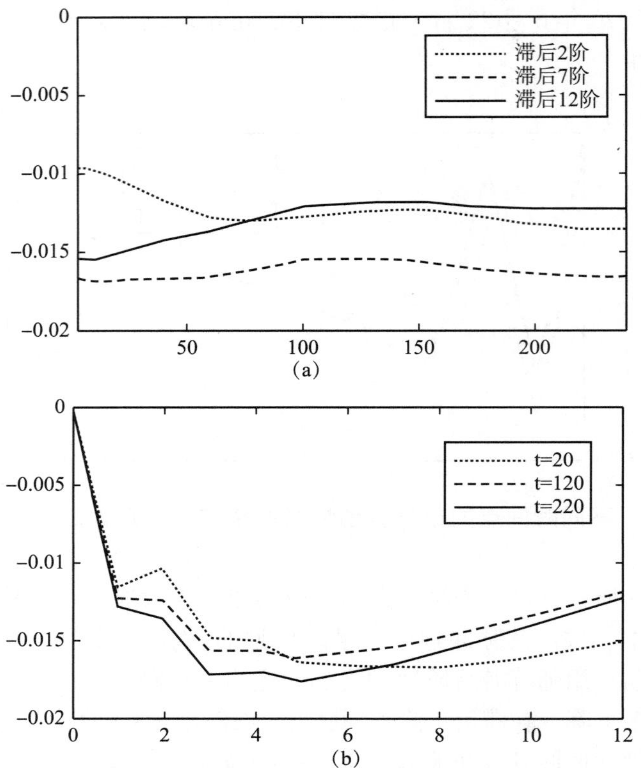

图 7　股票市场稳定性对投资者情绪的脉冲响应结果

根据图 7（b）所示，在不同时间点下，股票市场稳定性指标对投资者情绪的冲击响应同样为负值，并具有明显的 U 形特征，在滞后 5 阶之前，冲击抑制作用随滞后阶数的增加而递增，在滞后 5 阶之后，冲击抑制作用开始逐渐下降，并在滞后 5 阶达到底值；此外，冲击响应值随时间的增加变化幅度并不大。这说明在市场的不同阶段，股票市场稳定性的正向冲击均会促进投资者情绪的产生，并且它们的反馈影响基本保持一致。

2. 股票市场稳定性对市场流动性的脉冲响应

图 8 分别给出了在不同滞后期和时间点的条件下，股票市场稳定性对市场流动性的脉冲响应结果。

根据图 8（a）所示，在不同的滞后阶数下，股票市场稳定性指标在整个样本期内对市场流动性的冲击响应为负值，在滞后 2 阶和 7 阶时均不存在明显的时变效应，但在滞后 12 阶时存在一定的时变效应，其冲击反馈影响随时间的增加而逐渐较少；相比较于滞后 2 阶和 12 阶，滞后 7 阶的冲击抑制作用最大。说明对市场流动性的中期反馈影响更显著，短期和长期的反馈影响较小，但依旧存在。

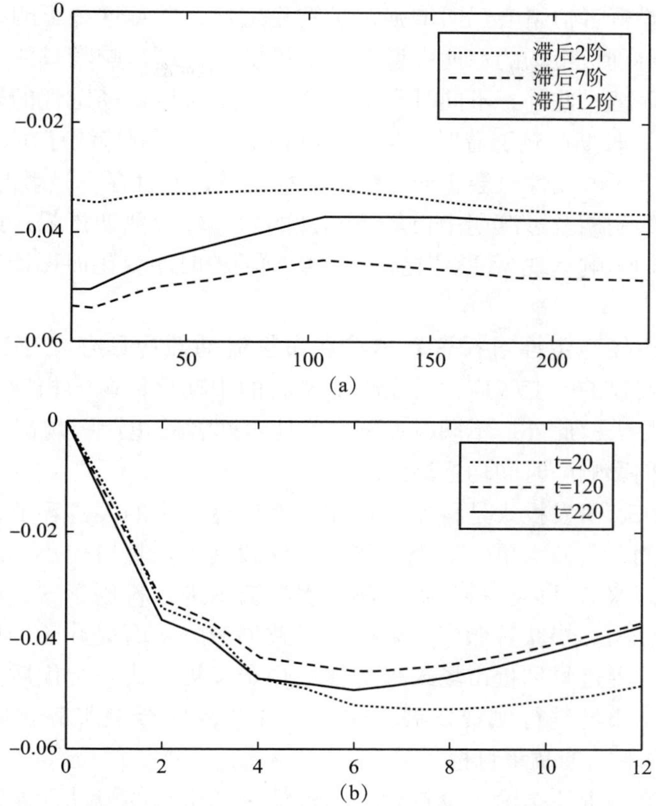

图 8　股票市场稳定性对市场流动性的脉冲响应结果

根据图 8（b）所示，在不同时间点下，股票市场稳定性指标对市场流动性的冲击响应同样为负值，也存在显著的 U 形变化，在滞后 5 阶之前，冲击抑制作用随着滞后阶数的增加而递增，而在滞后 5 阶之后，冲击抑制作用开始逐渐下降，并在滞后 5 阶达到底值；此外，短期和中期影响下的冲击响应值随时间的增加而变化不明显，而长期影响下的冲击抑制作用随时间的增加而逐渐减少，这也印证了之前股票市场稳定性对市场流动性的冲击反馈影响随时间的增加而逐渐较少的结论。

五、总　　结

本文建立 TVP – VAR 模型，实证分析了投资者情绪和市场流动性对市场稳定性影响的时变特征，结合实证分析结果和科创板市场的当前实际，得出如下结论：

第一，投资者情绪会正向增强市场的稳定性，并且这种影响存在一定的时变效应：科创板市场的初期中稳定性受投资者情绪影响较过渡期和成熟期的影响更为显著；此外，不同时点下投资者情绪对市场稳定性的短期影响呈现V形变化，长期影响随着时间累计逐渐消减，但依旧持续存在。

第二，市场流动性也会正向影响市场稳定性，并且存在显著的时变特征：科创板市场的初期及过渡期中市场流动性的影响较成熟期更强；此外，不同时点下的短期影响呈现W形变化，长期影响随着时间变化而逐渐消减，但持续存在。

第三，市场稳定性对投资者情绪和市场流动性均具有“正反馈效应”，并且不存在明显的时变效应，稳定性对两者的中期反馈影响相较于短期和长期而言更为显著；此外，不同时点下稳定性对两者的短期影响都呈现U形变化，而中长期影响随时间均逐渐消减。

一直以来，研发投入是科创企业成长发展过程中的关键环节之一，但基于大部分科创企业技术单一等现实状况，导致其市场规模偏小、融资较为困难。为此，国家通过创立科创板市场，引导资本进入科创领域，让一大批优秀的高科技公司尽快获得融资，来推进科技创新，从而提升整个社会的经济水平。因此，促进科创板市场未来的健康稳定发展，让一批优质高科技企业在本土的资本市场进行融资发展，才能实现“落实金融服务实体经济”和“深化金融改革”的政策目标。

基于本文的上述结论，投资者的积极情绪和市场的流动性能够推动市场的稳定，尽管随着市场渐趋成熟，这种影响有所消减，但却持续存在。并且投资者情绪和市场流动性在短期内存在反应不及时、影响不对称等特征。这说明科创板市场普遍被投资者看好，不存在明显的流动性问题，但随着市场逐渐成熟，投资者情绪从狂热逐渐回归于理性。与石广平等（2016）以及王道平和贾昱宁（2019）针对上证A股市场的实证发现相反，积极的投资者情绪与市场流动有利于科创板市场的稳定发展，但科创板市场依旧存在投资者情绪和市场流动性的时滞性等问题。

本文的经验证据不仅为投资者深入理解投资者情绪和市场流动性对市场稳定性的时变影响具有重要的启发意义，也为公共政策的制定提供了方向性的指导。一方面，政府相关部门应该关注投资者情绪和流动性对市场稳定性的积极影响，积极有效地引导投资者情绪。在平稳时期调整流动性来避免市场过热、在市场衰退期注重增强市场的流动性，提防投资者情绪过热以及市场流动性挤兑风险。另一方面，在外部经济金融环境发生变化的大背景下，坚定发挥自律组织和市场监督的约束作用，大力推进信息透明化，完善信息披露制度。总而言之，科创板的建立完善是一个渐进的长期过程，不能一蹴而就，毕其功于一役。只有方方面面形成合力，才能更进一步地推动科创板市场稳定向上发展，让广大投资者享受到高科技公司高速增长带来的发展红利。

参考文献

1. 陈坚、张轶凡：《中国股票市场的已实现偏度与收益率预测》，载于《金融研究》2018 年第 9 期。

2. 高珂、张临政子：《投资者情绪、Fama - French 五因子模型与投资组合收益》，载于《制度经济学研究》2019 年第 3 期。

3. 何基报、鲁直：《什么影响着投资者选择卖出或继续持有?》，载于《管理科学学报》2006 年第 6 期。

4. 李宏、王刚、路磊：《股票流动性能够解释收益反转之谜吗?》，载于《管理科学学报》2016 年第 8 期。

5. 彭俞超、倪骁然、沈吉：《企业"脱实向虚"与金融市场稳定——基于股价崩盘风险的视角》，载于《经济研究》2018 年第 10 期。

6. 石广平、刘晓星、魏岳嵩：《投资者情绪、市场流动性与股市泡沫——基于 TVP - SV - SVAR 模型的分析》，载于《金融经济学研究》2016 年第 3 期。

7. 史金凤、刘维奇、杨威：《基于分位数回归的金融市场稳定性检验》，载于《中国管理科学》2011 年第 2 期。

8. 宋光辉、董永琦、陈杨炀、许林：《中国股票市场流动性与动量效应——基于 Fama - French 五因子模型的进一步研究》，载于《金融经济学研究》2017 年第 1 期。

9. 苏冬蔚、麦元勋：《流动性与资产定价：基于我国股市资产换手率与预期收益的实证研究》，载于《经济研究》2004 年第 2 期。

10. 王道平、贾昱宁：《投资者情绪与中国股票市场过度波动》，载于《金融论坛》2019 年第 7 期。

11. 许承明、宋海林：《中国封闭式基金价格报酬过度波动的经验分析》，载于《经济研究》2005 年第 3 期。

12. 许年行、江轩宇、伊志宏、徐信忠：《分析师利益冲突、乐观偏差与股价崩盘风险》，载于《经济研究》2012 年第 7 期。

13. 杨阳、万迪昉：《不同市态下投资者情绪与股市收益、收益波动的异化现象——基于上证股市的实证分析》，载于《系统工程》2010 年第 1 期。

14. 张峥、李怡宗、张玉龙、刘翔：《中国股市流动性间接指标的检验——基于买卖价差的实证分析》，载于《经济学（季刊）》2014 年第 1 期。

15. Amihud Y.，2002，"Illiquidity and Stock Returns：Cross-section and Time-series Effects"，*Journal of Financial Markets*，Vol. 5，No. 1.

16. Baker M., Wurgler J., 2006, "Investor Sentiment and the Cross – Section of Stock Returns", *The Journal of Finance*, Vol. 61, No. 4.

17. Baur D., Schulze N., 2009, "Financial Market Stability, a Test", *Journal of International Financial Markets, Institutions and Money*, No. 19.

18. Datst D. M., 2003, "The Art of Asset Allocation: Asset Allocation Principles and Investment Strategies for Any Market", *The Mc – Graw – Hill Companies*, Inc.

19. Delong J. B., 1990, Shleifer A., Summers L. H., Waldmann, R. J.. "Positive Feedback Investment Strategies and Destabilizing Rational Speculation", *Journal of Finance*, Vol. 45, No. 2.

20. Jegadeesh N., Titman S., 1993, "Returns to Buying Winners and Selling Losers: Implications for Stock Market", *Journal of Finance*, Vol. 48, No. 1.

21. Dunham L. M., Friesen G. C., 2011, "An Empirical Examination of Jump Risk in U. S. Equity and Bond Markets", *North American Actuarial Journal*, Vol. 11, No. 4.

22. Nakajima J., 2011, "Time – Varying Parameter VAR Model with Stochastic Volatility: An Overview of Methodology and Empirical Applications", *Monetary and Economic Studies*, Vol. 29.

23. Olsen R. A., 1998, "Behavioral Finance and Its Implications for Stock – Price Volatility", *Financial Analysts Journal*, Vol. 54, No. 2.

24. Schmeling M., 2009, "Investor sentiment and stock returns: Some international evidence", *Journal of Empirical Finance*, Vol. 16, No. 3.

25. Allen W. A., 2006, "Geoffrey Wood. Defining and Achieving Financial Stability", *Journal of Financial Stability*, Vol. 2, No. 2.

How Investor Sentiment and Market Liquidity Affect Stock Market Stability?

—A Study on the Time-varying TVP－VAR Model of SSE STAR Market Based on the Perspective of Stock Price Collapse

Yang Wenqi　Li Kehan

(Center for Economic Research, Shandong University, 250100)

Abstract: Based on the daily frequency data of the SSE STAR market from July 22, 2019 to July 22, 2020, the comprehensive index of investor sentiment is constructed by principal component analysis for six investor sentiment proxy indexes: the stock price-earnings ratio, the price-earnings ratio, the turnover ratio and the number of trading volume limits, the weight-based turnover, the momentum effect index, the weight-based turnover rate, the symbol-based jump index and the realized skewness index. The TVP－VAR model is used to empirically study the time-varying effects of investor sentiment and market liquidity on market stability. The results found that investor sentiment is significantly positively correlated with the market stability and exhibits certain time-varying characteristics. In the unstable period, the stability of the market is more significantly affected by investor sentiment, and the short-term impact presents a "V－shaped" change. Market liquidity is also significantly positively correlated with market stability, with significant time variability. The impact of market liquidity during non-stationary periods and transition periods is stronger, and the short-term impact presents a "W－shaped" change. Market stability has a "positive feedback effect" on investor sentiment and market liquidity, and there are no obvious time-varying characteristics.

Keywords: TVP－VAR Model　SSE STAR Market　Investor Sentiment　Market Liquidity　Stock Market Stability

JEL Classifications: C33　G14

机构投资者空间离散度与上市公司现金持有的机制研究*

王自力　周　霞　徐铭远　郝韵橙　肖忠意**

【摘　要】本文基于2007～2018年沪深A股上市公司样本，利用手工收集的投资者与上市公司之间的地理距离数据，并实证检验了机构投资者空间离散度对上市公司现金持有水平的影响。研究发现，机构投资者空间离散度越大，公司现金持有水平越高，且这种影响存在显著的异质性特征。进一步的机制分析发现，机构投资者空间离散度能够通过企业战略和权力结构性特征对现金持有形成显著的中介因子效应。总体而言，本文结论认为，机构投资者彼此之间的空间关系能够对上市公司的现金持有进行很好的解释，这为资本市场发展机构投资者，释放其监督作用提供了政策制定的经验证据。

【关键词】**机构投资者空间离散度　现金持有　企业战略　结构性权力**

中图分类号：**F276.6**　文献识别码：**A**

一、引　言

当前，中国经济由高速增长向高质量增长转变，相应地，企业开始执行严控成本及各项费用等一系列节流的举措，调整财务结构，有效改善公司现金持有水平，从而支持公司持续稳健发展。学术界普遍认为现金持有行为具有“双重性”特征：一方面，健康、充沛的现金持有不仅有助于保障公司日

---

* 本文受重庆市教委科学技术研究项目（KJQN201800309）资助。

** 王自力，重庆大学经济与工商管理学院；Email：zlcq666@126.com；周霞，西南政法大学经济学院；Email：zhou_xia0@163.com；徐铭远，香港大学经济及工商管理学院；Email：xmy99512@connect.hku.hk；郝韵橙，西南政法大学经济学院；Email：hao_yuncheng@126.com；肖忠意（通信作者），西南政法大学经济学院教授，民营经济研究中心主任；地址：重庆市渝北区宝圣大道301号；Email：xiaozhongyi@swupl.edu.cn。

常运营，提升企业竞争力，而且有助于缓解融资约束，平滑企业面临新的投资机会时的择时投资，提高公司价值；另一方面，公司现金持有仍需要付出成本，超额持有现金可能加剧代理冲突，增加管理层滥用公司现金牟取私利的风险，进而对公司的价值造成损害（Gary & Kent，2010；杨兴全和张兆辉，2018）。鉴于此，厘清影响公司现金持有的关键因素一直是学术界和实务界关注的焦点问题。实际经济生活中，现金是各种资产中流动性最强的一种，过去30年间，全球企业的现金持有水平普遍日益攀升，中国的企业也有相同的趋势①。关于现金持有的早期研究大多基于预防动机理论、融资优序理论、代理理论等，其基本围绕不完美市场造成的摩擦成本提高，迫使企业放弃投资机会，进而选择提高持有现金。这些研究大都基于管理者理性人假设，一定程度上与现实情况相悖，其研究结论的现实解释力有限。

随着上市公司生产经营日趋壮大，所有权与经营权分离所造成的公司治理问题更加突出。近年，高层梯队理论讨论了董事会规模、大股东持股、独董特征、管理层背景等公司治理结构相关因素对现金持有的影响（郑培培和陈少华，2018）。一般而言，低效的公司治理往往伴随着较高的现金持有水平。其中，大股东机构投资者作为上市公司的主要所有者，其在公司治理中的股权投票权一直被认为对监督作用具有重要的影响。机构投资者的持股量或所有权性质决定着其在董事会作用的发挥。此外，大股东与上市公司的地理距离对其监督作用的发挥也具有不可忽视的影响。究其原因，地理距离关系到信息不对称，进而影响委托代理冲突。目前关于机构投资者与上市公司距离造成的监督作用的衰减效应的研究成果较为丰富，但机构投资者之间的地理关系对公司治理可能造成的影响却被长期忽视。从地理偏好理论的视角上看，机构投资者彼此的空间关系越集中，则他们在董事会之外越可能借助地理便利优势加速信息沟通，分享私有信息，降低信息不对称性，从而发挥公司治理的监督作用，形成非正式的隐性治理效应。反之，机构投资者彼此的离散程度越大，机构投资者的监督作用就会越弱。但是目前鲜有基于中国资本市场机构投资者地理关系的研究报道。

那么，本文提出如下学术问题：即机构投资者在空间关系上的离散度是否影响上市公司现金持有水平？其中可能存在的中介因子传导机制是什么？鉴于此，本研究手工收集上市公司前十大股东中机构投资者名单及其地理位置信息，采用2007～2018年中国沪深A股上市公司样本，检验了机构投资者空间分散度与上市公司现金持有的关系。结果发现：第一，机构投资者空间离散程度越高的公司现金持有水平明显高于机构投资者空间分散程度低的公

① 截至2018年底，美国非金融类上市公司持有1.69万亿美元现金；日本非金融上市公司的现金持有攀升至254万亿日元；中国A股资本市场非金融类上市公司持有8.76万亿元人民币，较2007年增加了近4.77倍，同时这意味着现金持有量占上市公司总资产比重已经增至1/6左右。

司，同时机构投资者空间离散度对超额现金持有现象也具有一定的解释力；第二，机构投资者空间离散度对上市公司现金持有水平的影响存在异质性差异；第三，进一步的机制分析发现，机构投资者空间离散度可以通过调整企业战略激进度和董事会结构性权力对现金持有形成中介因子传导机制。

本文的研究贡献主要有以下三点：首先，本文基于机构投资者之间的空间关系构建了机构投资者空间离散度指数，并实证检验了机构投资者空间离散度对上市公司现金持有的影响，丰富了机构投资者监督作用的文献。其次，本文拓展了机构投资者通过企业战略和结构性权力两个维度影响现金持有的中介因子效应的经验证据。最后，本文进一步丰富了机构投资者通过非正式制度因素对公司治理影响的文献，对于中国资本市场发展机构投资者，强化其监督作用提供了新的经验证据和决策建议。

本文剩余部分安排如下：第二部分为文献综述与研究假设；第三部分为研究设计；第四部分是实证结果与分析；第五部分为拓展型检验；第六部分为研究结论与政策启示。

二、文献综述与研究假设

（一）机构投资者空间离散度与现金持有

地理位置反映了两个经济主体在空间关系上的距离。查哈里亚等（Chhaochharia et al.，2012）较早指出，经济主体在地理空间关系上的距离远近能够对公司治理产生重要的影响。“本地偏好”理论认为，由于地理位置能够影响公司与利益相关者之间的信息不对称，所以地理位置和距离远近等因素会对投资者偏好、交易行为和公司财务决策等方面产生广泛的影响（Coval & Moskowitz，2001）。现有公司金融文献也指出，现金持有是公司治理中的一个重要的财务决策，其不仅与公司管理层投融资决策相关，而且与投资者治理效应也密切相关。

麦卡赫里等（McCahery et al.，2015）调查了 143 家大型机构投资者发现，59% 的机构投资者表示愿意在公司治理方面相互协调。可见，机构投资者之间既可以通过董事会等正式平台进行信息收集和沟通，也可以通过非正式渠道进行沟通和交流，从而影响公司治理。从公司治理行为看，机构投资者可能受地理空间关系的影响，机构投资者的空间离散度越高，则表明机构投资者彼此之间的空间距离越远，其在董事会议之外的沟通协作影响力越小，因此其在公司治理上的监督作用可能越弱。

理论上讲，机构投资者在公司治理中的监督作用是其持股量多寡和地理距离的联合函数。在此，本文试图从机构投资者彼此之间的空间离散度对上市公司现金持有的影响进行理论分析。一方面，从信息不对称性理论角度来看，当机构投资者的空间离散度更高，机构投资者之间的距离增加，个别机构投资“搭便车”概率也会提高，地理位置引致的信息不对称还可能恶化公司的代理冲突，造成管理层选择持有更高水平的现金。也有学者发现，地理位置的远近直接影响了公司与外部相关主体的信息不对称程度（Garmaise & Moskowitz，2004）。机构投资者之间的地理距离越大，地理分散越会限制机构投资者之间“面对面”交流的概率，导致机构投资者对上市公司情况获取的渠道单一，绝大部分来自财务年报、业绩快报等正式报告提供的“公有信息”。此外，地理因素的约束进一步加大了机构投资者通过开展实地调研、交换“私有信息”等方式获取信息的难度，这不利于提高机构投资者的监督能力（张洪辉等，2019）。此外，机构投资者空间的分散，方言和文化等差异也可能影响机构投资者之间的关系，增加彼此形成共识的难度，进而限制机构投资者之间形成共同参与公司治理的意愿，降低其在公司治理中监督作用，从而导致上市公司管理层现金持有水平提高（杨兴全和付玉梅，2016。）。

另一方面，从成本理论角度来看，机构投资者的高空间离散度将提高交通成本、通信成本和信息搜寻成本等，从而降低其对公司治理的监督能力。机构投资者的空间离散度提升，将提高单个机构投资者的独立性，带来更高的监管成本。究其原因，较低的空间离散度提升了机构投资者密切联系的便利度，有利于降低机构投资者之间共享信息的成本（Bates et al.，2009）。当机构投资者空间离散程度越大时，机构投资者收集到足够信息的成本越高，其监督能力越弱（嵇尚洲等，2015）。黄张凯等（2016）认为，机构投资者聚集的地区，机构投资者可以用较低的成本了解到上市公司经营状况，从而降低一级市场的信息成本。鉴于上述分析，本文提出以下研究假设 H1：

H1：机构投资者空间离散度与公司现金持有水平显著正相关。

（二）机构投资者空间离散度与企业战略

企业战略是企业为了实现提升竞争能力的目标及其他相关预定目标，而制定的全局发展和长期行动决策的集合（曾颖和陆正飞，2006），对企业生存和发展起着决定性作用（王化成等，2017）。现有企业战略的实证研究主要聚焦在战略差异和战略激进的经济学后果上，其中关于企业战略与现金持有的研究也较为丰富。企业战略差异对企业现金持有可能是一把“双刃剑”，企业战略差异越大，其承担的潜在风险就越大，因此企业既可能考虑到预防动机，而增加现金持有；也可能加剧代理动机，造成现金持有增加（翟淑萍等，2019）。韩忠雪和周婷婷（2011）认为采用行业主流战略趋势的企业，较低的企业战略差异度有助于企业向行业内龙头企业学习，分担决策风险，降低现金持有水平。高智林和陈艳（2020）也发现类似的结果，认为企业战略越偏离行业常规战略，则现金持有水平越高。前人研究已经为企业战略和现金持有的关系提供了丰富的经验证据，但是忽视了企业战略制定者在企业战略制定中对现金持有产生的影响。

事实上，《公司法》为企业建立了健全有效的法律保障制度，明确了董事会的权力和职责，以保证公司战略目标得以实现，保护股东的合法权益。其中，董事会是制定企业战略的主体，做好战略实施的监督工作，保证公司、股东和企业职工的利益得到实现。机构投资者作为持股量较大的股东，也是董事会成员的主要构成部分。如此，机构投资者通过正式的制度安排对董事会制定企业战略产生影响，即董事会将决定企业选择与行业趋势一致的或者偏离行业的企业战略。既然正式制度安排具有相应的战略制定的作用，那么，机构投资者空间离散度能否成为影响董事会战略制定的非正式公司治理协调路径呢？目前国内学术界尚未见报道相关经验证据。理论上，非正式制度的机构投资者空间离散度可能通过董事会之外的影响力对董事会战略制定形成“有用”或“无用”两种可能的效果，进而影响到现金持有问题。基于上述分析，本文提出以下研究假设 H2a：

H2a：机构投资者空间分散度能够通过企业战略差异对现金持有产生中介因子效应。

另外，按照企业战略激进程度从小到大，可以将其划分为防守型、分析型和进攻型。相比防守型企业战略，战略激进程度更高的企业，更加重视创新研发、市场开拓，以保持其在市场竞争中处于优势地位（Mile & Snow，1978）。如此，战略激进度高的进攻型企业为了维持研发活动持续性，降低研发投入高不确定性的影响，可能会激发预防性动机，进而提高现金持有水平（Bates，2009）。楚有为（2019）认为，随着不确定性提高，采取激进战略的企业会进一步提高现金持有水平。现实中，激进的企业战略更容易催生管理层的机会主义，加剧代理问题。采用进攻型企业战略的管理层容易选择滞留现金在企业内部，通过建立商业帝国或增加在职消费以谋取私利（Jensen，1986）。企业战略激进程度较高的进攻型企业的内部控制更难以得到有效监督，这可能解释企业的现金持有水平提高的现象（王彦超和宋顺林，2014；楚有为，2019）。可见，如果包括机构投资者在内的董事会与管理层等在战略实施上积极配合，充分发挥正向的监督作用，这种机构投资者的监督作用有助于企业战略按照既定计划实施。因此，机构的空间分散度作为非正式公司治理，可能对管理层战略激进行为形成监督作用，修正过分激进的战略，对企业现金持有水平表现中介传导影响。基于上述分析，本文提出以下研究假设 H2b：

H2b：机构投资者空间分散度能够通过企业战略激进度对现金持有产生中介因子效应。

（三）机构投资者空间离散度与结构性权力

结构性权力是基于组织结构和职位层级的影响控制能力，结构性权力越大，其控制能力越强。在公司治理领域，董事会结构性权力和管理层结构性权力是影响上市公司组织和行为绩效的重要因素。董事会结构性权力是董事会作为决策顶层在战略、治理、职位等方面对不同关联主体产生影响力的程度（Patel & Cooper，2014），其反映了股东影响董事会群体决策的能力；而管理层结构性权力则是指管理层在公司经营管理活动中执行自身意愿的能力（Finkelstein，1992），其反映管理层经营权力受到董事会牵制的程度大小。

在企业财务决策过程中，强有力的董事会权力发挥着推动作用，具有直接影响（Golden & Zajac，2001）。如果机构投资者之间能形成通畅的协调治理渠道，将有助于提高正式制度的董事会战略决策的绩效。在公司财务决策制定过程中，董事会董事间的意见可能存在较大的分歧（张双鹏等，2019）。在这种情况下，董事代表的机构投资者之间的协商对于公司财务决策的影响十分重要。较低的机构投资者空间离散度有助于董事间通过相互协商以减少财务决策中制定过程中耗费的资源和时间。对现金持有决策而言，低机构投资者空间离散度，可能强化董事会结构性权力，加强董事之间信息共享，提高董事会对现金持有的监督作用。相反，高机构投资者空间离散度，可能削弱董事会结构性权力对上市公司现金持有的监督作用。基于上述分析，本文提出以下研究假设 H3a：

H3a：机构投资者空间分散度能够通过董事会结构性权力对现金持有产生中介因子效应。

管理层结构性权力在公司经营和决策体系中发挥重要的作用。不少研究发现管理层权力与委托代理问题显著正相关，如管理层权力越大，其越倾向于利用盈余操纵获取超额绩效（权小锋等，2010）。权力较大的管理层通常试图通过增加现金持有以稳固自身的地位（Myers & Rajan，1998），然而在公司治理失效情况下，现金持有较高水平的公司可能涉及频繁资本支出，造成股东价值损失（Guney et al.，2007）。杨兴全等（2014）认为，管理层权力大小对上市公司现金持有水平具有较强的解释力，且管理层权力可能进一步导致现金持有价值下降的负效应。上述研究表明，公司治理体系一旦出现缺陷或外部监管缺位现象，就可能使得管理层权力超过公司治理，引致股权所有者难以对其权力形成有效的监督和制衡（卢锐等，2008）。可见，良好的公司治理体系有助于监督管理层权力，影响公司现金持有。正因如此，不少学者从正式制度角度研究了机构投资者对管理层权力的监督作用，但是机构投资者之间形成的非正式公司治理是否具有类似或相反的作用尚不清楚。相关领域研究具有较大的学术研究空间。鉴于前人理论研究，本文提出假设认为，机构投资者离散度越低，可能有利于强化机构投资者在公司治理上的信息沟通，达成治理共识，进而对管理层结构性权力形成有效的监督，影响现金持有水平。基于上述分析，本文提出以下研究假设 H3b：

H3b：机构投资者空间分散度能够通过管理层结构性权力对现金持有产生中介因子效应。

三、研究设计

（一）变量设定

1. 现金持有

本文借鉴张会丽和陆正飞（2012）的方法，采用期末货币资金与短期投资净额之和除以总资产来衡量上市公司现金持有水平（CashHolding）。估计所得 CashHolding 值越大，表明上市公司现金持有水平越高。

2. 机构投资者空间离散度

机构投资者空间离散度（VW）采用上市公司中前十大机构投资者持有股权加权彼此之间的地理距离进行衡量。具体来说，前十大机构投资者 i 和 j 彼此之间的地理距离（Dist），即机构投资者彼此之间的地理距离可以记为 $Dist_{1,2,t}$、$Dist_{1,3,t}$、…、$Dist_{i,j,t}$（其中，$i \neq j$）。此外，前十大机构投资者在一家公司中的持股比重（IO），即前十大股东中机构投资者的持股比重可以记为 IO_1、IO_2、…、IO_{10}。由此，机构投资者空间离散度的数学表达式可以写为：

$$VW_{i,t} = \sum (w_{i,j,t} \times Dist_{i,j,t}) \tag{1}$$

其中，$w_{i,j,t}$是在 t 年机构投资者 $i(IO_i)$ 和机构投资者 $j(IO_j)$ 持有股权之和除以前十大股东中机构投资者两两配对股权之和的总和（即 $\sum_{i>j}^{10} \sum_{j=1}^{10} (i(IO_i) + j(IO_j))$）。

根据式（1）所得 VW 的值越大，表明机构投资者空间离散度高。

3. 机制变量

（1）企业战略中介因子。

①企业战略差异度。本文借鉴卡拉茨（Kraatz）和扎哈克（Zajac）的做法估计企业战略差异度（DS），即首先采用上市公司财务杠杆、研发投入、

固定资产更新程度、非生产性费用投入、广告投入、存货水平六个维度的企业投入指标作为企业战略变革程度的度量，然后分别对这些变量进行一阶差分处理，再取绝对值并进行标准化加总（Kraatz & Zajac，2001）。估计所得DS值越大，表明企业战略差异度越大，即此企业所采取的战略与同行业常规企业战略的差异度越大。

②企业战略激进度。本文借鉴宾利等（Bentley）的方法估计企业战略激进度（RS），采用研发支出占比、员工销售比、营业收入增长率、营销管理费用占比、固定资产占比、员工规模波动六个维度指标的综合评价进行刻画（Bentley et al.，2013）。首先，对上述前五个指标进行五年移动平均处理，而员工规模波动用过去五年员工人数的标准差比均值度量。其次，将上述六个指标在每一个年度行业样本中从大到小分为五组，其中，固定资产占比指标，由大到小依次赋值1～5分，其他指标由小到大依次赋值1～5分。最后，将上市公司当期的六个维度指标得分加总，即可得到企业战略激进度得分（RS）。估计所得RS值越低，表明上市公司越倾向于采用防御型战略；反之，则表明企业更倾向于采用激进型战略。

（2）结构性权力中介因子。

①董事会结构性权力。本文借鉴的帕特尔（Patel）和库珀（Cooper）的方法估计董事会结构性权力（BSP），即采用内部董事与独立董事人数占比、兼职内部董事与独立董事人数占比、两职合一这三个指标经标准化处理所得值之和减2来衡量（Patel & Cooper，2014）。估计所得BSP值越小，则表明董事会结构性权力越均衡。

②管理层结构性权力。本文借鉴芬克尔斯坦（Finkelstein）方法刻画管理层权力（MSP），即采用董事会规模、双职合一、总经理学历、总经理在外兼职、总经理持股、公司股权集中度五个维度指标综合加总的值来衡量（Finkelstein，1992）。估计所得MSP值越小，则表明管理层结构性权力越小。

4. 其他控制变量

本文借鉴相关领域的研究文献（鞠晓生等，2013；肖忠意和林琳，2019）选择了如下控制变量（Controls），包括企业规模（Size）、企业成长性（Growth）、存货比率（Inventory）、产权性质（SOE）、独董占比（Ind）、管理层持股比例（MAH）、两职合一（Dual）、经营性现金流（CFO）等。此外，本文依据《上市公司行业分类指引》（2012年修订）构建行业哑变量（Industry）以控制行业效应；并根据会计年度构建年度哑变量（Year）控制时间效应。主要变量的具体设定和描述性统计结果见表1。

表 1　　主要变量界定与描述统计

变量名	符号	变量定义	平均值	标准差
现金持有	CashHoliding	货币资金与短期投资之和除以总资产	0.187	0.143
机构投资者空间离散度	VW	具体定义及计算见式（1）	6.582	0.997
公司规模	Size	总资产的自然对数	22.554	1.360
企业成长性	Growth	主营业务收入的年增长率	0.193	0.628
存货比率	Inventory	存货除以总资产	0.175	0.166
产权性质	SOE	当实际控制人为国有性质时取值为1，否则取值为0	0.707	0.455
独董占比	Ind	独立董事占董事总数的比值	0.367	0.958
管理层持股比例	MAH	管理人员持股数与总股数的比值	0.008	0.044
两职合一	Dual	董事长与总经理两职合一则赋值为1，否则赋值为0	0.124	0.331
经营性现金流	CFO	经营性活动产生的现金流净额与总资产比值	0.056	0.093

（二）计量模型

1. 主效应检验模型

为了检验研究假设1，本文设定计量模型如下：

$$CashHolding_{i,t} = \beta_0 + \beta_1 VW_{i,t} + \lambda Controls_{i,t} + Industry + Year + \varepsilon_{i,t} \qquad (2)$$

其中，下标 i、t 表示公司 i 与年度 t；ε 表示随机扰动项；被解释变量 CashHolding 表示上市公司现金持有水平；解释变量 VW 表示机构投资者空间离散度。

2. 中介因子效应模型

为了检验机构投资者空间离散度对上市公司现金持有影响可能存在的机制路径，本文引入 Sobel 中介因子效应检验方法，分三步设定中介因子效应检验模型：第一步构建路径 A，即基于式（2）在不添加中介因子的情况下，检验机构投资者空间离散度对上市公司现金持有影响，具体观察路径 A 中机构投资者空间离散度的回归系数 β_1；第二步构建路径 B，机构投资者空间离散度对中介因子的影响，具体观察路径 B 中的回归系数 λ_1；第三步构建路径 C，同时考察机构投资者空间离散度与中介因子对上市公司现金持有的影响，具体观察路径 C 中回归系数 δ_1 和 δ_2。鉴于研究需要，分别设定路径 B 和路径 C 的计量模型为：

$$Mediator_{i,t} = \lambda_0 + \lambda_1 VW_{i,t} + \varphi Controls_{i,t} + Industry + Year + \varepsilon_{i,t} \qquad (3)$$

$$CashHolding_{i,t} = \delta_0 + \delta_1 VW_{i,t} + \delta_2 Mediator_{i,t} + \tau Controls_{i,t} + Industry + Year + \varepsilon_{i,t} \qquad (4)$$

其中，本文中介因子（Mediator）包括企业战略和企业结构性权力两个维度，前者包括企业战略差异度（DS）和企业创新战略激进度（RS），而后者包括董事会结构性权力（BSP）和管理层结构性权力（MSP）。

最后，基于式（2）~式（4）所得结果，当路径 A 中回归系数 β_1 显著，路径 B 中回归系数 λ_1 显著，且路径 C 中回归系数 δ_2 显著，回归系数 δ_1 不再显著，且 Sobel 检验的 Z 值统计上显著时，中介因子就具有完全的中介因子效应；如果路径 C 中回归系数 δ_1 明显小于路径 A 中的 β_1 的系数，且 Sobel 检验的 Z 值统计上显著，则具有部分中介因子效应。

（三）数据来源

本文采用的 2007 ~2018 年上市公司的财务数据源自国泰安数据库（CS-MAR）和锐思数据库（RESSET）。本文从上市公司年报中手工收集上市公司前十大机构投资者名单，剔除自然人投资者，并查询机构投资者在中国境内的经纬度地理信息。此外，本文对观测值样本进行了如下处理：①剔除金融保险类上市公司；②剔除 ST 或 PT 处理的上市公司；③剔除其他变量观测值缺失的观测样本；④剔除 2007 年以后在沪深 A 股市场挂牌的上市公司，最终获得 9 569 个观测样本的平衡面板数据。

四、实证结果与分析

（一）主效应检验结果

基于 OLS 计量模型，表 2 第 1 列和第 2 列报告了机构投资者空间离散度（VW）对上市公司现金持有（CashHolding）影响的双向固定模型检验结果。第 2 列结果显示，投资者空间离散度对上市公司现金持有的估计系数为 0.042，在 1% 统计水平显著。该结果表明，投资者空间离散度与上市公司现金持有显著正相关，即持有相同股票的机构投资者之间的地理空间离散度越高，其投资的上市公司现金持有水平越高。总体而言，上述检验表明机构投资者空间离散度能够解释上市公司现金持有水平。其可能的经济学解释为，多个持股量较大的机构投资者在空间上的离散度越低，近距离合作效果越好，从而对上市公司经营活动发挥更强的监督作用，进而提高企业现金流转的效率。上述主效应模型结果支持研究假设 H1。

表 2　　主效应检验及内生性检验结果

项目	OLS		IV - OLS	系统 GMM
	(1)	(2)	(3)	(4)
机构投资者空间离散度	0.035*** (2.81)	0.042*** (3.38)	0.067* (1.78)	0.067* (1.78)
公司规模	-0.047*** (-4.14)	0.001 (0.11)	-0.022 (-1.42)	-0.022 (-1.42)
企业成长性	0.558*** (12.06)	0.556*** (12.01)	0.617*** (11.34)	0.617*** (11.34)
存贷比率	0.190** (2.22)	-0.247** (-2.23)	-0.258** (-2.02)	-0.258** (-2.02)
产权性质	-0.083*** (-2.60)	-0.032 (-1.00)	-0.045 (-1.22)	-0.045 (-1.22)
独董占比	0.376 (1.46)	0.274 (1.08)	0.356 (1.20)	0.356 (1.20)
CEO 持股	0.083 (0.28)	0.151 (0.53)	-0.293 (-0.89)	-0.293 (-0.89)
两职合一	0.029 (0.69)	0.032 (0.76)	0.065 (1.38)	0.065 (1.38)
托宾 Q	-1.079*** (-11.42)	-1.174*** (-12.34)	-1.083*** (-9.65)	-1.083*** (-9.65)
经营性现金流	2.484*** (10.88)	2.589*** (11.35)	2.680*** (9.70)	2.680*** (9.70)
年和行业	No	Yes	Yes	Yes
观测样本量	9 569	9 569	6 954	6 954
R^2	0.126	0.171	0.183	0.183

注：括号内报告值为 t 统计量，***、** 和 * 分别表示在 1%、5%、10% 的统计水平上显著。

（二）内生性问题

为了在一定程度上减少内生性干扰，避免机构投资者空间离散度与现金持有之间可能存在的反向因果关系，本文引入三年机构投资者空间离散度年度平均值作为工具变量（IV）。并分别进行 IV - OLS 和系统 GMM 检验，以克服个体异质性和内生性问题。工具变量相关检验结果显示，Kleibergen - Paap rk LM 统计量在1%统计水平显著，显著拒绝不可识别的原假设；而 Cragg - Donald Wald F 统计量在1%统计水平显著，显著拒绝弱工具变量的原假设。由此可见，所以上述检验表明本文所用工具变量具有合理性。表2第3列和第4列分别报告了IV - OLS和系统GMM的估计结果，所得结果与前文主效应检验结果基本一致。总体而言，内生性检验方法所得结果均表明主效应模型所得估计结论不存在内生性干扰，结果是可靠的，这也支持了研究假设H1。

（三）异质性检验结果

1. 产权性质

现有不少文献发现不同所有权性质的企业在公司治理上存在较大的差异。但是与机构投资者空间关系相关的研究成果还较少。鉴于此，本文按照实际控制人所有权性质，将上市公司划分为国有和非国有两组样本，并分组进行回归。表3第1列和第2列报告了相关的检验结果。第1列估计结果显示，机构投资者空间离散度对非国有组上市公司现金持有的估计系数为0.070，在1%统计水平显著。第2列估计结果显示，机构投资者空间离散度对国有组上市公司现金持有的估计系数为0.032，在5%统计水平显著。从估计系数大小和显著性来看，机构投资者空间离散度对非国有上市公司的现金持有的监督作用更加重要，这与基于中国制度环境的理论预期是一致的。

表3　　异质性检验1：所有权性质与制造业特征

项目	所有权性质		制造业特征	
	非国有	国有	非制造业	制造业
	(1)	(2)	(3)	(4)
机构投资者空间离散度	0.070*** (2.59)	0.032** (2.02)	0.016 (0.88)	0.077*** (3.69)
控制变量	Yes	Yes	Yes	Yes
年和行业	Yes	Yes	Yes	Yes
观测样本量	2 877	6 692	4 500	5 069
R^2	0.158	0.188	0.189	0.171

注：括号内报告值为t统计量，***、**和*分别表示在1%、5%、10%的统计水平上显著。

2. 制造业属性

中国A股资本市场有50%以上的上市公司来自制造业，其产业属性可能对现金持有产生一些不可观测的异质性影响。鉴于此，本文依据《上市公司行业分类指引（2012 年修订）》的行业分类标准，将上市公司样本划分为制造业组和非制造业组。表 3 第 3 列和第 4 列报告了分组回归的结果。第 3 列结果显示，机构投资者空间离散度对非制造业组上市公司的估计系数为正，但结果不显著。而第 4 列结果显示，机构投资者空间离散度对制造业组上市公司的估计系数为 0.077，在 1% 统计水平显著。上述结果表明，机构投资者空间离散度对制造业组上市公司现金持有存在异质性影响，即相较于非制造业组上市公司，机构投资者空间离散度对制造业组上市公司现金持有的影响力更强。

3. 市场化程度

中国各个省份的市场化程度存在较大的差异，且市场化程度的差异可能导致机构投资者对企业发挥的监督作用存在差异。鉴于此，本文根据王小鲁等（2017）发布的《中国分省份市场化指数报告（2018）》，以市场化进程总指数的中值为标准，将上市公司所在省市划分为市场化程度高和市场化程度低两个组。表 4 第 1 列和第 2 列报告了分组回归的结果。表 4 第 1 列结果显示，机构投资者空间离散度对低市场化程度地区上市公司的估计系数为 0.025，虽然为正，但不显著。第 2 列结果显示，机构投资者空间离散度对高市场化程度地区上市公司的估计系数为 0.054，在 1% 统计水平显著，即对高市场化程度地区的上市公司而言，机构投资者的空间离散度越高，上市公司的现金持有水平越高。这表明在市场化程度高的地区，机构投资者对于上市公司现金持有的监管作用十分重要。此外，该结果同时也反映了机构投资者空间离散度在市场化程度不同的地区表现异质性影响。

表 4　　　　异质性检验 2：市场化程度与城市区位

项目	市场化程度		城市区位	
	低市场化	高市场化	中西部	东部
	(1)	(2)	(3)	(4)
机构投资者空间离散度	0.025 (0.63)	0.054*** (3.49)	0.031 (1.17)	0.053*** (3.29)
控制变量	Yes	Yes	Yes	Yes
年和行业	Yes	Yes	Yes	Yes
观测样本量	1 974	6 883	3 489	6 080
R^2	0.257	0.165	0.225	0.158

注：括号内报告值为 t 统计量，***、** 和 * 分别表示在 1%、5%、10% 的统计水平上显著。

4. 城市区位

此外，考虑到中国东中西部省份经济发展的程度和公司治理理念等方面还可能存在一些异质性的差异，鉴于此，本文按照省份地理位置将样本企业划分为东部省份组和中西部省份组①，表4第3列和第4列报告了分组回归的结果。第3列结果显示，机构投资者空间离散度对东部省份上市公司现金持有的估计系数为0.053，在1%的统计水平显著。而第4列结果显示，机构投资者空间离散度与中西部省份上市公司现金持有关系不显著。这些结果表明，对于经济发达地区的上市公司，机构投资者空间关系上形成的监督作用仍是不可忽视的力量。总体而言，该结果表明机构投资者空间离散度对上市公司现金持有在城市区位上存在显著的异质性差异。

（四）进一步机制分析

1. 企业战略中介因子

（1）企业战略差异度。

表5第1列和第2列报告了采用企业战略差异度（DS）作为中介因子的机制检验结果。路径A如表2第2列结果所示。表5第1列报告了路径B的估计结果，结果显示构投资者空间离散度对企业战略差异的估计系数为0.019，虽然结果为正，但不显著。表5第2列报告了路径C的估计结果显示，企业战略差异对现金持有的估计系数为0.006，在10%的统计水平显著，这与现有文献结论基本一致。上述结果说明，虽然企业战略与现金持有显著正相关，但是机构投资者空间离散度不存在通过企业战略差异对现金持有影响的中介因子效应。这些结果也表明，机构投资者在空间上的非正式的协调治理作用，对于董事会正式制度确定的上市公司的企业战略的监督作用是有限的。换言之，该结果拒绝了研究假设H2a。

表5　　　　企业战略中介因子效应检验结果

项目	企业战略差异中介因子		企业战略激进中介因子	
	路径B	路径C	路径B	路径C
	企业战略差异	现金持有	企业战略激进	现金持有
	(1)	(2)	(3)	(4)
机构投资者空间离散度	0.019 (0.52)	0.041*** (3.03)	0.244*** (4.40)	0.033** (2.01)
企业战略差异		0.006* (1.65)		

① 其中，东部省份包括北京、天津、河北、辽宁、上海、江苏、浙江、福建、山东、广东等10个省级行政单位，而其他省份划定为中西部省份。

续表

项目	企业战略差异中介因子		企业战略激进中介因子	
	路径 B	路径 C	路径 B	路径 C
	企业战略差异	现金持有	企业战略激进	现金持有
	(1)	(2)	(3)	(4)
企业战略激进				0.039 *** (10.57)
控制变量	Yes	Yes	Yes	Yes
年和行业	Yes	Yes	Yes	Yes
观测样本量	9 569	9 569	6 589	6 589
R^2	0.064	0.172	0.110	0.197
Sobel 检验 Z 值	0.493		4.063 ***	

注：括号内报告值为 t 统计量，*** 、** 和 * 分别表示在 1% 、5% 、10% 的统计水平上显著。

（2）企业战略激进度。

表 5 第 3 列和第 4 列报告了基于企业战略激进度（RS）的中介因子效应检验结果。路径 A 如表 2 第 2 列结果所示。在路径 B 中，第 3 列结果显示，机构投资者空间离散度对企业战略激进度的估计系数为 0.244，在 1% 的统计水平显著，这表明机构投资者空间离散度对企业战略激进度具有显著的正向促进作用。在路径 C 中，加入中介因子企业战略激进度，第 4 列结果显示，机构投资者空间离散度的估计系数仍显著为正，但系数大小和显著性均有所下降。同时，企业战略激进度对现金持有的估计系数为 0.039，在 1% 的统计水平显著。进一步的 Sobel 检验发现，Sobel 检验 Z 值为 4.063，在 1% 的统计水平显著。这些结果显示，机构投资者空间离散度通过企业战略激进度对上市公司现金持有形成中介因子效应成立。该结果表明，机构投资者在空间上形成的非正式协调治理能够调节管理层对企业战略执行的力度，发挥有效监督作用。即机构投资者空间离散度越低，机构投资者对管理层战略执行程度的监督作用越强，从而降低现金持有作用也越强。总体而言，上述结果支持了研究假设 H2b。

2. 结构性权力机制

（1）董事会结构性权力。

表 6 第 1 列和第 2 列报告了董事会结构性权力（BSP）作为中介因子的检验结果。在路径 B 中，机构投资者空间离散度的回归系数为 0.022，在 1% 的统计水平下显著，表明机构投资者空间离散度对董事会结构性权力具有正向影响。在路径 C 中，加入了董事会结构性权力中介因子，所得回归

结果显示，董事会结构性权力对现金持有的估计系数 -0.035，在1%的水平下显著。这表明董事会结构性权力越均衡，现金持有水平越低。进一步的 Sobel 检验发现，Sobel 检验 Z 值为 -1.660，在10%统计水平显著，这表明机构投资者对于董事会大股东的结构性权力能够发挥监督作用，即机构投资者空间离散度通过董事会结构性权力均衡性形成影响现金持有水平的传导机制，存在部分中介效应。总体而言，上述结果支持了研究假设 H3a。

表6　　　　结构性权力的中介因子检验结果

项目	董事会结构性权力中介因子		管理层结构性权力中介因子	
	路径 B	路径 C	路径 B	路径 C
	董事会结构性权力	现金持有	管理层结构性权力	现金持有
	(1)	(2)	(3)	(4)
机构投资者空间离散度	0.022*** (2.17)	0.042*** (3.03)	-0.008 (-0.68)	0.044** (2.50)
董事会结构性权力		-0.035*** (-2.57)		
管理层结构性权力				0.050*** (2.74)
控制变量	Yes	Yes	Yes	Yes
年和行业	Yes	Yes	Yes	Yes
观测样本量	9 569	9 569	6 567	6 567
R^2	0.674	0.172	0.171	0.167
Sobel 检验 Z 值	-1.660*		-0.662	

注：括号内报告值为 t 统计量，***、** 和 * 分别表示在1%、5%、10%的统计水平上显著。

（2）管理层结构性权力。

表6第3列和第4列报告了管理层结构性权力（MSP）作为中介因子的检验结果。在路径 B 中，机构投资者空间离散度对管理层结构性权力的估计系数为 -0.008，但结果不显著，表明机构投资者空间离散度与管理层结构性权力不存在显著关系。在路径 C 中，管理层结构性权力对现金持有的回归系数为0.050，在1%的统计水平显著，即表明管理层结构性权力越大，则现金持有水平越高，这与现有文献结论基本一致。究其原因，可能是因为管理层结构性权力越大，委托代理问题越突出，进而提高公司的现金持有水平。进一步，结果还显示 Sobel 检验 Z 值为 -0.662，在10%的统计水平不显著，即表明虽然管理层结构性权力能够解释现金持有水平，但是机构投资者空间离散度与管理层结构性权力之间的中介因子效应不成立。总体而言，上述结果拒

绝研究假设 H3b。

（五）稳健性检验

1. 解释变量替代变量

本文还构建了机构投资者股权空间离散度（VWA）作为替代变量，进行计量分析（Huang，2014）。VWA 即采用上市公司前十大股东中机构投资者的距离标准差之和经归一化法的标准化值。其中，所用权重为机构所持股权占机构所持股权总额的比例。具体计算公式为：

$$VWA_{i,t} = sqrt(\sum_{i=1}^{10} \delta_{i,t}(Lat_{i,t} - \overline{Lat_t})^2) + sqrt(\sum_{i=1}^{10} \delta_{i,t}(Lon_{i,t} - \overline{Lon_t})^2) \quad (5)$$

其中，Lat 和 Lon 分别表示机构投资者 i 的纬度和经度，δ_i 表示机构投资者 i（IO_i）持股量除以前十大股东中机构投资者的持股总量（$\sum_{i=1}^{10} IO_i$）。

接下来，本文采用替代变量进行与前文一致回归分析，其所得结论基本一致，表明上述结论是稳健的。

2. 被解释变量替代变量

①本文借鉴卢馨（2013）的方法，用企业货币资金与交易性金融资产之和除以总资产来衡量现金持有水平，其所得回归结果与前文基本一致，表明上述结论是稳健的。②本文还借鉴迪特马尔（Dittmar）的方法（Dittmar et al.，2003），采用经年行业中值调整的现金持有水平作为被解释变量进行回归分析，所得结果与前文一致，表明上述结论仍稳健。

3. 调整窗口期

考虑到 2008 年美国次贷危机对全球经济可能带来的冲击，本文采用调整样本窗口期的方法进行稳健性分析。剔除 2007～2008 年的上市公司观测样本，本文采用 2009～2018 年的观测样本进行稳健性回归，所得结果与前文基本一致，表明研究结论稳健。

五、拓展型检验：超额现金持有

现有文献一般认为，委托代理问题是影响中国上市公司高额现金持有的主要因素之一（罗进辉等，2018）。基于前文研究结论，本文进一步推论，机构投资者之间分散程度提高，可能使得机构投资者对公司管理层或控股股东的监管力度减弱，导致管理层持有超额的现金。如此，则机构投资者空间离散度可能对上市公司超额现金持有也具有一定的解释力。因此，本文界定超额现金持有为经行业年中值修正的现金持有实际水平与估计所得预期水平的差值。具体估计方法如下：首先，考虑到行业因素很可能对公司现金持有水平存在显著影响，本文采用经年行业中值（$CashHolding^{I}$）处理的上市公司现金持有修正水平（$CashHolding^{Adj} = CashHolding - CashHolding^{I}$）为被解释变量。然后，利用式（6）估计出预期现金持有水平（$CashHolding^{*}$），具体的估计模型设定如下：

$$CashHolding_{i,t}^{*} = \alpha_0 + \alpha_1 Size_{i,t} + \alpha_2 Lev_{i,t} + \alpha_3 Turnover_{i,t} + \alpha_4 CFO_{i,t} + \alpha_5 Growth_{i,t} + \alpha_6 Div_{i,t} + \alpha_7 FN_{i,t} + Industry + Year + \varepsilon_{i,t} \quad (6)$$

上述的计量模型控制了上市公司规模（Size）、资产负债率（Lev）、资产周转率（Turnover）、企业成长性（Growth）、经营性现金流（CFO）、股利支付（Div）和融资需求（FN）。

基于上述估计结果，首先，设定超额现金持有 1（Excess1），采用 $CashHolding^{Adj}$ 与 $CashHolding^{*}$ 的差值衡量超额现金持有，即 Excess1 值越高，则表示过度持有现金水平越高。其次，设定超额现金持有 2（Excess2）表示是否存在超额现金持有，即如果 Excess1 大于 0，则 Excess2 赋值为 1；否则赋值为 0。再次，设定超额现金持有 3（Excess3），采用 $CashHolding^{Adj}$ 与 $CashHolding^{*}$ 的差值取绝对值来衡量超额现金持有的偏离程度，即 Excess3 值越高，则表示现金持有的偏离程度越大。最后，设定现金持有 4（Excess4）衡量超额现金持有是否超过行业水平，即如果 Excess3 大于其行业年中值，则赋值为 1；否则赋值为 0。

表 7 报告了机构投资者空间离散度对上市公司超额现金持有影响的实证检验结果。首先，第 1 列 OLS 模型估计结果发现，机构投资者空间离散度对上市公司超额现金持有 1（Excess1）的估计系数为 0.013，在 10% 统计水平显著正相关，表明机构投资者空间离散的程度越大，上市公司超额持有现金的水平越高。其次，第 2 列 Probit 模型估计结果发现，机构投资者离散度与是否存在超额现金持有 2（Excess2）显著正相关，即机构投资者空间离散度越高，上市公司存在超额现金持有的可能性越高。再次，第（3）列 OLS 模型估计结果发现，机构投资者空间离散度对上市公司超额现金持有 3（Excess3）的估计系数为 0.014，在 5% 统计水平显著正相关，表明机构投资者空间离散度越大，上市公司超额现金持有的偏离程度越高。最后，第 5 列 Probit 模型估计结果发现，机构投资者空间离散度与超额现金持有 4（Excess4）正相关，在 10% 统计水平显著，即表明机构投资者空间离散度越大，则上市公司存在较高水平超额现金持有偏离程度的概率越大。总体而言，上述结果发现机构投资者空间离散度不仅与超额现金持有水平显著正相关，而且与其超额现金持有存在概率显著正相关。换言之，机构投资者空间离散度对上市公司的现金持有问题具有较高的解释力，支持了前文结论。

表 7　　机构投资者空间离散度与超额现金持有

项目	超额现金持有 1	超额现金持有 2	超额现金持有 3	超额现金持有 4
	OLS	Probit	OLS	Probit
	(1)	(2)	(3)	(4)
机构投资者空间离散度	0.013* (1.74)	0.037* (1.89)	0.014** (2.48)	0.024* (1.65)
控制变量	Yes	Yes	Yes	Yes
年和行业	Yes	Yes	Yes	Yes
观测样本量	9 569	9 569	9 569	9 569
R^2	0.322	0.197	0.080	0.008

注：括号内报告值为 t 统计量，*** 、** 和 * 分别表示在 1%、5%、10% 的统计水平上显著。

六、研究结论与政策启示

本文利用 2007～2018 年中国 A 股资本市场上市公司及相关机构投资者的持股信息和地理信息数据，检验了机构投资者空间离散度对上市公司现金持有的影响作用，及可能存在的传导机制。相关实证研究结果发现：首先，机构投资者空间离散度与上市公司的现金持有水平显著正相关，即机构投资者空间离散度越高，上市公司现金持有水平越高。拓展性检验表明，机构投资者空间离散度对超额现金持有具有解释力。这些结果揭示机构投资者空间离散度能够从公司治理的监督作用影响上市公司的现金持有水平。其次，机构投资者的空间离散度对现金持有的影响存在显著的异质性差异。最后，本文进一步通过中介因子效应检验还发现，机构投资者空间离散度能够通过修正企业战略激进度和协调董事会结构性权力，对上市公司现金持有形成中介效应，但是机构投资者空间离散度对企业战略差异度和管理层结构性权力的作用有限，难以形成有效的中介因子效应。这表明机构投资者空间离散度的大小能够作为非正式制度对董事会本身的监督作用的发挥形成补充效应，但是对于管理层的投机和短视行为的影响力有待进一步的释放，以期实现更加完善的监督作用。

立足于中国资本市场的现实情况，本文的研究结论具有如下三点政策启示：第一，中国资本市场应进一步推动机构投资者融入资本市场发展，尤其应重视机构投资者的“本地偏好”特征，鼓励机构投资者本地化发展。第二，重视机构投资者的空间分布所形成的隐性治理效应，不断完善中国现代企业治理体系制度，推进董事会自身建设，优化董事会结构，制定科学合理的企业发展战略，加强对管理层的监督，使其在企业战略执行上符合股东利益要求，缓解我国上市公司委托代理问题，促进上市公司高质量发展。第三，监管缺位在一定程度上也是影响上市公司治理的重要因素，我们必须认识到缺乏监管的上市公司治理环境所带来的危害，未来我国资本市场不仅应该继续深化改革，还应不断完善公司治理相关的正式制度建设。一方面，强化机构投资者在董事会层面的正式制度中充分发挥监督作用；另一方面，允许机构投资者在董事会之外协调沟通，培育良性的隐性协调治理效果，降低系统性监管成本，保障股东利益最大化。通过正式制度和非正式制度的“双轮驱动”引导市场优化董事会和管理层的结构性权力，改进公司治理机制，降低代理人问题对公司治理的干扰。

参考文献

1. 曾颖、陆正飞：《信息披露质量与股权融资成本》，载于《经济研究》2006 年第 2 期。

2. 楚有为：《激进战略与企业现金持有——预防性动机还是代理动机》，载于《财经理论与实践》2019 年第 1 期。

3. 高智林、陈艳：《公司战略偏离度、CFO 财务执行力与公司现金持有水平》，载于《经济经纬》2020 年第 2 期。

4. 韩忠雪、周婷婷：《产品市场竞争、融资约束与公司现金持有：基于中国制造业上市公司的实证分析》，载于《南开管理评论》2011 年第 4 期。

5. 黄张凯、刘津宇、马光荣：《地理位置、高铁与信息：来自中国 IPO 市场的证据》，载于《世界经济》2016 年第 10 期。

6. 嵇尚洲、陈伟、晋涵：《独立董事地缘关系与企业董事会决策》，载于《上海对外经贸大学学报》2015 年第 3 期。

7. 鞠晓生、卢荻、虞义华：《融资约束、营运资本管理与企业创新可持续性》，载于《经济研究》2013 年第 1 期。

8. 卢锐：《管理层权力、薪酬与业绩敏感性分析——来自中国上市公司的经验证据》，载于《当代财经》2008 年第 7 期。

9. 权小锋、吴世农、文芳：《管理层权力、私有收益与薪酬操纵》，载于《经济研究》2010 年第 11 期。

10. 王化成、张修平、高升好：《企业战略影响过度投资吗》，载于《南开管理评论》2016 年第 4 期。

11. 王小鲁、樊纲、余静文等：《中国分省份市场化指数报告（2016）》，社会科学文献出版社 2017 年版。

12. 王彦超、宋顺林：《关联交易、内部控制与现金持有》，载于《投资研究》2014 年第 6 期。

13. 肖忠意、林琳：《企业金融化、生命周期与持续性创新——基于行业分类的实证研究》，载于《财经研究》2019 年第 8 期。

14. 杨兴全、曾义、吴昊旻：《货币政策、信贷歧视与公司现金持有竞争效应》，载于《财经研究》2014 年第 2 期。

15. 杨兴全、付玉梅：《地理位置与公司现金持有——来自中国上市公司的经验证据》，载于《东岳论丛》2016 年第 8 期。

16. 杨兴全、张兆慧：《战略差异如何影响公司现金持有》，载于《贵州财经大学学报》2018 年第 3 期。

17. 翟淑萍、白冠男、白素文：《企业战略定位影响现金持有策略吗?》，载于《中央财经大学学报》2019 年第 5 期。

18. 张洪辉、平帆、章琳一：《独立董事地理距离与财务报告质量——来自上市公司的经验证据》，载于《审计研究》2019 年第 1 期。

19. 张会丽、吴有红：《内部控制、现金持有及经济后果》，载于《会计研究》2014 年第 3 期。

20. 张双鹏、周建、周飞谷：《混合所有制改革对企业战略变革的影响研——基于结构性权力的视角》，载于《管理评论》2019 年第 1 期。

21. 郑培培、陈少华：《管理者过度自信、内部控制与企业现金持有》，载于《管理科学》2018 年第 4 期。

22. Bates T. W., Kahle K. M., Stulz R. M., 2009, "Why do US Firms Hold So Much More Cash than They Used to?", *The Journal of Finance*, Vol. 64, No. 5.

23. Bentley K. A., Omer T. C., Sharp N. Y., 2013, "Business Strategy, Financial Reporting Irregularities, and Audit Effort". *Contemporary Accounting Research*, Vol. 30, No. 2.

24. Chhaochharia V., Kumar A., Alexandra N. R., 2012, "Local Investors and Corporate Governance", *Journal of Accounting and Economics*, Vol. 54, No. 1.

25. Coval J. D., Moskowitz T. J., 1999, "Home Bias at Home: Local Equity Preference in Domestic Portfolios", *The Journal of Finance*, Vol. 54, No. 6.

26. Finkelstein S., 1992, "Power in Top Management Teams: Dimensions, Measurement, and Validation", *Academy of Management Journal*, Vol. 35, No. 3.

27. Garmaise M. J., Moskowitz J. T., 2004, "Confronting Information Asymmetries: Evidence from Real Estate Markets", *Review of Financial Studies*, Vol. 17, No. 2.

28. Gary E. P., Kent H. B., 2010, "Management Views on Corporate Cash Holdings". *Journal of Applied Finance*, Vol. 20, No. 2.

29. Golden B. R., Zajac E. J., 2001, "When Will Boards Influence Strate-

gy? Inclination × Power = Strategic Change", *Strategic Management Journal*, Vol. 22, No. 12.

30. Guney Y., Ozkan A., Ozkan N., 2007, "International Evidence on the Non-linear Impact of Leverage on Corporate Cash Holdings", *Journal of Multinational Financial Management*, Vol. 17.

31. Huang J., 2014, "Shareholder Coordination, Corporate Governance, and Firm Value", Working Paper, University of Illinois At Urbana – Champaign.

32. Jensen M. C., 1986, "Agency Costs of Free Cash Flow, Corporate Finance and Takeovers", *American Economic Review*, Vol. 76, No. 2.

33. Kraatz M. S., Zajac E. J., 2001, "*How Organizational Resources Affect Strategic Change and Performance in Turbulent Environments: Theory and Evidence*". INFORMS.

34. Mccahery J. A., Sautner Z., Starks L. T., 2016, "Behind the Scenes: The Corporate Governance Preferences of Institutional Investors", *The Journal of Finance*, Vol. 71, No. 6.

35. Miles R. E, Snow C. C., Coleman H. J., 1978, "Organizational Strategy, Structure, and Process", *The Academy of Management Review*, Vol. 3, No. 3.

36. Myers S. C., Rajan R. G., 1998, "The Paradox of Liquidity", *Quarterly Journal of Economics*, Vol. 113, No. 3.

37. Patel P. C., Cooper D., 2014, "Structural Power Equality Between Family and Non – Family TMT Members and The Performance of Family Firms", *Academy of Management Journal*, Vol. 57, No. 6.

An Empirical Analysis of The Mechanism of Institutional Investors' Spatial Dispersion on Cash Holding of Listed Companies

Wang Zili

(School of Economics and Business Administration, Chongqing University, 400030)

Zhou Xia

(School of Economics, Southwest University of Political Science and Law, 401120)

Xu Mingyuan

(Faculty of Business and Economics School, The University of Hong Kong, 999077)

Hao Yuncheng

(School of Economics, Southwest University of Political Science and Law, 401120)

Xiao Zhongyi

(School of Economics, Southwest University of Political Science and Law, 401120)

Abstracts: Based on the microdata of A-share listed companies from 2007 to 2018, this paper used the manually collected geographic distance data between investors and listed companies, and empirically tested the impact of spatial dispersion of institutional investors on the cash holding. The results found that the greater the spatial dispersion of institutional investors resulted in the higher the level of corporate cash holdings, while these effects showed significant heterogeneity. Furthermore, the mechanism analysis showed that the spatial dispersion of institutional investors could form a significant intermediary factor effect on cash holdings through corporate strategy and power structural characteristics. In conclusion, the above results indicated that the spatial relationship between institutional investors could explain the cash holding of listed companies well, which as well provided empirical evidence for the development of institutional investors in the capital market and the enhance-path of their supervisory role.

Keywords: Institutional Investors' Spatial Dispersion Cash Holding Corporate Strategy Power Structural Characteristics

JEL Classifications: G18 G28 G30

东道国制度距离如何影响我国对外直接投资？*

——基于非线性关系考量

杨友才　任　燕　邱玉雪**

【摘　要】本文选取47个"一带一路"沿线国家作为研究对象，从政治和经济制度距离角度出发，实证检验东道国制度距离对我国对外直接投资的影响。研究发现：东道国政治制度距离对我国对外直接投资存在抑制作用，但我国文化输出水平能有效弥补这种抑制作用；东道国产教合作水平与经济制度距离的相互作用，能使经济制度距离的影响变得显著，且两个变量的共同作用对我国对外直接投资有显著正影响。基于门槛效应的研究表明：东道国制度距离与我国对外直接投资的关系是非线性的，存在门槛效应；政治制度距离的影响，表现为先正向后负向；经济制度距离的影响，在门槛值前后都为负向，但影响程度发生变化。

【关键词】**"一带一路"　制度距离　对外直接投资**

中图分类号：**F742**　文献标识码：**A**

一、引　言

"一带一路"是习近平总书记在2013年9月和10月提出的建设"新丝

* 山东省教育厅高等学校人文社会科学研究项目"垂直专业化分工背景下山东省分工地位的测度与提升路径研究"（编号：J15WG20）；山东省社科规划项目"价值链视角下山东省科技创新与制造业升级的耦合度测评及机制研究"（编号：16CJJJ38）。

** 杨友才，经济学博士，青岛科技大学经济与管理学院教授，博士生导师；地址：（266061）青岛科技大学经济与管理学院；邮箱：yangyoucai-y@163.com。任燕（通信作者），经济学博士，青岛科技大学经济与管理学院副教授，硕士生导师；地址：（266061）青岛科技大学经济与管理学院；邮箱：renyanqust@outlook.com；邱玉雪，中国建设银行日照分行。

绸之路经济带”和“21 世纪海上丝绸之路”构想的简称。随后，为了加快“一带一路”基础设施建设、产业合作和资源利用，“丝路基金”和“亚洲基础设施投资银行”相继设立，体现了国际社会对“一带一路”倡议的认同。

“一带一路”沿线国家的境外直接投资方面，中国是主要的参与国。根据《2017 年度中国对外直接投资统计公报》显示，截至 2017 年末，中国对“一带一路”沿线国家的直接投资存量为 1 543.98 亿美元，占中国对外直接投资存量的 8.5%。2013 ~2017 年，中国对“一带一路”沿线国家累计投资 820 亿美元。2017 年中国对外直接投资流量前 20 的国家中，有 10 个是“一带一路”沿线国家，当年中国对“一带一路”沿线国家的直接投资高达 201.7 亿美元。中国对“一带一路”沿线国家的投资项目金额增加的同时，投资领域也不断拓宽。

越来越多的企业在走出去的同时也面临着严重水土不服的问题。如 2014 年的越南骚乱造成我国投资企业重大财产损失甚至人员伤亡、2015 年柬埔寨叫停了我国水利水电建设集团的 4 亿投资项目等。其主要原因在于“一带一路”贯穿亚欧非大陆，沿线国家主要为发展中国家，与我国政治、经济制度距离大。根据世界银行公布的《2019 年营商环境报告》显示，许多“一带一路”国家如也门、委内瑞拉和乍得都处在 190 个国家营商环境便利度排名的末端。其中委内瑞拉在开办企业方面排名倒数第一，需要通过 20 个手续，经过 230 天才能新设一个企业，耗费巨大的经济成本。利比亚在保护投资者方面排名 180 位，在利比亚的法律框架下，制度不完善导致公司透明度极低，治理能力差，公司股东几乎没有任何权力对公司董事或地方官员提起诉讼。在现实背景下，研究“一带一路”沿线国家制度距离，对我国有效进行“一带一路”沿线国家投资区位的选择有重要意义。因此，本文从政治和经济制度距离角度出发，选取了 47 个“一带一路”沿线国家为研究对象，分析制度距离对我国对外直接投资的影响机制，并结合具体国情为我国对外直接投资提供建议。

二、文献综述与研究思路

通过对现有文献的分析发现，除了投资动机因素外，制度也是影响一国对外直接投资的重要因素。目前学术界有关制度因素影响跨国公司对外直接投资决策的观点主要有两种：一种是制度影响论，另一种是制度差异即制度距离影响论。

（一）制度因素与对外直接投资的关系研究

除了资源、地理距离和市场等传统因素外，学者们逐渐将制度因素作为影响对外直接投资的重要因素来研究（Ionascu et al.，2004）。杜德和施泰因（Daude and Stein，2007）指出好的制度能给对外直接投资带来正向影响；法律和政策的不可预测性、过度的监管负担以及政府的不稳定性严重阻碍对外直接投资。陈升和张俊龙（2019）从东道国制度综合表现及细分的六个维度来测算，认为制度质量与对外直接投资呈正相关。也有学者对以上观点持相反意见，如陈松和刘海云（2012）得出中国对外投资偏向于东道国治理水平低的国家。王永钦等（2014）选取了中国对外直接投资的842个案例，得出中国并不关心东道国政治制度，且偏向于投资法律制度不完善的国家。田晖等（2019）认为法制制度质量对OFDI有消极作用，经济制度质量有积极作用。还有学者认为东道国制度不会影响母国对外直接投资。例如，韦军亮和陈漓高（2009）利用我国非金融类对外直接投资数据，得出东道国政治风险对我国对外直接投资没有显著影响。

（二）制度距离影响对外直接投资的实证研究

制度距离这一概念最早由科斯托瓦（Kostova，1996）提出，他将其定义为两国之间政治、法律和宗教信仰等方面的差距。随后，他提出国家制度框架用来研究东道国制度距离影响对对外直接投资。由于制度距离的角度能更好发现两国之间制度的差异，制度距离这一概念逐渐得到学者的广泛认可。艾斯特林等（Estrin et al.，2010）使用二分法将制度距离分为正式制度距离和非正式制度距离。其中，正式制度距离主要包括法律法规方面的差异；非正式制度距离包括宗教信仰和价值观等非成文方面的差异。张瑞良（2018）将制度距离分为规范性和管制性制度距离，来研究影响中国企业投资行为的影响因素。刘振林和黄凯（2019）则将制度分为经济制度距离和法制制度距离。由于制度距离的分类方式各种各样，所以在测算制度距离时所选取的指标及测量方法也不尽相同。在衡量政治和法制方面的制度距离时所选取的指标多来源世界银行的WGI数据库、全球遗产基金会和《全球竞争力报告》等。经济制度距离指标主要来源于《透明国际》、经济自由度指数、联合国统计署等。在测算非正式制度距离如文化距离和心理距离时，所选取的指标则主要源自调查问卷和霍夫施泰德指数（Choi and Contractor，2016）。采用的方法多为直接得分差值取绝对值（周经和张利敏，2014；周经和刘厚俊，2015）、因子分析法（杜江和宋跃刚，2014）以及马氏距离、KSI测算法（刘振林和黄凯，2019）。

目前，制度距离与对外直接投资的关系主要有三种观点：制度趋近论、制度逃逸论以及分类别论。制度趋近论认为企业趋向于向制度环境与母国类似的国家进行投资。潘镇（2006）通过选取69个样本国家分析，认为两国之间文化制度距离、法律距离、微观经济制度距离和宏观经济制度距离越大，投资国投资数额越少，即投资国偏向于向与本国制度相似的国家投资。但同时，也有学者发现制度距离越大，对外直接投资规模也越高，即制度逃逸论。康和蒋（Kang and Jiang，2012）认为中国偏向于向制度距离大的国家投资。陈岩（2014）对7年的面板数据进行回归，表示制度距离能够促进中国企业对外投资。随着研究的进一步深入，更多学者开始赞同分类别论。制度距离与对外直接投资的关系不能一概而论，而是随着样本国家以及指标的变化而变化的。亚力克森思卡和哈弗里奇克（Aleksynska and Havrylchyk，2013）认为来自南方国家和北方国家的直接投资对制度距离的反应是显著不同的。杜江和宋跃刚（2014）将样本国家分为OECD国家和非OECD国家，并用系统GMM的方法进行实证分析，得出结论：全样本国家以及非OECD国家的制度距离对我国对外直接投资是负效应，而OECD国家是正效应。文淑惠和胡琼（2019）用两阶段工具法对影响我国向中南半岛国家直接投资的制度因素进行分析，认为法律和宏观经济制度距离有显著正影响，文化和微观经济制度有负影响，但总体来说制度距离是有阻碍作用的。里欧等（Liou et al.，2016）通过分析新型跨国公司在并购中获得所有权的大小，得出非正式制度距离与所有权大小呈负相关，正式制度距离与所有权大小呈正相关。同时，东道国市场规模与制度距离的交叉项、母国制度与制度距离的交叉项都对所有权大小有显著影响。

综上文献发现，学者们对制度距离概念、测算方法及其对外直接投资的影响机制已经取得不少研究成果，但还存在一些不足。首先，将"一带一路"国家定为样本国家的文章较少；其次，因为指标选取和测算方法的不同，得出的实证结果也不相同。制度渗透到国家各个方面，但部分文章只单纯选取文化制度距离或政治制度距离进行测算，且忽视制度距离与对外直接投资之间的非线性关系。鉴于此，本文的创新点表现为以下三个方面：第一，由于"一带一路"沿线国家将成为我国十分重要的合作伙伴，将其作为样本点进行分析能有效弥补这方面研究的不足；第二，将制度距离划分为政治制度距离和经济制度距离，并根据制度距离测算方法的不同对实证结果进行稳健性检验，以消除测算方法带来的影响；第三，通过交互项和面板门槛模型的方法来研究制度距离与对外直接投资之间的非线性关系，使得分析更加全面。

三、实证研究设计

（一）变量选取

1. 被解释变量

根据刘振林（2017）测算，中国对"一带一路"沿线大规模投资开始于

2007 年，鉴于数据的可获得性，本文选取 2007 ~ 2017 年中国对“一带一路”沿线国家的 OFDI 数量作为被解释变量。同时，为了减少异方差，对数据进行取对数处理定义为 LNOFDI。

2. 解释变量

派特耐克等（Pattnaik et al.，2007）将母国与东道国之间的制度距离定义为两国之间制度质量的相对差异。本文选取政治制度距离和法制制度距离来衡量制度情况，并加以测算。

（1）政治制度距离（ID）。

本文选取全球治理指数（WGI）数据库中腐败控制、政府效率、政治稳定性、监管质量、法制规范性和民主权利六项指标来测算中国与“一带一路”国家之间的政治制度距离。寇古特和纳特（Kogut and Nath，1988）提出了测算文化距离的 KSI 测算方法，此后不断有学者将其用于制度距离测算。计算公式为：

$$SID_{ij,t} = \frac{1}{n}\sum_{k=1}^{n}\left[\frac{(I_{i,t,k} - I_{j,t,k})^2}{v_k}\right] \tag{1}$$

其中 $SID_{ij,t}$ 为两国之间的制度距离，$I_{i,t,k}$ 和 $I_{j,t,k}$ 分别代表 i 国和 j 国在 t 时期的 k 项指标值，v_k 为第 k 项指标的方差，n 为指标数量。

（2）经济制度距离（EID）。

本文选取美国传统基金会组织发布的全球经济自由度指数中关于十二个评价指标的综合得分差值取绝对值来测算制度距离。十二个指标分别为：财产权、政府公正性、司法效率、税收负担、政府支出、财政状况、商业自由度、劳动力自由度、货币自由度、贸易自由度、投资自由度和经济自由度。

3. 调节变量

（1）文化输出（CI）。

从 2004 年中国在韩国设立第一个孔子学院以来，我国已经在全球 155 个国家（地区）设立了 539 个孔子学院（数据截至 2019 年 6 月）。对“一带一路”国家进行直接投资时，语言和文化的差异是一大难关，除了鼓励“一带一路”国家学生来我国留学外，在“一带一路”国家设立孔子学院也是我国积极“走出去“的重要途径，能够帮助我国与东道国增强政治互信，有利于我国进行对外投资。因此本文选择我国在东道国设立孔子学院的存量数作为衡量文化输出的指标。

（2）产学研合作水平（COR）。

研究型大学能为企业提供咨询服务和技术支持，他们之间可以通过建立科学园的合作形式，推动整个产业界的创新和发展，进而吸引投资。例如世界信息技术中心硅谷就是产业界和学术界合作的典范，在硅谷的发展过程中斯坦福大学起了至关重要的作用。因此，本文选取《全球竞争力报告》中的大学与产业界的研发合作指标来衡量产学研合作水平。

4. 控制变量

其他变量的说明如下：①东道国的市场规模（LNGDP）。市场规模是一个国家投资环境的重要组成部分，规模越大，越有利于降低生产成本，实现产业化生产。本文参考巴克利等（Buckley et al.，2007）将东道国 GDP 作为衡量一国市场规模的指标。②开放水平（LNEX）。本文采用我国对东道国出口总额取对数来衡量东道国开放水平。出口额大意味着东道国对我国的贸易依存度大，且对我国的产品和资本接受度大。随着我国产品流入东道国，东道国对我国的文化习俗和商业环境越来越熟悉，也越来越愿意与中国建立战略合作伙伴关系。③汇率水平（ER）。本文选取世界银行数据并与中国汇率相除，得出间接标价法下的利率水平。④东道国基础设施质量（INTER）。衡量基础设施的方式有很多，为使得指标更具有说服力，本文选取《全球竞争力报告》中的基础设施质量总得分作为控制变量，它是根据一国铁路、公路、机场、航线长度、电力水平以及通信水平来进行的综合评价。

（二）模型设定与数据来源

安德森（Anderson，1979）的引力模型是测度对外直接投资影响因素的经典模型，本文以此为基础，建立拓展的投资引力模型：

$$LNOFDI_{ijt} = \alpha_0 + \beta_1 ID_{ijt} + \beta_2 EID_{ijt} + \beta_3 COR_{it} + \beta_4 CI_{ijt} + \beta_5 LNGDP_{it} + \beta_6 LNEX_{it} + \beta_7 ER_{ijt} + \beta_8 INTER_{it} + \zeta_{ijt} \quad (2)$$

其中，i 表示东道国；j 表示中国；t 代表年份，t = 2007，2008，…，2017；ζ_{ijt}为随机扰动项。

由于部分统计数据的缺失，本文最终确定了 47 个“一带一路”国家为研究对象，时间跨度范围均为 2007 ~ 2017 年。解释变量的理论含义、预期效应与资料来源如表 1 所示。

表 1　　解释变量的理论含义、预期效应与资料来源

解释变量	理论含义	预期效应	资料来源
ID	反映东道国与我国之间的政治制度距离	负效应	WGI 数据库
EID	反映东道国与我国之间的经济制度距离	负效应	全球经济自由度指数
COR	反映东道国产学研合作水平	正效应	全球竞争力报告
CI	反映我国文化输出水平	正效应	孔子学院总部/国家汉办
LNGDP	反映东道国的市场规模	正效应	世界银行数据库
LNEX	东道国开放水平	正效应	历年中国统计年鉴
ER	东道国汇率水平	负效应	世界银行数据库
INTER	东道国基础设施质量	正效应	全球竞争力报告

四、实证结果与分析

（一）描述性统计

根据表 2 的变量的描述性统计结果，变量没有出现异常值，都在可控范围内，且 VIF 值小于 10，说明变量之间没有存在严重的共线性问题。

表 2　　　　变量的描述性统计

变量	Mean	Std. Dev.	Min	Max	VIF
LNOFDI	9. 82	2. 58	3. 00	15. 31	—
ID	9. 32	7. 01	0. 00	36. 90	1. 91
EID	1. 40	1. 32	0. 15	8. 33	2. 49
COR	3. 42	0. 79	1. 85	5. 69	2. 41
LNGDP	25. 19	1. 53	22. 04	28. 61	3. 32
CI	1. 94	3. 09	0. 00	19. 00	1. 34
LNEX	12. 71	1. 74	8. 18	15. 78	3. 19
INTRER	4. 00	1. 04	1. 68	6. 70	2. 58
ER	0. 42	0. 81	0	4. 68	1. 40

（二）面板分析

本文采用 Stata 14. 0 软件基于拓展的引力模型，对 47 个“一带一路”样本国家 2007 ~2017 年的面板数据进行回归分析。对面板数据进行回归的方法有混合效应模型、固定效应模型和随机效应模型，利用 LM 统计量检验，拒绝了混合效应模型；通过豪斯曼（Hausman）检验拒绝原假设，说明采用固定效应模型比较合适，而且东道国存在随个体变化而不随时间变化的变量，因此采用固定效应模型能提高估计的准确性。

1. 交互项模型回归结果

为了对影响我国对外直接投资的因素进行验证，本文将政治制度距离、经济制度距离和调节变量逐步纳入模型。同时，为了分析学术界与产业界合作水平对经济制度距离的调节作用，以及文化输出水平对政治制度距离的调节作用，本文在普通 OLS 回归的基础上纳入两个交互项，具体结果见表 3。

表 3　　　　　　　　模型回归估计结果

项目	Model1	Model2	Model3	Model4	Model5
ID	-0.311***	-0.269***	-0.335***	-0.272***	-0.329***
EID	0.025	0.010	0.006	-0.119**	-0.107**
LNGDP	1.480***	1.172***	1.176***	1.063***	1.079***
LNEX	0.877***	0.820***	0.821***	0.831***	0.831***
ER	-1.290***	-1.169***	-1.187***	-1.160***	-1.177***
INTER	0.311***	0.108	0.081	0.140	0.113
COR		0.338**	0.297**	-0.052	-0.416
CI		0.250***	0.172***	0.259***	0.049***
ID_CI			0.113***		0.098**
EID_COR				0.036***	0.033***

注：***、**、*分别代表在1%、5%、10%的显著性水平下通过检验。下同。

从回归结果中可以看出：在纳入交互项之前，经济制度距离对我国对外直接投资的影响是不显著的。主要原因是“一带一路”国家多为发展中国家，经济发展水平都不高。其次，经济制度距离对我国对外直接投资影响很小。例如2017年中国向高经济水平国家如新加坡的直接投资量占总投资额的29.37%，同时对经济发展水平低但资源丰富的国家如俄罗斯和东南亚国家投资比重也很大。政治制度距离对我国对外直接投资有负向影响且在1%的显著性水平下通过检验，这与前文的预测一致。说明与东道国政治制度距离越大，越不利于中国对外直接投资。

调节变量产学研合作水平和文化输出水平，在模型2中分别通过了5%和1%的显著性检验，且都对中国对外直接投资起正向促进作用。

文化输出水平与东道国政治制度距离的交互项变量在模型3中通过1%的显著性检验，并与我国对外直接投资呈正相关。说明东道国孔子学院数量作为衡量我国文化输出水平的指标，对东道国制度距离起负向调节作用，即我国在东道国开办孔子学院的行为，在较大程度上弥补了政治制度距离对我国直接投资的抑制作用。语言、文化和制度差异是构成“心理距离”的主要维度，孔子学院能减少两国间语言、文化和教育水平差异，从而降低“心理距离”，有效降低“一带一路”经贸合作和投资合作的交易成本，助推“一带一路”的经济合作战略。

模型4中加入经济制度距离与东道国产学研合作水平的交互项后，经济制度距离通过了5%的显著性检验，且交互项也通过了1%的显著性检验。表明，我国对外直接投资虽然不受单一经济制度距离变量的影响，但是其与产学研合作水平的共同作用将显著影响我国直接投资。高等教育的发展既能推动经济发展及社会变革，也能推动社会和经济的国际合作。斯科特（Scott，1998）曾指出："英明的或愚笨的政治家都相信，对高等教育的投入将带来比较可观的经济优势，且这一观点早被后工业化社会的理论所印证，表明'知识'已经变成为经济增长的基础资源。"

关于其他控制变量的具体分析结果如下：第一，东道国的市场规模以及市场开放水平对中国对外直接投资有显著的正影响，一国 GDP 越高，市场容量也越大；东道国市场越开放，相关的政策越完善，越容易吸引外资。第二，东道国的汇率水平与我国直接投资呈负相关，且在 1% 的显著性水平下通过检验。第三，东道国的基础设施质量只在模型 1 中通过 1% 的显著性检验，其他模型都没有通过显著性检验。这也正说明了"一带一路"不是中国一家的利益独享地带，而是各国的利益共享地带。近年来，中国致力于提高"一带一路"沿线国家基础设施建设水平，并在 2015 年成立亚洲基础设施投资银行，与"一带一路"沿线国家一道在港口、铁路、公路、电力、航空、通信等领域展开了许多合作，极大提升了"一带一路"国家设施联通水平。

2. 稳定性检验

本文测算经济制度距离选取的指标是综合指标，而政治制度距离选取的是子指标，因此为了检验不同制度距离测算方法是否影响最终的结果，本文将经过马氏距离测算的政治制度距离带入原模型进行验证。马氏制度距离（MID）的计算公式为：

$$ID_{ijt} = \sqrt{\sum_{k=1}^{n} \frac{(I_{kjt} - I_{kit})^2}{V_{kt}}} \qquad (3)$$

其中 I_{kjt} 代表 t 年东道国 j 在 k 维度上的得分，I_{kit} 代表中国 t 年在 k 维度上的得分，V_{kt} 代表 t 年在 k 维度上得分的方差，本文 n 为 6。

经过验证，在引入交互项之前，经济制度距离依然没有通过显著性检验，政治制度距离通过 1% 的显著性检验且估计系数为负，这与前文结论一致；在引入交互项之后，两项交互项的估计结果也都与前文一致。除了个别变量的显著性水平发生一些变化，总的来说表 4 的估计结果与表 3 在质上高度一致。因此，模型整体是稳健的。

表 4　　政治制度距离稳健性检验结果

项目	Model1	Model2	Model3	Model4	Model5
MID	-0.311***	-0.389***	1.065***	0.944***	-0.480***
EID	0.031	0.014	0.012	-0.075*	-0.100**
LNGDP	1.482***	1.182***	0.852***	0.779***	1.094***

续表

项目	Model1	Model2	Model3	Model4	Model5
LNEX	0.864 ***	0.808 ***	0.919 ***	0.923 ***	0.819 ***
ER	-1.244 ***	-1.134 ***	0.366 ***	0.367 ***	-1.131 ***
INTER	0.284 ***	0.087	-0.018	0.041	0.084
COR		0.353 ***	0.317 ***	0.026 **	-0.021
CI		0.240 ***	0.153 ***	0.246 ***	0.101
ID_CI			0.120 ***		0.077 **
EID_COR				0.026 **	0.032 ***

3. 门槛效应分析

从前文的分析中只能得到制度距离对我国对外直接投资的大致作用方向，但我国对外直接投资与制度距离的关系不是简单的线性关系，而且从近几年我国对外投资的方向来看，东道国制度存在较大差异，因此对外直接投资对制度距离的影响是非线性的，可能存在门槛值。

根据汉森（Hansen，1997）的自举法（Bootstrap）依次假设不存在门槛值、只存在一个门槛值等来对模型进行估计，通过分析其显著性，来判断是否具有门槛效应。表5是分别以政治制度距离、经济制度距离以及马氏方法测算的政治制度经济距离作为解释变量的门槛效应检验结果，其中P值为自举法反复抽样300次时所得的结果。

表5　　门槛效应检验

门槛变量	原假设	F值	P检验值	门槛值
政治制度距离	Ⅰ	38.53	0.003	0.5282
	Ⅱ	10.19	0.547	
经济制度距离	Ⅰ	18.07	0.063	14.100
	Ⅱ	9.62	0.437	
马氏政治制度距离	Ⅰ	21.39	0.05	1.780
	Ⅱ	7.96	0.657	

注：原假设Ⅰ表示不存在门槛值、原假设Ⅱ表示存在一个门槛值。

从表5的检验结果可以看出，当门槛变量为政治制度距离时，在原假设为不存在门槛值的条件下，检验结果的F值为38.53，P值为0.003，说明在显著性水平为1%条件下拒绝原假设，即接受存在至少一个门槛值的备择假设，门槛值为0.5282；在原假设为仅存在一个门槛值的条件下，检验结果的

F 值为 10.19，P 值为 0.547，说明接受原假设，即仅存在一个门槛值。同理，当门槛变量为经济制度距离时，接受存在一个门槛值的假设。经过验证，不同方法测算的政治制度距离也存在门槛值，通过了稳健性检验。门槛估计回归结果见表 6。

表 6　门槛估计回归结果

变量	政治制度距离门槛模型	经济制度距离门槛模型
ID_1（ID≤0.5282）	1.590***	
ID_2（ID＞0.5282）	-0.268***	
EID_1（EID≤14.1）		-0.122***
EID_2（EID＞14.1）		-0.166***
LNGDP	1.156***	1.160***
LNEX	0.787***	0.810***
ER	-1.056***	-1.221***
INTER	0.138	0.083
COR	-0.440	-0.174
CI	0.170***	0.188***
ID_CI	0.115***	0.097**
EID_COR	0.029**	0.050**

为更加直观地观察门槛值的估计以及置信区间的估计过程，本文绘制似然函数图（LR 图），结果见图 1。

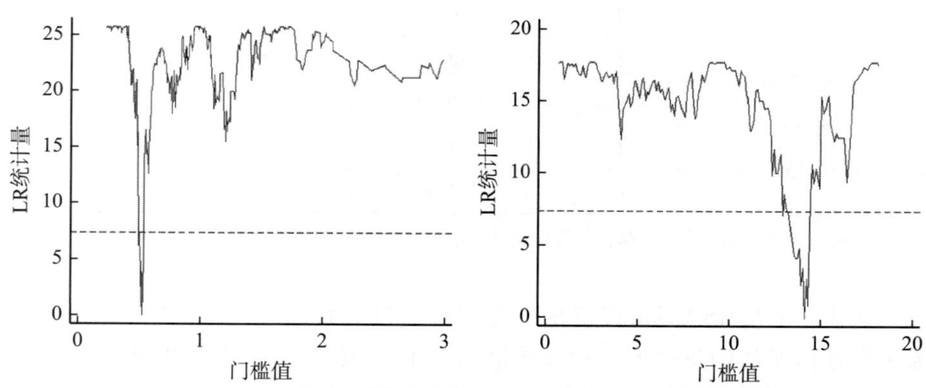

图 1　基于政治和经济制度距离的门槛值估计和置信区间

从表6的回归结果可以看出：经济制度距离对我国对外直接投资的影响始终表现为负向影响，但在超过门槛值后负向影响略微增强。政治制度距离对中国对外直接投资的影响先为正向后为负，这主要是与外来者优势和外来者劣势有关。外来者劣势主要源自对东道国制度环境感知和认识障碍，外来者优势则主要来源于优势开发与探索。当政治制度距离小于门槛值的时候，外来者优势大于外来者劣势，差异性战略资产吸引着中国投资者进行投资，同时差异性产品也有助于打开东道国市场。其次，在很多制度距离较远的国家有较强的资源优势，资源寻求型的投资企业愿意在这些国家投资。当政治制度距离大于门槛值的时候，外来者劣势大于外来者优势，政治制度距离过大导致心理距离增大，企业投资活动不确定性增大，因此对外直接投资与政治制度距离呈负相关。

五、结论及建议

（一）结论

本文利用47个“一带一路”沿线国家2007～2017年的数据建立投资引力模型，从政治制度距离和经济制度距离的角度出发，分析制度距离对我国对外直接投资的影响；其次将我国文化输出水平和东道国产教产学研水平作为调节变量纳入模型，并通过文化输出水平与政治制度距离与交互项、产学研合作水平与经济制度距离的交互项，分析调节变量对制度距离的调节作用。此外，为进一步分析制度距离与我国对外直接投资的非线性关系，本文还对制度距离进行了门槛检验。基于上述分析，本文得出以下结论。

在纳入交互项之前，政治制度距离对中国直接投资有显著负向影响，经济制度距离没有显著影响。但是，通过调节变量的调节作用显示：我国文化输出水平与政治制度距离的交互项，以及产学研合作水平与经济制度距离的交互项，对我国直接投资都有显著正向影响。即我国文化输出水平能弥补政治制度距离对我国直接投资的抑制作用，东道国产学研合作水平与经济制度距离的相互作用能使经济制度距离的影响变得显著且为正向。

通过门槛检验发现，制度距离与我国对外直接投资的关系不是简单线性的，是存在门槛值的。政治制度距离对我国直接投资的影响是先正后负，经济制度距离的影响在门槛值前后都表现为负向，但是影响程度发生变化。除制度距离外，东道国的汇率水平、市场规模和开放程度等因素也显著影响我国直接投资。

（二）政策建议

为了减少投资风险，提高资金利用效率，本文针对研究结果提出以下政策建议：

第一，针对不同制度环境的国家采取差异性投资策略。目前“一带一路”国家存在发展水平不平衡的问题，我们应根据具体国情实行差异化投资战略，做到统筹兼顾。对环境良好、信用稳定的国家，在投资上应该立足于长效的投资机制，以便企业在这些国家持久稳定的发展，长期为投资企业创造利益，同时也要做好项目可行性分析和财务预测，在促进东道国经济发展的同时提升我国实体企业的核心竞争力。对于局势动荡、信誉不稳定的国家要立足于短期投资，采取动态应对风险策略，能够及时改变投资方向，选择新的投资战略。部分西亚国家因为资源和宗教等问题常年战乱，政治局势不稳定，但是这些国家境内资源矿产丰富，如石油、天然气等都是国际市场上的紧缺产品，中国可以注重在短期内对油气开采和生产设备进行投资。撒哈拉以南非洲国家，如赞比亚和津巴布韦，不仅有丰富的资源，而且农业和旅游业也非常发达，中国企业可以在此选择投资大型农场、帮助建立农业技术示范中心和投资旅游设施。投资项目实施后，如果东道国的政局形势发生动荡，我国应积极采取防御性战略，在危机中谋取机遇，尽最大可能用内部优势消化风险。

第二，利用国际合作论坛，积极签署双边及多边投资协定，强化经济交流，降低投资风险，增进政治互信。2017 年 5 月首届“一带一路”国际合作论坛在北京举行，此后每两年都将举办一次相似论坛，为此，我国投资者应抓住这一机遇，向“一带一路”国家宣传“一带一路”政策目标和合作领域，消除误解，增进认识和互信，共同打造政治互信、经济相容、文化尊重的共同体。中国应按照“一带一路”规则积极与沿线国家开展经济合作，推进签署更多的自由贸易协定，以制度保障尽可能降低“一带一路”沿线国家的投资风险，推动中国向“一带一路”沿线国家对外直接投资的顺利发展。

第三，加强我国文化输出，发挥孔子学院和留学生教育的带动作用。从我国在“一带一路”沿线国家投资失败的案例来看，主要原因是两国之间不够互通互信。国际化的语言，是不同国家实现互通互信的语言工具。“一带一路”国家使用的官方语言数量众多，超过 60 种之多，且基本都属于小语种。目前，我国开设的与“一带一路”沿线国家相关的小语种专业只有 20 余种，无法满足“一带一路”倡议的语言要求。与“一带一路”沿线国家的高教合作，是培养通晓当地语言和制度的有效途径。同时，孔子学院也能带动汉语的学习，使东道国了解中国的制度和文化，能最大限度减少投资时产生的矛盾。

参考文献

1. 陈升、张俊龙:《东道国制度水平对我国对外直接投资的影响——综合运用全球治理指标和“一带一路”沿线国家数据的实证》,载于《产经评论》2019 年第 3 期。

2. 陈松、刘海云:《东道国治理水平对中国对外直接投资区位选择的影响——基于面板数据模型的实证研究》,载于《经济与管理研究》2012 年第 6 期。

3. 陈岩、翟瑞瑞、郭牛森:《基于多元距离视角的中国对外直接投资决定因素研究》,载于《系统工程理论与实践》2014 年第 11 期。

4. 杜江、宋跃刚:《制度距离、要素禀赋与我国 OFDI 区位选择偏好——基于动态面板数据模型的实证研究》,载于《世界经济研究》2014 年第 12 期。

5. 蒋冠宏:《制度差异、文化距离与中国企业对外直接投资风险》,载于《世界经济研究》2015 年第 8 期。

6. 刘振林:《中国对“一带一路”沿线国家直接投资现状与成因研究》,载于《国际贸易》2017 年第 5 期。

7. 刘振林、黄凯:《制度距离对中国对外直接投资区位分布的影响研究——基于“一带一路”沿线 47 国数据的实证分析》,载于《经济经纬》2019 年第 2 期。

8. 潘镇:《制度距离与外商直接投资——一项基于中国的经验研究》,载于《财贸经济》2006 年第 6 期。

9. 田晖、宋清、黄静:《东道国制度质量、“一带一路”倡议与我国对外直接投资区位选择》,载于《统计与决策》2019 年第 11 期。

10. 文淑惠、胡琼:《制度距离、相邻效应与中国对中南半岛国家的直接投资》,载于《国际商务(对外经济贸易大学学报)》2019 年第 3 期。

11. 王永钦、杜巨澜、王凯:《中国对外直接投资区位选择的决定因素:制度、税负和资源禀赋》,载于《经济研究》2014 年第 12 期。

12. 韦军亮、陈漓高:《政治风险对中国企业走出去的影响——基于面板数据模型的实证研究》,载于《浙江工商大学学报》2009 年第 3 期。

13. 张瑞良:《中国对“一带一路”沿线国家 OFDI 区位选择研究——基于制度距离视角》,载于《山西财经大学学报》2018 年第 3 期。

14. 周经、刘厚俊:《制度距离、人力资源与跨国企业对外投资模式选择》,载于《财贸研究》2015 年第 1 期。

15. 周经、张利敏:《制度距离、强效制度环境与中国跨国企业对外投资模式选择》,载于《国际贸易问题》2014 年第 11 期。

16. Van Hoorn, André, Maseland R., 2016, “How Institutions Matter for

International Business: Institutional Distance Effects vs Institutional Profile Effects", Journal of International Business Studies, Vol. 47, No. 3.

17. Anderson J., 1979, "The Theoretical Foundation for the Gravity Equation", Americn Economic Revriew, Vol. 69, No. 1.

18. Buckley P. J., Clegg L. J., Cross A. R., et al., 2007, "The Determinants of Chinese Outward Foreign Direct Investment", Journal of International Business Studies, Vol. 38, No. 2.

19. Daude C., Stein E., 2007, "The Quality of Institutions and Foreign Direct Investment", Economics & Politics, Vol. 19, No. 3.

20. Estrin S., Baghdasaryan D., Meyer K. E., 2010, "The Impact of Institutional and Human Resource Distance on International Entry Strategies", Social Science Electronic Publishing, Vol. 46, No. 7.

21. Hansen B. E., 1997, "Approximate Asymptotic P – values for Structural Change Tests", Journal of Business and Economic Statstics, Vol. 15.

22. Ionascu D., Meyer K. E., Estrin S., 2004, "Institutional Distance and International Business Strategies in Emerging Economies", William Davidson Institute Working Papers, No. 3.

23. Choi J., Contractor F. J., 2016, "Choosing an Appropriate Alliance Governance Mode: The Role of Institutional, Cultural and Geographical Distance in International Research & Development (R&D) Collaborations", Journal of International Business Studies, Vol. 47, No. 2.

24. Kang Y., Jiang F., 2012, "FDI Location Choice of Chinese Multinationals in East and Southeast Asia: Traditional Economic Factors and Institutional Perspective", Journal of World Business, Vol. 47, No. 1.

25. Kogut B., Nath R., 1988, "The Effect of National Culture on the Choice of Entry Mode", Journal of International Business Studies, Vol. 19, No. 3.

26. Kostova T., 1996, "Success of the Transnational Transfer of Organizational Practices within Multinational Companies".

27. Aleksynska M., Havrylchyk O., 2013, "FDI from the South: The Role of Institutional Distance and Natural Resources", European Journal of Political Economy, Vol. 29.

28. Pattnaik, Chinmay, Choe S., 2007, "Do Institutional Quality and Institutional Distance Impact Subsidiary Performance?", Academy of Management Annual Meeting Proceedings, No. 1.

29. Liou R. S., Chao C. H., Yang M., 2016, "Emerging Economies and Institutional Quality: Assessing the Differential Effects of Institutional Distances on

Ownership Strategy", Journal of World Business, Vol. 51, No. 4.

30. Scott P. , 1998, "Massification, Internationalisation and Globalization: The Globalisation of Higher Education", MA: Buckingham: Open University Press.

31. Estrin S. , Baghdasaryan D. , Meyer K. E. , 2009, "The Impact of Institutional and Human Resource Distance on International Entry Strategies", Journal of Management Studies, Vol. 46, No. 7.

Research on Non-linear Relationship between Institutional Distance of Host Country and China's Outward Foreign Direct Investment?

—Based on the Consideration of Nonlinear Relationship

Yang Youcai Ren Yan Qiu Yuxue

(Qingdao University of Science and Technology, 266061)

Abstract: This paper empirically tests the influence of institutional distance in host country on China's outward foreign direct investment (OFDI) from economic and political aspect, taking 47 countries among the Silk Road Economic Belt and the 21st – Century Maritime Silk Road's the research sample. Based on interaction effect research, this paper shows that institutional distance of political system of the host country has a restraining effect on China's foreign direct investment, but China's cultural export level can reduce restraining effect. The interaction effect of cooperation level of industry and education and economic institutional distance has a significant impact on China's outward foreign direct investment, which can also make the impact of economic institutional distance become significant. Based on threshold effect research, this paper shows institutional distance of host country has a non-linear relationship with China's outward foreign direct investment with a threshold effect. The influence of political institutional distance is positive before threshold value and negative after the value. However, the influence of economic institutional distance is negative either before or after threshold value, only with different impact coefficient. Besides, this paper shows that China prefers to invest in countries with lower exchange rates, larger market sizes and higher levels of openness.

Keywords: "The Silk Road Economic Belt and the 21st – Century Maritime Silk Road" Institutional Distance Foreign Direct Investment

JEL Classifications: F39

大城市户籍制度改革为什么雷声大雨点小？*

——基于竞争生态混合寡占模型分析

楚永生　高　頔　向洪金**

【摘　要】基于竞争生态混合寡占模型，分析了户籍限制与人才补贴对不同类型城市社会福利和经济发展的影响，结果表明：户籍改革第一阶段，政府往往追求城市居民福利最大化为目标，作为超大城市和特大城市 M，户籍门槛较高，降低户籍限制成本和阻力较大，其博弈均衡选择为人才补贴而不是放松户籍限制；而作为中小城市 N，户籍门槛较低，降低户籍限制阻力和成本较低，其博弈均衡选择为放松户籍限制；户籍改革第二阶段，城市间的竞争将进入人才竞争，M、N 城市博弈均衡选择是放松户籍限制。因此，户籍制度改革实际上是基于政府目标选择和户籍制度改革阶段的博弈均衡，这一博弈均衡具体表现为当前大城市户籍制度改革的雷声大雨点小现象。

【关键词】**混合寡占　人才补贴　户籍限制**

中图分类号：**F063**　文献标识码：**A**

---

* 本文受到国家社会科学基金项目"新形势下防控经济运行风险的政策组合及效应研究"（项目编号：17BJY001）、教育部青年项目"社会资本参与养老服务供给机制研究"（项目编号：17YJC630005）、江苏高校人文重大项目"智慧养老多元治理主体整合机制及其政策支持研究"（项目编号：2018SJZDA135）的资助。

** 楚永生，南京审计大学公共管理学院教授，经济学博士；地址：（211815）江苏省南京市浦口区江浦街道雨山西路 86 号南京审计大学公共管理学院；E-mail：120094@nau.edu.cn。高頔，（211815）南京审计大学公共管理学院硕士研究生。向洪金，（211815）南京审计大学经济学院副教授，经济学博士。

一、引　言

中国是世界上最早进行人口调查并执行严格户籍管理的国家（王海光，2003），而形成于20世纪50年代后期的户籍制度，一方面在微观上执行居民身份登记和人口管理的职能，另一方面又在宏观上发挥资源配置、财富分配和塑造人口分布格局等作用。在计划经济体制中，户籍制度曾为政府最大限度地掌握社会资源，奠定工业化基础以及实现公平性收入分配作出了重大的贡献（Whalley & Zhang，2007）。但是，伴随着改革开放，尤其是社会主义市场经济建立，二元分割户籍制度的负面效应日益凸显。一方面它造成城乡之间、区域之间的劳动力流动受阻、资源配置不合理以及人力资本的浪费（陆益龙，2008），另一方面又导致城乡之间和地区之间收入差距失衡（蔡昉，2005；严浩坤等，2008）以及社会空间[①]等级差别和社会阶层的固化（Cheng Tiejun & Mark Selden，1994），如户籍制度管制使得农村居民无法获得与城市居民同等的受教育权利和就业机会（Liu，2005），其户籍职业选择歧视使农村居民收入减少3.5%（万海远，2013）。由此，许多学者认为户籍制度一方面剥夺了农村人口迁移和享受国家福利的权利，另一方面也成为利用工农产品剪刀差实现城市工业化发展模式的重要手段（Chan，1994）。

自20世纪90年代以来，我国各个省份、城市陆续推出户籍制度改革方案，如上海、深圳、广州等鼓励资本和高级人才流入的“蓝印户口政策”以及吸引高级人才落户的“居住证”和“积分落户政策”等。与此同时，国务院也陆续出台了一系列推进户籍制度改革的指导性文件，如《关于进一步推进户籍制度改革意见》（2014）、《推动一亿非户籍人口在城市落户方案》（2016）以及《关于建立健全城乡融合发展体制机制和政策体系意见》（2019）等，尤其是国家发改委印发《2019年新型城镇化建设重点任务》要求深化户籍制度，破除城乡区域间户籍迁移壁垒，到2022年实现城市落户限制逐步消除。

地方政府作为户籍制度改革的实践者和执行者，具有独立的自我利益诉求和目标函数。实际上，地方政府往往在遵循中央政府指导精神原则下，把户籍制度改革作为地方经济发展过程中吸引资金、人才和劳动力的竞争手段（吴开亚、张力，2010；张国胜、陈瑛，2015）。自2018年以来，各大城市之间

---

① 法国社会学家皮埃尔·布迪厄（Pierre Bourdieu，1984）在其代表作《区隔：趣味判断的社会批判》中，社会空间是具有若干权力关系的空间，它向试图进入这一空间的行动者强行征收一种入场费，先行进入者往往被赋予了某种特殊权利，可对后进者或未进入实行歧视性差别待遇。中国户籍制度实际上赋予城市居民某种特殊权力，并通过户籍管制使得城乡居民的社会空间等级差别得以固化和凸显。

的“人才争夺战”更是将户籍制度改革推向了另一高潮（张坤领、刘清杰，2019），从而在各城市之间形成了户籍制度改革的竞争生态格局。地方政府之间这种借助户籍制度改革进行的竞争生态博弈，对中国城镇化进程和人口流动将产生重要影响。然而，梳理分析国内外相关文献发现，进行这一问题研究还较为薄弱，尤其借助混合寡占模型分析政府目标和城市发展阶段对户籍制度改革的影响，则更为罕见。因此，本文接下来的研究框架构建如下：第二部分，户籍制度改革混合寡占模型的构建；第三部分，户籍制度改革混合寡占模型均衡分析；第四部分，户籍制度改革混合寡占模型数值模拟；第五部分为结论及其政策建议。

二、户籍制度改革混合寡占模型的建构

混合寡占模型是学术界研究混合所有制市场的一个重要理论方法，其基本思想：在一个市场中同时存在多种所有制经济，不同所有制经济的目标函数不同，其所采取的竞争策略行为不同（DeFraja & Delbono，1989）。国内学者周翔翼、侯晓辉等（2006）曾利用混合寡占模型分析国有银行与外资银行的竞争策略问题；叶光亮（2010）构建双寡头垄断竞争模型分析政府最优关税策略；向洪金、李陈华等（2015）利用混合寡占模型分析国有股减持和产能过剩问题，等等，这些文献对户籍制度改革竞争下城市发展效应①研究有很大的启发意义。当前，户籍制度改革实际上是中央政府授权地方政府，同时又对地方政府户籍制度改革执行和实践缺乏严格的权力约束。由此，构成了各个地方政府户籍制度改革的混合寡占竞争生态格局。

根据国务院发布的《关于调整城市规模划分标准的通知》，按照城市规模划分为五个等级，见表1。

表1　　　　中国城市规模划分标准

规模等级	城区常住人口
超大城市	1 000万以上
特大城市	500万~1 000万
大城市	100万~500万
中等城市	50万~100万
小城市	50万以下

① 城市发展效应又称城市化经济发展效应，是指城市化作为一种特殊的生产力，它会带来集聚经济效应、规模经济效应和技术创新效应等总称。

按照表 1 城市标准划分，目前我国有超大城市 6 个，分别为北京、上海、广州、重庆、天津、深圳；特大城市有 9 个，分别为武汉、成都、西安、哈尔滨、南京、杭州、沈阳、佛山、东莞。这些超大和特大城市往往产业发展较为成熟，能够整合区域资源，有极强的周边辐射能力。本文结合城市规模和经济发展水平，将超大城市和特大城市划分为Ⅰ类城市，将大城市、中等城市以及小城市划分为Ⅱ类城市。假设有两个城市 M 和 N，分别属于Ⅰ类城市和Ⅱ类城市，以字母的上标 $i=1$ 代表城市 M，上标 $i=2$ 表示城市 N；劳动力市场存在高技能劳动力和低技能劳动力①，分别生产高端产品和低端产品，以字母下标 h 代表高技能劳动力及高端产品，l 代表低技能劳动力及低端产品。据此，可构建一个包含两个城市、两类劳动力、两种产品的混合寡占模型，其基本假设如下：

假设一：某一区域有相邻两个城市为 M 和 N，同时存在 L 数量的劳动力。其中，L_h 数量为高技能劳动力，L_l 数量为低技能劳动力。高技能劳动力中，有 L_h^1 数量选择城市 M，剩余的 L_h^2 数量选择城市 N；低技能劳动力中，有 L_l^1 数量选择城市 M，L_l^2 数量选择城市 N。

假设二：M 和 N 两个城市以户籍制度改革为竞争手段，其采取的竞争策略是对高技能劳动力提供人才补贴和对低技能劳动力采取户籍限制。户籍制度竞争改革分为两个阶段②：第一阶段（初始阶段），M 城市对高技能劳动力采取既解决户籍问题，同时又给予相应补贴，如住房（租房）补贴、工资补贴等方式，这种补贴实际上增加了高技能劳动者的收入，用 a^1 表示；对低技能劳动力采取流动限制，如收取市容建设费和提供相关证明等，实际上造成低技能劳动力额外支出，用 c^1 表示。同样，N 城市对高技能劳动力采取人才补贴政策，实际上劳动者增加的收入，用 a^2 表示。但是，N 城市对低技能劳动力采取既不补贴又不限制，因此低技能劳动力在 N 城市的额外支出，用 $c^2=0$ 表示。第二阶段（深化阶段），M、N 两个城市对高技能劳动力采取人才补贴政策，劳动者增加收入分别表示为 a^1 和 a^2，对低技能劳动力都采取中立政策，既不补贴又不限制，其额外成本，可表示为：$c^1=c^2=0$。

假设三：M、N 两个城市关于劳动力和工资率进行 Bertrand 竞争，由此获得高技能劳动力和低技能劳动力收入和成本影响的式（1）和式（2）。

---

① 从目前大城市竞争人才策略来看，通常以大学本科学历作为户籍落户条件。因此，按此标注把劳动力分为两类：本科学历及以上为高技能劳动力，本科学历以下为低技能劳动力。

② 关于户籍制度改革发展的阶段划分学术界还没有形成统一的观点。学者郭东杰（2019）从新中国成立开始，把户籍制度变迁划分六个阶段；王小章、冯婷（2018）从改革开放开始，把户籍制度演变划分为三个阶段。本文按照政府追求目标把户籍制度改革分两个阶段，第一阶段，政府追求城市居民福利最大化，第二阶段政府追求城市经济发展和人才竞争。

$$L_h^1 = l_h^1 + f^1(w_h^1 + a^1) - g^1(w_h^2 + a^2)$$
$$L_h^2 = l_h^2 + f^2(w_h^2 + a^2) - g^2(w_h^1 + a^1) \quad (1)$$
$$L_l^1 = l_l^1 + m^1(w_l^1 - c^1) - n^1(w_l^2 - c^2)$$
$$L_l^2 = l_l^2 + m^2(w_l^2 - c^2) - n^2(w_l^1 - c^1) \quad (2)$$

这里 w_h^1、w_h^2、w_l^1 和 w_l^2 分别表示高低技能劳动力在城市 A 和城市 B 中所能获取的工资率，a^1，a^2 分别表示城市 M 和城市 N 对于高技能劳动力的补贴，c^1 和 c^2 分别表示城市 M 和城市 N 的户籍制度限制给低技能劳动力造成的额外成本。l_h^1、l_h^2、l_l^1 和 l_l^2 为截距项，f^1、f^2、g^1、g^2、m^1、m^2、n^1 和 n^2 表示两城市对于劳动力迁移决策的影响，以上均为正参数，且有 $f^1 > g^1$，$f^2 > g^2$，$m^1 > n^1$，$m^2 > n^2$。可以看出，每个城市收入水平的上升都会吸引到更多的劳动力，另一城市收入水平的上升则会导致本城市劳动力的流失。

假设四：城市 M 在一定的技术水平下，投入劳动和资本两种生产要素，采用规模报酬不变的 Cobb - Douglas 生产函数进行生产活动。一种情景是投入高技能劳动力生产高端产品，如式（3）中 Y_h^1 所示；另一种情景是投入低技能劳动力生产低端产品，如式（3）中 Y_l^1 所示。其中 $A(A \geq 1)$ 和 $B(B \geq 1)$ 为劳动增进型的技术水平，$\alpha(0 < \alpha < 1)$ 和 β（$0 < \beta < 1$）为有效劳动的产出份额，$1 - \alpha$ 和 $1 - \beta$ 为资本的产出份额，L_h^1 和 L_h^2 分别为投入高技能劳动力和低技能劳动力的数量，k_1 和 k_2 分别为与高技能劳动力和低技能劳动力相匹配的资本投入量。

$$Y_h^1 = (AL_h^1)^{\alpha} k_1^{1-\alpha}$$
$$Y_l^1 = (BL_l^1)^{\beta} k_2^{1-\beta} \quad (3)$$

同样的，假设城市 N 在一定的技术水平下，使用高技能劳动力生产高端产品，产量为 Y_h^2；使用低技能劳动力生产低端产品，产量为 Y_l^2。$C(C \geq 1)$ 和 $D(D \geq 1)$ 为劳动增进型的技术水平。城市 A 的技术水平高于城市 B 的技术水平，则有：$A > C$，$B > D$。k_3 和 k_4 分别为与高技能劳动力和低技能劳动力相匹配的资本投入量。

$$Y_h^2 = (CL_h^2)^{\alpha} k_3^{1-\alpha}$$
$$Y_l^2 = (DL_l^2)^{\beta} k_4^{1-\beta} \quad (4)$$

由于本文主要探讨户籍制度与人才补贴的影响机制，劳动与资本的产出份额仅对均衡结果表达式的大小产生影响。为简化计算，假定 $\lim(1 - \alpha) \to 0^+$ 和 $\lim(1 - \beta) \to 0^+$，两种产品的产出函数可简化为：

$$Y_h^1 = AL_h^1$$
$$Y_l^1 = BL_l^2 \quad (5)$$
$$Y_h^2 = CL_h^2$$
$$Y_l^2 = DL_l^2 \quad (6)$$

假设五：资本和产品在两城市之间均可以自由流动，资本的价格即利息率为 r，高端产品和低端产品在两城市的价格分别为 P_h、P_l。城市 M 和城市 N 的高端产品和低端产品的利润函数如式（7）所示：

$$\begin{aligned}\pi_h^1 &= P_h \cdot Y_h^1 - (w_h^1 L_h^1 + rk_1) \\ \pi_l^1 &= P_l \cdot Y_l^1 - (w_l^1 L_l^1 + rk_2) \\ \pi_h^2 &= P_h \cdot Y_h^2 - (w_h^2 L_h^2 + rk_3) \\ \pi_l^2 &= P_l \cdot Y_l^2 - (w_l^2 L_l^2 + rk_4)\end{aligned} \tag{7}$$

则两城市的产品利润函数为：

$$\begin{aligned}\pi^1 &= \pi_h^1 + \pi_l^1 \\ \pi^2 &= \pi_h^2 + \pi_l^2\end{aligned} \tag{8}$$

在户籍政策开放的第一阶段，社会福利函数由消费者剩余 $CS = \frac{1}{2}(\rho Y_h + \theta Y_l)$ 和生产者剩余即利润以及政府支付加总得到：

$$\begin{aligned}W^1 = {} & P_h \cdot Y_h^1 - (w_h^1 L_h^1 + rk_1) + P_l \cdot Y_l^1 - (w_l^1 L_l^1 + rk_2) \\ & - a^1 L_h^1 - c^1 L_l^1 + \frac{1}{2}(\rho Y_h^1 + \theta Y_l^1)\end{aligned} \tag{9}$$

$$\begin{aligned}W^2 = {} & P_h \cdot Y_h^2 - (w_h^2 L_h^2 + rk_3) + P_l \cdot Y_l^2 - (w_l^2 L_l^2 + rk_4) \\ & - a^2 L_h^2 + \frac{1}{2}(\rho Y_h^2 + \theta Y_l^2)\end{aligned} \tag{10}$$

三、户籍制度改革混合寡占模型均衡分析

作为不同城市的地方政府在遵循中央政府户籍制度改革基本精神的前提下，可灵活选择自己的目标函数。通常来说，地方政府有两种选择：一是城市居民社会福利最大化目标函数，二是经济发展或经济增长最大化目标函数。地方政府围绕着这两种目标函数，开展户籍制度改革竞争中的行为博弈，可将博弈行为分为两种情形：第一种情形，地方政府以城市居民社会福利最大化为目标；第二种情形，地方政府以城市经济增长最大化为目标。本文采用逆向归纳法进行均衡求解分析。

（一）以城市居民社会福利最大化为目标的博弈均衡分析

地方政府以城市居民社会福利最大化为首要目标时，采取户籍制度竞争博弈行为策略，可将政府的补贴 a^1、a^2 和 c^1 均视为给定。通过两城市利润函数的一阶最优化条件求解，可得到 M、N 两个城市不同技能劳动者的均衡工资率：

$$w_h^1 = \frac{-2a^1f^1f^2 + a^2f^2g^1 + a^1g^1g^2 + 2AP_hf^1f^2 + CP_hf^2g^1 - 2f^2l_h^1 - g^1l_h^2}{4f^1f^2 - g^1g^2} \tag{11}$$

$$w_h^2 = \frac{-2a^2f^1f^2 + a^1f^1g^2 + a^2g^1g^2 + 2CP_hf^1f^2 + AP_hf^1g^2 - 2f^1l_h^2 - g^2l_h^1}{4f^1f^2 - g^1g^2} \tag{12}$$

$$w_l^1 = \frac{2m^1m^2c^1 - n^1n^2c^1 + 2BP_lm^1m^2 + DP_lm^2n^1 - 2m^2l_l^1 - n^1l_l^2}{4m^1m^2 - n^1n^2} \tag{13}$$

$$w_l^2 = \frac{-m^1n^2c^1 + 2DP_lm^1m^2 + BP_lm^1n^2 - 2m^1l_l^2 - n^2l_l^1}{4m^1m^2 - n^1n^2} \tag{14}$$

为分析户籍制度改革竞争策略对于城市经济发展的影响，将均衡工资率代入利润函数中，可获得利润函数对于户籍制度改革竞争策略的一阶最优化条件：

$$\frac{\partial\pi^1}{\partial a^1} = \frac{2f^1(2f^1f^2 - g^1g^2)(2f^1f^2a^1 - f^2g^1a^2 - g^1g^2a^1 + 2AP_hf^1f^2 - CP_hf^2g^1 - AP_hg^1g^2 + 2f^2l_h^1 + g^1l_h^2)}{(-4f^1f^2 + g^1g^2)^2} \tag{15}$$

$$\frac{\partial\pi^1}{\partial c^1} = \frac{2m^1(2m^1m^2 - n^1n^2)(2m^1m^2c^1 - n^1n^2c^1 - 2BP_hm^1m^2 + DP_lm^2n^1 + BP_ln^1n^2 - 2m^2l_l^1 - n^1l_l^2)}{(-4m^1m^2 + n^1n^2)^2} \tag{16}$$

$$\frac{\partial\pi^2}{\partial a^2} = \frac{2f^2(2f^1f^2 - g^1g^2)(2f^1f^2a^2 - f^1g^2a^1 - g^1g^2a^2 + 2CP_hf^1f^2 - AP_hf^1g^2 - CP_hg^1g^2 + 2f^1l_h^2 + g^2l_h^1)}{(-4f^1f^2 + g^1g^2)^2} \tag{17}$$

首先，针对M城市人才补贴对于城市经济发展的影响进行分析，求得二阶导数$\partial^2\pi^1/\partial(a^1)^2>0$，表明一阶导数单调递增。令一阶导数为0，可获得：

$$a^{1*} = \frac{f^2g^1a^2 - 2AP_hf^1f^2 + CP_hf^2g^1 + AP_hg^1g^2 - 2f^2l_h^1 + g^1l_h^2}{2f^1f^2 - g^1g^2} \tag{18}$$

若$a^{1*}<0$，即$a^2<(2AP_hf^1f^2 - CP_hf^2g^1 - AP_hg^1g^2 + 2f^2l_h^1 + g^1l_h^2)/(f^2g^1)$时，意味着$\pi^1$随$a^1$单调增加，M城市提升高技能劳动者的补贴将有利于提升城市经济发展水平；若$a^{1*}>0$，即$a^2>(2AP_hf^1f^2 - CP_hf^2g^1 - AP_hg^1g^2 + 2f^2l_h^1 + g^1l_h^2)/(f^2g^1)$时，意味着$\pi^1$与$a^1$的关系并非单调，即当$0<a<a^{1*}$时，$\partial\pi^1/\partial a^1<0$；当$a>a^{1*}$时，$\partial\pi^1/\partial a^1>0$。结果表明，当N城市提供较高的人才补贴时，M城市提供少量的人才补贴不足以吸引人才从而促进本城市经济发展。

若N城市采取与M城市竞争策略，其N城市经济发展的影响，可获得：

$$a^{2*} = \frac{f^1g^2a^1 - 2CP_hf^1f^2 + AP_hf^1g^2 + CP_hg^1g^2 - 2f^1l_h^2 - g^2l_h^1}{2f^1f^2 - g^1g^2} \tag{19}$$

若$a^1<(2CP_hf^1f^2 - AP_hf^1g^2 - CP_hg^1g^2 + 2f^1l_h^2 + g^2l_h^1)/(f^1g^2)$时，$\partial\pi^2/\partial a^2$恒大于0，城市N对于高技能劳动力的补贴将促进经济的发展；若$a^{1*}>0$，即$a^1>(2CP_hf^1f^2 - AP_hf^1g^2 - CP_hg^1g^2 + 2f^1l_h^2 + g^2l_h^1)/(f^1g^2)$时，城市N也存在

最劣的补贴选择 a^{2*}，当补贴水平 $0<a<a^{2*}$ 时，补贴水平和城市经济发展呈负相关，当补贴水平超过 a^{2*} 时，对高技能劳动力的补贴将有利于城市经济的发展。

政府选择城市居民福利最大化，求得社会福利函数的一阶最优化条件：

$$\frac{\partial W^1}{\partial a^1}=f^1[2(g^1)^2g^2f^2a^2+8f^1f^2(g^1g^2-2f^1f^2)a^2-4Af^1f^2g^1g^2P_h+2Cf^2(g^1)^2g^2P_h+2A(g^1g^2)^2P_h-4f^2g^1g^2l_h^1-2(g^1)^2g^2l_h^2+8A(f^1f^2)^2\rho-6A\rho f^1f^2g^1g^2+A(g^1g^2)\rho]/2(-4f^1f^2+g^1g^2)^2 \tag{20}$$

$$\frac{\partial W^1}{\partial c^1}=m^1\{8c^1[6(m^1m^2)^2-5m^1m^2n^1n^2+(n^1n^2)^2]+2(8m^1m^2-3n^1n^2)(Dm^2n^1P_l-2m^2l_l^1-n^1l_l^2)-B(2m^1m^2-n^1n^2)[4m^1m^2(4P_l+\theta)-n^1n^2(6P_l+\theta)]\}/2(-4m^1m^2+n^1n^2)^2 \tag{21}$$

$$\frac{\partial W^2}{\partial a^2}=f^1[2(g^2)^2g^1f^1a^1+8f^1f^2(g^1g^2-2f^1f^2)a^2-4Cf^1f^2g^1g^2P_h+2Af^1(g^2)^2g^1P_h+2C(g^1g^2)^2P_h-4f^1g^1g^2l_h^2-2(g^2)^2g^1l_h^1+8C(f^1f^2)^2\rho-6C\rho f^1f^2g^1g^2+C(g^1g^2)\rho]/2(-4f^1f^2+g^1g^2)^2 \tag{22}$$

可得：$\frac{\partial^2 W^1}{\partial (a^1)^2}<0$，$\frac{\partial^2 W^1}{\partial (c^1)^2}>0$，$\frac{\partial^2 W^2}{\partial (a^2)^2}<0$。

即城市 M 人才补贴水平的均衡解使得城市 M 的社会福利函数取得最大值，当补贴水平小于均衡解 a^{1*} 时，社会福利随补贴水平的增加而增加。其中最优补贴水平 a^{1*} 为：

$$a^{1*}=-[8A(f^1)^2f^2g^1g^2P_h-4Cf^1f^2(g^1)^2g^2P_h-6Af^1(g^1g^2)P_h+2C(g^1)^3(g^2)^2+8f^1f^2g^1g^2l_h^1-2(g^1g^2)^2l_h^2-16A(f^1)^3(f^2)^2+16A(f^1)^2f^2g^1g^2\rho-2Cf^1f^2(g^1)^2g^2\rho-4Af^1(g^1g^2)^2\rho+C(g^1)^3(g^2)^2\rho]/\{2f^1[16(f^1f^2)^2-12f^1f^2g^1g^2+(g^1g^2)^2]\} \tag{23}$$

由于 $\partial^2W^1/\partial(c^1)^2>0$，一阶导数单调递增，且当 $c^1=0$ 时，一阶导数值为负，即存在 c^{1*} 使得福利函数取得最小值，若 $c^1<c^{1*}$，户籍制度的限制将有损于社会福利；若 $c^1>c^{1*}$，提高对低技能劳动力的户籍限制反而有利于增加社会福利水平。

由此，可获得结论 1：在户籍制度改革的第一阶段，M、N 城市政府以居民社会福利最大化为目标时，若 M 为超大城市和特大城市，户籍门槛较高，降低户籍管制将不利于城市居民福利最大化，其博弈均衡选择是人才补贴而不是放松户籍限制；对于中小城市 N 来说，若 N 城市采取与 M 城市相同高技能劳动力人才补贴和低技能劳动力户籍限制，将不利于 N 城市的经济发展，其博弈均衡策略选择是放松户籍限制。

户籍政策的第二阶段，户籍制度改革不断深化和完善，城市 M 与城市 N 将采取相似的户籍政策：即对高技能劳动力进行补贴，而对低技能劳动力既不补贴也不限制。同样采用逆向归纳法进行分析，两城市政府首先根据社会福利最大化目标确定补贴水平 a^1 和 a^2，而后两城市根据给定的人才政策，最大化其经济发展。根据两城市利润函数的一阶最优化条件，求解出均衡工资率：

$$w_h^1=\frac{-2af^1f^2+a^2f^2g^1+a^1g^1g^2+2AP_hf^1f^2+CP_hf^2g^1-2f^2l_h^1-g^1l_h^2}{4f^1f^2-g^1g^2}$$

$$w_h^2=\frac{-2af^1f^2+a^1f^1g^2+a^2g^1g^2+2CP_hf^1f^2+AP_hf^1g^2-2f^1l_h^2-g^2l_h^1}{4f^1f^2-g^1g^2} \tag{24}$$

$$w_l^1=\frac{2BP_lm^1m^2+DP_lm^2n^1-2m^2l_l^1-n^1l_l^2}{4m^1m^2-n^1n^2}$$

$$w_l^2=\frac{2DP_lm^1m^2+BP_lm^1n^2-2m^1l_l^2-n^2l_l^1}{4m^1m^2-n^1n^2} \tag{25}$$

由此，可获得结论 2：在户籍制度改革的第二阶段，城市间的竞争将是人才的竞争，M、N 城市为谋求城市竞争生态的发展，其博弈均衡策略选择是放松户籍限制。

（二）以城市经济发展为目标的博弈均衡分析

政府以城市经济发展为目标时，将政府的补贴 a^1，a^2 和 c^1 均视为给定，通过两城市利润函数的一阶最优化条件求解出均衡工资率：

$$w_h^1=\frac{8a^2f^1f^2-2a^2g^1g^2-4Cf^1f^2P_h-2Af^1g^2P_h+4f^1l_h^2+2g^2l_h^1-2Cf^1f^2\rho-Af^2g^1\rho}{8f^1f^2-g^1g^2} \tag{26}$$

$$w_h^2=\frac{8f^1f^2a^2-2g^1g^2a^2-4Cf^1f^2P_h-2Af^1g^2P_h+4f^1l_h^2+2g^2l_h^1-2Cf^1f^2\rho-Af^2g^1\rho}{-8f^1f^2+2g^1g^2} \tag{27}$$

$$w_l^1=-\frac{2n^1n^2-4Bm^1m^2P_l-2Dm^2n^1P_l+4m^2l_l^1+2n^1l_l^2-2Bm^1m^2\theta-Dm^2n^1\theta}{8m^1m^2-2n^1n^2} \tag{28}$$

$$w_l^2=\frac{-4m^1n^2c^1+4Dm^1m^2P_l+2Bm^1n^2P_l-4m^1l_l^2-2n^2l_l^1+2Dm^1m^2\theta+Bm^1n^2\theta}{8m^1m^2-2n^1n^2} \tag{29}$$

在第二阶段的均衡条件下，两城市的政府选择户籍政策最大化其利润函数，求得利润函数的一阶最优化条件：

$$\frac{\partial\pi^1}{\partial a^1}=\frac{f^1(8f^1f^2-2g^1g^2)[4f^2l_h^1+2g^1l_h^2-Cf^2g^1(2P_h+\rho)+A(2f^1f^2-g^1g^2)(2P_h+\rho)]}{4(-4f^1f^2+g^1g^2)^2} \tag{30}$$

$$\frac{\partial \pi^1}{\partial c^1} = -\frac{m^1}{2}\{-8n^1n^2(-2m^1m^2+n^1n^2)c^1-(4m^1m^2-3n^1n^2)[-2(2m^2l_l^1+n^1l_l^2)+Dm^2n^1(2P_l+\theta)]+B(2m^1m^2-n^1n^2)[m^1m^2(8P_l-4\theta)-n^1n^2(6P_l+\theta)]\}/(-4m^1m^2+n^1n^2)^2 \tag{31}$$

$$\frac{\partial \pi^2}{\partial a^2} = \frac{f^1(8f^1f^2-2g^1g^2)[4f^2l_h^2+2g^2l_h^1-Af^1g^2(2P_h+\rho)+C(2f^1f^2-g^1g^2)(2P_h+\rho)]}{4(-4f^1f^2+g^1g^2)^2} \tag{32}$$

以上利润函数的一阶最优化条件表明，城市 M 增加对高技能劳动力的补贴可以提升城市经济发展水平。在高端产品市场上，城市 N 的生产力并非远低于城市 M，即 $A>C$ 时，可得$\partial\pi^2/\partial a^2>0$，城市 N 增加对高技能劳动力的补贴将同样有利于本城市经济发展；城市 M 的生产力远高于城市 N，即 $A\gg C$ 时，可得$\partial\pi^2/\partial a^2<0$，对城市 N 而言，由于本城市生产力水平低，增加对高技能劳动力的补贴引发产量提升而导致的利润增加，不足以弥补为引进高技能劳动力付出的成本，此时，增加对高技能劳动力的补贴反而不利于经济增长。模型的结果在我国的社会现实中同样可以找到实例，比如在京津冀经济圈中，河北的中小城市，很少为吸引人才采取补贴政策。

户籍制度的限制对于 M 城市经济发展的影响是比较复杂的，存在两种情况：①$c^1=0$ 时，若$\partial\pi^1/\partial c^1\leqslant 0$，由于$\partial^2\pi^1/\partial(c^1)^2<0$，则一阶导数恒小于 0，对低技能劳动力的限制，将阻碍城市经济发展；②$c^1>0$ 时，$\partial\pi^1/\partial c^1\geqslant 0$，存在最优户籍制度限制水平。

由此，可获得结论如下：政府以城市经济发展为目标，若 M、N 为毗邻城市，且城市 N 与城市 M 在经济发展水平上较为接近，城市 N 采取与 M 城市的人才补贴政策，将有利于促进 N 城市经济发展；若 N 城市与 M 城市经济发展水平差距较大，采取人才补贴政策将不利于城市 N 经济发展，其最佳策略仍然是放松户籍制度限制。

$0<c^1<c^{1*}$ 时，适当增加户籍制度的限制反而有利于本城市经济发展；当 $c^1>c^{1*}$ 时，增加户籍制度的限制，将阻碍不利于当地经济的发展。分析认为，由于两城市关于低端产品的生产力差距并非十分巨大，从比较优势理论出发进行分析，认为城市 A 增加户籍制度限制，适当减少对低端产品的生产，有利于区域内产业结构的优化，促进区域经济的发展。而户籍制度限制过高，将导致低端产品产量的大幅下降，反而不利于经济的发展。

四、户籍制度改革均衡结果数值模拟

基于户籍制度改革混合寡占模型均衡分析，人才补贴对城市 N 的影响存在两种情况，A > C 和 A≫C。为了给出更加直观的解释，我们对户籍制度改革竞争的均衡结果进行数值模拟。由参数的设定可知，f^1/g^1、f^2/g^2、m^1/n^1、m^2/n^2 代表了劳动力在城市选择中，两个城市的替代弹性。f^1、f^2、g^1、g^2、m^1、m^2、n^1、n^2 则各自代表了城市 M 和城市 N 在不同情况下对劳动力选择的影响，这种影响由经济发展水平、城市软实力等多个因素共同决定。城市 M 相比于城市 N 而言，对劳动力决策的影响力更大。为了更直观地考察人才补贴与户籍限制的影响，令 $f^1 = m^1 = 2$，$f^2 = g^1 = g^2 = m^2 = n^1 = n^2 = 1$。截距项 $l_1^1 = 2$，$l_1^2 = 1$，产品价格 $P_h = P_l = 2.5$，社会福利函数的参数 $\rho = 5$，$\theta = 4$。式（32）模型可简化为：

$$\partial\pi^2/\partial a^2 = (140 - 280A + 420C)/196$$

通过 mathematica① 软件对该均衡结果进行模拟，见图 1。

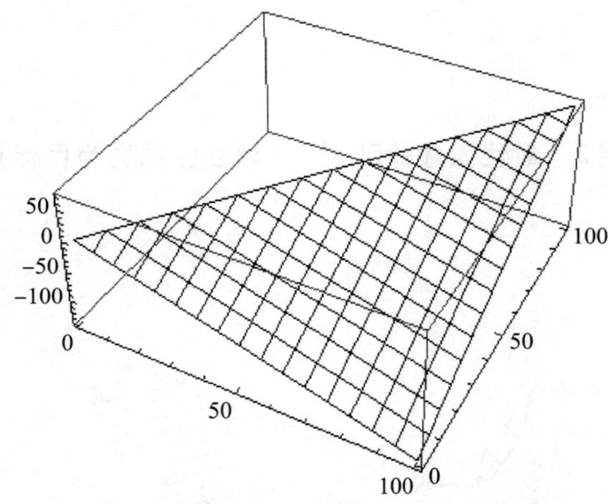

图 1　数值模拟（人才补贴对 N 经济发展影响）

根据图 1，当两城市的生产力水平 A 与 C 的值接近时，$\partial\pi^2/\partial a^2$ 的值为正，随着 A 与 C 的差值增加，$\partial\pi^2/\partial a^2$ 将变为负值。这一结果表明，当两城市生产力差距比较小时，即城市 N 为大城市时，城市 N 增加对人才的补贴将促进本城市经济发展。两城市生产力水平的差距较大时，即城市 N 为中小城市，城市 N 采取人才补贴政策，对城市经济发展反而会起到作用。假设两城市生产力差距不大，令 A = B = 3，C = D = 2，不对 f^1、f^2、m^1 和 m^2 赋值，其余参数的设定同上，均衡补贴 a^{1*} 和 a^{2*} 可简化为：

$$a^{1*} = \frac{300(f^1)^2 - 24f^1f^2 + 12 - 89f^1 - 240(f^1)^3(f^2)^2}{-2f^1[16(f^1f^2)^2 - 12f^1f^2 + 1]} \tag{33}$$

① mathematica 代码为 plot3D[f[x, y], {x, x0, x1}, {y, y0, y1}], op。

$$a^{2*} = \frac{200f^1(f^2)^2 - 52f^1f^2 - 66f^2 + 19 - 160(f^1)^2(f^2)^3}{-2f^2[16(f^1f^2)^2 - 12f^1f^2 + 1]} \tag{34}$$

数值模拟结果见图 2 和图 3。

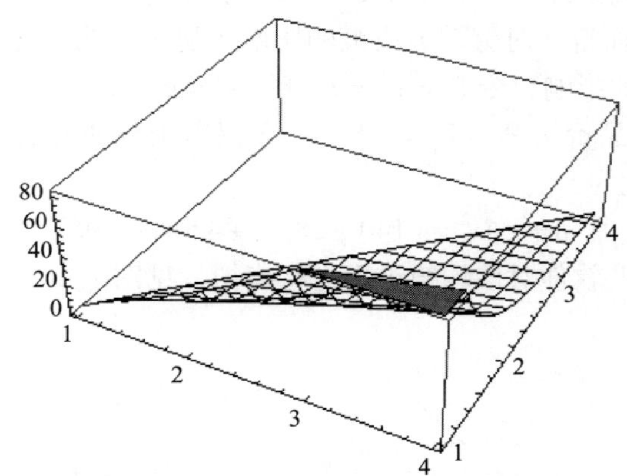

图 2　最优人才补贴 a^{1*}（以社会福利为目标）

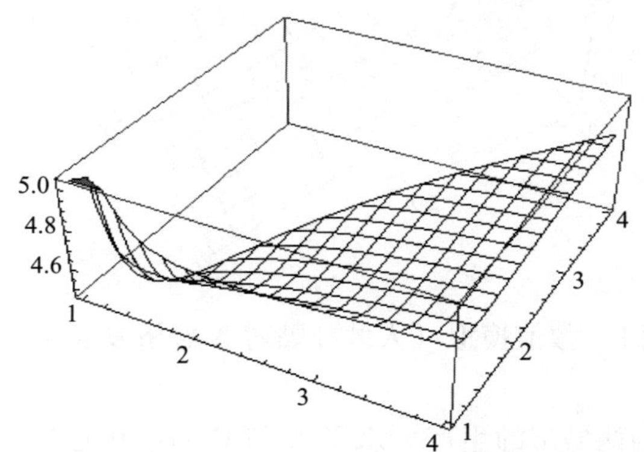

图 3　最优人才补贴 a^{2*}（以社会福利为目标）

图 2 的模拟结果表明，以社会福利为目标的情况下，城市 M 的最优人才补贴与 f^1/f^2 呈正相关关系，分析认为，高额的人才补贴能够激发高水平劳动力的迁移动力从而突破城市差异对其个体造成的影响。图 3 模拟结果表明，在一定范围内即 $1 < (f^1/f^2) < (f^1/f^2)^*$，$f^1/f^2$ 与城市 N 的最优人才补贴呈正相关，而超过一定范围，a^{2*} 与 f^1/f^2 呈现负相关关系。面对城市 M 吸引力的提升，城市 N 需要提供更高的人才补贴与之进行人才竞争。当城市引力的差距达到一定程度后，原本就在人才竞争中处于劣势的城市 N，已经难以通过更高的人才补贴弥补这一差距。

下面对以经济发展为目标的均衡户籍限制水平 c^{1*} 进行数值模拟，式（25）可化简为：

$$c^{1*}=\frac{(4m^1m^2-3)(10m^2-2)-3(2m^1m^2-1)(4m^1m^2-19)}{16m^1m^2-8} \quad (35)$$

均衡数值模拟结果如图4。

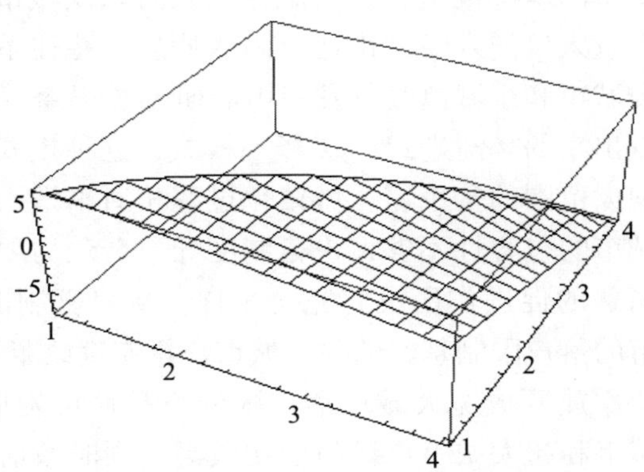

图4　均衡数值模拟（以经济发展为目标）

模拟结果表明，m^1/m^2 与 c^{1*} 呈负相关。c^{1*} 代表了城市 M 相比于发挥生产力优势，更适合于发挥比较优势的施加户籍限制的临界值。城市 M 对城市 N 的替代弹性越大，意味着城市发挥比较优势的临界值越低，过高的户籍限制会限制生产力对经济发展的正向影响；M 城市对 N 城市替代弹性越小，城市发挥比较优势的临界值越高，此种情况下，城市 M 应当充分发挥本城市的比较优势，促进区域内产业结构的优化。

五、结论及政策建议

基于寡占竞争均衡模型，把人才补贴和户籍限制纳入政府目标选择的框架中，研究结果发现，当政府以城市居民福利最大化为首要目标时，户籍限制对不同类型城市影响不同。在户籍制度改革的第一阶段，政府追求城市居民福利最大化为目标时，作为大城市和超大城市 M，户籍门槛较高，降低户籍限制成本和阻力较大，其博弈均衡策略选择为人才补贴而不是放松户籍限制；作为中小城市 N，户籍门槛较低，降低户籍限制阻力和成本较小，其博弈均衡策略选择为放松户籍限制；户籍改革第二阶段，城市间的竞争将进入人才竞争，城市 M、N 博弈均衡策略选择均为放松户籍限制。当政府以城市经济发展为目标时，若 M、N 为毗邻城市，且中小城市 N 与大城市 M 在经济发展水平较为接近，则 N 采取人才补贴政策，将有利于促进城市经济发展；若 N 城市与 M 城市经济发展水平差距较大，采取人才补贴政策将不利于城市 N 的经济发展，其最佳博弈策略为放松户籍限制。

基于户籍改革博弈均衡分析，从户籍制度改革短期来看，对大城市、超大城市来说，由于户籍门槛较高，放松户籍限制的阻力和成本较大，户籍制度改革会考虑大城市的基础设施、公共服务承载力以及城市治理能力，为避免户籍放松带来大量人口涌入使城市运行陷入瘫痪，往往不会放弃户籍限制政策。国家发改委城市和小城镇改革发展中心研究员冯奎（2019）认为，中国城镇化进程展现出来的是渐进式“缓释”模式，这种模式具有两面性：一面是中国没有出现大范围的贫民窟，城镇化过程相对平滑，城市改革基本稳定；另一面是大城市的包容性不够，户籍制度导致劳动力要素流动不畅，对经济增长、城市消费的促进作用没有完全发挥。从户籍制度改革长期来看，小城镇和中小城市的落户限制基本消除，城市户籍制度改革将进入攻坚阶段，取消户籍限制，全面放开放宽大城市落户限制将是城市发展的必然。但是，由于我国目前大城市和超大城市户籍门槛比较高，同时政府仍面临以城市居民社会福利最大化，还是城市经济发展为目标的两难选择。因此会出现大城市户籍制度改革呼声很高，但是雷声大雨点小的现象，要解决这一问题，政策建议如下：

（1）剥离或者消除利益与户籍制度的关联性。

大城市户籍制度改革的难点是户籍与居民各种社会福利关联在一起，而实现户籍制度帕累托改进的方式是利益剥离和利益扩散。利益剥离实际上就是把城市居民享有的各种权益、福利等与户口脱钩，实行城乡一元的户口登记制度或身份证制度，建立全国统筹的基本社会保险制度；利益扩散实际上是从大城市和超大城市实际出发，在短期内户籍门槛较高，改革阻力和成本较大，无法消除户籍与居民各种福利关联的情况下，采取渐进式的扩大城市社会福利受益群体范围，逐步实现城乡居民社会福利和权益的一体化。

（2）提高城市公共服务能力。

从大城市户籍改革的长期目标出发，放开放宽户籍落户条件是城市未来发展的必然。这意味着大城市要面临着接纳越来越多的城市常住人口，这对城市公共服务能力提出了严峻挑战。同时，城市的公共服务能力也是户籍门槛和户籍制度改革的重要影响因素。

（3）推进以核心城市为引领的都市圈和城市群建设。

全国政协经济委员会副主任刘世锦（2020）指出，都市圈和城市群是中国经济增长最大的结构性潜能。城市群是推进中国城镇化发展的主体，而都市圈是拉动城市群发展的核心引擎。因而，城市群和都市圈将成为人口聚集和产业聚集的空间载体，也将成为中国未来经济发展的“增长极”和“压舱石”。

参考文献

1. 蔡昉、都阳、王美艳：《户籍制度与劳动力市场保护》，载于《经济研究》2001年第12期。

2. 程名望、刘金典：《中国劳动力省际转移特征及其影响因素——基于博弈论视角》，载于《人口与经济》2019年第2期。

3. 冯奎：《理性看待户籍制度改革》，载于《中国城市报》2019年5月20日（第16版）。

4. 陆益龙：《户口还起作用吗——户籍制度与社会分层和流动》，载于《中国社会科学》2008年第1期。

5. 盛光耀：《制度变迁的关联性与户籍制度改革分析》，载于《经济学家》2017年第4期。

6. 宋月萍、宋正亮：《户籍制度对大学生工资的影响——来自北京市的证据》，载于《人口与经济》2016年第4期。

7. 万海远、李实：《户籍歧视对城乡收入差距的影响》，载于《经济研究》2013年第9期。

8. 王海光：《当代中国户籍制度形成与沿革的宏观分析》，载于《中共党史研究》2003年第4期。

9. 魏东霞、谌新民：《落户门槛、技能偏向与儿童留守——基于2014年全国流动人口监测数据的实证研究》，载于《经济学（季刊）》2018年第2期。

10. 严浩坤、徐朝晖：《农村劳动力流动与地区经济差距》，载于《农业经济问题》2008年第6期。

11. 叶建亮：《公共产品歧视性分配政策与城市人口控制》，载于《经济研究》2006年第11期。

12. 叶光亮、邓国营：《最优关税和部分私有化战略——产品差异的混合寡头模型》，载于《经济学（季刊）》2010年第2期。

13. 吴开亚：《户籍改革进程的障碍：基于城市落户门槛的分析》，载于《中国人口科学》2010年第1期。

14. 熊柴、邓茂、蔡继明：《控总量还是调结构：论特大和超大城市的人口调控》，载于《天津社会科学》2016年第3期。

15. 赵西亮：《教育、户籍转换与城乡教育收益率差异》，载于《经济研究》2017年第12期。

16. 张国胜、陈瑛：《我国户籍制度改革的利益分配与重组研究——新时期全面深化改革的政治经济学思考》，载于《中南财经政法大学学报》2015年第4期。

17. 张坤领、刘清杰：《户籍制度竞争及其经济发展效应——基于动态空间杜宾模型的实证检验》，载于《中国财经政法大学学报》2019 年第 4 期。

18. 张松林、孙文远、郑好青：《大城市限制低技能劳动力对人力资本外部性的影响——基于新兴古典经济学视角的分析》，载于《人文杂志》2019 年第 6 期。

19. 张倪：《都市圈和城市群建设将成为中国经济增长最大潜能》，载于《中国发展观察》2020 年第 9 期。

20. 周翔翼、侯晓辉、姬升良：《策略性竞争、管理授权与国有股份制商业银行经营目标》，载于《经济科学》2006 年第 4 期。

21. Chan K. W. , 1994, *Cities with Invisible Walls: Reinterpreting Urbanizationin Post – 1949 China*, Hong Kong Oxford University Press.

22. DeFraja G. , Delbono F. , 1989, "Alternative Strategies of a Public Enterprise in Oligopoly", *Oxford Economic Papers*, Vol. 41, No. 2, April.

23. Demurger S. , Sachs J. D. , Woo W. T. , 2002, "The Relative Contributions of Location and Preferential Policies in China's Regional Development: Being in the Right Place and Having the Right Incentives", *China Economic Review*, Vol. 13, No. 4, December.

24. Liu Z. , 2005, "Institution and Inequality: The Hukou System in China", *Journal of Comparative Economics*, Vol. 33, No. 1, March.

25. Maarten B. , 2012, "Relaxing Hukou: Increased labor mobility and China's economic geography", *Journal of Urban Economics*, Vol. 72, No. 2, September.

26. Merrill W. , Schneider N. , 1966, "Government Firms in Oligopoly Industries: a Short-run Analysis", *Quarterly Journal of Economics*, Vol. 80, No. 3, August.

27. Whally J. , Zhang S. , 2007, "A Numerical Simulation Analysis of (Hukou) Labor Mobility Restrictions in China", *Journal of Development Economics*, Vol. 83, No. 2, February.

Why Does the Reform of Household Registration System Make Much Noise but Little Impact in Big Cities?

—Based on the Framework of Urban Competitive Ecological Mixed Oligopoly Model

Chu Yongsheng　Gao Di　Xiang Hongjin

(School of Public Administration, Nanjing Audit University, Nanjing 211815, China)

Abstract: Based on the mixed oligopoly model of household registration system competition, the influence of household registration restriction and talent subsidy on social welfare and economic development is analyzed, and the equilibrium results are simulated numerically. The results show that when the government takes social welfare maximization as its primary goal, there is an optimal talent subsidy. Cities with low household registration restriction tend to lower the household registration threshold, while cities with high household registration restriction tend to maintain the existing household registration restriction level. When the government takes economic development as the primary goal, talent subsidy will promote the economic development of cities, but economically backward cities tend not to adopt talent subsidy policy. If the productivity gap is large, household registration restriction is not conducive to the economic development of the city. When the productivity gap is small, and household registration restrictions will boost economic growth.

Keywords: Mixed Oligopoly　Talent Subsidy　Household Registration Restriction

JEL Classifications: R12

地方政府竞争、规制扭曲与劳动报酬份额*

——理论框架与经验证据

单　双　韩　超**

【摘　要】规制扭曲与劳动者报酬份额持续下降是中国经济增长高速背景下的两个并行现象，二者具有统一的内在关系，其受到中国式制度安排与增长方式的统一制约。本文在税收竞争框架内引入资本要素禀赋以体现区域差异，构造模型分析地方政府竞争对规制扭曲与劳动者报酬份额的影响以及资本禀赋在其中发挥的作用，并利用历史数据实证检验这一影响。研究表明，地方政府竞争具有降低规制水平倾向，但资本禀赋具有缓解这一倾向的调节作用；地方政府竞争对劳动者报酬份额的影响具有区域差异，相对而言中部地区的地方政府竞争有降低劳动者报酬份额的倾向，资本禀赋仍然发挥了缓解地方政府竞争影响的调节作用。基于研究结论，有效利用地区间资本禀赋差异对竞争机制的影响，并据此因循诱导、改善当前地方政府竞争机制是纠正劳动者报酬持续降低与规制扭曲的根本之路。

【关键词】**地方政府竞争　资本禀赋差异　规制扭曲　劳动者报酬份额**

中图分类号：**F421**　文献标识码：**A**

---

* 本文得到国家自然科学基金面上项目（71774028）、辽宁省“兴辽英才计划”青年拔尖人才（XLYC1807254）、辽宁省社科规划基金项目（L18AJY004）、辽宁省经济社会发展重点课题（2020lslktyb－034））以及辽宁省教育厅项目（LN2020Z05）的资助。

** 单双，东北财经大学财税学院博士生，E-mail：shanshuang0531@163.com；韩超（通信作者），东北财经大学产业组织与企业组织研究中心研究员，博士生导师。地址：辽宁省大连市沙河口区尖山街217号（116025），东北财经大学产业组织与企业组织研究中心，E-mail：super263@126.com。

一、两个现象引发的反思

改革开放以来，中国在经济发展总体方面，尤其是在GDP增长方面取得了令人瞩目的成就，但伴随而来的生态环境恶化、收入差距扩大与经济发展之间的冲突矛盾却日渐明显。其中有两个现象表现较为突出：一是环境破坏、食品安全、煤矿安全等规制问题日益恶化；二是20世纪90年代中期以来，劳动报酬占GDP比重的持续下降。两个现象都具有一个共同的经济高速增长背景，鲜明的对比提醒我们需要对此更加关注，这是本文的基本出发点，也是中国继续深化改革过程中不能回避的重要问题。中国社会科学院2013年的《社会蓝皮书》指出：2003年以前劳动报酬份额一直在50%以上，2004年还保持在50.7%，而到2011年则下降到44.9%，劳动报酬份额持续下降的结论已经得到一致判断，与之对应的企业利润则在上升，资本回报占国民收入的比重却在不断提高。从国际上看，劳动报酬份额世界平均水平为50%～55%；考虑转型发展中的特殊背景，即便是日本、韩国在发展高速的重化工时期，劳动报酬份额曾经出现低于40%的年份，但却从未出现长期持续性的下降；而英、美、德等国家工业化时期，劳动者报酬份额始终较高。在人均GDP稳步增长的同时，劳动者的报酬份额却在稳定的下降。如果从下降趋势来看（观察劳动者报酬份额轨迹的斜率），劳动者报酬份额呈现加速的下降过程。在国家逐步完善《劳动法》和最低工资制度等制度背景下，劳动者报酬份额逐步降低的逻辑确实值得深思。

另一个现象就是发生在以环境为代表的社会性规制领域（同样存在于食品安全、煤矿安全等领域）。产业结构调整与产业升级是中国经济发展的必经之路，经过30年的经济快速发展，依据发展经济学理论，中国理应进入经济深化阶段，将会自我消化污染并进一步提升经济发展水平。但表现在中国的经济发展轨迹中，经济增长与污染近乎是孪生的双胞胎，探究这一现象背后的运行机制及形成因素则显得尤为重要。有一点值得注意的是，社会性规制的无效作用并不一定必然指向规制机构不健全、规制法律不完整等可能导致“规制无效”的结论，还应当考虑规制运行的依托制度及其运行机制的背景约束条件。本文提出“规制扭曲”概念，并将其定义为在其他条件不变时，由于体制约束及其制度安排（包括非正式制度安排）因素产生的规制失效现象。任何一项制度的运行都不是孤立的，除了与其本身的设置之外，还受到其他并行或者交织的制度因素的影响，这是本文提出“规制扭曲”的基本前提。规制扭曲问题的主要关注点不是在规制制度本身，而是考察与其并行的其他因素的影响。回到现实，中国已经从规制机构、规制法规、规制人员等方面均进行了较为健全的安排，但此起彼伏的规制问题，反映了可能存在的规制扭曲，需要跳出规制内部机制，从外部约束条件出发探求规制扭曲的产生因素。

劳动报酬份额持续下降、规制扭曲产生这两个现象与经济增长的鲜明对比深刻反映了体制运行与经济发展碰撞的内涵，再一次强化了中国经济社会发展的特殊性。长期以来，中国总是习惯并冀望于利用经济高速增长“做大蛋糕”的方式来解决发展中诸多问题（吕炜，2004），而以上两个现象的存在，说明这种政策可能已经失灵。增长不仅要强调量的问题，还应关注增长方式的选择问题。两个现象发生在同一个阶段，是否隐含着统一的内在联系与冲击源泉？关于劳动报酬的研究中，有学者指出，“居民部门的比重逐年下降，而企业和政府部门的占比逐年上升”的国民收入分配格局变化是导致我国多年来投资比重过高、劳动者报酬低、消费低迷的原因（李扬、殷剑峰，2007）；白重恩、钱震杰、武康平（2008）、白重恩，钱震杰（2009）的分析认为，国有企业改制与市场垄断能力的提高是导致工业部门劳动收入份额下降的主要原因；邵敏、黄玖立（2010）则认为外资的负向“工资溢出”效应对劳动收入下降具有最强的解释力；陈斌开、林毅夫（2012）在探索中国经济结构转变机制的研究中指出，在一定条件下，重工业化发展战略则是推动收入分配恶化的重要因素；赵俊康（2006）与李稻葵、刘霖林、王红领（2009）给出了劳动者报酬份额持续降低可能带来的经济与社会效应，并指出这将最终影响扩大内需目标的实现。有关规制扭曲的研究则大多将其归咎于规制无效，没有探究规制的作用背景及其运行机制（王万山，庄小琴，2003；肖兴志等，2008）；规制的作用受到规制机构、规制传导机制、法律法规以及外在体制环境等多因素的制约，如果仅从社会性规制的作用结果判断规制无效是一种不负责任的作为，可以发现现有文献在劳动报酬份额降低、规制扭曲两个问题上呈现单线条的研究格局，将两者进行综合研究并探究其内在逻辑的研究极为缺乏。

规制扭曲与劳动报酬份额持续降低两个现象有其自身运行机制，然而，本文认为规制扭曲与劳动者报酬降低之间是有内在联系的，改革开放以来中国经济增长方式是分析这两个现象的共同背景，两个现象与经济高速增长一起反映了转型期中国的特殊特征，其背后的运行机理值得我们深究。解释这一内在联系是理解经济增长的基础，也是实现十八大报告有关“提高劳动报酬在初次分配中的比重”及建设“生态文明”通过“转变经济发展方式”实现“经济结构战略性调整”的关键，更是转变政府职能、推进中央与地方间财权事权改革、获得改革红利的关键环节。本文以环境规制为着力点，以此力求获得基本的结论。本文接下来的结构安排如下：第二部分首先给出典型性事实并构造一个简单的模型加以刻画；第三部分给出模型设定框架、变量与数据说明；第四部分给出基本的估计结果；第五部分给出进一步分析及稳健性检验；第六部分则对本文的主要结论进行归纳总结。

二、理论分析与研究假说

（一）典型性事实：经济转型、增长方式与地方政府竞争

观察中国式制度安排与增长方式，可以发现中国式“集权—分权”制度安排下，省级人事权主要由中央作出任命，但是中央的政策必须依赖于地方政府的执行，因此，政府政策的执行需要中央与地方有效协调（周黎安，2004；周黎安，2007；郭庆旺、贾俊雪，2006；周业安、章泉，2008）。正是在这一体制下，各地方进行竞争，推进整个经济向前发展。分税制改革以后，一方面，中央政府对国有企业实行“抓大放小”战略，地方政府掌控的资源有所萎缩；另一方面，市场化进程的加速导致投资主体的市场性导向日益明显，国内外资本日趋活跃。地方政府竞争的实质更多体现了对资本的竞争，一定程度上，地方政府竞争越激烈，发展地方经济的愿望越迫切，那么资本竞争也就越激烈。市场化程度的异质化也加剧了地方政府竞争的态势，尤其是资本竞争的态势。在经济分权体制下，地方政府有强大的干预资本的意愿和动力（朱秋、刘大志，2005），同时又具有影响资本形成的制度空间与可能。不仅如此，在经济发展激励下，资本是最容易操作的促进经济发展的工具，由于投资乘数的作用，资本对 GDP 的放大作用快捷而且方便。图 1 给出了中国改革开放以来资本投入占 GDP 的比重发展趋势。从中可以发现，改革开放以来，除了 1990 年前后以外，资本占 GDP 的比重呈现稳步提升趋势，尤其是在 1994 年分税制改革后，这一趋势的稳定性表现更加强劲。即使遇到 1998 年及 2008 年两次金融危机，资本占 GDP 比重提高的趋势仍没有停滞。

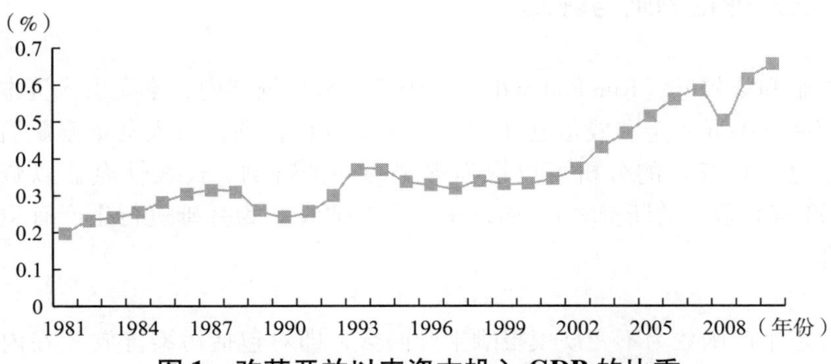

图 1　改革开放以来资本投入 GDP 的比重

增长速度则体现得更明显，中国年均保持在高位的 9.7%，除个别年份(1990 年)，资本的增长率也一直高位不下，是经济增长的巨大推动力。如图 2所示，1990～2010 年 21 年间，资本增长低于 GDP 增长的年份仅有 5 个。2000 年以后，虽然存在一定波动，但资本增长率大多高于 GDP 增长率（除 2008 年外)。资本增长率与 GDP 增长率呈现基本一致的发展趋势，且资本增长率从图上显示先行一步，这意味着，资本与投资极可能是 GDP 增长重要推动力。而两者增长率之差近年来有变大的趋势，表明地区间对资本的争夺可能进入前所未有的阶段。可以发现，地方政府在中国经济增长中扮演着极为关键的角色，分析地方政府行为是观点总结的落脚点。中国式地方政府竞争的主体在“经济战场”，在晋升激励下有动力进行竞争。一定程度上，地方政府不遗余力地提供优惠的政策来提升 GDP，不惜降低规制标准。中国的地方政府竞争主要以资本竞争为特征，因而在模型中本文选择资本的引入作为关注点。

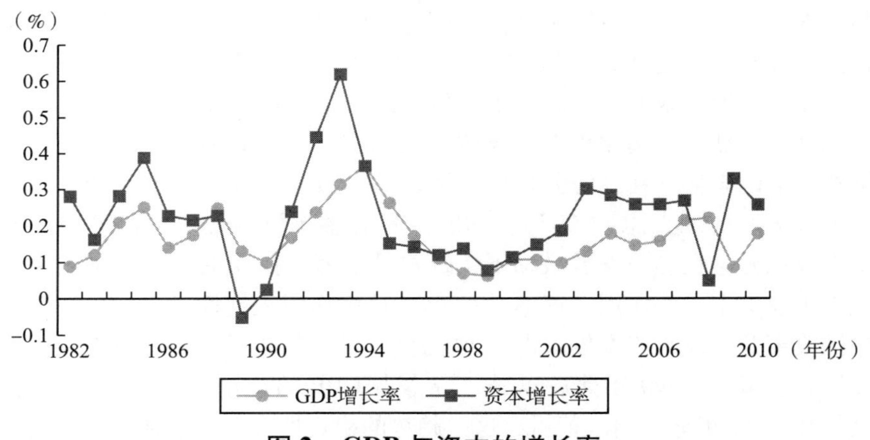

图 2　GDP 与资本的增长率

（二）理论刻画与解读

在金和威尔逊（Kim and Wilson，1997）分析框架内，本文引入资本禀赋以体现区域差异将金和威尔逊（1997）一文进行扩展，引入资本禀赋后，金和威尔逊（1997）的分析可以视为本文的一个特例。代表性企业以资本 K(地方政府间争夺的新资本)，劳动 L，污染排放 E 为基础进行生产有生产函数，即：

$$f = f(K, L, E) \tag{1}$$

假定生产函数为不变规模报酬生产函数，即对包括污染排放 E 在内的所有要素而言规模报酬不变。地方政府通过控制人均排放量 e 实行环境规制政策，且有，$E=e*L$；$K=k*L$；（k 为人均资本），即：

$$f=f(K,\ L,\ E)=Lf(k,\ e) \tag{2}$$

在这一假设下，如果企业扩大劳动使用量，则相应的允许其扩大污染排放量相同比例 E。因此，扩大资本与劳动使用量意味着，扩大要素投入，结果是相同比例的扩大产量。因此，在均衡条件下，企业将在一定的规模下实现零利润：

$$f(K,\ L,\ eL)=rk+wL \tag{3}$$

企业的优化行为条件为：$f_K=r$；$f_L+f_E e=w$。

r 表示资本的税前收益率，w 为税前工资率，f_L 与 f_E 分别表示劳动与污染的边际生产力，且劳动与资本的边际生产力大于零，呈凹性，且 $f_E>0$，$f_{KL}>0$，$f_{KE}>0$。

解优化条件可有：$k=k(r,\ e)$，且 $dk/dr<0$。

同时，可得到工资决定方程：$w=w(r,\ e)$，且 $w_r=-k$，$w_e=f_E>0$。

辖区内居民的效用可以分解为消费私人消费品、政府提供的公共服务及环境污染。效用函数 U 满足良好性状，即：

$$U=U(P(L,\ C),\ G,\ E)\ 且\ U_P>0,\ U_{PP}<o;\ U_G>0,\ U_{GG}<0;\ U_E<0,\ U_{EE}>0 \tag{4}$$

消费者问题可以表示为：

$$\max_{(w,\rho)} U(P(L,\ C),\ G,\ E) \tag{5}$$

$$s.tC=\rho K^{c*}+\omega L$$

此处 ρ 表示税后真实的资本收益率，ω 为税后的实际工资率，K^{c*} 表示地方内消费者的资本禀赋，（k^{c*} 为其消费者人均资本禀赋）。在最优化消费者问题时，P(L, C) 一定得以最大化。最大化的 P(L, C) 可以以 ω，ρ 表示即间接效用函数 V(ω, ρ)。同时，消费者最大化问题还可以得到劳动供给曲线 L(ω, ρ)。地方政府将通过选择资本税收率、劳动税收率与环境规制标准来满足消费者效用。同时，地方政府的公共服务还需满足预算约束。基于资本的税率为 $t=r-\rho$，基于劳动的税率为 $T=w-\omega$。具体地，为处理方便，借用金和威尔逊（1997）的处理办法，地方政府不是直接选择税收工具，而是通过选择税前资本税收率 r，税后劳动实际工资率 ω，间接控制税收工具。因此，抛开地方政府的贪污腐败等行为，考虑资本禀赋的地方政府问题可以表述为：

$$\max_{(r,\omega,G,e)} U(V(\omega,\ \rho),\ G,\ eL) \tag{6}$$

$$s.t\ G=(r-\rho)(kL(\omega,\ \rho)+K^*)+(w(r,\ e)-\omega)L(\omega,\ \rho)$$

约束条件表示，政府的公共服务限于税收总额。从政府角度求解资本竞争下规制与公共服务提供优化问题（6）。如果对税前收益率 r 求解一阶条件有：

$$(w_r+tk_r)L(\omega,\ \rho)+K+K^*=0 \tag{7}$$

由于税前工资对税前收益率的偏导为 $w_r = -k$，进而得到基于资本的税收为：

$$t = -K^{*}/(k_r L) \tag{8}$$

金和威尔逊（1997）的研究表明资本税率为零，但是引入地方资本禀赋后，本文的研究表明，资本竞争下资本税率并不一定为零，而是与资本禀赋有很大的关系。如果资本禀赋大于零，那么资本税收将大于零，如果资本禀赋小于零，那么资本税收为负值，即地方政府将给予资本投资者补贴，而不是进行征税。因而可以得到，资本税率与资本禀赋有直接关系，资本禀赋越丰富则税率越高；资本禀赋越少则税率越低。这一结论为解释当前地方政府竞争提供了一个直观的解释。按常理，地方政府竞争应当以资源配置最优化为目标，通过吸引要素优化资源配置，促进经济社会发展，间接使得地方政府获得更多的经济利益与社会利益，以更好地服务区域发展。但是，在地方政府竞争（资本竞争）的前提下，资本禀赋的差异直接体现在税率（实际税收水平，含各种补贴）上。在资本相对匮乏的地区，地方政府为了吸引资本，则会给予其税收优惠措施；对于资本相对丰富的地区，税收优惠则相对较弱。

为了集中分析地方政府竞争对规制的影响，接下来将假设公共服务固定，着重分析是否提高规制水平可以促进每个地方福利水平的提高。进一步思考，如果提高规制水平，降低人均污染指数 e，会对税后资本收益率 ρ 带来什么样的影响？推论得到：$L_{\omega}>0$（但不必要）条件下：在资本禀赋 k^{*} 较小的地方，提高规制水平（降低 e），则会降低税后资本收益率 ρ；在资本禀赋 k^{*} 较大的地方，提高规制水平（降低 e），则会提高税后资本收益率 ρ。同时，$\frac{dU^{*}}{d\rho}<0$。即：如果降低税后资本收益率 ρ，则会提高工资水平进而推进每个地方福利水平 U^{*} 提高；如果提高税后资本收益率 ρ，则会降低工资水平，降低每个地方福利水平 U^{*}。（U^{*} 是均衡下消费者的效用水平）。

对于资本禀赋特别匮乏的地区，那么为了满足地方政府的规划问题，该地区将给予显著优惠的税后资本收益率 ρ，而该税后资本收益率是建立在较低的规制水平之上，如果提高该地区的规制水平，那么将会显著降低其税后资本收益率 ρ（对资本引入不利），但对于社会福利而言却是显著改进。但是对于资本禀赋特别丰富的地区而言（假设需要引进的资本相对现有而言非常小），由于 $f_K = r = \rho + t = \rho - K^{*}/(k_r(e, r)L(\omega, \rho))$，可以发现资本的边际生产力变动与地区的资本禀赋具有直接关系。而资本的边际生产力是地区引进资本的重要因素。对于资本禀赋很高的地区而言，资本的边际生产力很低（前提是规制标准较高），但政府并不希望给予其很大补贴。同时由于零利润条件限制，资本引进可能带来工资的提高，但是由于资本引入较少，工资以及就业均未见提升，从中央计划者来看，可以降低其规制水平以提高社会福利。另外，如果从规制的外部性考虑，当一个地区提高规制水平时，那么对其他地区而言是一种正的外部性。在零利润假设下，降低税后资本收益率将提高工资水平，工资提高与通过资本得到收益降低两种效应一起共同导致劳动供给的增加，从而提高了社会福利水平。反之，如果提高税后资本收益率则将会带来工资水平的上升，从而间接提高劳动者收入份额。

进一步研究发现，在资本禀赋 k^* 较小的地方，提高规制水平（降低 e），则会降低税后资本收益率，进而提高劳动者工资，提高劳动者收入份额，提高社会福利水平；在资本禀赋 k^* 较大的地方，提高规制水平（降低 e），则会降低劳动者工资，降低劳动者收入份额，降低社会福利水平。将以上逻辑结论总结可以得到命题。

命题：$L_\omega > 0$（但不必要）条件下，如果假设其他因素不变：地区进行资本竞争的前提下，资本禀赋将会显著影响规制水平，其结果将在资本禀赋较小的地方导致规制水平较低，劳动者报酬份额降低的结论，而在资本禀赋高的地方则会产生相反的作用。

尽管进行了推导与论证，但是模型背后的经济思想却是非常直观的。一个封闭的经济体，政府间进行资本竞争，政府通过税收或者补贴以及规制政策等措施灵活进行政策选择，对于消费者而言“用脚投票”机制失灵，但在资本领域却存在典型的“用脚投票”机制。为了获得资本投资，政府将通过税收政策进行调节，进而影响规制水平。在资本相对缺乏的地方，政府将通过给予资本税收优惠吸引资本进入。同时，地方政府也会通过降低规制水平以吸引资本投资。在税收与规制两种政策工具下，为了吸引资本，资本缺乏的地方政府可能将会损害消费者（劳动者）的利益，从整体上损害社会福利。从更宏观的角度来观察，如果把经济整体比作“蛋糕”的话，由于地方政府之间的竞争，政府将把“蛋糕”的一大部分分给资本投资者，而将少部分分给消费者。

当然，不能否定的是，理论模型刻画的是一个理想的简化的情况，而中国到底处于什么样的均衡状况仍然不得而知。地区资本禀赋对地区竞争资本作用下规制以及劳动报酬份额的影响是客观存在的，本文将在余下的部分分析这一影响在中国的作用机制。地方政府竞争、规制扭曲与劳动者报酬份额三个看似隔离的概念，其实际是内嵌套在地方政府竞争框架内。地方政府竞争是因，规制扭曲与劳动者报酬份额报酬过低是果，认识三者关系是进行本文的基础与立足点。

三、模型设定、变量说明与数据来源

传统的面板数据模型表示为：

$$y_{it} = \partial_{it} + x_{it}\beta_{it} + \varepsilon_{it} \tag{9}$$

但该式没有考虑空间相关性及空间依赖性，难以体现地方政府竞争的典型事实，其估计结果存在显著偏差。不少研究表明，对中国经济问题，尤其是政治经济问题具有明显的空间相关性（吕冰洋和余丹林，2009；余泳泽，2015），忽略空间因素与制度因素相关性的分析是有偏的。具体而言，本文旨在探究地方政府竞争机制约束下的环境规制与劳动者报酬问题，其核心内涵是地方政府间竞争，而其具有典型的空间相关性特征，为此本文利用空间计量模型识别并验证地方政府间竞争导致的空间相关性。按照分类，空间计量模型可以分成空间滞后模型、空间误差模型以及空间 Durbin 模型，在很多论文中都有论述，本文不再赘述。相对于其他空间模型，空间 Durbin 模型更具综合性，其可以通过检验判断是否退化成空间滞后或者空间误差模型（LeSage & Pace，2010）指出。实践中，有很多方法可以检验空间 Durbin 模型是否退化为其他空间模型。其一，可以通过 LR 检验 $\theta = -\rho\beta$ 可以检验空间 Durbin 模型是否退化为空间误差模型；其二，通过 LR 检验 $\theta = 0$ 可以检验空间 Durbin 模型是否退化为空间滞后模型。为此，本文采取的研究策略是尽量将解释变量与控制变量均纳入空间变量进行分析，这样可以最大程度控制可能存在的空间溢出行为变量，增加估计有效与稳健性（Yu et al.，2013）。为此，本文采取一般到具体的研究设计，以一般的空间 Durbin 模型作为基准模型，该模型既包含被解释变量的空间滞后项，也包含解释变量空间固定效应。一般的空间 Durbin 模型可以写作以下方式：

$$Y = \rho WY + X\beta + WZ\theta + \alpha + \mu_i + \nu_t + \varepsilon_{it}$$

其中，Y 是 NT＊1 向量，X 是 NT＊k 向量。X 包含解释变量与控制变量。Z 是系列变量可能具有空间相关性（Z 包含于 X）。u 和 v 分别代表地区和时期的固定效应，ε 则是残差项。ρ 代表空间自相关系数，度量地区间 Y 变量相互依存度。β 和 θ 是 k＊1 向量的待估系数。空间距离往往是影响资源流动的重要因素，从而表现出地域性特征。为了体现地区竞争中空间距离相关性，本文首先构造基本相邻矩阵作为确定权重矩阵的一个基准。具体而言，一般相邻矩阵的标准的 w_{ij}^{n} 为：当区域 i 和区域 j 相邻 $w_{ij}^{n} = 1$；当区域 i 和区域 j 不相邻，$w_{ij}^{n} = 0$。理论上讲，空间权重是连续的，随着距离的增加其空间相连性变弱。因此，地方政府竞争的空间关系不仅体现在直接邻近的地理空间关系，还体现空间距离外延性产生的相关性。此外，除了地理空间矩阵外地方政府竞争还可能发生在经济层面更“近”的区间，这是因为经济发展水平更近的地区间竞争可能更为明显。为此，本文借鉴余泳泽（2015）构造了空间距离权重矩阵与考虑经济特征的空间经济权重矩阵。

1. 空间距离权重矩阵

根据余泳泽（2015）的权重矩阵构造方法，即 i 行 j 列矩阵元素 w_{ij}^{g} 定义为：$w_{ij}^{g} = e^{-ad_{ij}}$。其中 d_{ij} 是地区 i 和 j 间的地理距离，以地区间省会城市的地理欧式距离来计算，地区内部的距离 d_{ii} 则满足 $d_{ii} = \frac{2\sqrt{area_i/\pi}}{3}$，$area_i$ 是第 i 个地区的面积。为了消除距离度量单位对结果的影响，同时避免权重计算太小导致误差，对于 i 地区而言将选择其与其他地区间最短距离的倒数作为调整系数。

2. 空间经济权重矩阵

对于经济相近的度量，根据目前对官员晋升与政绩考核的文献的考察（周黎安，2004；2007），本文认为 GDP 是一个良好的衡量指标。为此，本文以样本期内地区的平均 GDP 与样本期内全部地区的平均 GDP 之比作为经济相近的一个指标衡量，并将其与空间距离权重矩阵相结合，得到空间经济权重矩阵。具体而言，i 行 j 列矩阵元素 $w_{ij}^{e} = w_{ij}^{d}diag(\overline{Y}_1/\overline{Y}, \overline{Y}_2/\overline{Y}, \cdots\cdots, \overline{Y}_n/\overline{Y})$，$\overline{Y}_i$ 为样本期地区的平均 GDP，$\overline{Y}$ 为样本期内所有地区加总的平均 GDP（余泳泽，2015）。

根据理论模型的逻辑，资本禀赋会对地方政府竞争约束地方政府行为及其影响产生显著影响。为此，本文以一般的空间 Durbin 模型为基础，采用以上构造的相关空间矩阵分析资本禀赋差异对影响机制的影响，得到基本方程（10）：

$$\begin{aligned} env(\text{或 } l\_share) = {} & \delta + m_i + n_t + \alpha \times regu + \beta \times k\_endow + \psi \times k\_endow \times regu \\ & + \vartheta \times gov\_comp + \varpi \times k\_endow \times gov\_comp + \gamma \times fiscal\_self \\ & + \rho \times pgdp + \vartheta \times k\_endow \times gov\_comp \times regu + WX\sigma + e_{it} \end{aligned} \tag{10}$$

其中，env 代表环境现状的变量，在具体分析中将采用对应不同污染物的变量进行识别，labor_share 代表劳动者报酬份额。regu 代表政府的污染治理努力，也对应不同类型的治理变量（人均治理废水投资 per_gov_water 或人均治理废气投资 per_gov_feiqi）。W 对应空间权重矩阵，下文不同情形下也将采取不同权重矩阵进行分析。方程（10）只是一个示意说明，具体分析时有些变量可能并不会进入方程，而且某些变量的表达形式也将有所变动。下文变量中前面“L”代表对变量取滞后一期值，而“Llg”则表示对变量取对数后再滞后一期值。在该方程中引入资本禀赋与污染治理努力，资本禀赋与政府竞争的交互项，以此来分析资本禀赋对污染治理投资效果以及资本禀赋对地方政府竞争效果的作用机制。解释变量的空间解释部分以“X”表示，X 中包含所有解释变量。

为了验证上文的逻辑，本文选取 1997 ~ 2014 年除西藏外中国大陆 30 个省级地区的相关数据进行分析。样本选择始于 1997 年是因为重庆于 1997 年直辖并开始在统计口径中从四川独立出来，而 2014 年是本文获得样本的最近时间。在研究策略上本文旨在验证地方政府竞争对环境规制与劳动者报酬份额的影响以及这一过程中资本禀赋是否具有调节作用？关于理论模型的几个变量，本文需要给出指标上的识别。首先，需要确定规制实施结果指标，即人均污染排放的相关变量。本文引入两个层面的污染排放指标：一种是加总层面的人均工业废水排放（per_water_pai）、人均工业废气排放（per_feiqi_pai）；另外一种则是具体到污染物的人均工业氨氮排放量（per_andan_pai）等变量。其次，还需要识别规制（污染治理）努力，为此本文引入人均治理废水投资（gov_water）以及人均治理废气投资（gov_feiqi）体现政府在治理污染方面作出的努力。相对于其他指标，由于污染治理投资是地方政府支出的一部分，对于地方政府而言其机会成本更高。在有限财政预算约束下，地方政府可以将财力投入到基础设施建设中，也可以投入到环境规制中，而地方政府在污染治理与基础设施建设中的相机抉择行为可以很好地显示地方政府行为偏好（Wu et al.，2013），因此该指标更能体现地方政府的行为偏好。对于劳动报酬份额的识别，本文采用劳动者报酬占地区 GDP 的份额作为劳动者报酬份额的识别指标（labor_share）。地区资本禀赋则是需要重点识别的另外一个核心变量，根据上文的模型设定，可以采用上一期的资本存量来衡量。资本存量的计算，本文借鉴单豪杰（2008）的构造方法，采用可变折旧率得到样本期内各地区的资本存量，并对其进行人均化处理，作为地区资本禀赋（kendow）。

对于政府竞争指标，傅勇和张晏（2007）利用外资企业实际负担税率，其考虑到地方政府会利用税收竞争以吸引外商直接投资（FDI），同时地方政府有一定的税收优惠政策，从而通过竞相降低税收以吸引 FDI 进行竞争，可是后来取消了对外资的税收优惠，从而其不能整体衡量地方政府竞争程度。同时，张军等（2007）采用各省人均实际外商直接投资（FDI）来衡量地方政府竞争行为，他们认为地方政府的标尺竞争集中体现在以吸引外资为主导的经济发展战略上。本文认为地方政府争夺的资本不仅有外资，还有内资，为此在张军等（2007）的基础上，以此地区年度资本形成额为基础①，通过计算地区资本形成额除以样本期当年全部资本形成总额得到，此指标刻画了政府对资本的争夺状况，构造政府竞争指标（gov_comp）。此外，本文还引入财政自主度（fiscal_self），采用地方财政预算收入与预算支出之比获得，以此可以反映由于财政限制对地方政府行为的影响；引入人均地区实际生产总值（pgdp）。本文借鉴单豪杰（2008）的方法构建各省固定资产投资价格指数，并采取该指数对以上所述有关以货币为单位的变量进行价格平减，以消除价格变动影响。

主要变量的描述性统计见表 1。

① 通过单豪杰（2008）的论述，可以发现资本形成额是良好的投资代理变量。

表 1　　主要变量描述性检验

变量	样本量	平均值	标准差	最小值	最大值
labor_share	540	0.479	0.067	0.314	0.662
gov_comp	540	0.033	0.029	0.002	0.125
k_endow	540	1.366	1.782	0.027	12.19
pgdp	540	0.582	0.699	0.015	4.618
per_water_pai	540	16.50589	9.062	3.252	66.262
per_feiqi_pai	540	3.018	2.743	0.408	25.788
per_gov_water	510	0.0009	0.0008	1.11E-05	0.004
per_gov_feiqi	510	0.002	0.003	1.61E-05	0.033
per_andan_pai	420	2.827	2.496	0.023	20.974
fiscal_self	540	0.534	0.185	0.1482	1.1199

3. 地方政府竞争的空间相关性：特征事实的存在性验证

尽管理论分析以及内在逻辑均蕴含地方政府竞争间理应存在空间相关关系，但其是否能够从数据上得以验证？这是下文进行实证分析的重要基础。为此，本文对几个变量进行 Moran 指数检验以探析其空间相关性（以空间距离权重矩阵为基础）。具体而言，本文给出了体现规制结果的人均工业废水排放（per_water_pai）、人均工业废气排放（per_feiqi_pai）、人均工业氨氮排放（per_andan_water_pai）、人均工业化学需氧量排放（per_cod_pai）、人均工业二氧化硫排放（per_so2_pai）、人均氮氧化物排放（per_no_pai），体现规制努力的人均治理废水投资（gov_water）、人均治理废气投资（gov_feiqi）以及体现劳动者报酬份额 labor_share 有关变量 Moran 指数，测算结果见表 2。从检验结果看，以上变量的空间相关性检验在样本期内每一年均通过 0.01 的显著性检验，且相关系数均呈现正值，表明地区间可能存在追随模仿行为，但其之间具体影响机制，仍有待下文分析。但是，表 2 显示相关变量在地区间具有非常明显的空间相关性，为进一步分析奠定了数据基础。

表 2　　地方政府竞争及其影响的空间相关性检验

年份	人均工业污染排放	人均工废气排放	人均工业氨氮排放量	人均工业 cod 排放	人均工业 so_2 排放	人均氮氧化物排放	劳动者报酬份额（全部）	人均治理废水投资	人均治理废气投资
1997	0.580 (8.318)	0.596 (6.315)	— —	0.320 (3.429)	0.459 (5.427)	— —	0.487 (5.037)	— —	— —
1998	0.583 (7.638)	0.580 (6.183)	— —	0.305 (3.275)	0.477 (5.895)	— —	0.494 (5.102)	0.618 (6.864)	0.624 (7.938)

续表

年份	人均工业污染排放	人均工废气排放	人均工业氨氮排放量	人均工业cod排放	人均工业so_2排放	人均氮氧化物排放	劳动者报酬份额（全部）	人均治理废水投资	人均治理废气投资
1999	0.553 (6.843)	0.553 (5.913)	— —	0.303 (3.318)	0.407 (4.822)	— —	0.523 (5.387)	0.560 (5.770)	0.593 (6.540)
2000	0.536 (5.914)	0.532 (5.726)	— —	0.258 (3.566)	0.419 (4.875)	— —	0.535 (5.453)	0.446 (4.700)	0.476 (5.113)
2001	0.567 (5.994)	0.600 (6.459)	0.295 (0.001)	0.271 (4.715)	0.431 (5.085)	— —	0.523 (5.385)	0.358 (4.226)	0.576 (6.401)
2002	0.538 (5.635)	0.589 (6.237)	0.282 (0.001)	0.246 (3.039)	0.425 (4.997)	— —	0.539 (5.552)	0.397 (4.590)	0.794 (9.729)
2003	0.505 (5.223)	0.579 (6.016)	0.293 (0.000)	0.245 (2.951)	0.418 (4.884)	— —	0.557 (5.785)	0.484 (5.767)	0.736 (8.554)
2004	0.489 (5.056)	0.476 (5.079)	0.257 (0.004)	0.232 (2.945)	0.402 (4.659)	— —	0.568 (5.808)	0.326 (3.737)	0.417 (4.679)
2005	0.369 (3.869)	0.520 (5.337)	0.298 (0.000)	0.270 (3.355)	0.393 (4.476)	— —	0.521 (5.453)	0.371 (4.023)	0.646 (7.395)
2006	0.405 (4.253)	0.503 (5.235)	0.306 (0.001)	0.278 (3.453)	0.379 (4.272)	— —	0.517 (5.377)	0.336 (3.627)	0.612 (6.389)
2007	0.369 (3.906)	0.473 (4.939)	0.273 (0.003)	0.300 (3.727)	0.372 (4.164)	— —	0.490 (5.068)	0.417 (4.465)	0.495 (5.331)
2008	0.347 (3.736)	0.429 (4.580)	0.312 (0.000)	0.300 (3.709)	0.351 (3.878)	— —	0.489 (5.015)	0.372 (4.080)	0.490 (5.314)
2009	0.378 (4.036)	0.442 (4.776)	0.419 (0.000)	0.307 (3.784)	0.335 (3.706)	— —	0.444 (4.604)	0.393 (4.181)	0.469 (4.900)
2010	0.362 (3.886)	0.369 (5.583)	0.358 (0.000)	0.307 (3.689)	0.328 (3.627)	— —	0.408 (4.236)	0.385 (4.318)	0.415 (4.432)
2011	0.441 (4.949)	0.459 (4.981)	0.406 (0.000)	0.371 (5.528)	0.351 (3.948)	0.428 (5.108)	0.444 (4.608)	0.333 (3.725)	0.413 (5.364)
2012	0.461 (4.837)	0.453 (4.858)	0.418 (0.000)	0.374 (5.326)	0.339 (3.871)	0.425 (5.049)	0.413 (4.260)	0.321 (3.439)	0.451 (4.909)
2013	0.486 (5.103)	0.445 (4.711)	0.415 (0.000)	0.379 (5.338)	0.332 (3.877)	0.419 (4.924)	0.403 (4.182)	0.380 (4.198)	0.439 (5.140)
2014	0.481 (5.027)	0.422 (4.573)	0.418 (0.000)	0.381 (5.266)	0.000 0.000	0.424 (4.928)	0.381 (3.989)	0.399 (4.520)	0.392 (4.789)

注：括号内为z统计量；“—”表示数据缺失；所有变量moran指数测算的结果均通过0.01的显著性检验。

四、基本结果

（一）地方政府竞争约束下污染治理行为

理论分析表明，在地区间不同资本禀赋约束下，政府竞争对规制水平以及劳动者报酬份额的影响将会因资本禀赋差异而不同。为了对比是否考虑资本禀赋差异的作用，本文将所有解释变量单列（不考虑交互影响），并采用空间 Durbin 模型进行估计，随后考虑资本禀赋（Llgendow，为资本禀赋的对数形式）与政府竞争（endow_comp）以及资本禀赋与污染治理投资（Llggov_water，为污染治理投资滞后一期且取对数形式）的交互（对污水治理分析时采用 edow_gov_water，对废气治理进行分析时采用 edow_gov_feiqi），最后考虑政府竞争、资本禀赋与污染治理投资的联合交互（edow_comp_gov_water）。

表 3 以人均工业污水排放量（per_water_pai）为被解释变量，分析地方政府竞争约束下污水治理过程的估计结果（上半部分是基于空间距离矩阵估计的结果，下半部分是基于空间经济权重矩阵得到的结果）。首先观察，表 3 上半部分，从模型设定看，空间效应系数 ρ 通过显著性检验，对模型是否可以退化为 SAR 或 SDM 进行检验（$\theta = -\rho\beta$ 和 $\theta = 0$）的结果均拒绝原假设，固定效应与随机效应选择的 Hausman 检验拒绝原假设。以上系列检验表明，对于本文研究而言，空间计量模型优于 OLS 模型，空间 Durbin 模型优于空间 SAR 和空间 SDM 模型，固定效应比随机效应更适合。估计结果表明人均工业治理污水投资（Llggov_water）并没有有效降低人均工业污水排放（per_water_pai），表明中国政府治理努力仍未发挥污水治理的主体作用①。同时，本地区的财政自主度（fiscal_self）越高则人均污染排放（per_water_pai）越低，表明污染治理确实与地方财力具有显著关系。而且，人均 GDP（Llgpgdp）越高，伴随的是人均污染排放（per_water_pai）越高，表明中国的增长仍然处于粗放式增长过程中，仍然处于库兹涅兹曲线的左侧。但是，以上变量并不是本文重点关注的内容。

① 当然，治理污染的工具还有很多，比如监察，但是由于监察等直接监管的数据未予披露，没法进行直接分析。

表 3　　地方政府竞争约束下工业污水治理

项目	(1) 主效应	(2) 邻里效应	(3) 主效应	(4) 邻里效应	(5) 主效应①	(6) 邻里效应
空间距离权重矩阵						
per_water_pai		4.338*** (0.294)		4.361*** (0.304)		4.386*** (0.308)
Llggov_water	0.354 (0.293)	-1.177* (0.669)	0.635** (0.296)	-2.162*** (0.713)	0.741** (0.296)	-2.267*** (0.706)
gov_comp	8.875 (31.919)	-193.283*** (59.733)	29.867 (32.547)	-253.683*** (60.981)	15.799 (32.885)	-159.185** (68.579)
Llgendow	-1.832 (1.357)	0.554 (2.952)	-4.268** (1.782)	1.425 (3.772)	-4.884*** (1.786)	3.326 (3.779)
fiscal_self	-7.135* (4.052)	34.281*** (8.986)	-7.524* (4.024)	39.575*** (8.978)	-8.756** (4.005)	44.483*** (9.113)
Llgpgdp	9.850*** (2.534)	-2.911 (6.096)	11.545*** (2.484)	-7.349 (6.001)	12.582*** (2.482)	-11.877* (6.156)
edow_gov_water			-0.033 (0.0467)	0.257** (0.113)	-0.232*** (0.084)	0.753*** (0.194)
endow_comp			-33.148*** (9.365)	47.268* (25.176)	-59.644*** (12.592)	136.853*** (40.901)
edow_comp_gov_water					-2.022*** (0.685)	5.049*** (1.632)
控制时期	是		是		是	
控制地区	是		是		是	
rho	-2.301*** (0.289)		-2.325*** (0.301)		-2.334*** (0.304)	
sigma2_e	2.594*** (0.136)		2.411*** (0.126)		2.356*** (0.124)	
$\theta=0$	79.16***		93.22***		103.40***	
$\theta=-\rho\beta$	33.63***		50.45***		54.95***	
Hausman 检验	7.9e+06***		1.2e+08***		6.2e+07***	
观测值	480		480		480	
R^2	0.792		0.824		0.801	
区域数	30		30		30	

① 为了提高可读性，除非明确指出，正文中表述的某变量的系数均是“主效应”，而当指向“邻里效应”时，则会明确指出。

续表

项目	(1) 主效应	(2) 邻里效应	(3) 主效应	(4) 邻里效应	(5) 主效应	(6) 邻里效应
空间经济权重矩阵						
per_water_pai		5.730 *** (0.424)		4.955 *** (0.344)		4.949 *** (0.355)
Llggov_water	0.367 (0.365)	-0.496 (0.94)	0.368 (0.344)	-0.778 (0.919)	0.712 ** (0.344)	-1.455 (0.934)
gov_comp	194.556 *** (40.142)	-554.671 *** (100.946)	188.793 *** (41.974)	-576.814 *** (97.251)	200.156 *** (41.327)	-551.757 *** (101.618)
Llgkendow	-1.583 (1.779)	1.452 (3.887)	-5.085 ** (2.026)	8.608 ** (4.167)	-6.919 *** (2.028)	11.078 ** (4.445)
fiscal_self	-18.103 *** (4.679)	37.052 *** (10.872)	-14.288 *** (4.579)	28.453 *** (10.678)	-13.229 *** (4.526)	27.541 ** (10.788)
Llgpgdp	10.18 *** (2.916)	-3.769 (7.326)	10.998 *** (2.704)	-6.265 (7.138)	11.668 *** (2.725)	-9.9 (7.908)
edow_gov_water			-0.187 *** (0.048)	0.217 ** (0.11)	-0.217 ** (0.103)	0.385 (0.266)
endow_comp			-41.384 *** (9.139)	85.716 *** (29.262)	-67.541 *** (11.866)	129.209 *** (42.979)
edow_comp_ gov_water					-3.19 *** (0.73644)	4.701 ** (2.082)
控制时期	是		是		是	
控制地区	是		是		是	
rho	-3.831 *** (0.421)		-3.07810 *** (0.34116)		-3.105 *** (0.352)	
sigma2_e	3.836 *** (0.202)		3.20743 *** (0.16148)		3.024 *** (0.152)	
$\theta=0$	121.71 ***		182.44 ***		161.77 ***	
$\theta=-\rho\beta$	23.82 ***		49.65 ***		40.56 ***	
Hausman 检验	6.2e+07 ***		6.3e+07 ***		1.2e+08 ***	
观测值	480		480		480	
R^2	0.812		0.814		0.813	
区域数	30		30		30	

注：* 表示在0.1 水平上显著，** 表示在0.05 水平上显著，*** 表示在0.01 水平上显著；标准误在括号内显示。

如果不考虑资本禀赋的间接作用（见表3第（1）和第（2）列），Llgendow系数并不显著，这表明资本禀赋作用需要与地方政府的其他行为才能体现。从表3第（3）~（6）列可知，引入资本禀赋的交互项后，edow_gov_water的主效应为负值，且在第（5）列中通过0.01的显著性检验，结合Llggov_water的系数方向可知本地的资本禀赋越多，则污染治理投资越有降低人均工业污水排放（per_water_pai）倾向。edow_gov_water的邻里效应显著为正（第（4）列通过0.1的显著性检验，第（6）列通过0.01的显著性检验），表明当其他地区资本禀赋相对较高时，则本地区的污染治理投资将可能提升人均工业污水排放（per_water_pai）。edow_gov_water的主效应与邻里效应估计结果表明，资本禀赋具有一定的调节作用，一定程度佐证了上文的理论逻辑与结论。进而观察发现，endow_comp的主效应与邻里效应也呈现相反的方向，且均通过显著性检验（除第（4）列通过0.1的显著性检验，其他列均通过0.01的显著性检验）。具体来讲，endow_comp的主效应显著负值，其邻里效应显著为正值，结合gov_comp的影响方向（虽然没有呈现显著性，但其符号为正值，具有提升污染水平的倾向），可知资本禀赋越多，本地gov_comp越有降低人均工业污水排放（per_water_pai）的倾向，而其他地区的资本禀赋越多则会产生相反的效果，简言之其作用机制与edow_gov_water类似。观察资本禀赋、污染治理投资以及政府竞争的联合效应（edow_comp_gov_water），可知其主效应为负（通过0.05的显著性检验）邻里效应为正（通过0.01的显著性检验），再次表明资本禀赋高的地区更有降低人均工业污水排放的倾向，佐证了上文阐述的内在逻辑与理论命题。

为了稳健性考虑，本文以空间经济权重矩阵为基础进行了再估计（见表3下半部分）。对比表3上半部分，可以发现包括$\theta=0$、$\theta=-\rho\beta$以及Hausman检验等模型设定检验与表3上半部分非常一致，这也说明对于本文研究的问题空间Durbin固定效应模型是合适的。对于非核心变量Llggov_water、fiscal_self、Llgpgdp而言，其显著性检验与系数方向与表3上半部分完全一致，不再赘述。观察gov_comp、Llgendow、edow_gov_water、endow_comp以及edow_comp_gov_water等核心变量的估计结果，可知除具体数值有少许变动外，其基本方向也与表3上半部分趋于一致，表明本文所要揭示的资本禀赋在政府竞争影响规制实施的过程中的作用不仅体现在空间距离权重矩阵中，也体现在空间经济权重矩阵中，即这一内在逻辑是稳健存在的。尤其需要注意的是，基于空间经济权重矩阵的分析结果中，gov_comp均通过0.01的显著性检验，其主效应与邻里效应的系数表明政府竞争具有降低规制水平的倾向，但资本禀赋调节作用具有缓解这一影响的作用（endow_comp、edow_comp_gov_water的系数为负值，且通过显著性检验）。

（二）地方政府竞争约束下劳动者报酬份额问题

作为本文分析的重要组成部分，地方政府竞争不仅影响规制水平而且将会对劳动者报酬份额产生影响。为此，本文将被解释变量替换成劳动者报酬份额（labor_shar），并且删除与污染治理有关的变量，并分别采用空间距离权重矩阵与空间经济权重矩阵对方程（10）进行估计。估计结果见表4（上半部分基于空间距离权重矩阵进行估计，下半部分基于空间经济权重矩阵进行估计）。模型设定的合理性是进行分析的基础，通过表4中现有的几个检验（$\theta=0$、$\theta=-\rho\beta$ 以及 Hausman 检验等）通过0.01的显著性检验，可知采用空间 Durbin 固定效应模型是合适的，这与表3的结论一致。表3和表4综合看，对于地方政府竞争行为的研究，本文的基本模型选择是可靠的。

表4　　　　地方政府竞争对劳动者报酬份额影响

项目	(1) 主效应	(2) 邻里效应	(3) 主效应	(4) 邻里效应
空间距离权重矩阵				
labor_shar		14.716*** (0.881)		14.771*** (0.892)
gov_comp	1.204*** (0.277)	−1.951*** (0.527)	1.408*** (0.281)	−2.179*** (0.527)
Lkendow	0.004* (0.002)	−0.038*** (0.006)	0.007* (0.003)	−0.036*** (0.008)
fiscal_self	0.026 (0.034)	0.014 (0.075)	0.024 (0.034)	0.021 (0.074)
Llgpgdp	−0.167*** (0.019)	0.285*** (0.045)	−0.169*** (0.019)	0.304*** (0.047)
endow_comp			−0.062 (0.052)	−0.047 (0.119)
控制时期	是		是	
控制地区	是		是	
rho	−12.434*** (0.881)		−12.476*** (0.891)	
sigma2_e	0.0002*** (0.00001)		0.00023*** (0.00001)	
$\theta=0$	54.12***		145.29***	

续表

项目	(1) 主效应	(2) 邻里效应	(3) 主效应	(4) 邻里效应
空间距离权重矩阵				
θ = −ρβ	66.19***		69.16***	
Hausman 检验	2.2e+07***		50.95***	
观测值	510		510	
R^2	0.936		0.94	
区域数	30		30	
空间经济权重矩阵				
labor_shar		9.816*** (0.683)		9.871*** (0.692)
gov_comp	0.075 (0.335)	0.654 (0.871)	0.121 (0.335)	0.921 (0.873)
Lkendow	0.003 (0.003)	−0.022*** (0.006)	0.006 (0.003)	−0.017** (0.008)
fiscal_self	0.069* (0.039)	0.023 (0.093)	0.077* (0.039)	−0.003 (0.094)
Llgpgdp	−0.147*** (0.021)	0.402*** (0.055)	−0.151*** (0.021)	0.421*** (0.05761)
endow_comp			−0.015 (0.051)	−0.191 (0.152)
控制时期	是		是	
控制地区	是		是	
rho	−7.611*** (0.681)		−7.631*** (0.689)	
sigma2_e	0.0003*** (0.00001)		0.0003*** (0.00001)	
θ = 0	108.43***		176.80***	
θ = −ρβ	71.71***		73.58***	
Hausman 检验	19.66***		−8.68①	
观测值	510		510	
R^2	0.895		0.892	
区域数	30		30	

注：* 表示在0.1水平上显著，** 表示在0.05水平上显著，*** 表示在0.01水平上显著；标准误在括号内显示。

① Hausman 检验值为负值，这个不符合常理，而且在国内外学术论坛讨论区关于 Hausman 为负值的讨论很多。由于固定效应可以满足一致性，而随机效应不能，因此当 Hausman 为负值时，本文采用固定效应进行分析。

同表3解释变量不一样的是，表3中资本禀赋采取的是对数形式（Llgk-endow），其系数含义是增长率的概念，但表4中资本禀赋采取的是原始形式（Lkendow），且与资本禀赋相关的变量也是基于Lkendow进行的构造。具体到核心变量的估计，通过表3可以看到gov_comp本身具有提升劳动者报酬份额的倾向（尽管其在基于空间经济权重矩阵分析中不显著）。当地人均GDP（Llgpgdp）与劳动者报酬呈现负相关关系（无论是基于空间距离权重矩阵，还是基于空间经济权重矩阵，均通过0.01的显著性检验），表明目前中国的发展并没有带来同等程度劳动者报酬的提高。对于本文关心的核心变量，在两种空间权重矩阵作用下，资本禀赋与政府竞争的交互项（endow_comp）均未通过显著性检验，这与本文的理论模型的结论不相适应，本文将在下一部分进一步分析。

五、进一步分析与讨论①

（一）不同区域间的影响差异

不少研究表明，中国的经济增长呈现显著的“俱乐部收敛”特征（沈坤荣、马俊，2002；等），地方政府竞争可能存在区域间差异，为此将样本地区按照东、中、西部进行区域划分，以考察本文的逻辑是否存在区域间差异。

1. 地方政府竞争影响规制水平的区域差异

在表3的基础上，本文引入Llggov_water，gov_comp，Llgendow，edow_gov_water，endow_comp，edow_comp_gov_water与东部、中部虚拟变量的交互项（在原有变量名称上加“_est”代表东部相应变量，加“_mid”代表中部相应变量，以下同）重新进行估计，结果汇总在表5。对比表3，可以发现表5中模型设定检验、大部分变量的显著性及符号均与表3一致。单看，gov_comp相关变量的估计结果可以发现，相对西部，中部的政府竞争还有降低污染排放的倾向（gov_comp_mid通过显著性检验，且为负值）。对于其他变量，可以发现东部、中部与资本禀赋交互的有关变量（edow_gov_water_est，endow_comp_est，edow_comp_gov_water_es，edow_gov_water_mid，endow_comp_mid，edow_comp_gov_water_mid）大部分通过显著性检验，且其与表3对应的相关变量符号是一致的，但是不含虚拟变量的相关变量的估计系数与表3相反（edow_gov_water，endow_comp，edow_comp_gov_water）。具体来看，edow_gov_

① 为了提高可读性，本部分未报告基于空间经济权重估计的结果，如有需要可向笔者索取。

water_est，edow_gov_water_mid，edow_gov_water_est，edow_gov_water_mid，edow_comp_gov_water_est，edow_comp_gov_water_mid 主效应均通过 0. 01 的显著性检验，且其系数均为负值，同时其邻里效应均为正值，表明地方政府间存在显著的竞争行为。

表 5　　　　　　　　对规制水平影响中的区域差异

空间距离权重矩阵	(1) 主效应	(2) 邻里效应	(3) 主效应	(4) 邻里效应
per_water_pai		4. 547 *** (0. 335)		4. 335 *** (0. 317)
Llggov_water	1. 175 *** (0. 419)	-3. 511 *** (1. 118)	0. 853 ** (0. 408)	-3. 388 *** (1. 098)
Llggov_water_est	-1. 126 * (0. 681)	3. 033 * (1. 834)	-1. 208 ** (0. 603)	5. 406 *** (1. 533)
Llggov_water_mid	-2. 037 *** (0. 734)	4. 217 ** (1. 989)	-1. 059 (0. 671)	2. 164 (1. 791)
gov_comp	122. 156 (92. 354)	-857. 008 *** (317. 576)	5. 129 (91. 826)	20. 197 (338. 832)
gov_comp_est	-157. 175 (112. 437)	704. 824 ** (329. 021)	-38. 233 (107. 271)	80. 382 (328. 938)
gov_comp_mid	-272. 028 ** (128. 805)	1 627. 851 *** (500. 224)	-225. 283 * (121. 853)	1 171. 776 ** (478. 096)
Llgendow	-6. 056 ** (2. 559)	11. 008 (7. 415)	-4. 282 * (2. 421)	11. 127 (6. 901)
Llgendow_est	-5. 333 ** (2. 105)	10. 795 * (5. 978)	-4. 338 *** (0. 971)	
Llgendow_mid	0. 243 (1. 729)	-4. 174 (5. 384)	-0. 957 (1. 204)	
edow_gov_water	-0. 121 (0. 112)	0. 783 ** (0. 317)	0. 797 *** (0. 224)	-1. 192 ** (0. 578)
edow_gov_water_est	0. 108 (0. 151)	-0. 52 (0. 35)	-1. 132 *** (0. 234)	1. 587 *** (0. 495)

续表

空间距离权重矩阵	(1) 主效应	(2) 邻里效应	(3) 主效应	(4) 邻里效应
edow_gov_water_mid	0.092 (0.237)	−0.608 (0.701)	−0.811 *** (0.287)	2.182 *** (0.635)
endow_comp	37.142 (33.857)	−250.062 * (144.061)	−19.131 (30.774)	−68.275 (126.005)
endow_comp_est	−77.832 ** (35.061)	273.012 * (146.735)	−91.182 *** (31.748)	155.515 (123.430)
endow_comp_mid	−101.992 ** (45.952)	519.391 *** (193.189)	−107.182 ** (46.352)	533.96 *** (176.142)
fiscal_self	−6.713 (4.488)	27.033 *** (10.435)	−11.865 *** (4.223)	37.878 *** (9.673)
Llgpgdp	11.576 *** (2.823)	−12.524 (7.758)	17.562 *** (2.775)	−35.962 *** (8.4641)
edow_comp_gov_water			7.908 *** (1.693)	−19.079 *** (5.982)
edow_comp_gov_water_est			−12.966 *** (1.934)	27.891 *** (6.278)
edow_comp_gov_water_mid			−12.893 *** (3.269)	63.624 *** (11.783)
rho	−2.419 *** −0.331		−2.161 *** (0.312)	
sigma2_e	2.301 *** (0.131)		1.981 *** (0.115)	
观测值	480	480	480	480
R^2	0.758	0.758	0.621	0.621
区域数	30	30	30	30

注：* 表示在0.1 水平上显著，** 表示在0.05 水平上显著，*** 表示在0.01 水平上显著；标准误在括号内显示；估计结果基于空间 Durbin 固定效应得到（为了版面考虑，未报告相关检验结果，下文同）。

以上结果说明，地方政府竞争对污染的影响本身存在区域差异，但其差异与资本禀赋具有直接关系。进一步讲，相对西部而言，东部和中部地区资本禀赋越高，越可能通过人均污染治理投资降低人均污水排放，同时越可以抑制由于地方政府竞争资本过程中降低规制水平的倾向。整体看，资本禀赋确实在地方政府竞争对规制水平影响过程中发挥了调节作用，且相对西部而言，在东部、中部资本禀赋发挥了抑制地方政府竞争的降低规制标准“冲动”，与本文的内在逻辑以及理论分析结论保持一致。

2. 地方政府竞争影响劳动者报酬份额的区域差异

表4并没有发现理论分析中得到的资本禀赋的调节作用，但是如果将其按区域进行细分再行估计会得到什么样的结果？在表4的基础上，本文引入gov_comp_east，Lkendow_east，gov_comp_mid，Lkendow_mid，endo_cop_east，endo_cop_mid 等变量（均是表4中核心变量与区域虚拟变量的交互项）重新进行估计，结果汇总在表6。对比表3，可以发现表6在模型设定检验以及Llgpgdp 的系数方向等方面与表4基本一致。与表4不同的是，表6中本文主要关注的变量已经呈现出有意思的结论。Lkendow_east 的系数为正值，Lkendow_mid 的系数为负值，且在第（3）列两者均通过0.01的显著性检验。同时，观察第（3）列的 endo_cop_east 与 endo_cop_mid 可知，两者也呈现相反的作用方向，endo_cop_mid 为正且通过0.01的显著性检验，说明中部资本禀赋可以发挥调节作用。进而发现，第（3）列 gov_comp_mid 的系数为负也通过0.01的显著性检验，中部的地方政府竞争具有显著降低劳动者报酬份额的倾向。还可以发现，以上分析变量的邻里效应均与主效应呈相反方向，再次佐证地方政府竞争的存在性。综合来看，相对而言，在中部地区，地方政府竞争更有降低劳动者报酬份额的倾向，但资本禀赋高的地区这一倾向相对较弱，资本禀赋具备缓解地方政府竞争影响的调节作用。

表6　对劳动者报酬份额影响中的区域差异

空间距离权重矩阵	(1) 主效应	(2) 邻里效应	(3) 主效应	(4) 邻里效应
labor_shar		14.902*** (0.926)		13.841*** (0.791)
gov_comp	1.857** (0.815)	-6.266** (2.884)	2.076* (1.121)	-10.445** (4.343)
Lkendow	0.0002 (0.003)	-0.0145 (0.011)	-0.014 (0.012)	-0.009 (0.033)
gov_comp_east	-0.394 (0.951)	3.495 (3.044)	0.052 (1.205)	6.523 (4.256)
Lkendow_east	0.006 (0.005)	-0.026** (0.011)	0.044*** (0.012)	-0.056* (0.029)

续表

空间距离权重矩阵	(1) 主效应	(2) 邻里效应	(3) 主效应	(4) 邻里效应
gov_comp_mid	0.539 (1.053)	3.405 (4.153)	-2.791 ** (1.401)	17.446 *** (5.628)
Lkendow_mid	-0.021 *** (0.005)	0.029 ** (0.014)	-0.047 *** (0.013)	0.165 *** (0.035)
fiscal_self	0.031 (0.034)	-0.003 (0.074)	0.042 (0.038)	-0.016 (0.083)
Llgpgdp	-0.154 *** (0.021)	0.268 *** (0.054)	-0.136 *** (0.026)	0.348 *** (0.077)
endo_cop			0.167 (0.235)	0.313 (0.806)
endo_cop_east			-0.387 (0.249)	-0.172 (0.851)
endo_cop_mid			1.176 *** (0.323)	-5.421 *** (1.234)
rho	-12.595 *** (0.924)		-11.411 *** (0.788)	
sigma2_e	0.0002 *** (0.00001)		0.0003 *** (0.00001)	
观测值	510		510	
R^2	0.94		0.93	
区域数	30		30	

（二）不同污染物是否存在影响差异：基于工业废气治理的稳健性检验

以上分析地方政府竞争对污染治理影响时，本文以工业污水治理为例进行的分析，那么很自然的疑问则是以上结论是否是工业污水治理的特例？是否能体现地方政府竞争对一般性污染治理的影响？因而，在此以工业废气替代工业污水，以此来观察以上的结论是否在对工业废气治理中也成立。将表3中被解释变量由人均工业污水排放（per_water_pai）调整为人均工业废气排放（per_feiqi_pai），将解释变量与“污水”有关的变量替换为相应的“废气”有关变量，并重新进行估计，估计结果汇总见表7。与上文所有分析一致，表7中模型设定检验表明，空间 Durbin 固定效应模型依然是合适的。通过第（5）列可以发现与资本禀赋交互的三个变量 edow_gov_feiqi，endow_comp 与 edow_comp_gov_feiqi 通过 0.1、0.01 与 0.05 的显著性检验，且其系数符号均为负值，表明资本禀赋具有降低人均工业废气排放（per_feiqi_pai）的调节作用，这与表3、表5对人均工业污水排放（per_water_pai）分析所揭示的结论是一致的。同时，对比第（5）和第（6）列，可知 edow_gov_feiqi，endow_comp 与 edow_comp_gov_feiqi 的主效应与邻里效应影响方向相反，这一结果与上文分析一致。综合表7、表3与表5，资本禀赋在地方政府竞争影响环境规制过程中存在显著的调节作用，具体讲其具有缓解地方政府竞争引致的规制标准降低的调节作用。

表7　　对工业废气治理的影响

空间距离权重矩阵	(1) 主效应	(2) 邻里效应	(3) 主效应	(4) 邻里效应	(5) 主效应	(6) 邻里效应
per_feiqi_pai		12.892 *** (0.892)		12.963 *** (0.912)		12.978 *** (0.924)
Llggov_feiqi	0.116 (0.111)	-0.406 (0.261)	0.161 (0.116)	-0.653 ** (0.294)	0.119 (0.117)	-0.619 ** (0.293)
gov_comp	0.112 (14.091)	-0.778 (26.767)	14.856 (14.561)	17.296 (27.432)	14.382 (14.773)	-2.208 (29.896)
Llgendow	-1.621 *** (0.601)	2.326 * (1.347)	-0.015 (0.782)	-1.046 (1.643)	0.323 (0.789)	-1.535 (1.641)
fiscal_self	2.636 (1.745)	-3.865 (3.788)	3.526 ** (1.771)	-4.852 (3.841)	3.548 * (1.756)	-5.351 (3.822)
Llgpgdp	5.063 *** (1.065)	-8.687 *** (2.425)	4.854 *** (1.077)	-9.319 ** (2.524)	4.558 *** (1.087)	-8.341 *** (2.641)
edow_gov_feiqi			-0.011 (0.026)	0.097 (0.062)	-0.083 * (0.045)	-0.081 (0.111)
endow_comp			-11.738 *** (4.108)	27.218 * (10.828)	-19.979 *** (5.505)	47.659 *** (16.795)

续表

空间距离权重矩阵	(1) 主效应	(2) 邻里效应	(3) 主效应	(4) 邻里效应	(5) 主效应	(6) 邻里效应
edow_comp_gov_feiqi					-0.932** (0.366)	1.741** (0.862)
rho	-10.982*** (0.891)		-11.024** (0.909)		-11.047*** (0.922)	
sigma2_e	0.499*** (0.023)		0.484** (0.022)		0.475*** (0.022)	
观测值	480		480		480	
R^2	0.958		0.953		0.957	
区域值	30		30		30	

（三）政策作用转变是否对地方政府竞争作用机制产生影响

样本期内，中国环境规制政策产生了数次重大转变，而这些转变是否会影响本文所要论述的理论逻辑？或者说，在本文理论逻辑中，政策转变发挥了什么作用？自2005年开始，中国国家“十一五”规划明确提出在“十一五”期末全国主要污染物（二氧化硫和化学需氧量）排放总量减少10%作为约束性指标，并强调将“约束性指标”纳入“目标考核责任”作为政治晋升与考核重要指标。进一步，国家“十二五”规划又将氨氮与氮氧化物纳入约束性指标，那么氨氮与氮氧化物未被纳入或者被纳入约束性指标时，地方政府的行为是否会有差异？在样本期内，只有工业污水排放中氨氮排放数据有连续披露，可以以其为依托分析有无污染约束性控制政策转变对地方政府竞争对规制行为的影响差异。为此，本文将样本分成两个时间段分别进行分析：2001~2006（氨氮排放未纳入约束性控制范围，2001年是最早有工业氨氮排放数据披露的年份）；2007~2014（氨氮排放纳入约束性控制范围）。估计结果汇总在表8。在此，本文主要关注资本禀赋的调节作用，即edow_gov_water，endow_comp与edow_comp_gov_water的系数变动。通过表8可知，edow_gov_water与endow_comp的系数符号与是否纳入约束性控制没有显著变化：edow_gov_water均为正值，均未通过显著性检验；endow_comp均为负值，且都通过显著性检验。edow_comp_gov_water由未纳入约束性控制时的正值变为纳入约束性控制时的负值，且由不显著变为通过0.01的显著性检验。以上检验结果综合说明，即使存在政策变化，资本禀赋缓解地方政府竞争对降低规制标准行为是稳健存在的。

表 8　　　　政策转变影响差异

空间距离权重矩阵	未纳入约束性控制		纳入约束性控制	
	(1)	(2)	(3)	(4)
	主效应	邻里效应	主效应	邻里效应
per_andan_pai		13.184*** (1.441)		6.104*** (0.601)
Llggov_water	0.595** (0.268)	-0.981 (0.669)	-0.016 (0.145)	-0.222 (0.408)
gov_comp	60.713 (50.989)	-76.293 (133.828)	23.552 (21.671)	-123.745*** (42.563)
Llgendow	-6.73346* (3.581)	13.175* (7.607)	-1.625** (0.736)	-0.018 (1.723)
fiscal_self	0.397 (4.192)	1.876 (8.151)	1.081 (2.531)	6.993 (6.653)
Llgpgdp	6.287* (3.421)	-13.516 (8.936)	1.301 (1.421)	2.021 (3.235)
edow_gov_water	0.104 (0.223)	-0.45 (0.451)	0.037 (0.051)	-0.098 (0.139)
endow_comp	-42.458* (24.517)	138.379* (80.925)	-22.609*** (8.719)	76.425*** (29.321)
edow_comp_gov_water	0.209 (1.583)	0.791 (3.567)	-1.109*** (0.364)	2.131** (1.009)
rho	-10.933*** (1.437)		-3.921*** (0.594)	
sigma2_e	0.412*** (0.032)		0.142*** (0.011)	
观测值	180		240	
R^2	0.905		0.865	
区域值	30		30	

六、总结性结论与启示

规制扭曲与劳动报酬份额降低是当前中国转型中突出的问题，它们是否具有内在一致的逻辑？本文在地方政府竞争的框架内对此进行了系统分析。

本文引入资本禀赋体现地区差异，对金和威尔逊（1997）的税收竞争框架进行扩展，分析认为，如果地区资本禀赋较低，那么地方政府竞争将降低规制水平，同时也会降低劳动者报酬份额，即地方政府竞争对规制水平与劳动者报酬份额的影响与地区的资本禀赋具有显著关系。理论分析抽象了很多因素，其结论是否能够得到经验支持？为此，本文采用空间 Durbin 模型识别地方政府竞争约束下的空间相关性，通过基本估计、分地区、不同污染物治理、不同政策导向影响等系列分析，对理论逻辑与结论进行系统的稳健性实证检验。研究结论表明：地方政府竞争具有降低规制水平倾向，但资本禀赋具有缓解这一倾向的调节作用；地方政府竞争对劳动者报酬份额的影响具有区域差异，相对而言中部地区的地方政府竞争有降低劳动者报酬份额的倾向，资本禀赋仍然体现了缓解地方政府竞争影响的调节作用。地方政府竞争导致的“竞次”行为已在很多研究中都有论述，但地区差异尤其是资本禀赋差异会影响其内在作用机制，这是本文突出的论证与发现。因而在进行规制政策制定时，确实应当将区域间禀赋综合考虑，以发挥政策的最大效力。

根据本文的分析，中国式地方政府竞争以资本竞争与规制竞争为基础，是劳动者报酬份额持续降低与规制扭曲的核心动因。本文的地方政府竞争中，规制政策是作为一种工具而进行竞争，规制扭曲产生于这一地方政府竞争机制，而地方政府的行为偏好则是这一问题的根本。规制扭曲的产生并不是否认社会性规制的作用，并由此对社会性规制进行批评并提出完善社会性规制体制。在当前转型期中国制度安排中，真正做到规制机构的独立是非常不现实的。实际上，地方政府作为一个大管家时刻都在行使着生产经营并且自我监管的角色，如何理顺地方政府角色，协调其生产、监管与服务等功能才是未来纠正规制扭曲的解决办法。在经营地方的实践中，地方政府竞争将会导致其行为偏好产生异化，即地方政府竞争将导致环境的恶化。正是这一体制机制的影响，规制无从发挥作用，规制机构只能沦为地方政府的一个职能部门。

同时，基于本文资本禀赋在地方政府作用机制中的调节作用，如何有效利用这一内在机制是未来政策制定与实施中需要特别注意的地方。在现有的激励制度安排下，地方政府竞争也并不是无底线的“竞次”，其也会考虑自身的地区特点，并据此作出自己的理性决策。这一发现，对于未来调整激励方式、激励方案均具有显著意义。本文的分析有助于我们更深入地理解中国式的地方政府竞争，探索有关规制改善与提高劳动者报酬份额的新路径。重新厘清中国式地方政府竞争的逻辑，调整其竞争机制是解决规制扭曲与劳动报酬份额持续降低的根本路径。理清中国式地方政府竞争则需要从重建政府绩效考核，转变经济发展方式入手，而且更需注意竞争激励中的地区差异，并设计政策因循诱导其发挥最优作用。

参考文献

1. 白重恩、钱震杰、武康平：《中国工业部门要素分配份额决定因素研究》，载于《经济研究》2008年第8期。

2. 白重恩、钱震杰：《国民收入的要素分配：统计数据背后的故事》，载于《经济研究》2009年第3期。

3. 陈斌开、林毅夫：《金融抑制、产业结构与收入分配》，载于《世界经济》2012年第1期。

4. 单豪杰：《中国资本存量K的再估算：1952～2006年》，载于《数量经济技术经济研究》2008年第10期。

5. 郭庆旺、贾俊雪：《地方政府行为、投资冲动与宏观经济稳定》，载于《管理世界》2006年第5期。

6. 金碚：《中国企业竞争力报告（2007）——盈利能力与竞争力》，社会科学文献出版社2007年版。

7. 李稻葵、刘霖林、王红领：《GDP中劳动份额演变的U型规律》，载于《经济研究》2009年第1期。

8. 李扬、殷剑峰：《中国高储蓄率问题探究——1992至2003年中国资金流量表的分析》，载于《经济研究》2007年第6期。

9. 吕冰洋、余丹林：《中国梯度发展模式下经济效率的增进——基于空间视角的分析》，载于《中国社会科学》2009年第6期。

10. 吕炜：《体制性约束、经济失衡与财政政策——解析1998年以来的中国转轨经济》，载于《中国社会科学》2004年第3期。

11. 邵敏、黄玖立：《外资与我国劳动收入份额——基于工业行业的经验研究》，载于《经济学（季刊）》2010年第4期。

12. 沈坤荣、马俊：《中国经济增长的"俱乐部收敛"特征及其成因研究》，载于《经济研究》2002年第1期。

13. 王万山、庄小琴：《市场规制失效与反规制治理》，载于《求实》2003年第9期。

14. 肖兴志等：《中国煤矿安全规制效果实证研究》，载于《中国工业经济》2008年第5期。

15. 余泳泽：《中国省际全要素生产率动态空间收敛性研究》，载于《世界经济》2015年第10期。

16. 赵俊康：《我国劳资分配比例分析》，载于《统计研究》2006年第12期。

17. 周黎安：《晋升博弈中政府官员的激励与合作——兼论我国地方保护主义和重复建设问题长期存在的原因》，载于《经济研究》2004年第6期。

18. 周黎安：《中国地方官员的晋升锦标赛模式研究》，载于《经济研究》2007 年第 7 期。

19. 周业安、章泉：《财政分权、经济增长和波动》，载于《管理世界》2008 年第 3 期。

20. 朱秋、刘大志：《资本形成过程中的地方政府竞争》，载于《中国改革》2005 年第 3 期。

21. Kim J. and Wilson J. D. , 1997, "Capital Mobility and Environmental Standards: Racing to the Bottom with Multiple Tax Instruments", *Japan and the World Economy*, 1997, Vol. 9, No. 4.

22. Le Sage J. , and Pace R. K. , 2010, "Introduction to Spatial Econometrics", CRC press.

23. Moran P. , 1948, "The Interpretation on Statistical Maps", *Journal of the Royal Statistical Society*, 1948, Vol. 10.

24. Wu J. , Deng Y. , Huang J. , Morck R. K. and Yeung B. Y. , 2013, "Incentives and Outcomes: China's Environmental Policy", National Bureau of Economic Research working paper, 2013.

25. Yu Y. , Zhang L. , Li F. , and Zheng X. , 2013, "Strategic Interaction and the Determinants of Public Health Expenditures in China: a Spatial Panel Perspective", *The Annals of Regional Science*, Vol. 50, No. 1.

Distortion of Environmental Regulations and Reduction of Labor Remuneration Shares under Local Government Competition

—Theoretical Framework and Empirical Evidence

Shan Shuang　Han Chao

(Dongbei University of Finance and Economics, Dalian, China, 116025)

Abstract: Regulatory distortions and Labor Compensation Share of GDP declining are two parallel phenomenon in China and both are restricted by the Chinese institutional arrangements and growth mode. In this paper, capital endowment is introduced to the traditional framework of tax competition to reflect regional differences, by which we analyze the impact of local government competition on the supply of regulation and make empirical analysis correspondingly. The result shows that: the competition among local governments has the tendency to reduce regulation level while the capital endowment can ease this tendency; the impact of local government competition on the labor share has demonstrated regional differences, while competition of local government has a tendency to reduce the labor share in the central region. But the capital endowment still plays a role of adjustment of easing the impact of the local government competition. According to this paper, effective use the role of capital endowments in the competition mechanism among local governments, and improve the current mechanism of local government competition are fundamental ways to solve the problem of underpaid compensation for labor and regulation distortion.

Keywords: Government Competition　Capital Endowment　Regulation Distortion　Labor Share

JEL Classifications: O13

政府合作、网络演化与跨区协同效应*

——基于粤港澳大湾区的数据分析

王方方　李香桃　徐文燕**

【摘　要】政府间合作可以产生跨区协同发展的网络效应，能有效保障市场运行的效率。基于粤港澳大湾区政府工作报告多维网络测度发现：政府跨区域协同网络整体呈现紧密且均衡的演化趋势，但局部仍保持高度集聚合作特征。珠江东西两岸逐渐融合成为凝聚子群，"广佛肇""深莞惠"一体化效应凸显，港澳仍处于网络核心，"广深港澳"中心城市政府跨区域协同效应有待提高。因此，应强化政府信息引导和非正式网络建设在城市群协同发展中的作用，加强中心城市的辐射和带动效应。

【关键词】**政府合作　网络演化　跨区协同效应　社会网络分析**

中图分类号：**F062.6**　文献标识码：**A**

一、引　言

伴随全球化和信息化程度进一步加深，新时代世界经济越来越呈现网络化发展的趋势。从中观层面看，国家之间正转向以城市为单元的基础设施、科技创新和产业发展等全方位的角逐，这种趋势也逐渐从单个城市走向基于城市群维度的多主体、多层次的网络化竞争。而作为代表城市群最高发展水

---

* 本文获得广东省科技厅软科学项目《粤港澳大湾区国际科技创新协同创新战略研究》(2018A070712039)、广东省自然科学基金面上项目《粤港澳大湾区城市群多中心空间网络结构的演进及测度研究》(2020A1515011229) 资助。

** 王方方，广东财经大学经济学院副教授；地址：(510320) 广东省广州市海珠区仑头路 21 号广东财经大学经济学院；E-mail：wff@ gdufe. edu. cn。李香桃，广东财经大学经济学院硕士研究生；E-mail：734006104@ qq. com。徐文燕，华南理工大学公共管理学院博士研究生；E-mail：694174494@ qq. com。

平的大湾区经济，在带动全球经济增长、引领全球科技创新和产业变革发展等方面发挥着举足轻重的作用。因此，如何科学规划、协调并有效管理城市群空间经济发展，已经成为区域经济和地理科学发展的主要环节和首要任务（王方方等，2019）。2019 年出台的《粤港澳大湾区发展规划纲要》，将粤港澳大湾区上升为国家发展战略，重点突出应如何更好融合对接粤港澳的体制机制与规则，这就需要充分发挥粤港澳各城市形成的基础设施网络、产业发展内外部网络、企业关联网络、政府关联网络等平台优势，从湾区城市群多级网络中挖掘区域发展红利，进一步形成以点带面、优势互补、高质量发展的区域经济新格局。

本文立足于粤港澳大湾区，利用社会网络分析法（SNA），从城市群结构与功能视角探讨粤港澳大湾区各城市在政府网络中的合作演化及具体定位。与现有学者研究的不同之处在于，本文统计各地市历年政府报告中相互提及的次数来衡量市级政府之间的联系与合作，同时为避免单一视角的局限性，又将各城市节点分别置于整体网络、局部网络、个体网络，从“宏观—中观—微观”三大视角对区域空间结构进行全方位、多角度、深层次探析，用定量的方法为各地市在政府网络中的定位提供借鉴依据。相对于以往研究，更能够为各级政府实施区域治理和经济体制改革提供复合立体的政策矩阵。

二、相关文献综述与研究假设提出

20 世纪 90 年代以来，诸多学者力求摆脱对传统隶属、支配、控制的等级关系的研究，转向对平等、共享、合作、互补的网络关系的探索。在此背景下，社会和复杂网络化分析逐渐进入城市群空间结构研究的视野。卡斯特尔（Castells，1989）提出“流空间”视角研究城市群空间结构，将城市间人才、贸易、信息等看成是连接城市节点的“流”，城市群则是一个通过人流、物流、技术流、信息流等方式进行物质交换的动态合作城市体系（王垚等，2017）。在区域一体化发展过程当中，单纯地以孤立、封闭的城市个体属性数据来评判城市在区域中的地位和竞争力，已经不利于城市空间结构的优化和城市发展战略的制定（吴康等，2015）。社会网络分析提供了这样一个途径，它不是将城市看成独立的个体进行分析，而是将城市看成是网络中的节点，去了解城市节点或城市群在城市网络中担任的角色、城市节点和群体的演化以及它们受网络中其他节点和群体影响的过程（Moniz et al.，2016），这样的网络视角更符合当今区域经济一体化和信息全球化背景下城市发展的特点。

近年来，也有学者逐渐从网络分析视角对湾区城市群各个层面进行关注，以期从全局视角识别城市群的空间网络结构特征。目前研究主要集中于交通基础设施、知识技术创新、经济商业企业等方面，较少涉足政府层面。覃成林和柴庆元（2018）通过社会网络分析法发现交通网络建设在促进大湾区内部联系网络化和形成均衡多级网络联系格局方面具有重要作用，李彦等（2018）对大湾区 2003 ~2015 年高铁网络数据进行分析也得到与之相似的结论。邱坚坚等（2019）基于信息流和交通流，从内外部两个维度对大湾区网络结构特征进行识别与分析。相对于交通基础设施，考察技术创新和企业合作网络地位和结构则更具微观价值。李文辉等（2019）借助社会网络分析法从城市、组织、个体创新协同网络 3 个维度，分析了粤港澳大湾区协同技术创新演化过程及机理。许培源和吴贵华（2019）运用科研合作研究数据分析大湾区知识创新网络结构空间演化及形成机制，并得出深圳将成为粤港澳乃至中国的科技创新中心的结论。王方方等（2019）运用中心性和结构洞等社会网络分析指标来分析大湾区各城市在企业经济网络中的具体定位。关于社会网络相关的制度问题的研究大多数都集中在公司层面，涉及私营或商业部门，但很少涉足基于政府层面的研究（Moniz et al.，2016）。

从国家宏观层面的改革与发展看，政府为交通基础设施、技术创新、企业经贸合作提供基础和支持，作为中介身份促进市场网络完善的机制建设（王方方，2017），在推动各种生产要素、资源流向各个城市节点，实现资源优化配置时起到关键作用，能够为保障市场机制顺利运行实施全方位的政治、经济与社会体制改革，为加快形成和优化其他区域经济网络提供强有力的政策支持。加上中国特色社会主义经济发展模式强调政府应发挥重要作用，政府行为研究不仅是我国社会学研究的一大重要领域，也是我国经济学研究不可忽略的一部分（周飞舟，2019）。于海峰和王方方（2019）研究发现政府作为政治与社会网络发挥作用的重要主体，在区域经济一体化发展过程中应发挥重要的网络化效应。因此，本文在粤港澳大湾区政府网络的宏观层面提出如下假设：

假设 H1：随着交通基础设施和企业经贸往来越来越呈现网络化趋势，政府将在引导商业竞合关系、区域协同发展方面充当重要的角色，并在实施公共服务和区域合作治理方面呈现显著的合作网络化特征。

区域协同一体化是各种资源要素在区域空间上集聚与分散相互作用的结果，它无疑是一个漫长的发展过程。当区域协同一体化发展达到一定程度时，伴随城市群网络化发展的内在作用机理，由于不同城市在网络中的控制力和影响力存在差异，加之区域经济发展的极化作用和网络幂级指数效应，短期内将呈现多中心城市空间结构的不平衡结果。巫细波和赖长强（2019）基于 POI 大数据分析，得出大湾区多中心、等级化的空间结构特征。许培源和吴贵华（2019）指出，粤港澳大湾区知识创新网络目前整体呈现“多中心、多节点、多子群”的格局。潘苏等（2019）通过分析大湾区先进生产性服务业网络，得出大湾区城市网络呈现“核心—半边缘—边缘”的层级结构。各地各级政府区域治理模式的差异，会影响区域经济发展结构的不平衡，造成城市群内部区域碎片化。而逐步强化由政府所推动的城市群协同合作的网络化效应，能够提高城市板块间的紧凑型和连接性。因此，本文在政府网络的中观层面提出如下假设：

假设 H2：政府区域协同网络化合作是一个长期演化的过程，短期局部会出现分化小团体状态，也会呈现明显的“核心—边缘”空间结构。

不同城市在政策规划方面各不相同，资本、劳动、技术等生产要素在城市间的流动也存在较大差异，因而在粤港澳大湾区政府网络中的角色定位也不一致。现实社会网络中各节点之间存在的冗余联系造就了网络异质性（Burt，1992）。粤港澳大湾区各城市之间的府际网络联系中也可能存在冗余，不同府际关联的城市政府网络内部必然存在差异性。较高的个体网络异质性说明政府联系分布不平衡，政府联系强度高的城市建立合作的可能性较大，而联系强度低的城市较少可能与具有不同比较优势的城市建立伙伴关系，这形成了城市在发展定位上的差异。然而，个体网络不是一成不变的，网络动态发展降低个体网络异质性，城市间政府联系强度差距减小，政府间合作意向逐渐增强。邱坚坚等（2019）利用流空间视角基于信息流和交通流数据分析大湾区空间网络结构，发现湾区内的城市节点功能价值各异，各层级网络组织动态有序，在一定程度上有顺着流空间层级梯度而作延展的趋向。因此，本文在政府网络的微观层面提出如下假设：

假设 H3：城市节点在粤港澳大湾区城市群空间网络中的角色和发展定位存在差异性。各城市政府间合作意愿加强，会加快各城市在宏观和中观网络中动态演化的进程，逐步缩小城市间的发展差距，最终城市群将从不平衡状态逐渐转化成相对平衡发展状态。

三、政府跨区协同合作网络演化的研究设计

（一）研究方法

社会网络是由作为节点的社会行动者及其间的关系构成的集合（刘军，2004），社会网络分析法则是以集合中行动者的关系矩阵作为分析基础的一种实证研究方法（沙勇忠，2018），通过对行动者之间的关系模型进行描述，分析模型所蕴含的结构及其对于行动者和整个群体的影响。在本文中，各市政府工作报告相互提及和被提及的关系构成社会网络。政府工作报告作为反

映城市之间合作倾向的正式书面载体，对其开展社会网络分析，一方面，能够窥探各市在政府关联网络中的地位差异及其定位的变化趋势；另一方面，可以在一定程度上反映它们在经济、文化等其他方面的联系和交流情况，对各市开展多层次合作提供重要的参考价值。

社会网络分析根据所获取到的各市政府工作报告的数据，构建粤港澳大湾区政府关联网络的邻接矩阵。其中，如果某市的政府工作报告中有提及对方城市，则对应的矩阵元素填入提及的次数，如未提及该矩阵元素则为 0。根据这样的统计方法，本文最终形成四个 11 ×11 的矩阵。由于提及关系和被提及关系是双向的，因此，这些矩阵都是非对称矩阵。

（二）研究设计及数据获取

由于政府工作报告作为各市级政府对特定年度内公共事务管理活动的总结与计划安排，是一份具有施政纲领性质的重要官方文件（张海柱，2016），其涉及政治、经济、文化、社会、生态等所有公共事务领域的政策安排（王洛忠等，2019），当然，也包括各城市之间相互合作的指示。因此，各市政府工作报告是其政策注意力分配的集中体现，能较科学地反映出政府对于城市合作的注意力配置。其次，词频统计对于文学研究及大数据的挖掘具有重要意义（丁帆和赵普光，2019）。因此，以各市政府工作报告互相提及频率为观测对象，作为政府间相互合作的意愿或趋势，并对此进行实证研究和轨迹勾勒，是有意义的尝试。

基于以上分析，本文以粤港澳大湾区 11 座城市（广州、深圳、佛山、肇庆、珠海、中山、江门、东莞、惠州、香港、澳门）作为研究的空间范围，时间范围取自 CEPA① 签订的 2003 年至《粤港澳大湾区发展规划纲要》发布的 2019 年。采用内容分析法，将 2003 ~ 2019 年各市人民政府发布的政府工作报告作为分析粤港澳大湾区政府关联网络文本材料的来源，统计了各年度粤港澳大湾区各市政府工作报告中相互提及的频次，选取期间特殊时间点截面数据，其中包括：2003 年（CEPA 签订）、2008 年（《珠江三角洲地区改革发展规划纲要》制定）、2015 年（“一带一路”顶层设计提出要“深化港澳台合作，打造粤港澳大湾区”）、2019 年（《粤港澳大湾区发展规划纲要》发布），构建粤港澳大湾区政府关联矩阵。

---

① CEPA：Closer Economic Partnership Arrangement，即《关于建立更紧密经贸关系的安排》，包括中央政府与香港特区政府签署的《内地与香港关于建立更紧密经贸关系的安排》、中央政府与澳门特区政府签署的《内地与澳门关于建立更紧密经贸关系的安排》。CEPA 是“一国两制”的成功实践，是内地与港澳制度性合作的新路径，是内地与港澳经贸交流与合作的重要里程碑，是我国家主体与香港、澳门单独关税区之间签署的自由贸易协议，也是内地第一个全面实施的自由贸易协议。

（三）政府合作三维网络演化的研究框架

1. 宏观层面演化——整体网络分析

宏观层面演化分析具有全局性特点，不仅能深入分析大湾区政府网络整体结构特征，比单纯分析属性数据更有价值，而且能突出表现大湾区城市群整体的优势与不足，更能体现城市群协同合作的意义。以下通过网络拓扑结构和网络密度值的变化呈现大湾区政府网络宏观层面演化。

（1）网络拓扑结构。

网络拓扑结构主要用来分析网络分布形态，测度网络内各城市节点之间联系交往程度与集聚程度（辛娜和袁红林，2019）。

（2）整体网络密度。

整体网络密度被定义为“网络实际联系数量”与“理论上最大联系数量”之比，用公式表达即为：$D_n = \frac{m}{n(n-1)}$，其中 m 为网络中实际联系数量，n 为网络中的节点数量。

2. 中观层面演化——局部群体分析

基于中观层面演化分析是对于目前城市群过于宏观与微观研究的一种补充和完善。在粤港澳大湾区中，“广佛肇”“深莞惠”“珠中江”等子群概念不断被提出并深化，这是区域合作一体化不断加深的结果。局部群体分析不仅为大湾区城市群内部结构调整和优化提供科学依据，更为全面强化大湾区城市群协同合作提供重要参考决策。以下通过凝聚子群分析和“核心—边缘”结构分析两种方法从不同角度全面具体地揭示大湾区政府网络中观层面演化。

（1）凝聚子群分析。

凝聚子群是具有相对较直接、较紧密、较频繁的积极关系的行动者子集合，用于刻画群体内部的子结构状态。子群内各城市节点的联系相对于子群外城市之间的联系较紧密。通过分析网络中的各大凝聚子群的内在结构和相互之间的联系，可以从中观层面的群体网络视角考察粤港澳大湾区政府关联网络的内在关系及演化过程。本文利用 Concor 迭代相关收敛法，将输入矩阵的行列进行循环迭代的相关系数计算，直到得到的相关系数值仅为 1 和 -1 两类，并对该矩阵进行重排分区，最终利用树形图表达各个位置之间的结构对等性程度，并标记出各个位置拥有的网络成员（刘军，2004）。

（2）核心—边缘结构分析。

现代世界体系理论提出的“核心—半边缘—边缘”结构继承并发展了经济地理学的“核心—边缘”理论，社会网络分析则为该理论结构的分析提供了具体的量化方法。社会网络分析法中的“核心—边缘”分析分为离散和连续两种，离散分析只把节点区分为核心和边缘两种，连续分析不仅将节点分为核心、半边缘、边缘三类，还可以通过比较核心度的大小判断节点在网络中的相对位置，因此本文采用连续“核心—边缘”模型方法，通过计算各个网络节点的核心度，并设定核心度范围对网络节点进行分类，从局部网络角度分析“核心—半边缘—边缘”结构的形成，探究网络结构的变化特征，并为各类节点的定位及发展提供有效的指引作用。与凝聚子群分析的不同之处在于：凝聚子群分析将各大子群置于相互之间没有突出差别的同等位置进行分析，其目的是为了揭示网络节点之间实际存在的或者潜在的关系；而“核心—边缘”结构分析同样基于局部网络角度，但是有所侧重地对网络节点进行划分，根据网络中结点之间联系的紧密程度，研究社会网络中哪些结点处于核心地位，哪些结点处于边缘位置。

3. 微观层面演化——个体特征分析

微观层面分析注意力更集中于单个节点的特征，从节点自身角度测度它的结构位置，明晰节点在网络中充当的角色，为各城市节点在大湾区政府网络中的具体定位提供不可或缺的量化指标。上文已从宏观、中观两大层面分析政府网络，为使研究更丰富、立体且全面，下面通过对城市节点中心性、结构洞分析，从微观个体层面解析粤港澳大湾区城市群政府网络的演化过程。

（1）节点中心性。

中心性表示网络中节点、“权力”的大小、影响能力及其他城市对其的依赖程度，是对单个节点权力的量化分析。为衡量粤港澳大湾区政府协同合作网络中各节点城市的地位和作用，本文选取了度数中心度、中间中心度、接近中心度、特征向量中心度等代表性指标（见表1）。

表1　　节点中心性所选指标含义及衡量标准

所选指标	计算方式	符号及含义	衡量标准
点度中心度	$C_e = C_{ei} + C_{e0}$ $C_{ei} = \frac{\sum_{j=1,j\neq i}^{n} l_{ji}}{n-1}$ $C_{e0} = \frac{\sum_{j=1,j\neq i}^{n} l_{ji}}{n-1}$	l_{ij}和l_{ji}分别表示网络中两节点i（j）和j（i）之间的联系强度，n表示网络中节点的数量	点度中心度通过网络中与某节点直接相连的其他节点的个数进行衡量，点度中心度越大则该节点在网络中控制的关系资源越多，越处于网络的中心地位
接近中心度	$C_{APi}^{-1} = \sum_{j=1}^{n} d_{ij}$	d_{ij}是点i和点j之间的捷径距离	接近中心度衡量节点与网络中其他所有节点的接近程度，较高的接近中心度表示节点具有较大的独立性

续表

所选指标	计算方式	符号及含义	衡量标准
中间中心度	$C_{ABi}=\sum_{j}^{n}\sum_{k}^{n}b_{jk}(i)$，$j\neq k\neq i$，并且 $j<k$	$b_{jk}(i)$ 表示 i 处于点 j 和点 k 之间捷径上的概率	中间中心度衡量的是该节点在多大程度上控制其他节点之间的联系。点的中间中心度高，意味着该点在很大程度上控制其他节点的交往，处于网络的核心地位
特征向量中心度	$EC(i)=x_i=c\sum_{j=1}^{n}a_{ij}x_j$	c 为一个比例常数，$x=[x_1, x_2, x_3, \cdots, x_n]^T$	特征向量中心度是对网络中节点影响能力的度量，节点的影响能力既取决于与其相连的节点的数量，也取决于与其相连的节点的"质量"，即节点的中心性取决于邻居节点们的中心性

（2）结构洞分析。

结构洞分析最早由美国的伯特（Ronald S. Burt，1992）提出，它代表由至少三个行动者之间关系构成的一种特殊结构，将非冗余的联系人进行连接。作为连接两个同质群体的桥梁，能够占据网络中的"信息利益"和"控制利益"，从而比网络中处于其他位置的成员更具竞争优势，因此，结构洞逐渐成为一种社会资本（刘军，2004）。

结构洞计算指标一般分为两类，一类是伯特的结构洞指数，另一类是中间中心度指数。本文具体参考伯特的结构洞指数对大湾区政府网络的个体网进行分析，伯特的结构洞指数要考虑四个指标（见表2）。

表2　　结构洞指数衡量指标

指标	计算方法	衡量标准
有效规模	$n-2t/n$，n 是节点的个体网规模，t 是节点不包括与中心点相连的关系数	有效规模即是网络中的非冗余因素。有效规模越大，说明该点在社会网络中的行动越自由，越不受限制
效率	节点的效率等于该节点的有效规模与实际规模的比值	效率越大，说明该点在社会网络中的行动越高效
限制度	$C_{ij}=(p_{ij}+\sum_{q}p_{iq}p_{qj})^2$，$(q\neq i, j)$，$p_{ij}$是节点 i 投入于节点 j 的关系比，$p_{iq}$是 i 投入于节点 q 的关系比，$p_{qj}$是节点 q 投入于节点 j 的关系比	节点受到的限制取决于与该节点相邻的节点的关系，衡量了该节点在自身个体网中拥有运用结构洞的能力

续表

指标	计算方法	衡量标准
等级度	$H=\frac{\sum_{j}\left(\frac{C_{ij}}{C/N}\right)\ln\left(\frac{C_{ij}}{C/N}\right)}{N\ln(N)}$，N 是点 i 的个体网规模，C/N 是各个点的限制度的均值，H 取值区间为［0，1］	等级度表示限制性在节点中的集中程度，等级度越高，说明该点越靠近网络的核心，其控制力也就越大

四、政府跨区合作演化的协同效应——以粤港澳大湾区为例

（一）粤港澳大湾区政府跨区合作网络的整体网络特征

1. 政府跨区合作网络演化的可视化分析

本文利用 Ucinet 软件自带的 NetDraw 绘图工具绘制网络拓扑结构图，如图 1 所示。在网络拓扑结构图中，各个节点代表相对应的城市，各节点间的有向线段代表着城市政府之间建立的联系，而线段的粗细则表示联系的相对紧密程度。

图 1 呈现的是 2003～2019 年粤港澳大湾区政府网络空间结构图。由图 1 可看出，在 2003～2019 年粤港澳大湾区没有一座城市孤立于政府关联网络之外，它们之间存在或多或少直接或间接的联系，两两城市建立的联系逐步增加，在图中表现为线段的数量逐渐增加，网络密集程度逐步提升，这在一定程度上可以验证假设 H1 成立。粤港澳大湾区四大中心城市“广深港澳”在政府关联网络中相互之间的联系并不突出，虽这一关系在 2019 年得到较大的提升，但仍存在较大的改善空间。中心城市对区域发展起到引领作用，加强区域中心城市之间的政府联系，有助于促进区域协同发展。政府关联网络呈现一种相对比较态势，其他节点联系的加强会削弱原先网络中的突出联系，网络中线条粗细程度对比揭示联系的相对水平以及联系变化的加速度，因此，对比可发现，2019 年政府关联网络不仅更密集，而且原先网络中联系较弱的关系对发展速度较快，整体网络呈现均衡发展态势。

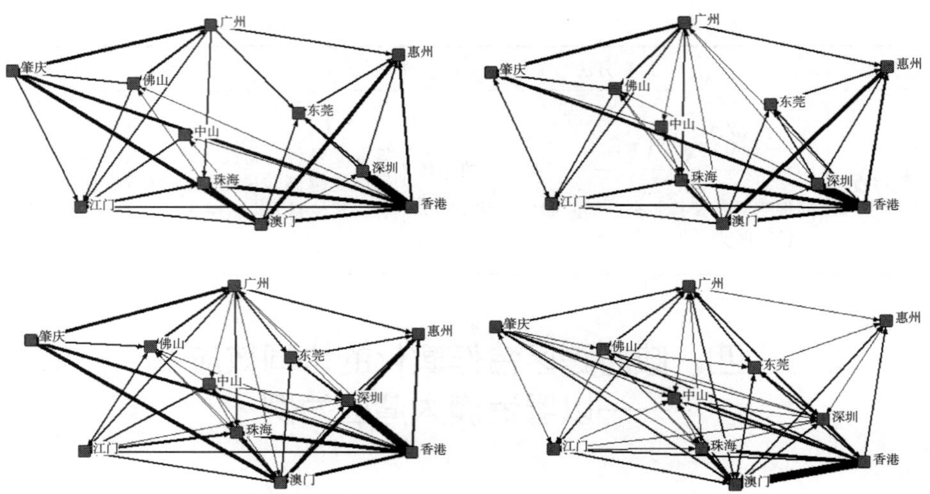

图 1　2003 年/2008 年/2015 年/2019 年粤港澳大湾区政府跨区合作网络的空间结构

2. 政府跨区合作网络密度分析

从表 3 可以看出，一方面，粤港澳大湾区政府关联网络整体网络密度逐年增加，从 2003 年的 0. 3273 上升到 2019 年的 0. 7156，涨幅高达 118. 64%，说明粤港澳大湾区各城市政府之间逐渐建立了联系，关系日益紧密。另一方面，网络密度的变化幅度也大幅增加，2008 年较上一时间节点网络密度上涨了 13. 89%，后面时间节点涨幅分别为 41. 46%、34. 48%。出口贸易是大湾区经济发展的重要支柱，金融危机爆发的 2008 年是大湾区经济发展的重要转折点，在此之前大湾区自上到下更注重与外部区域的连接，区域内部的相互联系较为疏散，在此之后，贸易受阻使大湾区各市逐步转变发展方式，更加注重与大湾区内部城市之间的联系，到粤港澳大湾区建设上升为国家战略后，协同发展目标的提出进一步促进了粤港澳大湾区政府之间联系的建立，自上而下带动经济、社会、文化等方面日益紧密的联系，这都体现在大湾区政府网络整体网络密度变化趋势上。

表 3　粤港澳大湾区政府跨区合作网络整体网络密度

年份	整体网络密度	连接数	变化幅度
2003	0. 3273	36	
2008	0. 3727	41	0. 1389
2015	0. 5273	58	0. 4146
2019	0. 7156	78	0. 3448

（二）粤港澳大湾区政府跨区合作网络的局部网络特征

1. 政府跨区合作网络的凝聚子群分析

如图2所示，从凝聚子群分析结果可看出：粤港澳大湾区政府关联网络凝聚子群的数量和结构随着时间推移而不断地变化，数量上由前面三个时间节点的四大子群演变成2019年的三大凝聚子群，而结构上的变化相对较小；其中，香港和澳门、广州和佛山形成的紧密联系较为稳定，深圳、东莞和惠州也始终处于同一子群，说明这些城市的政府基于互惠性基础之上相互选择的频次较多，城市间的联系强度具有明显的地理邻近特征，这与李文辉等（2019）分析大湾区技术创新协同网络所得结论一致；凝聚子群的数量和结构在2019年发生较大变化，随着大湾区发展建设，珠江东岸和珠江西岸的城市之间联系越来越紧密，由原来的两个凝聚子群逐渐融合成一个子群。

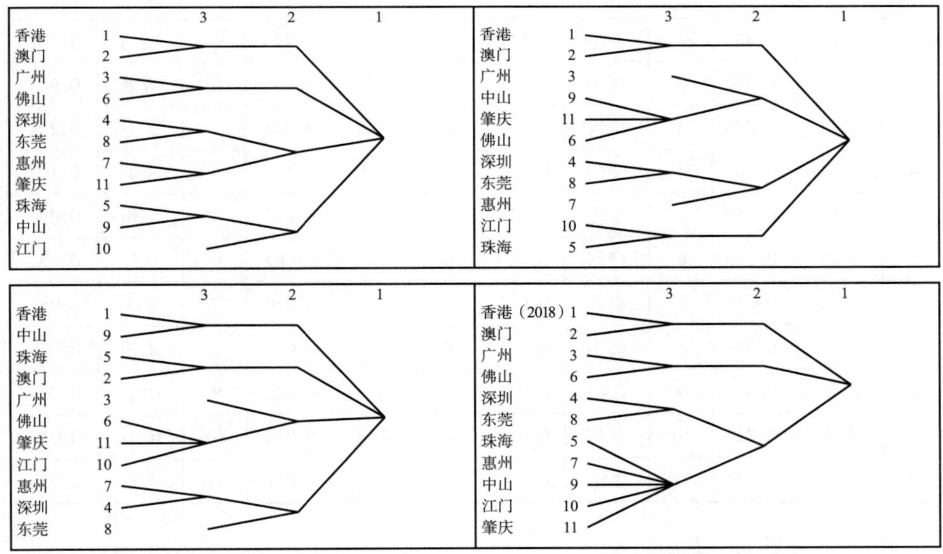

图2　2003年/2008年/2015年/2019年粤港澳大湾区政府跨区合作网络凝聚子群分析

2. 政府跨区合作网络的"核心—边缘"结构分析

根据数据矩阵进行"核心—边缘"分析，结合软件计算的核心度（如表4所示），将核心度在0.15以上的城市划分为核心城市，低于0.05的城市划分为边缘城市，0.05~0.15的城市划分为半边缘城市（邓光耀，2019；黄勤和刘素青，2017）。从表5中可看出：粤港澳大湾区政府网络呈现明显的"核心—边缘"空间结构，并且该结构在时间轴上不断演变，这说明了假设H2

成立。各年度核心、半边缘和边缘城市的数目并不一致，核心城市的数目从2003年的5个减少到后面年度的3个并保持稳定，半边缘城市数目则呈现增加趋势，边缘城市数目则先增加后减少，整体看来，粤港澳大湾区城市群呈现“两头小，中间大”的趋势，各城市间政府联系强度的增加使相互之间差距日益缩小，整体均衡发展。香港、澳门和珠海始终处于核心位置，这说明广东城市都纷纷倾向于与港澳建立联系，将自身城市的发展优势和港澳不同于内地的市场和制度优势结合来促进城市各方面发展，同时，港澳依托于珠三角与广东省乃至内陆各省份进行联系。广州和深圳作为粤港澳大湾区四大核心城市，核心度分布并不突出，应加强与大湾区内其他城市政府之间的联系，促进城市之间各方面合作和发展。佛山、肇庆、中山等常位于网络边缘的城市，应加强与核心城市的连接，避免被孤立于网络之外。

表4　　粤港澳大湾区政府跨区合作网络核心度分布

2003年			2008年			2015年			2019年		
1	香港	0.84	1	香港	0.857	1	澳门	0.748	1	澳门	0.737
2	深圳	0.382	2	深圳	0.451	2	珠海	0.535	2	香港	0.601
3	澳门	0.238	3	珠海	0.178	3	香港	0.346	3	珠海	0.224
4	珠海	0.18	4	澳门	0.123	4	中山	0.135	4	深圳	0.103
5	肇庆	0.157	5	东莞	0.071	5	佛山	0.068	5	广州	0.094
6	惠州	0.129	6	广州	0.066	6	深圳	0.065	6	江门	0.09
7	江门	0.088	7	惠州	0.043	7	江门	0.059	7	肇庆	0.081
8	东莞	0.08	8	佛山	0.037	8	广州	0.051	8	东莞	0.066
9	广州	0.045	9	江门	0.026	9	惠州	0.032	9	中山	0.063
10	佛山	0.034	10	肇庆	0.026	10	肇庆	0.018	10	佛山	0.045
11	中山	0.024	11	中山	0.009	11	东莞	0.011	11	惠州	0.036

表5　　粤港澳大湾区政府跨区合作网络“核心—半边缘—边缘”城市划分

年份	2003	2008	2015	2019
核心城市	香港、深圳、澳门、珠海、肇庆	香港、深圳、珠海	澳门、珠海、香港	澳门、香港、珠海
半边缘城市	惠州、江门、东莞	澳门、东莞、广州	中山、佛山、深圳、江门、广州	深圳、广州、江门、肇庆、东莞、中山
边缘城市	广州、佛山、中山	惠州、佛山、江门、肇庆、中山	惠州、肇庆、东莞	佛山、惠州

（三）粤港澳大湾区政府跨区合作网络的个体网特征

1. 政府跨区合作网络的中心性分析

从点度中心度分析的结果来看，粤港澳大湾区各市的点度中心度差距较为明显，大湾区四大中心城市的点度中心度在 2003 ~2019 年均呈上升态势，其中，香港和澳门的点度中心度一直位于大湾区的前两位，广州虽在 2003 年稍有落后，但在 2008 ~2019 年与香港、澳门并列第一，相比之下，深圳逐年变化幅度较大，从 2003 年大湾区倒数第二位一直攀升到 2019 年的首位，这与深圳经济发展速度相对应。中山、东莞、肇庆排名相对靠后，其点度中心度一直处于较低水平，存在被边缘化的风险。

从接近中心度的分析结果来看，粤港澳大湾区各市的接近中心度分布较为集中，同一年度层次相对明显。从时间变化趋势看，接近中心度的变化与点度中心度的变化相一致，到 2019 年，四大中心城市优势凸显，构成了大湾区明显的“核心—半边缘—边缘”结构。其中，惠州虽在四个时间节点的接近中心度保持不变，江门的接近中心度在 2008 ~2019 年间虽逐年上升，但是它们的排名却逐年下降，这说明了粤港澳大湾区政府网络是一个动态变化网络，网络中各城市节点的指标会受到相互之间的影响。

如图 3 所示，从中间中心度的分析结果来看，粤港澳大湾区城市的中间中心度差距呈逐年缩小的趋势，城市中间中心度差距缩小表明城市相互之间的控制程度逐渐减小，城市地位趋向平等，大湾区城市群存在平衡性演化的趋势。四大中心城市当中，香港的中间中心度逐年下降，且降幅最高，从 2003 年的 19. 148 下降到 2019 年的 4. 873，澳门和广州的中间中心度先上升后下降，深圳的中间中心度则逐年上升，最终四个城市在 2019 年的中间中心度均为 4. 873，并列第一。与中心城市相比，边缘城市情况不容乐观，仍有 6 个城市的中间中心度小于 1，其中惠州和中山仍为 0，它们处在大湾区政府网络的边缘，容易孤立于湾区其他城市之外。

从特征向量中心度的分析结果来看，粤港澳大湾区城市的特征向量中心度的差距在逐渐减小，无论是最大值还是最小值，都呈现逐年缩小的态势，此外，2003 ~2015 年特征向量中心度各梯队成员数值之间存在或多或少的差别，但是在 2019 年，形成了较为整齐的三大梯队，分别是以 48. 925 并列首位的四大中心城市、以 42. 775 位列第二梯队的珠海、江门、肇庆、佛山，剩下的城市则归属于第三梯队。四大中心城市强强相连，位于珠江西岸的珠海、江门通过与重要节点澳门的连接提升了自身的特征向量中心度，佛山、肇庆则利用靠近关键节点广州的优势而增强自身的影响力，相比而言，位于珠江东岸的东莞、惠州应牢牢抓住与中心城市深圳的连接，从而提升在网络中的影响力。

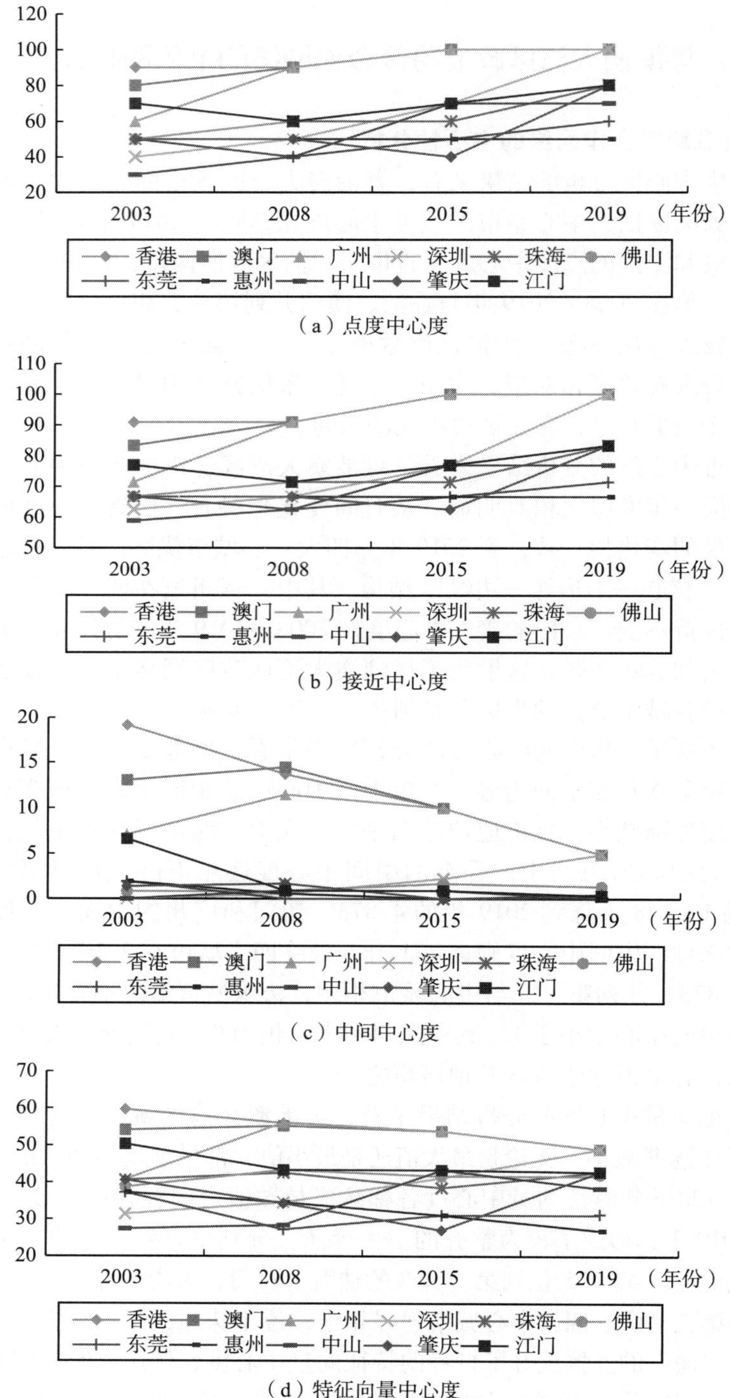

（a）点度中心度

（b）接近中心度

（c）中间中心度

（d）特征向量中心度

图 3　粤港澳大湾区政府跨区合作网络中心性演化

从以上分析均能发现，粤港澳大湾区各城市处于政府网络中的位置不一样，因而其发展定位各不相同，但都相同的一点是只有与网络中的其他节点紧密相连，才更有利于自身发展，正因为各政府在做决策时考虑到这一点，所有网络才会呈现逐步均衡态势，也验证了前文假设 H3 的合理性。

2. 政府跨区合作网络的结构洞分析

将 2003 ~ 2019 年的数据矩阵导入 Ucinet，利用伯特结构洞分析，得到结构洞分析结果。

从城市群二元约束分析结果（见表 6）可得：第一，大于 0.1 的值大部分位于对角线的下半部分，尤其是前两列，表明香港和澳门对于大湾区其他城市有着较大限制度，这个结论与王方方等（2019）通过企业网络所得的粤港澳大湾区空间结构的结果一致；第二，位于惠州、东莞、中山、江门、肇庆这几列的数值大于 0.1 的寥寥无几，但位于这几行的数值大于 0.1 的却很多，说明了这些城市对于大湾区内其他城市的影响力微乎其微，但它们受到其他城市的限制和约束却很大，这些城市的发展依赖于其他城市的辐射和溢出；第三，从数值上看，佛山和肇庆受到广州的限制程度较大，惠州和东莞受到深圳的限制程度较大，这从府际关系层面验证了“广佛肇”一体化、“深莞惠”一体化效应的凸显；第四，二元约束数值在时间上并没有呈现出逐年递增或递减的稳定趋势，这由于本文选择年度政府工作报告词频作为研究样本和研究数据，不具有累积效应，使得构建的政府网络在时间维度上不会呈现逐年递增的趋势。

表 7 展示了粤港澳大湾区政府网络的结构洞分析指标，从以上的分析结果可得出：大湾区四大中心城市中，香港、澳门、广州的有效规模和效率都位于粤港澳城市群的前三位，深圳的有效规模和效率基本呈现逐年上升的态势，表明香港、澳门和广州是控制和影响粤港澳大湾区政府网络发展的最重要的节点城市，近年来深圳崛起和原先网络冗余性导致香港、澳门和广州在有效规模和效率指标上虽居前列但呈现明显的下降趋势，粤港澳大湾区四大中心城市协同发展有待进一步发挥；限制度和有效规模呈现相反的变化趋势，惠州、东莞、中山、肇庆受到的限制较大，香港、澳门和广州受到的限制较小，前者在大湾区城市群中扮演的是“被影响人”的角色，后者在城市群中扮演“影响人”的角色；从等级度来看，大湾区 2003 ~ 2019 年整体等级度的均值在 0.3 左右，大湾区政府网络整体受到限制较小，发展潜力较大，但是等级度分布不均，惠州、东莞、中山这些边缘城市的发展受到核心城市限制较大，粤港澳大湾区平衡性发展有待进一步提升。

表 6　2003 年/2008 年/2015 年/2019 年粤港澳大湾区城市群节点二元约束情况

地区	香港	澳门	广州	深圳	珠海	佛山	惠州	东莞	中山	江门	肇庆
香港		0. 11/0. 06/0. 31/0. 4	0/0. 01/0. 01/0. 02	0. 15/0. 29/0. 03/0. 03	0. 04/0. 07/0. 2/0. 05	0/0/0. 02/0	0. 02/0. 01/0. 01/0	0. 01/0. 01/0/0. 01	0/0/0. 01/0. 01	0. 01/0/0. 01/0. 01	0. 03/0/0/0. 01
澳门	0. 22/0. 21/0. 17/0. 37		0/0. 01/0. 01/0. 02	0. 02/0. 07/0. 01/0. 02	0. 08/0. 32/0. 27/0. 07	0/0. 01/0. 01/0	0. 05/0. 01/0/0	0. 01/0. 01/0/0. 01	0/0/0. 03/0. 01	0. 03/0/0. 01/0. 01	0. 06/0/0/0. 01
广州	0/0. 02/0. 04/0. 18	0/0. 01/0. 06/0. 16		0/0. 01/0. 01/0. 03	0. 05/0. 03/0. 02/0. 01	0. 14/0. 3/0. 17/0. 04	0. 02/0/0/0	0. 02/0/0/0. 02	0/0/0. 01/0. 01	0. 09/0. 01/0. 02/0. 01	0. 15/0. 06/0. 09/0. 02
深圳	0. 72/0. 62/0. 21/0. 25	0. 08/0. 05/0. 18/0. 2	0/0. 01/0. 02/0. 03		0/0/0/0. 01	0/0/0/0	0. 05/0. 02/0. 05/0. 01	0. 03/0. 02/0. 06/0. 05	0/0/0. 04/0. 01	0/0/0. 01/0. 01	0/0/0/0. 01
珠海	0. 22/0. 16/0. 21/0. 41	0. 27/0. 23/0. 55/0. 56	0. 03/0. 05/0/0. 01/0. 24	0/0/0/0. 01		0. 02/0. 03/0. 01/0	0/0/0/0	0/0/0/0	0/0. 01/0. 03/0	0. 11/0. 01/0. 01/0. 01	0/0/0/0. 01
佛山	0. 05/0. 01/0. 09/0. 18	0/0. 01/0. 1/0. 15	0. 35/0. 68/0. 17/0. 24	0/0/0/0. 01	0. 06/0. 04/0. 05/0. 01		0/0/0/0	0/0/0/0. 01	0/0/0. 01/0	0. 08/0/0. 03/0. 01	0. 2/0. 07/0. 07/0. 03
惠州	0. 31/0. 33/0. 21/0. 41	0. 25/0. 05/0. 14/0. 35	0. 02/0. 05/0. 02/0. 05	0. 09/0. 29/0. 21/0. 1	0/0/0/0	0/0/0/0		0. 05/0. 08/0. 15/0. 03	0/0/0/0	0/0/0/0	0/0/0/0
东莞	0. 32/0. 45/0. 13/0. 3	0. 09/0. 06/0. 05/0. 23	0. 03/0/0. 03/0. 08	0. 17/0. 38/0. 31/0. 15	0/0/0/0	0/0/0/0. 01	0. 14/0. 09/0. 2/0. 01		0/0/0/0	0/0/0/0	0/0/0/0
中山	0. 29/0/0. 1/0. 29	0. 29/0. 25/0. 37/0. 32	0/0. 2/0. 01/0. 06	0/0/0. 03/0. 04	0/0. 45/0. 15/0. 02	0/0/0. 01/0	0/0/0/0	0/0/0/0		0. 48/0/0. 03/0. 01	0/0. 08/0/0. 01
江门	0. 1/0. 09/0. 09/0. 32	0. 11/0. 06/0. 18/0. 34	0. 05/0. 15/0. 05/0. 04	0/0/0. 02/0. 02	0. 15/0. 22/0. 1/0. 03	0. 03/0. 06/0. 07/0. 01	0/0/0/0	0/0/0/0	0. 02/0/0. 06/0. 01		0. 05/0. 08/0/0. 01
肇庆	0. 17/0. 02/0. 06/0. 31	0. 2/0/0. 07/0. 28	0. 1/0. 65/0. 43/0. 06	0/0/0/0. 03	0/0/0/0. 02	0. 05/0. 31/0. 35/0. 02	0/0/0/0	0/0/0/0	0/0/0/0. 01	0. 05/0. 03/0/0. 01	

表 7　2003 年/2008 年/2015 年/2019 年粤港澳大湾区政府跨区合作网络结构洞指标

衡量指标	年份	香港	澳门	广州	深圳	珠海	佛山	惠州	东莞	中山	江门	肇庆
有效规模	2003	6.881	6.072	4.967	1.680	3.490	2.963	3.278	3.345	1.800	4.733	3.038
	2008	7.277	6.540	7.757	2.613	5.066	4.064	3.317	2.448	2.733	4.358	2.468
	2015	6.805	7.312	7.768	4.666	3.103	5.003	3.249	3.654	4.172	4.926	2.632
	2019	5.589	5.795	6.819	5.826	2.615	4.693	2.392	3.322	3.395	3.741	3.894
效率	2003	0.765	0.759	0.828	0.420	0.698	0.593	0.656	0.669	0.600	0.676	0.608
	2008	0.809	0.727	0.862	0.523	0.844	0.677	0.663	0.612	0.683	0.726	0.494
	2015	0.681	0.731	0.777	0.667	0.517	0.715	0.650	0.731	0.596	0.704	0.658
	2019	0.559	0.580	0.682	0.583	0.327	0.587	0.478	0.554	0.485	0.468	0.487
限制度	2003	0.385	0.468	0.460	0.879	0.650	0.739	0.727	0.751	1.059	0.506	0.575
	2008	0.458	0.634	0.442	0.718	0.485	0.805	0.795	0.981	0.981	0.661	1.022
	2015	0.593	0.516	0.429	0.560	0.806	0.521	0.724	0.719	0.707	0.572	0.906
	2019	0.535	0.515	0.481	0.577	1.002	0.644	0.946	0.775	0.765	0.772	0.723
等级度	2003	0.278	0.261	0.152	0.527	0.214	0.169	0.217	0.125	0.028	0.093	0.095
	2008	0.462	0.443	0.488	0.641	0.298	0.651	0.184	0.198	0.113	0.074	0.461
	2015	0.467	0.487	0.250	0.206	0.522	0.125	0.090	0.159	0.313	0.090	0.210
	2019	0.547	0.546	0.284	0.372	0.579	0.288	0.234	0.238	0.314	0.396	0.359

五、结论与政策建议

近年来，学术界对于政府联系的分析多集中于单一视角的整体网络分析。本文以粤港澳大湾区 11 座城市为研究对象，运用社会网络分析法，基于 2003 ~ 2019 年政府工作报告相关数据，对大湾区政府关联网络进行“宏观—中观—微观”多角度、全方位、深层次剖析，得到以下结论：第一，总体层面上，粤港澳大湾区政府关联网络的整体网络密度逐年增加，网络呈现均衡发展态势，但“广深港澳”四大中心城市在网络中的联系并不突出。第二，群体层面上，香港和澳门、广州和佛山基于互惠性的基础构成联系较为紧密的凝聚子群，大湾区建设发展促进珠江东岸和西岸的城市逐渐融合成一个凝聚子群。在“核心—半边缘—边缘”结构上，粤港澳大湾区城市群呈现“两头小，中间大”的趋势，朝均衡方向发展，其中，港澳始终处于网络核心，广深虽也为湾区中心城市但其核心度并不突出。第三，个体层面上，粤港澳大湾区城市群中心度虽分布差距相对较大，层次分明，但呈现差距逐年缩小的态势，四大中心城市位居网络中心地位，其中深圳攀升速度凸显，边缘城市如中山、肇庆等仍旧面临被边缘化的风险。结构洞分析表明港澳对于大湾区其他城市发展有较大限制，“广佛肇”“深莞惠”一体化效应凸显，近年深圳的崛起和原先网络的冗余性使港澳和广州的有效规模等指标呈现下降趋势，“广深港澳”四大中心城市协同发展效应有待提高。

粤港澳大湾区城市群政府联系的最终目标就是实现区域协同发展，而为了实现这一目标，还需要在以下几个方面提升粤港澳大湾区城市群政府网络效应：第一，强化政府的信息引导作用，同时重视非正式网络的建设。为实现粤港澳大湾区城市群互联互通，不仅需要在文件形式上体现城市间的关联性，还应努力促成由政府领导小组、各地市政府部门、行业协会、社会团体共同形成专业共享、协同共进的政府关联网络，发挥政府对于各行各业的信息引导作用，以信息带动技术流、资金流、人才流、物资流在网络中的流动。同时要利用好以文化为代表的非正式网络的作用，加强大湾区多地人文价值链打造，形成文化融合网络，反过来促进正式网络的发展。第二，加强大湾区中心城市政府之间的深度联系，进一步促进城市群整体协同发展。广深港澳作为大湾区城市群的四大中心城市，在加深政府相互交流与合作中，可避免城市建设等方面的恶性竞争，造成资源浪费，对周边地区发展起到带头和带动作用，不断促进企业网络、城市网络紧密相连、相辅相成、相得益彰，最终形成协同高效的粤港澳大湾区网络体系。第三，发挥中心城市辐射作用的同时，更要重视边缘城市政府主动发挥大湾区整体和局部的网络效应，避免大湾区城市间发展失衡。中心城市从资源配置、政策偏向等方面着手，带动周围边缘城市发展，形成良好府际关系。边缘城市政府应主动与核心城市政府联结，主动承接核心城市产业转移，带动城市间基础设施建设，最终形成一个以政府联系网络为主导，基础设施网络为保障，企业产业网络为主体的粤港澳大湾区多元平衡性网络体系。

参考文献

1. 邓光耀：《全球价值链下中国增加值贸易的核算及网络特征研究》，载于《首都经济贸易大学学报》2019 年第 5 期。

2. 丁帆、赵普光：《历史的轨迹：中国现当代文学研究七十年的实证分析——以论题词词频的统计为中心》，载于《文艺研究》2019 年第 9 期。

3. 黄勤、刘素青：《成渝城市群经济网络结构及其优化研究》，载于《华东经济管理》2017 年第 8 期。

4. 李彦、王鹏、梁经伟：《高铁建设对粤港澳大湾区城市群空间经济关联的改变及影响分析》，载于《广东财经大学学报》2018 年第 3 期。

5. 李文辉、李青霞、丘芷君：《基于专利计量的粤港澳大湾区协同技术创新演化研究》，载于《统计研究》2019 年第 8 期。

6. 刘军：《社会网络分析导论》，社会科学文献出版社 2004 年版。

7. 潘苏、种照辉、覃成林：《基于先进生产性服务业的粤港澳大湾区城市网络演化及其影响因素》，载于《广东财经大学学报》2019 年第 1 期。

8. 覃成林、柴庆元：《交通网络建设与粤港澳大湾区一体化发展》，载于《中国软科学》2018 年第 7 期。

9. 邱坚坚、刘毅华、陈浩然、高枫：《流空间视角下的粤港澳大湾区空间网络格局——基于信息流与交通流的对比分析》，载于《经济地理》2019 年第 6 期。

10. 沙勇忠、苏有丽：《中国省级政府微博的社会网络分析》，载于《暨南学报（哲学社会科学版）》2018 年第 6 期。

11. 王方方：《政府中介、贸易网络与对外经济效应》，载于《制度经济学研究》2017 年第 1 期。

12. 王方方、杨焕焕、刘猛：《粤港澳大湾区空间经济结构与网络协同发展的实证》，载于《统计与决策》2019 年第 13 期。

13. 王垚、钮心毅、宋小冬：《“流空间”视角下区域空间结构研究进展》，载于《国际城市规划》2017 年第 6 期。

14. 王洛忠、陈宇、都梦蝶：《中央政府对信息化的注意力研究——基于 1997—2019 年国务院政府工作报告内容分析》，载于《理论探讨》2019 年第 5 期。

15. 巫细波、赖长强：《基于 POI 大数据的城市群功能空间结构特征研究——以粤港澳大湾区为例》，载于《城市观察》2019 年第 3 期。

16. 吴康、方创琳、赵渺希：《中国城市网络的空间组织及其复杂性结构特征》，载于《地理研究》2015 年第 4 期。

17. 辛娜、袁红林：《全球价值链嵌入与全球高端制造业网络地位：基于增加值贸易视角》，载于《改革》2019 年第 3 期。

18. 许培源、吴贵华：《粤港澳大湾区知识创新网络的空间演化——兼论深圳科技创新中心地位》，载于《中国软科学》2019 年第 5 期。

19. 于海峰、王方方：《构建新时代开放型经济网络体系》，载于《财贸经济》2019 年第 8 期。

20. 张海柱：《政府工作报告中的海洋政策演变——对 1954 - 2015 年国务院政府工作报告的内容分析》，载于《上海行政学院学报》2016 年第 3 期。

21. 周飞舟：《政府行为与中国社会发展——社会学的研究发现及范式演变》，载于《中国社会科学》2019 年第 3 期。

22. Burt R. S. , 1992, Structural Holes. Harvard University Press.

23. Castells M. , 1989, The Informational City: Information Technology,

Economic Restructuring and the Urban-regional Progress. Oxford U K & Cambridge USA：Blackwell，44（3）.

24. Nuno Moniz，Francisco Louçã，Márcia Oliveira，Renato Soeiro，2016，Empirical Analysis of the Portuguese Governments Social Network. Social Network Analysis and Mining，Vol. 6（1）.

Government Cooperation, Network Evolution and Cross-regional Synergy

—An Analysis Based on the Data of Guangdong – Hong Kong – Macao Greater Bay Area

Wang Fangfang Li Xiangtao Xu Wenyan

(Guangdong University of Finance&Economics, The Faculty of Economics, 510320)

Abstract: The network effect between governments can effectively guarantee the efficiency of market operation. Based on the multi-dimensional network measurement of the Guangdong – Hong Kong – Macao Greater Bay Area Government Work Report, it is found that the inter-city government collaboration network as a whole shows a tight and balanced evolution trend, but some areas still maintain a high degree of agglomeration and cooperation characteristics. The east and west sides of the Pearl River gradually merged into a cohesive sub-group. The integration effect of "Guangzhou Foshan Zhao" and "Shenzhen – Guangdong – Hui" is prominent. Hong Kong and Macao are still at the core of the network. The synergy of the central city government of "Guangzhou – Shenzhen – Hong Kong – Macao" needs to be improved. Therefore, the role of government information guidance and informal network construction in the coordinated development of urban agglomerations should be strengthened, and the radiation and driving effects of central cities should be strengthened.

Keywords: Government Cooperation Network Evolution Cross-regional Synergy Social Network Analysis

JEL Classification: A14 D85 H77

地方官员非党政职业经历与辖区医疗卫生支出

——基于2000~2015年省级面板数据的实证分析

张卫国　郑怡婧*

【摘　要】公共卫生和医疗服务体系建设是民生建设中的重要一环，然而长期以来我国对公共卫生领域的投入并不充裕。大量文献考察了其中的缘由，认为财政分权和官员“锦标赛”晋升体制是地方财政分配扭曲的重要原因，但是这一研究线索中有关官员自身的作用和影响尚未得到充分的论述，也少有研究注意到官员职业经历的重要性。本文基于2000~2015年间31个省份的省级正职党政官员及其辖区经济社会数据考察了官员的非党政职业经历对医疗卫生支出的影响。研究发现，官员的社会团体和学校经历与辖区医疗卫生支出负相关，但企业经历与医疗卫生支出正相关。该关联效应在东部省份和中西部省份之间以及在省长和省委书记之间存在差异。省长无论拥有社会团体、企业和学校中的何种经历，都有忽视医疗卫生投入的倾向，但有企业经历的省委书记则会加大辖区医疗卫生的投入。进一步研究发现，官员非党政职业经历对医疗卫生支出的影响与地方财政分权程度相互强化，但随着地方经济发展水平的提高而减弱。

【关键词】**省级官员　非党政职业经历　医疗卫生支出　财政分权**

中图分类号：**F812.7**　文献标识码：**A**

---

* 张卫国，山东大学经济研究院教授，博士生导师；地址：（250100）山东省济南市山大南路27号；E-mail：sduzwg@126.com；郑怡婧，山东大学经济研究院硕士生；地址：（250100）山东省济南市山大南路27号；E-mail：756398825@qq.com。

一、引　言

改革开放以来，中国经济取得了举世瞩目的成绩，实现了连续数十年的高速增长。然而，与经济领域的成就极不相称的是，我国政府对公共卫生领域的投入并不充裕，医疗卫生财政支出占比一直较低，成为民生建设中的短板，在突发疫情灾害面前极易造成公共卫生服务体系的应急响应能力不足。2020 年初突然爆发的全球流行病——新冠肺炎（COVID－19）疫情就给我国公共卫生服务带来了巨大挑战，也进一步引发了民众对医疗卫生服务体系和财政支出的广泛关注，一些相关问题值得研究、总结和反思。

医疗卫生具有较明显的公共物品性质，政府应该在公共卫生领域建设中承担更大的责任。关于这一问题，大量文献考察了可能影响我国地方财政对民生建设投入不足的因素。其中，从财政分权和官员政绩考核的角度来解释地方财政分配扭曲是一条重要的研究线索。其主要逻辑是：在财政分权体制下，地方官员拥有更多辖区财政资源分配的决策权，他们在现有的政治考核制度下会出于晋升的激励（王贤彬、徐现祥，2009），将有限的财政资源更多地投向建设周期短（贾智莲、卢洪友，2010）、可视性高的项目（吴敏、周黎安，2018），而轻视对于教育、医疗等难以在短期内对经济增长起直接作用的公共品投入（傅勇、张晏，2007）。从这个意义上讲，在地方公共卫生体系建设的过程中，官员的作用是不可忽视的。近些年来，也有学者开始研究官员个人特征（年龄、学历等）对地方财政分配行为的影响（王贤彬、张莉、徐现祥，2013），但是这一线索尚未得到充分的论述，更鲜有文献考察官员的职业经历会发挥怎样的作用。

事实上，在我国地区首长负责制下，省级正职党政官员对辖区财政资源分配具有很强的影响力，而职业经历（特别是非党政职业经历）作为一项重要的官员履历特征，一定程度上会影响官员的行为偏好和选择，那么它极有可能影响官员在任职期间对财政分配的决策，进而影响辖区医疗卫生支出状况。当然，这些是我们在以往文献基础上的一个判断，而与此同时，我们对地方官员个人特征影响财政支出机制的了解仍然不够充分，还有许多问题需要回答。

有鉴于此，本文从官员职业经历入手，利用 2000～2015 年间全国 31 个省份的省级正职党政官员及其辖区经济社会数据，研究了官员非党政职业经历对医疗卫生支出的影响。我们发现：官员的非党政职业经历在医疗卫生支出中发挥着重要作用。省级官员的企业经历对医疗卫生支出具有显著积极影响，而社会团体和学校经历对医疗卫生支出具有消极的影响。进一步研究发现，官员非党政职业经历对医疗卫生支出的影响在东部和中西部省份之间特别是在省长和省委书记之间存在差异。同时，该影响与地方财政分权程度相互强化，但随着地方经济发展水平提高而减弱。本文进一步验证了在财政分权体制之下地方官员对于辖区财政支出具有显著影响，研究结果有助于理解和把握地方财政分配中官员的行为模式，有助于增强人们对地方财政支出偏向及其原因的认识，可为完善我国现有的财政分配支出结构和解决医疗卫生支出问题提供参考，对于解决地方财政支出不平衡、促进公共卫生体系建设和健康发展具有重要意义。

本文余下结构安排如下：第二部分讨论了地方官员非党政职业经历影响医疗卫生支出的可能机制和途径，提出本文基本假设；第三部分介绍了本文研究所用数据的来源，介绍了主要变量和计量模型；第四部分分析了本文的实证结果，并对可能的影响机制也进行了实证验证；最后是本文结论和政策含义。

二、官员非党政职业经历与医疗卫生支出：理论假说

在我国官员的选拔和晋升中，并非所有官员都是从党政机关内部直接产生，党政领导也可以经由非党政机构的途径产生。《党政领导干部选拔任用工作条例》特别提及，要“注意从企业、高等学校、科研院所等单位以及社会组织中发现选拔”。此类工作背景可以称为官员的非党政职业经历。

关于官员非党政职业经历，此前研究较少，为数不多的几篇文献的关注点也主要落在它们和官员晋升的关系上。例如，吴芸（2012）分析了学校、企业、共青团和军队经历对党政干部晋升的影响，发现和其他经历相比，有军队经历的干部晋升速度较慢，可能的原因在于军队与党政机关在组织形式、文化及行为模式有很大不同，导致这类型干部在党政机关工作中“水土不服”；杜兴强、曾泉和吴洁雯（2012）构建了“官员”历练指数，研究发现省级官员的企业经历对于他们获得政治上的晋升有着积极作用。此外，也偶有研究发现官员的企业经历可以对辖区经济发展产生影响（张尔升，2010）。

在省级层面，省委书记、省长作为地区的党政首长，与辖区财政民生支出的安排息息相关。特别是在我国财政分权制度下，地方对辖区各项资源的分配权利加大，使得作为地方首长的省级正职党政官员可以在更大程度上影响到辖区的财政支出安排。那么，按上文所述，如果非党政职业经历对于官员的晋升会产生影响，它们很有可能会通过强化或抑制晋升中的激励和压力等影响官员对辖区医疗卫生等民生支出的分配。

除了晋升激励渠道是一种可能的影响途径之外，官员非党政职业经历本

身也是一种人力资本和社会资本，进而影响官员未来的行为方式。不同的非党政机构单位在组织形式、文化及行为模式上均存在着差异，其职业经历对官员的能力和经验是一种磨练，使他们拥有不同的专业知识和领导能力，这种人力资本构成在指导和安排辖区财政民生支出中发挥作用。同时，不同的非党政职业经历与医疗卫生财政支出的关联性也有所不同，一些经历可能使官员接触到具体的施政人群，其社会网络资本得以拓展，这帮助他们更好地了解基层群众的生活状况，有助于加强对政策实施科学性的理解，从而更好地为辖区人民制定和施行财政民生支出政策，而另一些经历可能不会产生此类效果。

另外，在首长负责制下，党政分工使得省长和省委书记对辖区工作的侧重点有所不同，有研究就曾发现，省长和省委书记都能影响财政支出（杨良松、庞保庆，2014）。不过，他们之间也存在着很大的异质性：第一，在非党政职业经历的分布上，省长和省委书记会由不同的结构组成。第二，省长作为省级行政首长，是政府财政支出政策的主要决策人，对辖区经济的关联性更强。而省委书记更侧重于政治领导，执行和传达中央所发布的各项决策，对经济上的把握也更倾向于全局性。因此，省长和省委书记对财政支出的影响理应会存在一定程度的差异。除此之外，很重要的一点是，虽然他们都面对着以经济增长为核心的绩效考核制度，但考核的强度和范围明显不同（王贤彬、张莉、徐现祥，2011），这意味着省长和省委书记在对中央政策的理解和执行上存在差别，特别是对于医疗卫生这种侧重民生的建设和投入，党、政领导的态度可能截然不同。

综合上述分析，本文提出如下基本假说。

假说1：省级官员非党政职业经历会对辖区医疗卫生支出产生影响；

假说2：不同的非党政职业经历会导致不同的医疗卫生支出状况，同时官员非党政职业经历对辖区医疗卫生支出的影响会在省长和省委书记之间存在着差异。

三、数据、变量及模型

（一）数据来源

本文样本是2000～2015年全国除香港、澳门、台湾以外31个省份的省委书记和省长以及辖区经济社会经济状况和医疗卫生支出数据。

辖区经济社会数据和医疗卫生支出数据主要来自国家统计局网站、历年

《中国统计年鉴》以及《中国财政年鉴》。

官员数据，即省委书记和省长个人数据主要来自“中国政治精英数据库”（Jiang，2018）、人民网和各省政府门户网站。

首先，我们对省委书记和省长的非党政职业经历进行定义和分类。本文中，官员非党政职业经历是指除中共中央、各级党委、人大常委会、政府、政协、纪委监委、法院、检察院等党政团体部门之外的从业经历。依据2019年最新修订的《党政领导选拔任用工作条例》并结合我国官员职业经历的现实情况，我们将非党政职业经历主要分为社会团体、企业和学校三大类，统计结果见表1。

表1　2000～2015年全国省级官员非党政职业经历

年份	合计	省委书记			省长		
		社会团体	企业	学校	社会团体	企业	学校
2000	42	6	13	2	6	14	1
2001	42	7	14	2	6	12	1
2002	39	6	14	2	6	11	0
2003	44	7	13	2	8	13	1
2004	47	7	15	2	10	11	2
2005	48	10	14	1	10	10	3
2006	48	11	13	1	10	9	4
2007	48	13	12	2	12	6	3
2008	50	10	13	2	18	5	2
2009	48	10	13	2	17	4	2
2010	48	13	13	1	15	4	2
2011	47	15	12	1	13	4	2
2012	48	18	10	2	11	4	3
2013	44	15	6	2	10	10	1
2014	44	15	6	2	10	10	1
2015	44	13	5	1	12	13	0
总计	697	180	187	39	171	150	40

注：不包括我国港澳台地区。

其次，我们设定了省级官员非党政职业经历的层次。本文仅分析官员在出任省级正职党政领导之前在三类非党政职业单位机构中的领导经历，即仅选取三类经历中担任相关负责人及其副职的数据。例如，在企业经历中，选取他们担任过党委书记、厂长、总经理和董事长及其副职的情况。这样处理主要是出于以下两点考虑：第一，省委书记和省长作为地方的首长，对于一个地区的社会经济和民生具有很强的影响力，和其他层次的官员相比需要具备更高的领导能力；第二，由于官员早年数据的采集难度较大，如果非党政职业经历从基层开始考察，可能更容易出现偏差。

此外，在官员职业经历的处理中，我们发现一类特殊的学校类型——中央和地方各级党校（行政学院）。根据《中国共产党党校（行政学院）工作条例》，“党校（行政学院）是党领导的培养党的领导干部的学校，是党委的重要部门”，它与传统学校在办学规模、方式、任务及目标等方面存在不同。因此，本文所设置的学校指标，仅包含官员在各类全日制普通教育和职业教育中的就职经历，不包含各级党校（行政学院）的相关从业经历。

（二）变量选取及模型设定

1. 变量选取

（1）因变量。

本文将各省市医疗卫生支出财政占比（HP）作为因变量，该指标使用各省份历年医疗卫生支出占该省财政支出的比例。衡量各地公共卫生状况的指标较多，如医疗卫生支出额等，但我们选择医疗卫生支出财政占比有如下原因：第一，医疗卫生支出比例可以更好地反映地区财政支出结构。省级官员是地方财政支出的主要决策者，医疗卫生支出比例可以比较直观地反映官员对于公共卫生的分配状况。第二，医疗卫生支出比例相比于医疗卫生支出额更能反映一个省份的公共卫生建设现状。自2000年开始，我国的经济总量和医疗卫生支出在从绝对量上都呈现了快速增长的态势，但医疗卫生支出比例却没有得到相同程度的增长[①]，长期滞后于经济增长速度。

（2）自变量。

如前分析所述，本文将关注的重点放在了省级官员非党政职业经历上。非党政单位机构是县级以上正职官员重要的选拔渠道和交流方向，官员通过非党政工作实践经历能够提升自身的管理能力和专业知识，从而对辖区经济社会的决策产生影响。本文对该指标设置虚拟变量，官员如果具有社会团体、企业或学校工作经历，非党政职业经历整体指标（EXP）取值1，否则取0。为考察具体职业经历的影响，我们还对社会团体（Association）、企业（Enterprise）和学校（School）经历分别设虚拟变量，有相应的经历取1，否则取0。

---

① 在本文考察的2000~2015年间，我国2015年财政支出占当年国内生产总值的25.53%，而民生密切相关的医疗卫生支出占当年财政支出的比例仅为7.07%，而这一数值在2000年为3.08%，仅提高不到4个百分点。

（3）控制变量。

控制变量分为两类，一类是除非党政职业经历之外的官员其他个人特征，另一类是各省市的经济社会指标。

官员的个人特征包括受教育水平、任期、中央任职背景、是否籍贯地任职、民族和党龄等，具体描述如下：

①受教育水平（EDU）。教育在一定程度上反映了官员的个人能力和专业素质，官员受教育水平越高，辖区民生支出投入也会得到相应提高（王贤彬、张莉、徐现祥，2013）。本文中受教育水平使用官员就职时已取得的最高学历表示。考虑到相当多一部分官员最高学历由工作后的在职学习得来，不宜换算成全日制受教育年限（因为虽然学历相同，但二者的学习方式、考核方式都不可同日而语），因此本文借鉴李克特量表法（likert scale）对于官员的受教育水平采用变量赋值法：本科以下为1，本科为2，硕士为3，博士为4。

②任期（Tenure）。任期的长短影响了官员在任期间所做各项政治决策的延续性。本文选取省委书记或是省长从上任开始到观测年份的在任时长，如果官员发生了职位变动，就重新计算。在现实中，官员的上任和离职很少是遵循完整的自然年度，因此在处理官员任期数据时使用当年中任期最长的省委书记和省长信息。如果在某一年中不同省级官员的任职都是半年时，由于考虑到官员制定政策往往具有滞后性，在此类情况下使用上半年任职的官员信息。

③中央背景（Central）。中央背景是官员工作经历的重要特征，省级官员具有中央背景往往可以获得更多信息来源，在争取地方资源分配上拥有更多的优势。如果省委书记和省长在就职地上任之前具有中央副局级以上的工作背景，就记作有中央背景，虚拟变量取1，否则取0。

④籍贯地任职（Township）。首先，官员在籍贯地就职可能会拥有更多信息获取的渠道，从而可以加深对辖区的了解，有利于官员对辖区的管辖。其次，家乡对于个人来说有着难以割舍的情感，籍贯地就职可能会激发官员投入家乡基础设施建设的热情，从而对辖区医疗卫生支出产生影响。该指标设虚拟变量，若官员在籍贯地就职为1，否则为0。

⑤民族（Ethnicity）。我国一直以来重视少数民族官员的选拔和任用，并在不同层次上都出台了有关制度来保障少数民族官员参与政治生活的权利。在《中国共产党章程》规定“重视培养、选拔少数民族干部”。在《党政领导干部选拔任用工作条例》中也提及“统筹做好培养选拔女干部、少数民族干部和党外干部工作”。因此，我们也控制了民族因素，若官员为少数民族，虚拟变量取1，否则取0。

⑥党龄（DL）。党龄是省级官员的重要特征。我们控制党龄而非年龄主要出于以下考虑：第一，官员党龄的长短和官员的年龄具有密切的联系。一

般来说，官员的党龄与官员的年龄成正比，即官员年龄越大，党龄也就越长。二者同时放入模型方程会出现共线性，影响估计结果；第二，党龄在一定程度上也与官员的政治素质有所联系，党龄越长的官员可能拥有更高的政治觉悟，更看重人民的需要，加强民生建设。因此，党龄更能反映出官员与医疗卫生等民生支出的关系。

除了官员个人特征，医疗卫生支出还受到地区社会经济因素的影响，借鉴同类研究的做法（王贤彬、张莉、徐现祥，2013；肖洁、龚六堂、张庆华，2015），本文控制了如下社会经济变量：

①地区经济发展水平（LnGDP），利用各省的 GDP 来刻画。各省 GDP 是地区财政收入的来源和基础，一般来说地方经济总量越大，地区财政收入也会越高。为了减少异方差的影响，本文在回归中将该指标取对数。

②中老年人口比（O65），即年龄高于 65 岁人口占总人口的比重。在现阶段我国人口老龄化的趋势下，医疗卫生支出的重要性更加突出。众所周知的是医疗卫生的服务群体具有特殊性，其分布与年龄层具有紧密联系。一般来说，一个地区中老年人口所占比例越多，则有更多的公共卫生需求。

③城市化（Urban）。城市化程度是各省份经济和社会发展的重要指标，一般来说，城市相比农村拥有更好的基础设施和公共服务。因此，各地区城市化建设与当地人民生活水平紧密相连，也影响了医疗卫生支出的分配。这里使用城镇人口占各省市总人口的比率来衡量。

④财政分权程度（FD）。虽然不同学者对财政分权是促进还是阻碍辖区民生支出仍有分歧，但普遍认为地方财政分权的具体情况会影响官员对政府财政支出的分配。因此，本文将财政分权指标纳入了控制变量。借鉴陈硕、高琳（2012）的做法，我们使用各省份本级收入和中央收入的比值来刻画该指标。

⑤人口增长率（RK）。地区的人口增长会影响该地的医疗卫生需求。一般情况下，人口增长越快，对公共卫生的需求也就越大。本文采用人口自然增长率作为辖区人口资源的指标。

2. 计量模型

根据上文研究设计，本文的基准计量模型设定如下：

$$HP_{it} = \alpha_0 + \alpha_1 EXP_{it} + \alpha_2 X_{it} + \varepsilon_{it}$$

其中，下标 $i(i=1, \cdots, 31)$ 和 $t(t=2000, \cdots, 2015)$ 分别代表第 i 个省份和第 t 年；HP_{it}为 i 省第 t 年的医疗支出占财政支出之比，EXP_{it}为省级官员非党政职业经历，具体又下分为社会团体、企业和学校，X_{it}为一系列控制变量（包括官员个人特征和地区经济社会特征因素），ε_{it}为误差项。

表 2 汇报了模型各变量指标的定义及赋值方法。

表 2　　变量指标的定义及说明

变量名称	变量符号	指标及赋值
因变量：		
医疗卫生支出占比	HP	各省市 t 年医疗卫生支出/财政支出
自变量：		
非党政职业经历	EXP	官员非党政职业背景虚拟变量，有 =1，否 =0
社会团体经历	Association	官员社会团体背景虚拟变量，有 =1，否 =0
企业经历	Enterprise	官员企业背景虚拟变量，有 =1，否 =0
学校经历	School	官员学校背景虚拟变量，有 =1，否 =0
控制变量：		
个人特征：		
受教育水平	EDU	官员受教育水平，借鉴李克特量表赋值法：本科以下为 1，本科为 2，硕士为 3，博士为 4
任期	Tenure	官员任职年份减去入职年份
中央背景	Central	官员中央背景虚拟变量，有中央背景为 1，否则为 0
籍贯地就职	Township	官员籍贯地任职虚拟变量，有籍贯地任职状况为 1，否则为 0
民族	Ethnicity	官员民族虚拟变量，少数民族为 1，否则为 0
党龄	DL	官员任职年份减去入党年份
辖区经济社会特征：		
经济发展水平	lnGDP	各省市 t 年 GDP 的对数值
中老年人口占比	O65	各省市 t 年 65 岁及以上的人口数/总人口数
城镇化率	Urban	各省市 t 年城镇人口数/总人口数
财政分权程度	FD	各省市 t 年财政收入/中央财政收入
人口增长率	RK	各省市 t 年人口自然增长率

四、实证结果

在具体的实证分析中，我们采用了控制地区和年度的双向固定效应模型。地区效应主要是针对我国各省份间存在的差异，控制不随时间变动的地区因素。同时，模型中也包含的一些变量存在明显的随时间变化趋势，显然对此也必须加以控制。对于年度虚拟变量的 F 检验也显示，我们有必要控制时间变量。

（一）非党政职业经历与医疗卫生支出

表3首先汇报了以非党政职业经历整体指标的回归结果。第（1）列为只放入自变量和官员其他个人特征后的回归结果；第（2）列是在控制官员个人特征基础上又加入了地方社会经济变量并控制了地区效应；第（3）列是最终的双向固定效应模型，即在第（2）列回归基础上对年份效应也进行了控制。

表3　省级官员非党政职业经历与医疗卫生支出

变量	(1)	(2)	(3)
EXP	-0.467** (0.195)	-0.255* (0.148)	-0.258** (0.117)
EDU	1.161*** (0.118)	-0.002 (0.110)	0.055 (0.087)
Central	-0.067 (0.145)	-0.045 (0.107)	0.141* (0.085)
Ethnicity	0.196 (0.241)	-0.079 (0.225)	-0.305* (0.180)
Tenure	-0.001 (0.044)	0.006 (0.032)	0.067** (0.027)
DL	0.137*** (0.017)	0.011 (0.014)	-0.014 (0.011)
Township	-0.623*** (0.161)	-0.085 (0.127)	-0.024 (0.101)
LnGDP		1.076*** (0.179)	-0.524 (0.464)
O65		-0.008 (0.034)	0.120*** (0.030)
Urban		0.085*** (0.019)	0.105*** (0.015)
FD		-0.025 (0.088)	-0.259*** (0.081)

续表

变量	(1)	(2)	(3)
RK		-0.005 (0.045)	-0.076** (0.037)
地区效应	NO	YES	YES
年度效应	NO	NO	YES
样本数	496	496	496
R^2	0.355	0.676	0.833

注：***、**、*分别代表0.01、0.05、0.1的显著性水平，括号内为稳健性标准差。

我们首先看官员个人特征的回归结果。在未控制地区效应和年度效应之前，官员的受教育水平和党龄与医疗卫生支出显著正相关，籍贯地任职与医疗卫生支出显著负相关，其他特征则不显著，但是当对地区效应进行控制时，所有个人特征变量回归系数统计上均不显著，然而采取双向固定效应模型对年度效应也进行了控制后，中央背景和任期的回归系数显著为正，民族的回归系数显著为负。这一结果说明官员对医疗卫生支出的影响很可能因地域变化而变化。为了谨慎起见，对此我们暂不轻易地下结论，后续我们会进一步考察。

接下来看各省经济社会因素与医疗卫生支出的关系。由第（3）列方程回归结果可知，中老年人口占比、城镇化率的回归系数显著为正，意味着它们与因变量呈正相关关系，这与我们之前的分析相符。显而易见，65岁以上中老年人口相比其他年龄段人口需要更多的医疗卫生服务，当前我国人口老龄化趋势日益明显，各省份的医疗卫生支出比例会随之增加。城镇化率显著为正的可能解释是，城镇地区往往比农村地区拥有更多的公共医疗卫生资源，对医疗卫生的重视程度也要高于农村地区，从而影响到官员对医疗卫生的配置。

有两个指标特别值得我们注意：辖区财政分权和经济发展水平。财政分权程度与医疗卫生支出显著负相关。这与张宏翔、张明宗、熊波（2014）以及余显财、朱美聪（2015）的研究基本一致。正如以往文献（王贤彬、徐现祥，2009；贾智莲、卢洪友，2010）所讨论的，其原因可能在于：在现有以经济为主的官员考核机制下，财政分权程度越大，官员越有可能将财政支出拨给对经济有直接刺激作用的、可视性高的财政支出项目，从而压缩了医疗卫生等民生支出的分配。

对于另一个指标——经济发展水平来说，各省GDP越大，地方财政收入也会越高，财政支出会随之相应地增加，理论上也应该包括医疗卫生支出。第（2）列的回归结果中经济发展水平的回归结果显著为正，似乎与此相符。

然而，在双向固定效应模型下，经济发展水平回归系数统计上不显著，意味着还没有充分的证据表明经济发展水平一定会对医疗卫生支出产生正向影响。这在一定程度上也解释了为什么我国医疗卫生财政支出比例一直与高速的经济增长并不同步。

最后看我们最为关心的自变量——非党政职业经历的估计结果。可以看到，各回归方程中非党政职业经历与医疗卫生支出显著负相关。在控制了所有变量以及地区效应和年度效应之后，非党政职业经历的回归系数为 -0.258，且在5%的统计水平上显著。这反映了现阶段我国官员非党政职业经历与辖区医疗卫生支出之间的一种关系。需要指出，虽然二者在总体上呈负相关关系，但非党政职业并非只有一种，那么官员具体职业经历不同可能会对医疗卫生支出产生不同的影响，有必要作进一步考察。

（二）具体职业经历的影响

在上文的变量描述和选取中，我们曾依据官员样本数据结构将非党政职业经历主要分为社会团体、企业和学校三种，这里我们对这三种具体经历分别进行了回归，以考察官员具体的非党政职业经历对医疗卫生支出的影响。表4第（1）~第（3）列汇报了其结果。

表4　　非党政具体职业经历对医疗卫生支出的影响

变量	(1)	(2)	(3)	(4)
Association	-0.286*** (0.082)			-0.250*** (0.083)
Enterprise		0.163* (0.087)		0.162* (0.088)
School			-0.173* (0.098)	-0.157* (0.091)
EDU	0.079 (0.086)	0.080 (0.088)	0.083 (0.088)	0.114 (0.088)
Central	0.210** (0.086)	0.144* (0.085)	0.135 (0.086)	0.181** (0.087)
Ethnicity	-0.251 (0.176)	-0.229 (0.178)	-0.270 (0.178)	-0.261 (0.176)
Tenure	0.061** (0.026)	0.063** (0.027)	0.065** (0.027)	0.058** (0.026)

续表

变量	(1)	(2)	(3)	(4)
DL	-0.014 (0.011)	-0.015 (0.011)	-0.019* (0.011)	-0.014 (0.011)
Township	-0.021 (0.100)	-0.022 (0.101)	-0.019 (0.101)	-0.031 (0.100)
LnGDP	-0.591 (0.460)	-0.494 (0.464)	-0.454 (0.466)	-0.508 (0.461)
O65	0.114*** (0.030)	0.122*** (0.030)	0.123*** (0.030)	0.116*** (0.030)
Urban	0.108*** (0.015)	0.114*** (0.015)	0.114*** (0.015)	0.111*** (0.015)
FD	-0.263*** (0.081)	-0.235*** (0.082)	-0.257*** (0.081)	-0.249*** (0.081)
RK	-0.067* (0.036)	-0.053 (0.036)	-0.066* (0.036)	-0.065* (0.036)
地区效应	YES	YES	YES	YES
年度效应	YES	YES	YES	YES
样本数	496	496	496	496
R^2	0.827	0.827	0.825	0.829

注：***、**、*分别代表0.01、0.05、0.1的显著性水平，括号内为稳健性标准差。

可以看出，不同的非党政职业经历的确会对医疗卫生支出产生不同的影响，其结果在符号和显著度上均存在的差异。总体上，官员的社会团体经历和学校经历显著为负，说明这两种职业经历会对辖区医疗卫生支出产生消极影响，这与表3的总体情况相同。但是我们看到，企业经历显著为正，说明官员具有企业经历是有助于辖区公共卫生体系建设的。

事实上，这一结果并没有超出我们的预期。一方面，在以经济考核为主要内容的“晋升锦标赛”（周黎安，2007）模式下，官员为获得政治晋升往往压缩医疗卫生等民生支出，将财政支出的重点侧重于基础设施以及其他短期内更容易促进经济增长的项目部门和领域；另一方面，正如吴敏、周黎安（2018）所发现，由于在官员考核中存在“可视性偏差”，也容易造成官员在公共资源分配中注重桥梁、道路等可视性高的公共物品建设，减少可视性差的公共物品的投入。而相比于那些可视性高的公共项目，医疗卫生体系建设周期长，可视性低，不容易直观地显示地区当年建设的成果。更重要的一点在于，我国的社会团体大都带有一些准官方性质。根据我国《社会团体登记管理条例》规定，成立社会团体必须经由业务主管部门的批准，而业务主管部门一般是指县级以上各级人民政府有关部门及其授权的组织，因此社会团体实际上附属在政府部门之下，甚至一些社会团体的工作任务、机构编制等都由中央机构编制管理部门直接确定，实行全额财政拨款。例如，中华全国总工会、共青团、全国妇联等社会团体虽然是非政府性的组织，但很大程度上也行使着部分政府职能。社会团体的早期经历使官员提前适应了政府部门的工作与考核方式，在这样的情形之下，我们就不难理解为什么在具有社会团体经历的省级官员任职期间，辖区医疗卫生支出会下降。

省级官员学校经历与医疗卫生支出也呈现负相关关系，但其逻辑可能与社会团体经历不同。一种可能的解释是：与其他经历的官员相比，虽然具有学校经历背景的官员会拥有更多教育类管理经验和专业技能，但是除非他们来自医科院校，否则其专业技能和公共医疗卫生的关联性不高。因此，从专业的角度上看，官员的学校经历很可能因为缺乏医疗卫生相关专业知识，不利于官员配置辖区公共卫生资源。另外，非常重要的一点是，在财政分权体制下不同的财政支出项目存在着竞争关系（Keen & Marchand，1997），官员的学校经历极有可能会促使他们出于职业经历的考虑而增加民生中的教育支出，从而造成医疗卫生支出比例的降低。

企业是国内经济活动的重要组成单位，同时也是医疗卫生保障中的重要一环。1998 年国务院发布的《国务院关于建立城镇职工基本医疗保险制度的决定》提出，城镇所有用人单位及其职工都要参加基本医疗保险，基本医疗保险费由用人单位和职工双方共同负担，用人单位缴费率应控制在职工工资总额的 6% 左右。因此，如果省级官员拥有企业职业经历，他们会更加了解医疗卫生支出的施政内容和人群，在主政期间很可能会对医疗卫生支出给予一定程度的政策倾斜。同时，企业经历的官员相比其他官员具有更多的财经领域知识和经验，对财政政策也更加熟悉，因此有企业经历的省级官员在发展地方经济方面可能更加得心应手，而不必要刻意地通过减少医疗卫生等民生支出来追求辖区 GDP 的增长。这也就解释了为什么官员的企业经历会与辖区医疗卫生支出正相关。

为了进一步检验其效应，我们在表 4 第（4）列中将三种职业经历同时放入方程进行回归，发现估计结果没有明显的变化，说明不同非党政职业经历对医疗卫生支出的影响及其效应差异是存在的。

（三）东部和中西部省份的比较

我国地域辽阔，不同区域之间在经济社会发展、自然资源状况等方面都存在巨大的差异。受其影响，不同省份或地区之间官员非党政职业经历与医疗卫生支出的关系可能也存在差异，有必要对此进行考察。根据我国行政和经济区域划分，本文将样本分为东部和中西部两个区域，重新进行了回归（见表5）。其中，东部地区包括北京、天津、河北、上海、江苏、浙江、福建、山东、广东和海南。

表5　　　　东部和中西部省份的比较

变量	东部			中西部		
	(1)	(2)	(3)	(4)	(5)	(6)
Association	-0.500*** (0.114)			-0.268*** (0.099)		
Enterprise		-0.186 (0.163)			0.196* (0.100)	
School			-0.033 (0.152)			-0.250** (0.119)
LnGDP	-1.621** (0.766)	-2.431*** (0.847)	-2.159*** (0.816)	-1.945*** (0.592)	-1.803*** (0.591)	-1.554*** (0.592)
O65	0.200*** (0.056)	0.227*** (0.061)	0.218*** (0.060)	0.045 (0.037)	0.058 (0.037)	0.052 (0.037)
Urban	0.123*** (0.022)	0.140*** (0.025)	0.131*** (0.024)	0.089*** (0.017)	0.097*** (0.017)	0.094*** (0.017)
FD	-0.439*** (0.090)	-0.390*** (0.095)	-0.382*** (0.096)	0.347** (0.154)	0.361** (0.156)	0.322** (0.154)
RK	-0.244*** (0.054)	-0.212*** (0.057)	-0.215*** (0.057)	0.104** (0.050)	0.116** (0.050)	0.098* (0.050)
官员个人特征	YES	YES	YES	YES	YES	YES
地区效应	YES	YES	YES	YES	YES	YES
年度效应	YES	YES	YES	YES	YES	YES
样本数	160	160	160	336	336	336
R^2	0.885	0.869	0.867	0.855	0.853	0.853

注：***、**、*分别代表0.01、0.05、0.1的显著性水平，括号内为稳健性标准差。

可以看出，官员非党政职业经历对医疗卫生支出的影响在东部和中西部地区之间存在着显著差异。第一，和全部样本的回归结果相比，东部地区的一个重要变化是企业经历回归系数由为正变负（虽然统计上并不显著）。此外，学校经历回归系数保持负值，但也不显著；第二，中西部地区样本回归结果与全部样本结果相比，符号和显著度没有明显变化，企业经历和学校经历回归系数的绝对值变大；第三，东部和中西部样本在地区社会经济因素的回归结果上也出现了一些不同。例如，中老年人口比例回归系数只在东部省份样本中显著，财政分权程度回归系数在东部样本中显著为负（在中西部样本中却显著为正）。人口增长率的情况与财政分权一致。

上述结果体现了省际差异的重要影响。在东部地区，各省份的GDP明显高于中西部地区省份，财政分权程度也相对要高，强化了非党政职业经历对医疗卫生支出的消极影响，这种负向的拉力之大，甚至抵消了一些积极的因素。企业经历的影响由正变负充分地说明了这一点；而在中西部地区，财政分权程度相对较弱，有些省份的财政支出甚至可能还要接受中央财政拨款，因此中西部省份的财政支出会尽可能地考虑医疗卫生等民生支出，这些因素会对官员侧重经济增长项目支出的偏好加以纠正。因此，有证据表明非党政职业经历会影响省级官员对辖区医疗卫生支出的决策，但同时该影响受到地方经济发展水平以及财政分权程度的制约。

（四）省长和省委书记的差异

上文所有模型中，我们并没有考虑省级官员的异质性，认为省长和省委书记在医疗卫生支出的决策中不存在差异，综合考察了他们在地方医疗卫生支出的作用。事实上，严格来讲，省委书记和省长分属党委和政府两个系统，虽然省长主管行政事务，但省委书记担负着辖区内的政治、经济、文化、社会等各项事业的全面领导，这也就是说地方行政事务重大问题必须先向党委请示报告，然后通过一系列程序把党的主张、决策转变成政府政令加以实施。此外，省长、省委书记等官员也是理性的经济人，这意味着不同的职业经历可能会影响省长和省委书记的个人选择偏好，进而影响他们的行为决策，本文对此也进行了考察。表6汇报了省长和省委书记职业经历对医疗卫生支出的影响。第（1）~第（3）列为省长的回归结果，第（4）~第（6）列为省委书记的回归结果。

从省长和省委书记的回归结果中我们发现了一些非常有趣的现象。首先，省长社会团体经历显著为负，学校经历虽然为负，但统计上不显著。值得注意的是，企业经历的回归系数由正变为负值。尽管它在统计上是不显著的，这也说明省长无论具有哪种职业经历都有轻视医疗卫生支出的倾向。其次，和省长相比，省委书记社会团体经历对医疗卫生支出负向影响的程度要低，但学校经历对医疗卫生支出的负向影响程度变大。除此之外，省委书记企业经历仍然保持着对医疗卫生支出的正向影响，这是二者最大的不同。可见，即使相同经历的省长和省委书记对辖区民生支出会产生不同的影响，说明他们对辖区工作事务的关注点不同，导致其决策行为以及对事务的处理存在着差异。

表6中省长和省委书记其他个人特征回归结果迥异也充分说明了这一点。第一，只有当省长具有中央背景时，辖区医疗卫生支出比例才会增多，而省委书记是否具有中央背景并不影响医疗卫生支出。第二，省长为少数民族时，辖区医疗卫生支出比例减少，但这一点在省委书记身上起不到效果。第三，任期长短并不影响省长的行为决策，而省委书记任期越长，辖区医疗卫生支出比例越大。上述一系列结果表明，省级财政医疗卫生支出与官员的身份和党政职务高度相关，并随其个人特征变化而变化。

表6　　省长和省委书记的差异

变量	省长			省委书记		
	(1)	(2)	(3)	(4)	(5)	(6)
Association	-0.169** (0.080)			-0.133* (0.078)		
Enterprise		-0.037 (0.093)			0.206** (0.087)	
School			-0.117 (0.199)			-0.452*** (0.163)
EDU	0.022 (0.063)	0.018 (0.063)	0.027 (0.065)	0.013 (0.055)	0.005 (0.054)	0.014 (0.054)
Central	0.183** (0.079)	0.192** (0.080)	0.183** (0.079)	0.058 (0.093)	0.016 (0.091)	-0.005 (0.092)
Ethnicity	-0.455* (0.247)	-0.491** (0.247)	-0.485* (0.248)	-0.071 (0.237)	0.023 (0.239)	-0.059 (0.235)
Tenure	0.004 (0.020)	0.007 (0.020)	0.007 (0.020)	0.047*** (0.017)	0.045** (0.017)	0.046*** (0.017)
DL	0.001 (0.007)	-0.000 (0.007)	-0.000 (0.007)	-0.006 (0.008)	-0.009 (0.008)	-0.010 (0.008)
Township	-0.158 (0.106)	-0.157 (0.107)	-0.165 (0.108)	0.133 (0.156)	0.099 (0.156)	0.067 (0.157)
辖区社会经济	YES	YES	YES	YES	YES	YES

续表

变量	省长			省委书记		
	(1)	(2)	(3)	(4)	(5)	(6)
地区效应	YES	YES	YES	YES	YES	YES
年度效应	YES	YES	YES	YES	YES	YES
样本数	496	496	496	496	496	496
R^2	0.828	0.827	0.827	0.824	0.825	0.827

注：*** 、** 、* 分别代表 0.01、0.05、0.1 的显著性水平，括号内为稳健性标准差。

（五）影响机制检验

本文理论假说部分分析指出，官员的非党政职业经历影响（阻碍或促进）医疗卫生支出的逻辑在于：在财政分权体制下，非党政职业经历可能会通过强化或抑制晋升激励等渠道影响官员对辖区医疗卫生等民生支出的分配。此外，面对晋升考核，省委书记和省长因分工不同所考核的内容、强度和范围会有所不同，各自的晋升压力也不同。这意味着，经济增长和财政分权在其中会起到关键性作用。那么，非党政职业经历是通过其中一种渠道对医疗卫生支出造成了影响，还是两者皆有？对这一问题的考察，有助于进一步理解官员财政分配行为模式，对于改善医疗卫生支出具有明显的政策含义。本文对官员非党政职业经历和经济增长、财政分权分别构造交叉项放入模型进行影响机制的检验。

考虑到省长和省委书记之间存在着异质性，表 7 的第（1）~第（4）列为省长的回归结果，第（5）~第（8）列为省委书记的回归结果。第（1）和第（5）列显示，总体考虑非党政职业经历时，其整体指标与经济增长的交互项显著为负，与财政分权的交互项显著为正，说明总体上非党政职业经历对医疗卫生的影响随着地方经济发展水平提高而减小，二者呈替代效应，同时该影响随财政分权程度的增加而增加，二者具有互补作用。

表 7 其他回归结果显示，在具体的非党政职业经历与经济增长和财政分权的交互作用上，省长和省委书记也存在着差异。对于省长而言，其社会团体经历与学校经历结果与上面总体结果基本一致；对于省委书记而言，企业经历结果与总体结果一致，但社会团体经历却截然相反，其影响随着地方经济发展水平提高而强化，随着财政分权度上升而减弱。省委书记学校经历虽然不显著，但也表现出与社会团体经历一致的趋势。上述结果从医疗卫生支出的影响机制层面再次印证了省长和省委书记在辖区事务决策问题上存在着差异。

表7　　影响机制检验：经济增长与财政分权

变量	省长				省委书记			
	(1)	(2)	(3)	(4)	(5)	(6)	(7)	(8)
EXP	1.372* (0.741)				1.234* (0.676)			
EXP × LnGDP	-0.217** (0.096)				-0.150* (0.083)			
EXP × FD	0.150*** (0.054)				0.024 (0.040)			
Association		1.716** (0.783)				-2.032** (0.797)		
Association × LnGDP		-0.212** (0.097)				0.244** (0.099)		
Association × FD		-0.001 (0.042)				-0.087** (0.041)		
Enterprise			-0.887 (0.814)				2.787*** (0.719)	
Enterprise × LnGDP			0.090 (0.103)				-0.357*** (0.094)	
Enterprise × FD			0.020 (0.044)				0.176*** (0.049)	
School				3.618 (2.425)				-1.902 (2.761)
School × LnGDP				-0.531* (0.304)				0.174 (0.329)
School × FD				0.272*** (0.102)				-0.033 (0.081)
样本数	496	496	496	496	496	496	496	496
R^2	0.818	0.832	0.831	0.830	0.817	0.813	0.818	0.812

注：***、**、*分别代表0.01、0.05、0.1的显著性水平，括号内为稳健性标准差。本表回归方程包含了全部控制变量并控制了地区效应和年度效应，其他回归系数在此省略。

五、结　论

本文利用2000～2015年间我国31个省份的面板数据对省级官员非党政职业经历和医疗卫生支出相互关系进行实证分析，并考察了回归结果的异质性和影响机制问题。我们发现：省级官员的非党政职业经历对于辖区医疗卫生支出具有不同程度的影响。官员社会团体经历和学校经历与医疗卫生支出负相关，而企业经历对医疗卫生支出具有显著的正向影响。这种关联效应具有明显的异质性，在东部省份和中西部省份之间特别是在省长和省委书记之间存在差异。具体来说，省长无论具有社会团体、企业和学校中的何种经历，都有忽视医疗卫生投入的倾向，但有企业经历的省委书记则会加大辖区医疗卫生的投入。本文结果部分支持了杨良松、庞保庆（2014）的研究——书记和省长都能影响财政支出，但是他们发现省长在基本建设支出、行政管理费等方面的作用更大，体现了“省长管钱”，而本文发现在对医疗卫生的投入和建设方面省委书记的作用似乎比省长更明显，具有企业经历的省委书记能够显著地增加辖区医疗卫生投入，表现出省委书记也能“管钱”的情况。

从研究线索上看，本文延续了财政分权、官员晋升考核体制与地方财政分配扭曲关系的研究，并深入研究了这一线索中官员个人特征对医疗卫生支出的影响，研究结果增强了人们对地方财政分配中官员自身作用的认识。在考察了官员非党政职业经历对医疗卫生支出影响及其异质性后，本文从经济增长和财政分权的角度进一步讨论了非党政职业经历的作用机制。我们发现，官员非党政职业经历对医疗卫生支出的影响与地方财政分权程度相互强化，但随着地方经济发展水平的提高而减弱，这为财政分权体制之下官员可以影响辖区财政支出提供了更直接的证据。

除此之外，本文结果还具有一定的政策含义：第一，需要监督、引导地方医疗卫生支出。虽然地方政府在医疗卫生支出中处于核心的地位，但是根据本文实证结果可以看出在财政分权和以经济考核为主的官员晋升体制下，省级官员具有挤压民生支出来发展经济的倾向。因此，中央政府要加强对于地方财政支出的监督和引导作用，减少官员短期行为，保障地方医疗卫生事业的稳定发展。第二，要完善干部选拔晋升考核机制。省级党政官员对于辖区各项政策具有重要的决定权，因此会影响辖区医疗卫生支出。对当前的干部晋升考核机制导致官员在任期内的经济状况越好，官员晋升的概率越大，这会促使地方官员为了寻求政治晋升，将财政更多地投入基础设施建设，刺激辖区经济发展，挤压了医疗卫生等民生支出的空间。本文的结果表明，对官员的绩效考核需要设计多元考核指标——既要坚持对于辖区经济发展质量进行考核，又要综合考察地区的民生工程建设情况，全面地对于官员任期中的各项成绩进行评价，这将有利于构建科学评估机制，减少官员忽视地方民生支出的行为。第三，拓宽党政官员选拔渠道。本文发现官员的非党政职业经历会对辖区医疗卫生支出产生影响，并且不同的非党政职业经历对于医疗卫生支出的影响不尽相同。其中，官员的企业从业经历对医疗卫生支出呈现显著的正效应。因此，从加强民生建设的角度，要拓宽官员选拔渠道，要注重选拔企业类型的领导干部进入官员队伍，特别是进入省委书记队伍，这对于促进地方公共卫生体系建设及可持续发展，以及促进财政支出合理化具有重要意义。

参考文献

1. 陈硕、高琳：《央地关系：财政分权的度量及作用机制再评估》，载于《管理世界》2012 年第 6 期。

2. 杜兴强、曾泉、吴洁雯：《官员历练、经济增长与政治擢升》，载于《金融研究》2012 年第 2 期。

3. 傅勇、张晏：《中国式分权与财政支出结构偏向：为增长而竞争的代价》，载于《管理世界》2007 年第 3 期。

4. 贾智莲、卢洪友：《财政分权与教育及民生类公共品供给的有效性》，载于《数量经济技术经济研究》2010 年第 6 期。

5. 王贤彬、徐现祥：《转型期的政治激励、财政分权与地方官员经济行为》，载于《南开经济研究》2009 年第 2 期。

6. 王贤彬、张莉、徐现祥：《辖区经济增长绩效与省长省委书记晋升》，载于《经济社会体制比较》2011 年第 1 期。

7. 王贤彬、张莉、徐现祥：《什么决定了地方财政的支出偏向》，载于《经济社会体制比较》2013 年第 6 期。

8. 吴敏、周黎安：《晋升激励与城市建设：公共物品可视性的视角》，载于《经济研究》2018 年第 12 期。

9. 吴芸：《影响县委书记和县长晋升速度的相关因素》，载于《东南学术》2012 年第 5 期。

10. 肖洁、龚六堂、张庆华：《市委书记市长变更、财政支出波动与时间不一致性》，载于《金融研究》2015 年第 6 期。

11. 杨良松、庞保庆：《省长管钱？——论省级领导对于地方财政支出的影响》，载于《公共行政评论》2014 年第 4 期。

12. 余显财、朱美聪：《财政分权与地方医疗供给水平——基于 1997 ~ 2011 年省级面板数据的分析》，载于《财经研究》2015 年第 9 期。

13. 张尔升：《地方官员的企业背景与经济增长——来自中国省委书记、

省长的证据》，载于《中国工业经济》2010 年第 3 期。

14. 张宏翔、张明宗、熊波：《财政分权、政府竞争和地方公共卫生投入》，载于《财政研究》2014 年第 8 期。

15. 周黎安：《中国地方官员的晋升锦标赛模式研究》，载于《经济研究》2007 年第 7 期。

16. Jiang, J., 2018, "Making Bureaucracy Work: Patronage Network, Performance Incentives, and Economic Development in China", *American Journal of Political Science*, Vol. 62, No. 4.

17. Keen, M., M. Marchand, 1997, "Fiscal Competition and the Pattern of Public Spending", *Journal of Public Economics*, Vol. 66, No. 1.

The Impact of Non-party-and-governmental Working Experience of Provincial Officials on Health Care Expenditures

—An Empirical Analysis Based on Provincial Panel Data from 2000 to 2015

Zhang Weiguo　Zheng Yijing

(Center for Economic Research, Shandong University 250100)

Abstract: The construction of public health care system is an important part of the construction of people's livelihood and an organic component of the construction of socialism with Chinese characteristics. For a long time, however, China's fiscal input in the field of public health care has not been sufficient. It used to be believed that the distortion of local fiscal distribution is largely due to the fiscal decentralization and the "tournament" promotion system for officials in China. But the role of officials themselves has not been fully discussed in this strand of research, and few studies have focused on the importance of official's working experience. Using 31 provincial data from 2000 to 2015, this paper examines the impact of provincial officials' non-party-and-governmental working experience (social groups, enterprises and schools) on health care expenditure. We find that officials' social group and school experiences are negatively associated with health care expenditure, while the enterprise experience is positively associated with that. There are considerable heterogeneity between the eastern provinces and the central and western provinces, especially between the governor and the Secretary of the provincial Party committee. No matter what experience the governor has in social groups, enterprises and schools, he tends to ignore the fiscal input in health care, but the secretary of the provincial party committee who has experience in enterprises will increase the fiscal input in health care. Further study shows that the impact of officials' non-party-and-governmental working experience on health care expenditure strengthens as the degree of local fiscal decentralization goes up, but weakens as the local economic development level increases.

Keywords: Provincial Officials　Non-party-and-governmental Working Experience　Health Care Expenditure　Fiscal Decentralization

JEL Classifications: H30　H51　H75

论刑事诉讼中程序公正与实体公正动态平衡的经济原理*

刘崔峰**

【摘　要】在刑事诉讼中，是应当坚持程序公正优先，还是实体公正优先，抑或是两者并重，这一理论争鸣旷日持久，莫衷一是。2018 年在北京召开的“动态平衡诉讼观：理论与实践”研讨会上，陈光中先生系统介绍了其“动态平衡”思想，提出“程序法与实体法相平衡”的观点。本文以陈先生的主张为基础，运用经济学的基本原理和古典分析方法，首先阐明了“程序公正与实体公正动态平衡”的经济运行原理，分析了“这两者为何需要平衡以及为何这种平衡是动态的”两个基本问题，而后进一步给出了“如何在两者之间进行动态平衡的一般化方法”，指出动态平衡的要义在于以实事求是为原则，综合比较“实体公正”和“程序公正”两方的边际司法公正效用，选择能带来更大边际司法公正效用增量的对象，动态调整到最优的“实体公正”与“程序公正”组合，以获得最大化的司法公正效用。

【关键词】**动态平衡　司法公正效用　边际递减律**

中图分类号：**F08**　文献标识码：**A**

一、理论争鸣：孰优孰劣

在刑事诉讼活动中，某一个具体的案件面临程序公正与实体公正的直接冲突时，如果选择严格遵守刑事诉讼程序，则可能导致实体公正的不能实现；如果选择实现实体公正，则又不得不要从某些方面违背程序公正才能达成。

* 本文受国家社会科学基金重点项目“中国司法的政治性及其边界研究”（17AFX003）的资助。

** 刘崔峰，湖南大学法学院博士研究生；地址：（610225）四川省成都市双流区西南民族大学航空港校区北区；E-mail：2432047992@ qq. com。

在这种直接矛盾的情况下，诉讼理论层面、司法实践层面都存在一个选择的问题：是选择程序公正优先，还是实体公正优先，抑或两者并重？这一问题的理论争鸣已旷日持久，莫衷一是。

（一）实体公正优先论：程序工具主义

所谓实体公正优先，是指将程序视为实现实体公正目标的手段和工具。程序公正为实体公正服务，不存在独立于实体公正之外的程序公正，离开了实体公正，程序正义就失去其存在的根据。这一将程序视为工具的理论又称程序工具主义。

在理论上首次且明确主张实体公正优先论的是功利主义学派创始人边沁（Gerald J. Postema）。在其经典著作中，边沁明确提出“程序法的唯一正当目的，则为最大限度地实现实体法”[①]。受制于他所生活的时代，边沁没有对程序的独立价值问题有所认识，其对法律程序的评价没能超越其所倡导的功利主义原则。程序工具主义强调程序法绝对服务于实体法的论调受到越来越多的质疑，在不断回应质疑的过程中，程序工具主义又演绎出了波斯纳（Richard A. Posner）大法官的“经济成本理论”和德沃金（Ronald Myles Dworkin）教授的“道德成本理论”。

20 世纪 70 年代，波斯纳大法官在美国《法律研究》杂志上发表了题为《法律程序与司法管理的经济学方法》一文，在文中系统提出了经济成本理论，认为“最大限度地减少法律实施过程中的经济耗费是评价和设计法律程序时所应考虑的重要价值”。波斯纳把诉讼活动中的经济成本分为直接成本和错误成本两类。直接成本是指花费在诉讼过程中的资源；错误成本是指由于法院做出错误裁判而导致的资源浪费。能否最大限度地降低上述两种经济成本的总和则是衡量法律程序是否优劣的标准[②]。

波斯纳大法官提出这一经济成本理论的问题在于：即便在诉讼活动中不讲求程序，很多时候也能实现实体公正，甚至有时候会更有利于实现实体公正。如果裁判并没有错误，那么也就不会发生所谓的错误成本。在这样的情况下，法律程序的意义就变质为如何降低直接成本——即如何运用法律程序来尽量节约司法活动的成本。法律程序沦为“省钱的工具”，不具备独立的价值，也无所谓“法律程序的正义性”问题。

20 世纪 80 年代，英国牛津大学法理学首席教授德沃金在其代表作

---

① Gerald J. Postema，1986，Bentham and The Common Law Tradition，Oxford：Oxford University Press.

② Richard A. Posner，1973，“An Economic Approach to Legal Procedure and Judicial Administration”，*The Journal of Legal Studies.*

《原则问题》一书中提出了道德成本理论。所谓道德成本，是指由于错误地惩罚无辜者所带来的非正义。道德成本的产生源于人的权利受到剥夺。德沃金教授在书中肯定了程序公正对于保护当事人诉讼权利的积极作用，认为在诉讼过程中公正对待当事人符合正义原则，当事人的诉讼权利只能通过程序公正予以保护，突破了程序工具主义的“纯粹工具”论断；然而道德成本理论并没有摆脱程序工具主义的范畴，它所指的公正，仅指一种体现在裁判结果中的实体公正，诉讼程序自身并不存在独立的公正性。正如德沃金教授自己所言：“离开实体权利，程序保障基本上是一种政策而不是原则问题。”①

从全球的司法实践来看，“重实体，轻程序”的司法传统源远流长。大陆法系国家可溯源至中世纪欧洲的纠问式诉讼，我国的这一传统就更为久远。在我国漫长的奴隶制时代和封建时代就无庸多言，即便到了近代，身为修法大臣、为晚清政府引进西方法律体系、被誉为中国近代法学奠基人的法学泰斗沈家本先生，在其奏折中认为实体法与程序法为“体与用”的关系：“窃维法律一道，因时制宜，大致以刑法为体，以诉讼法为用……②”及至20世纪90年代以前，我国诉讼法学理论界普遍都持程序工具主义观；直至20世纪90年代开始，以季卫东教授为代表的学者撰文介绍和探索程序公正理念后③，我国的诉讼法学界才开始重视研究程序法的独立价值。随着时间的推移，在保障人权的国际背景下，实体公正优先的论调已经越来越少见于我国诉讼法学理论界，程序的独立价值越来越受到理论研究的认可，学界产生了两种新观点——“程序公正优先论”④ 和“实体公正与程序公正并重论”⑤

---

① 陈瑞华：《走向综合性程序价值理论——贝勒斯程序正义理论述评》，载于《中国社会科学》1999年第6期。

② 《修订法律大臣沈家本等奏进呈诉讼律拟请先行试办折》，载于《大清法规大全·法律部》卷十一。转引自陈学权：《论刑事诉讼中实体公正与程序公正的并重》，载于《法学评论》2013年第4期。

③ 季卫东：《法律程序的意义——对中国法制建设的另一种思考》，载于《中国社会科学》1993年第1期。

④ 国内刑事诉讼理论界主张程序公正优先观点的以季卫东教授、谢佑平教授、万毅教授（以提出该主张的时间排序）为代表，相关论述可见季卫东：《法律程序的意义——对中国法制建设的另一种思考》，载于《中国社会科学》1993年第1期；谢佑平：《刑事司法程序的一般理论》，复旦大学出版社2003年版，第18、19页；万毅：《程序法与实体法关系考辨——兼论程序优先理论》，载于《政法论坛（中国政法大学学报）》2003年第6期。

⑤ 国内刑事诉讼理论界主张“实体公正与程序公正并重”的观点以何家弘教授、陈光中教授、陈学权教授（以提出该主张的时间排序）为代表，相关论述可见何家弘：《司法公正论》，载于《中国法学》1999年第2期；陈光中：《坚持程序公正与实体公正并重之我见——以刑事司法为视角》，载于《国家检察官学院学报》2007年第2期；陈学权：《论刑事诉讼中实体公正与程序公正的并重》，载于《法学评论》2013年第4期。其中，陈光中教授于2018年5月在“动态平衡诉讼观：理论与实践”研讨会上系统介绍了其动态平衡诉讼思想，摒弃了“并重”提法，代之以“平衡”的思想，提出“刑事实体法与刑事程序法相平衡”。

各占半壁江山，多年来双方争鸣不休，在学界的影响力也势均力敌。

（二）程序公正优先：程序本位主义

程序公正的观念发源于罗马法的“自然正义”理念，包含两条基本准则：“①任何人不得做自己案件的法官；②任何一方的诉词都要被听取”。英美法系在吸收罗马法“自然正义”理念的基础上发展出了“正当法律程序”理念，并在其司法活动中长期实践直至盛行，塑造了英美法系独有的诉讼历史传统及诉讼法律思想。随着正当法律程序理念的不断发展，演化出程序公正优先的观念，其具有两个层面的含义：一是认为“在诉讼活动中，只要程序是公正的，那么在实体上也就是公正的”；二是认为“如果程序公正与实体公正无法兼顾，必先择其一，那么程序公正应该优先得到保障”。国外有关程序公正优先理论的代表性人物当属萨默斯（Robert S. Summers）、马修（Jerry L. Mashaw）和贝勒斯（Michael D. Bayles）三位学者。

1974 年，美国康奈尔大学法理学教授罗伯特·萨默斯公开发表了题为《对法律程序的评价与改进——关于“程序价值”的陈辩》的论文，该文通过实证研究发现某些法律价值可以通过法律程序本身得到实现，与裁判结果的正确与否并无关联，由此首次在理论上明确提出了法律程序的独立价值理念，并从标准、作用等多个方面对程序独立价值展开了系统分析。此文的发表在理论界引起了强烈反响，萨默斯教授提出的这一理论被学界概之为“程序价值理论”①。

1981 年，美国耶鲁大学法学教授杰里·马修在《波士顿大学法律评论》上发表了题为《行政性正当程序：对尊严理论的探求》的论文。该文着重探索了美国宪法上的“正当法律程序”原则赖以存在的根基，马修教授在萨默斯教授“程序价值理论”的基础上，发展出了“尊严理论”（dignitary theory）。该理论的核心是“当事人参与诉讼活动，获得结果上的公正与获得过程上的公正是其双重愿望，两者都必须存在而且是各自完全独立的。因此，在诉讼活动中除了要关注实体公正外，还要在法律程序的设计和运作中能使当事人获得公正的对待，从而使其具有人的尊严，两者均不可偏废。获得公正对待这一目标必须通过法律程序本身才能得到实现，能否实现这一目标则是衡量一项法律程序是否公正的基本尺度，因此法律程序本身具有完全意义上的独立价值②。

---

① R. S. Summers, Evaluating and Improving Legal Process: A Plea for “Process Values”, Cornell law Review, Vol. 60, November 1974, No. 1, pp. 1 – 52.

② Jerry L. Mathaw, Administrative Due Process: The Quest for a Dignity Theory, Boston University Law Review, Vol. 61, 1981, pp. 885 – 931.

20世纪80年代末，美国佛罗里达州立大学哲学教授迈克尔·贝勒斯在全面总结英美学者多年来有关程序价值理论的研究成果的基础上，发展出一种新的综合性的程序正义理论。贝勒斯教授在其代表作《法律的原则——一个规范的分析》和《程序正义——向个人的分配》中对这一新理论进行了集中阐述。

与程序工具主义更关注如何发现实体公正、程序本位主义更关注如何体现程序独立价值不同，贝勒斯发展的这种综合性的程序正义理论，将内在目标同时聚焦于“发现事实真相”和“解决争端”两个方面。“裁判的概念本身就蕴涵着它所要实现的两个一般目的——解决争端和发现事实真相。”① 以此“双重目的论”为基准，贝勒斯接着提出了评价法律程序的三个标准。第一项评价法律程序的标准源自波斯纳，即能否最大限度减少诉讼活动的经济成本（直接成本+错误成本）；第二项评价法律程序的价值标准源自德沃金，即能否最大限度降低道德成本；第三项评价法律程序的价值标准由贝勒斯个人提出，即能否体现诉讼程序“内在价值”。贝勒斯所言的这一“内在价值”是指通过法律程序本身体现出来、独立于裁判结果正确性的价值，包括“参与性”“公平性”“及时性”“自愿性”“和平性”“终结性”等基本原则。

虽然经济成本、道德成本、内在价值三者同为评价法律程序的标准，但贝勒斯提出的“内在价值”与波斯纳提出的经济成本、德沃金提出的道德成本有本质上的区别。贝勒斯的法律程序“内在价值”的评价标准完全与裁判结果正确与否无关，只关注法律程序本身。正如贝勒斯教授所言：“人们可能会喜欢一种程序胜过另一种，即使它们需要同样的直接成本且在产生理想结果方面同样有效，甚至即使它们可能支出同样的错误成本。”②

20世纪90年代以来，程序独立价值在我国诉讼法学界得到了深入的研究和长足的发展。关于程序公正为何优先，当前我国诉讼理论界的普遍认识是：“案件事实的复杂性、可塑性以及法律适用的不确定性，决定了实体公正内涵的不确定性，程序本身的自治性、形式性、刚性和安定性能够最大限度地保证程序公正内涵的确定性。在实体公正与程序公正发生冲突而难以兼顾的情形下，坚持程序优先，是唯一现实、可行的价值选择方案。”③

（三）两者并重论：兼顾程序公正与实体公正

两者并重论认为：程序公正与实体公正都是司法活动追求的目标，二者

①② 陈瑞华：《走向综合性程序价值理论——贝勒斯程序正义理论述评》，载于《中国社会科学》1999年第6期。

③ 万毅：《程序法与实体法关系考辨——兼论程序优先理论》，载于《政法论坛（中国政法大学学报）》2003年第6期。

同等重要，不存在谁优于谁的问题；当两者发生冲突时，不能一概而论，应当视具体情况而定。这一主张主要是基于对两种公正的关系的探讨，学界普遍认为："一方面，程序法对实体法的实施起着保障作用，这是其工具性价值；另一方面，程序法相对于实体法也具有某种独立性……程序公正与实体公正具有内在的一致性，但同时程序公正相对于实体公正又具有独立性。"①

国内外的诉讼理论界持"实体公正与程序公正并重"观点的亦不在少数。比如英国当代著名政治哲学家、牛津大学教授米勒（David Miller）在其代表作《社会正义原则》一书中提到："当程序正义和结果正义冲突时，只是一个判断问题，并没有什么理由必须在两种公平之间做出孤注一掷的选择。"② 德国慕尼黑大学著名法学教授克劳思·罗科信（Claus Roxin）认为："刑事诉讼程序中司法程序之合法与否，被视为与对有罪之被告、有罪之判决及法和平之恢复，具有同等之重要性。"③ 日本著名法学教授兼子一、竹下守夫在其合著著作中指出："实体法与形式法如同一辆车的两个轮子，对诉讼都起作用，它们之间不可能存在主从关系。"④

我国诉讼理论界关于两者并重论的主张普遍认为："在现代法治国家，实体法和程序法既各自独立又相互依存，二者共同构成统一的法制体系，不能有主次、轻重之分。"⑤ "坚持实体公正与程序公正并重，既是诉讼规律的客观要求，也符合我国当前的国情。"⑥

（四）质疑与批评

在20世纪七八十年代，程序工具主义理论在波斯纳和德沃金两位教授的贡献下取得新发展的同时，程序本位主义理论也于同一时段在萨默斯、马修和贝勒斯三位教授的贡献下取得了新突破。作为程序工具主义理论的相反面，程序本位主义理论的新突破本身就意味着对程序工具主义的否定。

另外，谷口平安教授在《程序的正义与诉讼》一书中从历史传统和诉讼过程的双重角度深刻地批判了实体公正优先论。首先，谷口平安教授在考察了罗马法的诉权制度和早期英国法的令状制度后，认为实体法的形成要晚于程序法，提出"程序法是实体法之母"⑦ 的论断。其次，谷口教授指出，从

---

① 万毅：《程序法与实体法关系考辨——兼论程序优先理论》，载于《政法论坛（中国政法大学学报）》2003年第6期。

② 戴维·米勒：《社会正义原则》，江苏人民出版社2005年版，第140页。

③ 克劳思·罗科信：《刑事诉讼法》，法律出版社2003年版，第5页。

④ 兼子一、竹下守夫：《民事诉讼法》，法律出版社2005年版，第8页。

⑤ 田平安等：《程序正义初论》，载于《现代法学》1998年第2期。

⑥ 陈学权：《论刑事诉讼中实体公正与程序公正的并重》，载于《法学评论》2013年第4期。

⑦ ［日］谷口平安：《程序的正义与诉讼》，中国政法大学出版社1996年版。

诉讼过程上看，实体公正优先论“预设的前提是实体法本身是完美无缺的……程序仅仅是以判决的方式产生出其结果来的机械性过程……然而实体法完美无缺的假定是不成立的。实体法要由经程序法规定的法律过程来实现……实体法上所规定的权利义务如果不经过具体的判决就只不过是一种主张或权利义务的假象。”①

在这些深刻的质疑与系统的批判之下，实体公正优先论在国内外的诉讼理论界几近消失。在正当法律程序理念传统的英美法系国家自不待言，在程序工具主义曾经盛行的大陆法系国家和中国，这一理论主张也已近销声匿迹。在保障人权的国际背景下，再主张实体公正优先不仅在理论上难以站立，更是涉及人权这一国际政治话题。

目前活跃在我国诉讼法学理论界的是“程序公正优先论”和“两者并重论”这两种不同的观点。近30年来，这两种观点一直在激烈交锋，雌雄难分，在学界的影响力也势均力敌。在理论争鸣的过程中，许多学者站在自己的学术立场，对另一观点进行过质疑和批评。

对于程序公正优先论，国内有学者从四个方面进行了的质疑与批判，其认为：①诉讼中“只要程序公正实体就会公正”的论断不能成立；②“实体公正具有不确定性、程序公正具有确定性”的论断不能成立；③“救济先于权利”“诉讼法是实体法之母”并不能得出程序公正优先论；④刑事诉讼中并不存在纯粹的程序之独立价值。②

对于两者并重论，国内有学者提出：“程序法和实体法同等重要、实质正义和程序正义应当兼顾的观点，既不能说明程序法的独立价值问题，也不能解决立法和司法实践中如何尊重和保障程序法的独立价值问题。”③ 有学者指出：“在两者发生分离、产生直接冲突的情况下，实体公正内涵不确定性的弊端，就充分暴露出来。在这种情况下，如果仍然放弃现实的程序公正的目标，而致力于虚无缥缈的实体公正的实现，不但是资源的浪费，而且会导致司法裁判的结果面临来自当事人以及社会公众的正当性质疑。”④ 还有学者从认识论的角度认为两者并重论“不过是一个似是而非的论点，主张实体公正与程序公正可以兼容是一个认识论上的误区。”⑤ 另有学者进一步指出“实

---

① ［日］谷口平安：《程序的正义与诉讼》，中国政法大学出版社1996年版。

② 陈学权：《论刑事诉讼中实体公正与程序公正的并重》，载于《法学评论》2013年第4期。

③ 王敏远：《程序正义与实质正义关系辨析》，http://www.iolaw.org.cn/showArticle.aspx?id=434，中国法学网。访问时间：2020年7月1日。

④ 万毅：《程序法与实体法关系考辨——兼论程序优先理论》，载于《政法论坛（中国政法大学学报）》2003年第6期。

⑤ 杨松才等：《人权保障理念下的程序正义——以“以并重论”为视角》，载于《江汉论坛》2008年第8期。

体正义与程序正义并重的论点陷入了二元正义的误区。”①

二、理论突破：一种新的破题思路

对于学界提出的上述有关质疑与批评，两者并重理论并没有做出有力的回应；面对“当实体公正与程序公正产生冲突时，到底应当谁优先？以何标准抉择？”这一经典质疑时，并重理论无法给出令人信服的答案，只能用“视具体情况而定”“具体问题具体分析”等说法予以笼统回应。并重理论对于质疑与批评给予有力回应，不可谓不想，而在于不能。究其原因，在于并重理论自身无法清晰的回答“并重的具体内涵”以及“并重的科学方法”这两个基本问题。

正如有学者所指出的：“如果不对实体法和程序法同等重要、实质正义和程序正义应当兼顾的观点予以具体分析，那么，程序法的独立价值和程序法与实体法的同等重要地位就不可能实现。”②“科学回答在刑事司法实践中如何实现实体公正与程序公正的并重，显得尤为迫切。”③

2018 年 5 月，“动态平衡诉讼观：理论与实践”研讨会在北京召开，陈光中教授系统介绍了其动态平衡诉讼思想，提出“刑事实体法与刑事程序法相平衡”④。陈先生的动态平衡诉讼观是对并重理论的进一步发展，摒弃了“并重”的提法，改之以“平衡”的思想，并在方法论上提出了“动态”的设想。这一动态平衡思想，迥异于两者并重的观点。两者并重的观点虽然提出了要兼顾程序公正与实体公正，但我们不能认为它就是一种平衡的思想。首先，从字面意义上看，它提出的是并重，而非平衡。也许两者并重论的深层含义是想表达通过并重来达到平衡的意思，但是从字面上它没有直接提出平衡的思想，没有直接指明并重的最终目的是为了平衡。其次，从实质意义上，程序公正与实体公正的并重，并不必然能达到平衡的效果。正确的并重能产生平衡的结果，但错误的并重只会让正义女神的天平进一步失衡。关于如何并重，其实两者并重论没有具体的科学方法，它在方法上无法判断正义女神天平的两端，哪一端高？哪一端低？故而也就无法去回应如何并重。它只能用“视具体情况而定”“具体问题具体分析”这样模糊的话语来阐述观点、回应质疑。

---

① 张永泉：《“二元正义”的误区及反思》，载于《江苏社会科学》2012 年第 4 期。

② 王敏远：《程序正义与实质正义关系辨析》，http：//www. iolaw. org. cn/showArticle. aspx？id = 434，中国法学网。访问时间：2020 年 7 月 1 日。

③ 陈学权：《论刑事诉讼中实体公正与程序公正的并重》，载于《法学评论》2013 年第 4 期。

④ 陈光中：《动态平衡诉讼观之我见》，载于《中国检察官》总第 295 期。

与两者并重论“想动但不知道怎么动”不同，程序公正优先论抑或实体公正优先论都属于一种静态的理论：讲的是谁优先，而非平衡。它们要求司法机关在诉讼活动中，面对千差万别的具体案件，不考虑其实际情况，不以实事求是为出发点，而是必须要首先做出价值选择——程序公正优先或实体公正优先。

三、方法应用：一种法经济学分析范式

本文在陈先生主张的基础之上，运用经济学的基本原理和古典分析方法，首先阐明在“程序公正”与“实体公正”之间，为什么需要平衡？为什么这种平衡是动态的？而后进一步给出“如何在两者之间进行动态平衡的一般化方法”。

（一）基本概念：司法公正效用、理性司法偏好和无差异曲线（簇）

为了用经济学原理来阐明在刑事诉讼中程序公正与实体公正动态平衡理论，我们首先需要阐述几个基本的经济学概念，然后在基本概念的基础上，通过演绎逻辑来探讨动态平衡的经济原理以及动态平衡的一般化方法。

1. 司法公正效用

所谓的效用，简言之表示“满足”，经济学上将效用理解为“一个人从消费一种物品或服务中得到的主观上的享受或有用性”。

效用作为一个普适性概念，无疑也能适用于对司法机关开展刑事诉讼活动的分析。司法机关开展刑事诉讼活动，追求公平正义，而公平正义当然有其效用。司法机关通过追求“实体公正”，准确及时查明犯罪事实，对犯罪行为及时提起公诉，正确适用刑罚，将罪犯绳之以法，惩罚其犯罪行为，弥补受害人和社会的损失，对潜在的犯罪形成威慑，在这个过程中获得了“实体公正效用”；司法机关通过实施法定刑事诉讼程序保障“程序公正”，保护犯罪嫌疑人、被告人的基本诉讼权利。通过设定一系列程序规则，一方面防止司法机关恣意使用公权力，侵犯犯罪嫌疑人、被告人的基本诉讼权利，造成冤假错案；另一方面抬高犯罪嫌疑人、被告人的诉讼地位，通过平等武装、控审分离、审判中立的刑事诉讼构造来实现控辩双方力量的平衡，在力量基本对等的情况下展开控辩博弈，保障实体公正的真正发现，在这个过程中获得“程序公正效用”。总之，司法机关开展刑事诉讼活动，追求“实体公正”和“程序公正”，都会获得相应的效用，这种效用可称为“司法公正效用”，它包括“实体公正效用”和“程序公正效用”两个方面。我们可以构建“司

法公正效用函数”来进行描述：$u=f(x_1, x_2)$，($x_1>0$，$x_2>0$)；u 表示司法公正效用，x_1 表示实体公正，x_2 表示程序公正。司法公正效用是司法机关在刑事诉讼过程中保障程序公正和追求实体公正的某种特定函数关系。

2. 理性司法偏好

所谓的偏好，在经济学上是指爱好或喜欢的意思，可以用商品给消费者带来的效用大小用顺序或等级来表示。司法机关在诉讼活动中，当然既想追求实体公正，又要保障程序公正，对此两者均有喜好。因此，依据经济学对偏好的定义，司法机关具有对程序公正的司法偏好，也具有对实体公正的司法偏好。

经济学理论认为：对不同的商品组合，消费者具有不同的偏好程度。这种偏好程度上的区别，正好反映了消费者对不同商品组合所能带给他的效用水平的评价。具体地讲，给定 A、B 两个商品组合，如果某消费者认为 A 商品组合带来的效用大于 B 商品组合，则该消费者就会更偏好 A 商品组合。

偏好意味着对不同组合的效用水平的评价，司法机关在刑事诉讼活动中，对具体案件追求“实体公正”和保障“程序公正”，具体案件所体现出来的不同的“实体公正”和“程序公正”组合必然会有着不同的效用水平，因此司法机关在刑事诉讼活动中对实体公正和程序公正的组合必然存在经济学意义上的偏好（即承认不同的公正组合有不同的司法公正效用水平），满足经济学上有关“偏好”的基本假设：

（1）偏好的完备性。

对于“实体公正”和“程序公正”的两种不同组合 A 和 B，司法机关总是可以作出，而且也仅仅只能作出三种判断中的一种：对 A 的偏好大于 B；或者对 B 的偏好大于 A；或者对 A 和 B 具有同等偏好。偏好的完备性意味着司法机关总是能准确地表达自己对实体公正或程序公正的偏好。

（2）偏好的可传递性。

对于“实体公正”和“程序公正”三种不同组合 A、B、C，如果司法机关对 A 的偏好大于 B，对 B 的偏好大于 C，那么，在 A、C 两个组合中，司法机关对 A 的偏好必定大于 C。偏好的可传递性保证了偏好的逻辑一致性。

（3）偏好的非饱和性。

偏好的非饱和性在经济学理论上又称为“越多越好”，是指对于两个具有不同商品数量的组合，消费者总是会偏好商品数量较多的那一个组合。比如商品 A 组合为（6 个面包，1 件衣服），商品 B 组合为（5 个面包，1 件衣服），则消费者总是会偏好 A 组合，因为 A 组合多出来 1 个面包，将会带来更大的效用，而偏好就是对效用水平的排序，所以消费者必定会偏好 A。同理，司法机关在刑事诉讼活动中，对于具体的案件，不同的诉讼活动方式会造成“实体公正”和“程序公正”的不同组合，对于任意的“实体公正”和“程序公正”组合 A 和 B，如果两者的区别仅在于 A 比 B 实现的某种公正

（实体公正或程序公正）更多一些，那么司法机关一定会更偏好 A 组合。

3. 无差异曲线（簇）

理性偏好的概念比较抽象，经济学里用“无差异曲线”这一直观工具来描绘理性偏好。由于理性偏好意味着对效用水平的评价，因此对于诉讼过程中任意的“程序公正”与“实体公正”组合 $A=(a, b)$，由于理性偏好满足完备性，我们可以找到所有至少和 A 具有同等司法公正效用的其他组合，所有这些组合所构成的集合称之为弱偏好集（图 1 所示阴影部分）。这个弱偏好集的边界，代表着和 A 的司法公正效用无差异的所有的组合，构成了一条与 A 具有相同司法公正效用的无差异曲线。按照之前我们构建的“司法公正效用数”：$U=f(X_1, X_2)$，（$X_1>0$，$X_2>0$）可知，U 表示司法公正效用，横轴 X_1 表示实体公正，纵轴 X_2 表示程序公正。

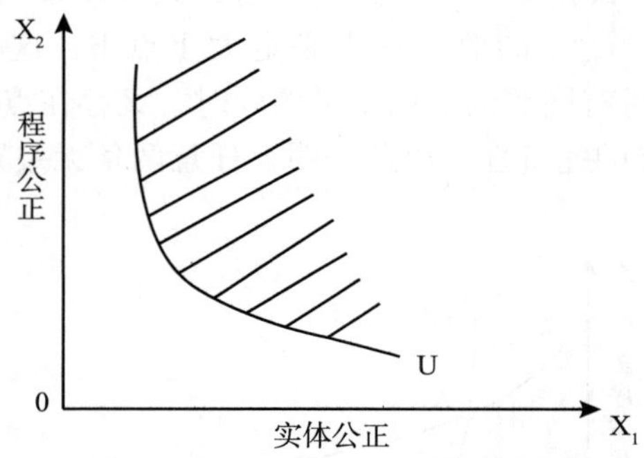

图 1　司法公正效用无差异曲线

由于司法公正效用函数 $U=f(X_1, X_2)$，（$X_1>0$，$X_2>0$）是连续函数，因此存在无数条无差异曲线。位于不同位置的无差异曲线代表着不同的司法公正效用水平。图 2 中的 U_1、U_2、U_3、U_4 表示四条不同效用等级的司法公正效用无差异曲线簇，效用等级的排序为：$U_1<U_2<U_3<U_4$。

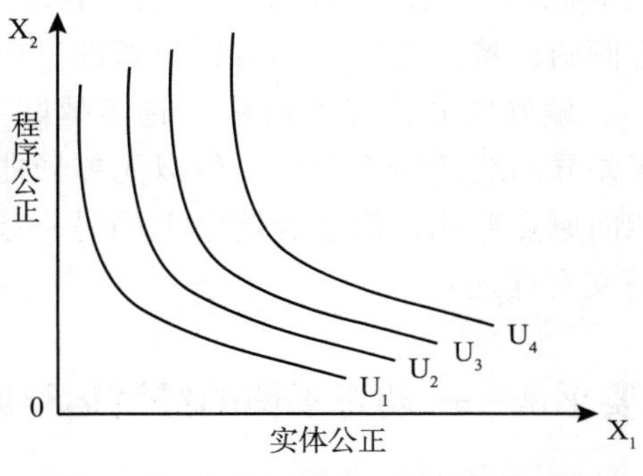

图 2　司法公正效用无差异曲线簇

无差异曲线刻画的是司法机关对程序公正和实体公正的理性司法偏好。理性偏好有三条公理性假设（完备性、可传递性、非饱和性），因此无差异曲线也就具有以下基本特征：

①无差异曲线离原点越远，其所代表的效用水平越高；离原点越近，所代表的效用水平越低（如图2所示）。无差异曲线越是远离原点，则意味着程序公正和实体公正的程度越高，因此意味着更高水平的司法公正效用水平。这一特征是由偏好的非饱和性所决定的。

②任意两条无差异曲线不会相交。如图3所示，U_1 和 U_2 两条无差异曲线如果相交于点A，点B与点A在同一条无差异曲线上，代表着具有相等的效用水平。同理，点C与点A也在同一条无差异曲线上，代表着具有相等的效用水平。根据偏好的可传递性，点B与点C也应当具有同等的效用水平。但点C所代表的程序公正与实体公正的组合，其程度都明显要多于点B，根据偏好的非饱和性，点C的效用水平必定大于点B，这样一来就产生了矛盾——点B与点C具有同等的效用水平的同时，又存在点C的效用水平大于点B——违反了偏好的完备性。由此证明，任意两条无差异曲线不可能相交。

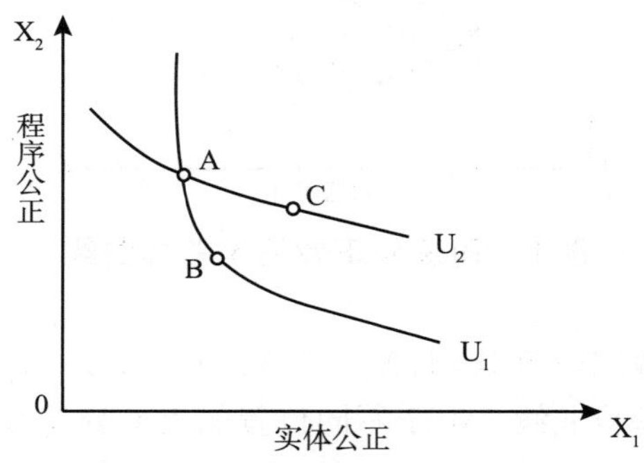

图3　任意无差异曲线不相交

③无差异曲线凸向原点。无差异曲线凸向原点表现为它的形状像碗形，特征之一是向右下方倾斜，特征之二是朝着原点弯曲。向右下方倾斜是源于理性偏好的非饱和性。偏好的非饱和性俗称“越多越好”，因此理性偏好满足单调性，意味着无差异曲线的斜率为负，所以无差异曲线必定会向右下方倾斜。无差异曲线朝向原点弯曲，源于经济学上的另一条普适性规律——边际替代率递减律（下文有详述）。

（二）为何需要平衡——动态平衡的经济运行原理

从经济学角度看，为何不是程序公正优先或实体公正优先？为何需要在两者之间平衡？这一平衡为何是动态的？经济学的两条普适性规律——边际效用递减规律和边际替代率递减规律——对上述疑问从理论上进行了回答，揭示了动态平衡理论的经济运行原理。

1. 边际效用递减规律

所谓的边际（marginal）是指“新增”或“额外”的意思；边际效用（marginal utility，MU）是指多消费1单位的某商品所得到的新增的或额外的效用；边际效用递减是指随着一个人消费越来越多的某种商品，虽然他获得的总效用不断增加，但是新增的（边际的）效用却在不断下降。也就是说，随着越来越多的消费某种商品，总效用不断增加，但增加的速度越来越慢。经济学课本中常举的一个例子是吃馒头：当一个人很饥饿时，他吃一个馒头会令他感觉到很满足，随着他吃馒头的数量越来越多，越到后面所吃的馒头所带给他的新增效用就越少，因为他已经越来越感觉到饱了。当他已经吃饱后，再让他继续吃，新增的效用就已经很少，甚至是负效用了。

司法机关在刑事诉讼活动中追求“司法公正效用”同样服从边际效用递减律。当社会秩序混乱、违法犯罪活动猖獗时，司法机关开展诉讼活动，及时准确查明犯罪，对犯罪行为及时提起公诉、通过审判活动正确适用刑罚，将罪犯绳之以法，惩罚其犯罪行为，弥补受害人和社会的损失，对潜在的犯罪形成威慑，刚开始会获得立竿见影的效果，社会安定性明显增加，犯罪率显著下降，此时的司法活动获得了较高的“司法公正效用”。然而随着犯罪率越来越低，社会越来越安定，司法机关再继续投入同样多的资源开展刑事诉讼活动，就不能获得像刚开始那样多的效用了。虽然此时的继续投入仍然使得“司法公正效用”在总量上继续增长，但是增长的速度越来越慢。这样的规律也同样适用于司法机关在刑事诉讼活动中追求“实体公正效用”或“程序公正效用”，如图4（a）、（b）所示：

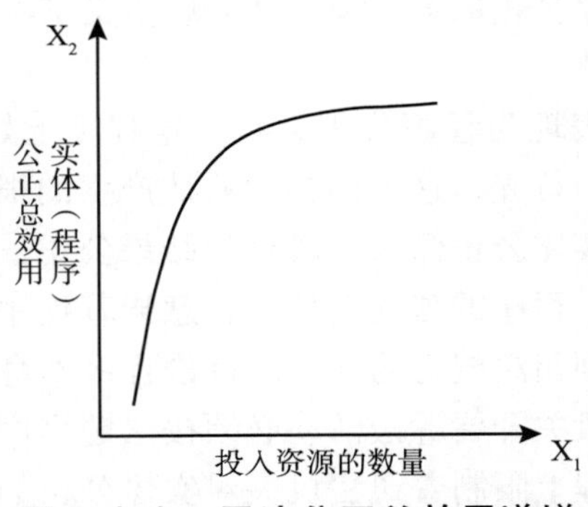

图4（a） 司法公正总效用递增

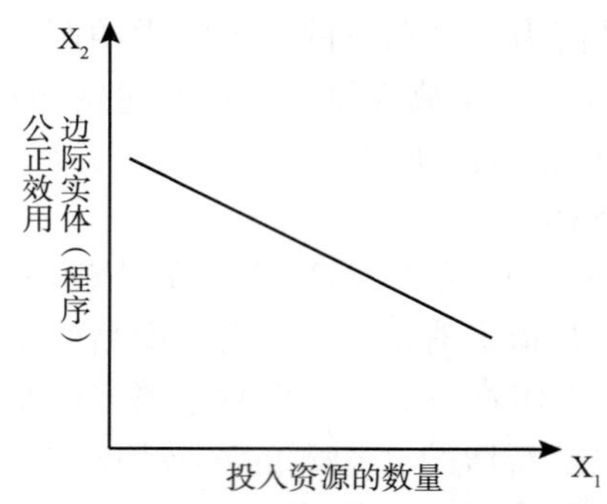

图 4（b） 司法公正边际效用递减

边际效用递减律揭示了这样的公理：随着某一事物使用得越来越多，它带给人的效用将越来越少。边际效用递减律就意味着司法机关在刑事诉讼活动中，为了获得更大的司法公正效用，就需要在“实体公正”与“程序公正”之间保持动态平衡。既不能只追求“实体公正”而罔顾“程序”，也不能只追求“程序公正”而罔顾“实体”，需要综合比较“实体公正”和“程序公正”两方面的边际效用，选择能带来更大边际效用增量的对象，动态调整到最优的“实体公正”与“程序公正”组合，才能获得最大化的司法公正效用。

2. 边际替代率递减规律

在用经济理论展开分析之前，有必要先从法理的角度，讨论程序公正与实体公正两者之间是否存在替代关系？

关于两者的关系，学界的普遍认为是：一方面，程序法保障着实体法的实施；另一方面，程序法相对于实体法具有独立价值。程序公正与实体公正具有内在的一致性，但同时程序公正相对于实体公正又具有独立性。① 具体而言，实体公正与程序公正的关系满足马克思主义基本原理中的“对立统一规律”。

两者对立的方面表现为程序公正会在一定程度上妨碍实体公正的实现，两者存在内在矛盾性。首先，这一内在矛盾性产生的根源，在于两者所蕴含的公正的性质不同。实体公正侧重于最终的结果公正，而程序公正侧重于具体的过程公正。其次，程序的独立性价值，意味着程序公正独立于实体公正之外，独立发挥着限制司法权力的功效。诉讼程序本身就是对司法权力使用的限制，它要求司法机关开展诉讼活动必须按法定程序。因此程序规则从一开始就从形式上、过程上限制着司法机关对实体公正的追求，在这一过程中

① 万毅：《程序法与实体法关系考辨——兼论程序优先理论》，载于《政法论坛（中国政法大学学报）》2003 年第 6 期。

就存在着程序公正在一定程度上（或某些情况下）妨碍实体公正的消极性，也在一定程度上限制着实体法的实施。比如在司法实践中，侦查机关若没有取得逮捕令，就不能实施逮捕行为，这有可能对及时抓捕犯罪嫌疑人不利；再如不得强迫犯罪嫌疑人和被告人自证其罪，而侦查机关限于侦查技术和现实条件的客观制约，面对犯罪嫌疑人和被告人的沉默时找不到其他突破口，从而对已经发生的犯罪事实无可奈何，最终只能不了了之；再如根据非法证据排除规则，如果取证过程违法，那么证据的有效性将不被承认而被排除，从而导致在实体上真实有罪的被告人最终只能判决无罪释放。

两者统一的方面表现为程序公正具有致成实体公正的作用，两者存在内在一致性。首先，两者的最终目标是一致的，司法机关在诉讼活动中保障程序公正、追求实体公正，最终目的都是为了获得司法公正。只是它们体现在不同的方面：实体公正注重事实层面，程序公正注重形式层面。其次，实体公正的实现，在一定程度上要依赖于程序公正。程序公正具有致成结果公正的内在品性，程序法保障着实体法的实施，通过公正的程序开展的诉讼活动，本身就能获得诉讼参与人的认可，因为它满足了诉讼参与人对于形式公正的基本需求，从而有助于诉讼参与人从心理上接受裁判的事实结果。如果为了追求实体公正而背离程序公正，往往会导致冤假错案的发生，这已是不争的事实，我国近年来被社会广泛关注的冤假错案，无一例外的都是存在程序上的违法，特别是通过刑讯逼供来获取口供的方式，是导致冤假错案发生的主要原因。

总之，实体公正与程序公正在最终目的上存在内在一致性，最终目标都是为了实现司法公正；与此同时，这两种公正的内涵又互相区别，程序公正侧重过程，实体公正侧重结果，从而导致了两者的内在矛盾性，因此共同构成了两者的对立统一性。

从经济学意义上说，其对立性意味着两者不可以完全替代（即两者不存在完全替代关系，再一次印证了前文描述的无差异曲线凸向原点的性质）；其统一性又意味着两者在一定程度上可以相互替代，这一相互替代关系服从边际替代率递减规律。

如图 5 所示，沿着无差异曲线上下滑动，程序公正与实体公正的组合不断变化，但效用水平始终保持不变。这意味着在维持效用水平不变的情况下，司法机关在增加程序正义的同时，必然会放弃一部分实体公正，程序公正和实体公正之间存在着这种替代关系可由边际替代率（marginal rate of substitution，MRS）来描述。以维持效用水平始终保持不变为前提，司法机关增加一单位程序公正时所需要放弃的实体公正的数量，被称为边际替代率，其数学表达式为：$MRS = -\frac{\Delta x_2}{\Delta x_1}$。

公式中的 Δx_1 表示实体公正的变化量，Δx_2 表示程序公正的变化量。当 Δx_1、Δx_2 趋于无穷小时，边际替代率公式为：$MRS = -\frac{dx_2}{dx_1}$。这一公式意味着无差异曲线上任意一点的边际替代率等于无差异曲线在该点的斜率的绝对值。

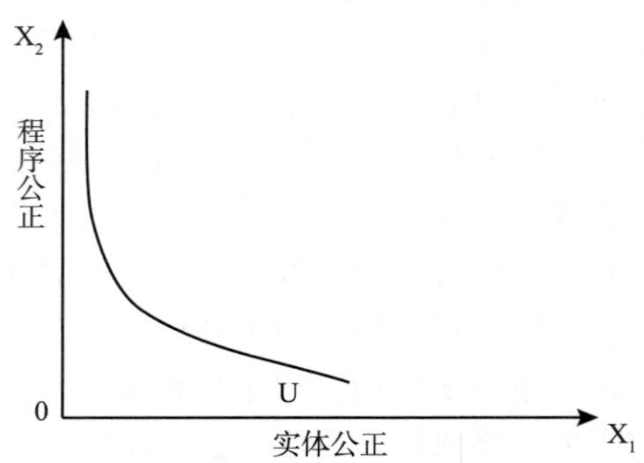

图 5　任意一条司法公正效用无差异曲线

从图 5 的几何意义上看，无差异曲线向右下方倾斜且凸向原点，越往右的无差异曲线就越平坦，这就意味着无差异曲线的斜率的绝对值越来越小。而边际替代率就是该无差异曲线的斜率的绝对值，因此边际替代率越来越小，这就是边际替代率递减规律。

司法机关在刑事诉讼活动中追求“实体公正效用”和“程序公正效用”，同样服从边际替代率递减规律：以维持司法公正效用水平始终不变为前提，司法机关连续增加程序公正的程度，随着程序公正程度的越来越高，司法机关得到每一单位的程序公正效用所需要放弃的实体公正的程度是递减的，反之亦然。其原理在于：随着司法机关追求程序公正程度的越来越高，程序公正所能带来的边际效用递减，因此司法机关想要获得更多程序公正的愿望也开始递减，为了多收获一单位的程序公正而愿意放弃的实体公正就会越来越少（因为实体公正越少，就意味着它能带来的边际效用越高，想要换取它的代价就越大），反之亦然。

边际效用递减律和边际替代率递减律都不约而同地揭示：事物间普遍存在着的边际递减律，要求我们在做选择时不能片面追求某一件事物（或者事物的某一个方面），因为随着它使用得越来越多，它所能带来的边际增量越来越少。为了获得更大的边际增量，需要综合考虑多种事物（或事物的多个方面），并选择能带来更大边际增量的事物，以获取最大化的效用。具体到刑事诉讼活动中，则要求司法机关不能只追求“实体公正”而罔顾“程序”，也不能只追求“程序公正”而罔顾“实体”。为了能获得更大的司法公正效用，司法机关在诉讼活动中必须维持“实体公正”与“程序公正”之间的动态平衡，并做出能带来更大的司法公正效用边际增量的选择。

（三）如何进行平衡——动态平衡的一般化方法

司法机关在刑事诉讼活动中科学进行程序公正和实体公正的动态平衡，首先需要清楚这一动态平衡面临的现实制约——司法机关只能在其有限的条件范围内追求程序公正和实体公正。其次需要掌握科学的动态平衡方法——即预算约束下的效用最大化方法。

1. 动态平衡的现实制约：预算约束

无差异曲线描述了司法机关在刑事诉讼活动中对于程序公正与实体公正组合的偏好，但它仅仅代表着司法机关的主观意愿。司法机关也许希望尽可能多地同时追求程序公正和实体公正，但其面临的一个最基本的约束，就是司法机关手中的可用资源是一定的。国家在一定时期内用于追求司法公正的投入是有限的，司法机关也存在着人力资源和设备资源等的约束，司法工作人员也面临着个人精力与业务水平的约束，因此司法机关只能在有限的范围内追求程序公正和实体公正。这一约束称之为预算约束，意味着司法机关追求程序公正与实体公正的程度是有限的（见图6）。

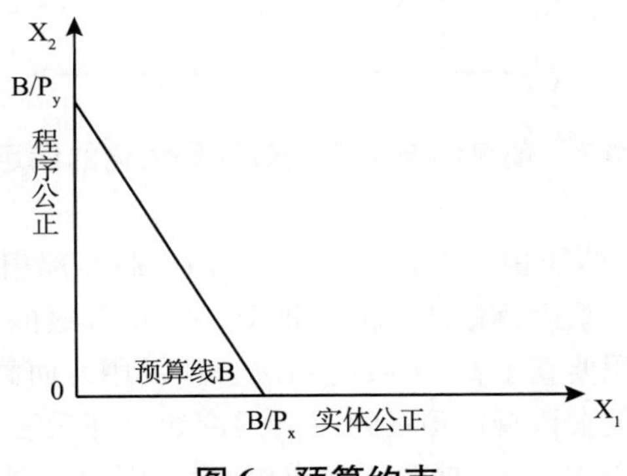

图6　预算约束

设定该预算约束为B，追求实体公正的单位成本为P_1，程度为Q_1；追求程序公正的单位成本为P_2，程度为Q_2。那么预算方程为：$P_1 \times Q_1 + P_2 \times Q_2 = B$。

预算线与纵轴的交点为B/P_2，代表着司法机关所能达到的最大程度的程序公正；预算线与横轴的交点为B/P_1，代表着司法机关所能达到的最大程度的实体公正。预算线的斜率$-\frac{P_1}{P_2}$，代表着司法机关面临预算约束时，在追求“程序公正”与“实体公正”上的一种替代关系，替代的比率就是两者的单位价格之比。

2. 动态平衡的经济方法：预算约束下的效用最大化

具备理性偏好的司法机关，在既定的、有限的预算下，追求能使司法公正效用最大化的“程序公正”与“实体公正”组合。满足效用最大化必须满足两个基本条件：①司法机关所追求的程序公正与实体公正的组合必须位于预算线上，即司法机关必须将所有的资源投入到对司法公正效用的追求中去；②必须是司法机关最偏好（效用等级最高）的“程序公正”与“实体公正”组合。

现在我们将预算线与无差异曲线综合在一起，通过几何的方法直观分析。具体方法是：在司法机关面临的既定预算约束下，找到司法机关能够获得的最高司法公正效用的那条无差异曲线。最高的无差异曲线对应的效用水平最高，相应的切点就对应着预算约束下的最大化效用，如图 7 所示。

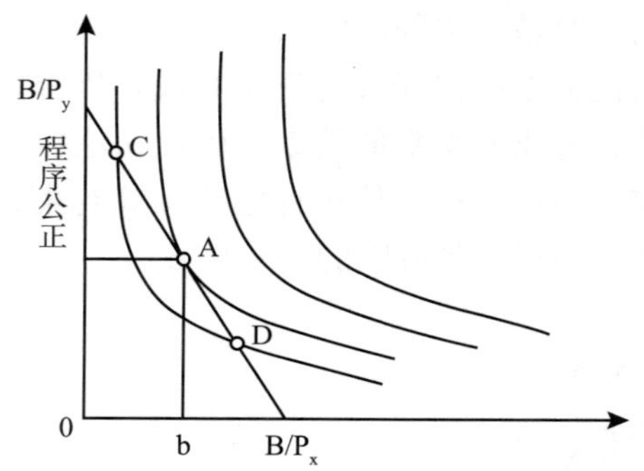

图 7　预算约束下司法效用最大化的满足

预算线 B 与 U_1 曲线相交于点 C 和 D，与 U_2 曲线都相切于点 A，这意味着司法机关开展的一系列诉讼活动能获得 U_1 和 U_2 等级的司法公正效用。U_2 等级的司法公正效用要高于 U_1 等级的司法公正效用，而高于 U_2 等级的司法公正效用是司法机关在该特定预算约束下无论如何都无法达到的高度（即预算线 B 永远不可能与 U_3、U_4 曲线相交或相切）。因此，司法机关在该特定预算约束下所能达到的最大的司法公正效用即为 U_2 等级，预算线 B 与 U_2 曲线的切点 A 所代表的“程序公正”和“实体公正”的特定数量组合将使司法机关的刑事诉讼活动获得最大化的司法公正效用。当司法机关对“实体公正”的追求由 A 点偏离至 D 点时，所能获得的效用仅为 U_1，而 $U_1 < U_2$，位于 D 点所代表的“程序公正”和“实体公正”的特定数量组合不是最优；在该预算约束下，再不存在其他任何一点的“司法公正效用”高于或等于切点 A，此时“实体公正”和“程序公正”的组合（a，b）是能获取最大司法公正效用的最优组合。

3. 预算约束下效用最大化的一般均衡条件：等边际法则

现在我们将上述几何分析方法一般化，探讨预算约束下效用最大化问题的一般均衡条件。如图 7 所示，预算线和无差异曲线相切于 A，切点 A 满足司法公正效用最大化，在切点 A 的预算线与无差异曲线的斜率相等。前文已分析，无差异曲线的斜率的绝对值等于其边际替代率 MRS，预算线的斜率的绝对值等于$\frac{P_1}{P_2}$。由此，满足预算约束下效用最大化的点符合 $MRS=\frac{P_1}{P_2}$。这说明在预算约束下，为了实现最大化效用，司法机关应当选择的最优“程序公正”和“实体公正”组合，满足两者的边际替代率等于两者的单位价格之比。

现在我们再将边际效用与效用最大化问题联系起来。同一条无差异曲线意味着同等的效用水平，司法机关增加实体公正程度所带来的效用增量必定与减少程序公正程度所带来的效用损失相等。即：

$$MU_1 \times \Delta X_1 + MU_2 \times \Delta X_2 = 0 \quad (1)$$

$$MRS = -\frac{\Delta X_2}{\Delta X_1} \quad (2)$$

$$MRS = \frac{P_1}{P_2} \quad (3)$$

结合这三个公式可得：

$$\frac{MU_1}{MU_2} = -\frac{\Delta X_2}{\Delta X_1} = MRS = \frac{P_1}{P_2}$$

由此推出效用最大化的一般均衡条件为：

$$\frac{MU_1}{MU_2} = \frac{P_1}{P_2}$$

该公式的含义是：当司法机关花费在程序公正上的最后 1 单位货币所得到的程序公正边际效用正好等于其花费在实体公正上的最后 1 单位货币所能得到的实体公正边际效用时，司法机关就实现了“司法公正效用”的最大化。如果司法机关花费在程序公正上的最后 1 单位货币能够提供更多的边际效用，那么增加对程序公正的追求，就能增加总效用，直到边际效用递减规律使得花费在程序公正上的最后 1 单位货币的边际效用下降到正好与花费到实体公正上的最后 1 单位货币的边际效用相等为止；反之亦然。

四、动态平衡理论对现有法学理论的发展与完善

如前所述，本文所分析的动态平衡理论，对现有理论的发展与完善体现在以下几个方面：

首先，动态平衡的经济运行原理（即边际效用递减规律和边际替代率递减规律）解释了在“实体公正”与“程序公正”之间，为何需要平衡以及为何是动态的平衡。

其次，动态平衡的经济运行原理否定了程序公正优先论或实体公正优先论。事物间普遍存在着的边际递减律，要求我们在做选择时不能片面追求某一件事物（或者事物的某一个方面），因为随着它的使用次数越来越多，它所能带来的边际增量越来越少。因此，无论是主张程序优先，还是主张实体优先，都无法达到司法公正效用的最大化。优先论有悖于经济运行原理，也违反边际递减律，片面追求任何一方都不能实现司法的效率。

最后，本文探讨的动态平衡的经济方法（预算约束下的最大化效用一般方法），能对学界当前的普遍质疑：“当实体公正与程序公正产生冲突时，到底应当选择谁优先？以何标准抉择？”给予方法上的回应。

这一普遍质疑存在一个逻辑陷阱：即引导“平衡的二元论滑向预设的一元论”。如果我们的回答是选择“程序公正”，则似乎就证明“程序公正优先”；反之，如果我们的回答是选择“实体公正”，则似乎证明“实体公正优先”。其实并不存在实体公正与程序公正始终只能择一而终的问题，并没有什么理由非得在两种公正之间孤注一掷。

优先选择程序公正抑或实体公正，有且只有一个原则：司法公正效用的最大化。正义女神的天平，最终衡量的是正义的总体效用。在刑事诉讼活动中，对于千差万别的具体案件，当需要做出“程序公正”与“实体公正”的艰难抉择时，需要结合实际情况，综合比较此时的“实体公正”和“程序公正”两方面的边际效用，谁能带来更大的边际效用增量，就应当选择谁，以获取更大的司法公正效用。

下面以图 7 为例来解释这一抽象的动态平衡方法：如图可见，司法机关在预算约束下能达到的最大的司法公正效用为 U_2 等级。当司法实践的情况处于 C 点的状态时，司法机关在该案件中过多地追求了程序公正，导致了实体公正的程度被削弱，因此只能获得 U_1 等级的司法公正效用。为获得更大的司法公正效用，此时应当更加关注实体公正，减少对程序公正执着，使 C 点沿着预算线 B 向切点 A 靠拢，以获得司法公正效用的增进。再如，当司法实践的情况处于 D 点的状态时，司法机关在该案件中过多地关注了实体公正，忽视了程序公正，因此只获得了 U_1 等级的司法公正效用。为获得更大的司法公正效用，此时应当更加侧重程序公正，减少对实体公正的执着，使 D 点沿着预算线 B 向切点 A 靠拢，以获得司法公正效用的增进。

“程序公正”与“实体公正”动态平衡的一般化方法就是要满足两者的最后边际效用相等的原则。当司法机关花费在程序公正上的最后 1 单位货币所得到的程序公正边际效用正好等于其花费在实体公正上的最后 1 单位货币所能得到的实体公正边际效用时，司法机关就实现了“司法公正效用”的最大化。如果司法机关花费在程序公正上的最后1单位货币能够提供更多的边际效用，那么增加对程序公正的追求，就能增加总效用，直到边际效用递减规律使得花费在程序公正上的最后1单位货币的边际效用下降到正好与花费到实体公正上的最后1单位货币的边际效用相等为止；反之亦然。

五、结　论

对于本文的基本结论，作一形象比喻：诉讼活动就像参加一场赛马，实体公正就像是马，它负责以最快的速度达到终点（即尽快获知事实真相）；程序公正像是控制马的缰绳，它负责保障马在奔跑的过程中按正确方向行进（即保障过程的公正）。缰绳若是绷得太紧，则降低马的奔跑速度，无法赛出好的成绩；缰绳若是放得太松，则容易朝错误的方向行进，导致成绩犯规。诉讼活动的最终目的是获得最大的司法公正效用（就像赛马的目标是获得最好的合规成绩一样），对于赛马这一全部过程，马与缰绳在总体目标上是内在一致的，但是各自的功用上又是内在矛盾的，需要在马与缰绳之间进行动态平衡的良好配合。当缰绳太紧降低了马的奔跑速度时，则需要适度放松；当缰绳太松有可能导致方向错误时，则需要适度绷紧。一切都需要根据比赛时的实际情况来抉择，并不存在一个出现了状况就选谁优先的问题。当马的奔跑速度很快时，缰绳的控制意义就显得更为重要；当缰绳将行进方向控制得很准确时，马的奔跑速度就显得更为重要；这一切都需要根据当时的实际情况、综合比较两者在边际上的效用大小，选择一个能在边际上带来更好效用的策略，从而获得最好的比赛成绩（最大的司法公正效用）。

由于并重理论自身无法清晰地回答“并重的具体内涵”以及“并重的科学方法”这两个基本问题，因此它面对质疑与批评时，难以做出有力的回应，只以概之以“视情况而定”“具体问题具体分析”这类放之四海皆准的笼统回答。但这是一个理论上无法回避且迫切需要解决的问题。理论要用于指导司法实践，但“就基层司法实践而言，如何把程序正义与实体正义有机地结合在一起的问题尚未得到应有的注意和解决。用法官自己的话来说，就是‘找到两者的最佳结合点虽然不是不可能，但实际上太困难’。”① 如果不对两者并重的观点进行具体的分析，在理论上不把并重的内涵界定清晰、不把并重的双方解释清楚，那么就不可能给予清晰有力的理论回应，这种理论上的模糊性也就无法用于指导司法实践。

---

① 高其才：《多元司法》，法律出版社2009年版，第412页。

随着时间的推移和理论上的不断辩争与探索，陈光中先生在2018年于北京召开的“动态平衡诉讼观：理论与实践”研讨会上系统介绍了其动态平衡诉讼思想，摒弃了“并重”的提法，改之以“平衡”的思想，并在方法论上提出了“动态”设想。本文则在陈先生主张的基础之上，运用经济学的基本原理和古典分析方法，首先阐明了在“程序公正”与“实体公正”之间，为什么需要平衡？为什么这种平衡是动态的？而后进一步给出“如何在两者之间进行动态平衡的一般化方法”，并围绕学界多年来针对两者并重论的一个普遍质疑给出了方法上的回应。然而，路漫漫其修远兮。本文虽然运用经济学基本原理和方法对动态平衡思想进行了具象化分析，但是相对于复杂的司法实践的客观要求仍然是相差万里。本文提出的动态平衡方法$\left(\text{即边际相等原则：}\frac{MU_1}{MU_2}=\frac{P_1}{P_2}\right)$只在理论上论证了其合理性，但是在实践中，司法机关如何计量程序公正与司法公正的边际效用呢？如何计量追求程序公正与司法公正的单位价格呢？这些仍然是非常困难但又必须面对的重要理论问题。虽然根据这一理论方法，可以指导司法实践做出一些帕累托改进，获得司法公正效用的增加，但仍然远远达不到精确调整之目的，更遑论最大化司法公正效用的目标了。

不过面对进步，也许无须过于苛责进步的幅度不够大。合抱之木，生于毫末；九层之台，起于累土。相信在法学家和经济学家的不断探索之下，真理的面纱终将被揭开。

参考文献

1. 陈光中:《动态平衡诉讼观之我见》，载于《中国检察官》2018年第7期。

2. 陈光中:《坚持程序公正与实体公正并重之我见——以刑事司法为视角》，载于《国家检察官学院学报》2007年第2期。

3. 陈瑞华:《走向综合性程序价值理论——贝勒斯程序正义理论述评》，载于《中国社会科学》1999年第6期。

4. 陈学权:《论刑事诉讼中实体公正与程序公正的并重》，载于《法学评论》2013年第4期。

5. ［英］戴维·米勒:《社会正义原则》，江苏人民出版社2005年版。

6. ［日］谷口平安:《程序的正义与诉讼》，中国政法大学出版社1996年版。

7. 高其才:《多元司法》，法律出版社2009年版。

8. 何家弘:《司法公正论》，载于《中国法学》1999年第2期。

9. 季卫东:《法律程序的意义——对中国法制建设的另一种思考》，载于《中国社会科学》1993年第1期。

10. ［日］兼子一、竹下守夫：《民事诉讼法》，法律出版社 2005 年版。

11. ［德］克劳思·罗科信：《刑事诉讼法》，法律出版社 2003 年版。

12. 田平安：《程序正义初论》，载于《现代法学》1998 年第 2 期。

13. 万毅：《程序法与实体法关系考辨——兼论程序优先理论》，载于《政法论坛（中国政法大学学报）》2003 年第 6 期。

14. 王敏远：《程序正义与实质正义关系辨析》，载于《中国法院报》2000 年 11 月。

15. 谢佑平：《刑事司法程序的一般理论》，复旦大学出版社 2003 年版。

16. 杨松才：《人权保障理念下的程序正义——以“以并重论”为视角》，载于《江汉论坛》2008 年第 8 期。

17. 张永泉：《“二元正义”的误区及反思》，载于《江苏社会科学》2012 年第 4 期。

18. Gerald J. Postema, 1986, Bentham and The Common Law Tradition, Oxford: Oxford University Press.

19. Jerry L. Mathaw, 1981, “Administrative Due Process: The Quest for a Dignity Theory”, *Boston University Law Review*.

20. Richard A. Posner, 1973, “An Economic Approach to Legal Procedure and Judicial Administration”, *The Journal of Legal Studies*.

21. R. S. Summers, 1974, “Evaluating and Improving Legal Process: A Plea for ‘Process Values’”, *Cornell Law Review*.

On the Economic Principle of Dynamic Balance between Procedural Justice and Substantive Justice in Criminal Proceedings

Liu Cuifeng

(Law School, Hunan University, 410082)

Abstract: In criminal proceedings, whether procedural justice should be given priority, or substantive justice should be given priority, or both should be paid the equal attention, which has been debated for a long time. In 2018, at the seminar on "Dynamic Balanced Litigation View: Theory and Practice" held in Beijing, Mr. Chen systematically introduced his thought of "dynamic balance" and put forward the viewpoint of "balancing the procedural law and the substantive law". On the basis of Mr. Chen's opinion, this paper uses the basic principles of economics and classical analysis methods, clarifies the economic operation principle of "dynamic balance between procedural justice and substantive justice", analyzes two basic problems: "why the two need to be balanced and why this balance is dynamic", and then further gives a generalized method of "how to dynamically balance", pointing out that the essence of dynamic balance lies in the principle of seeking truth from facts. Comparing the marginal judicial justice utilities of "substantive justice" and "procedural justice" comprehensively, choosing the object that can bring greater marginal judicial justice utilities increment, and dynamically adjusting to the optimal combination of "substantive justice" and "procedural justice", so as to obtain the maximum judicial justice utilities.

Keywords: Dynamic Balance Utilities of Judicial Justice Law of Marginal Decline

JEL Classifications: K14

非法占有加密货币行为的犯罪定性[*]

谢丹夏　黄京磊[**]

【摘　要】对于非法占有加密货币的行为，部分法院以加密货币不属于财物为由，对行为人以计算机犯罪定罪。此类判罚忽略了加密货币的财物属性，与刑法体系与理论学说相悖，有违罪刑法定原则，存在量刑畸轻之嫌。以财产犯罪为主线对类似行为定罪，既无司法障碍，又能及时充分地保护加密货币持有者的利益，减少社会成本，并充分评价行为人的行为结果，也便于犯罪形态的判断。犯罪数额可参照加密货币市场价格确定。

【关键词】**加密货币　财产犯罪　计算机犯罪**

中图分类号：**F062.6**　文献标识码：**A**

一、引　言

近年来，加密货币①逐渐为国人所熟知，与之相关的各类犯罪随之而生。加密货币是否可以成为民事权利客体和财产犯罪客体，非法占有加密货币的行为宜认定为计算机犯罪还是财产犯罪，在学界与实务界都引起了广泛争论。以往非法占有他人加密货币的判决②中，部分法院采取了否认加密货币的财

---

* 本文系国家自然科学基金面上项目“数字平台动态对社会福利与金融稳定的影响”（71973076）和“大宗商品定价的新风险因子”（71973075）的阶段性成果。本文成稿过程中得到了清华大学法学院黎宏教授的鼎力支持，在此表示感谢。当然，文责自负。

** 谢丹夏，清华大学社会科学学院副教授，博士生导师，地址：北京市海淀区清华大学明斋205，电子邮箱：xiedanxia@ tsinghua. edu. cn；黄京磊，清华大学社会科学学院博士研究生，地址：北京市海淀区清华大学学生公寓27号楼218。

① 本文所讨论的加密货币指在发行和交易过程中必须依赖于区块链，具备加密算法的虚拟货币，主要包括比特币、以太币等主流虚拟货币，而不包括高度中心化运行的“伪加密货币”。

② 如“孟陈林、刘铸诈骗案”，浙江省温州市中级人民法院（2019）浙03刑终字第1117号刑事判决书。

物属性，但又承认对其的持有和交易受民法保护，最终将加密货币认定为数据，以计算机犯罪定罪的判罚思路。本文认为此种思路既会违背罪刑法定原则，又会导致处罚漏洞，并不可取。

法院进行加密货币财物属性判定时，普遍的问题是只进行类比推理而未进行演绎推理。其论证思路往往是加密货币与“金钱财物”等有形资产和“电力燃气”等无形财产具有明显差异，因而加密货币不属于财物。但更合理的思路应当是依照罪刑法定原则的要求，回归财物的本质进行判断，而非因为加密货币不属于财物的两个子类便否认其财物属性。实际上，以有形无形作为财产分类实无必要，因为有形和无形之分并不会影响刑法对其的保护，也不会左右量刑。随着时代的发展进步，这种区分是否科学合理已待商榷，如难以认定存放在支付宝中的现金余额究竟属于有形还是无形。退一步说，即便硬要进行区分，加密货币也完全可以作为无形财产看待。

纠结的是，部分法院似乎一方面坚持不承认加密货币的财物属性；另一方面又认为非法占有他人加密货币的行为应当受到刑法制裁，所以强行认定行为人构成计算机犯罪。如按此思路判罚，至少有两类案件无法得到妥当处置：其一，A 以暴力、胁迫的手段强迫 B 转账给自己价值 3 000 元的加密货币，如果加密货币不构成刑法所称的“财物”，则 A 不构成财产犯罪。即使强行将 A 的行为认定为侵犯了 B 的计算机信息系统，但违法所得数额也未达到司法解释所规定的 5 000 元的入罪标准，这显然不妥当。其二，A 采用即时通信工具私聊作为诈骗途径，骗取 B 的加密货币之后没有支付对价。事后 B 既没有删除拉黑 A，也没有注销微信，只是不再回复 A 的任何消息。这样的行为难以评价为采用了“其他技术手段”非法获取数据，因此不能认定为非法获取计算机信息系统数据罪。那么按法院的判罚，刑法对这样的行为就毫无规制余地，这也显然不妥当。产生如上不妥当的原因，核心在于否认了加密货币的财物属性。如果加密货币可以被认定为财物，上述两例可以分别被认定为抢劫罪与诈骗罪，不会导致法益保护出现漏洞。

下面本文将从加密货币的客观属性出发，说明以比特币为代表的加密货币属于财物。认定非法占有加密货币的行为属于财产犯罪，既符合我国刑法体系和司法实践惯例，也契合刑法学界主流学说和民法的相关规定。

二、加密货币的财物属性

判断一件事物是否属于财物，应当首先回归财物的客观属性。价值性和不可复制性是财物最重要的客观属性。它们使得财物只能被排他地占有且值得刑法保护。以比特币、以太币为代表的加密货币拥有上述两种属性，因而属于财物。其产生原因是因为加密货币所依赖的区块链兼具去中心化的特点和数据公开性，其加密算法具有能源耗费性，使得加密货币持有者形成的理性经济体可以自发记录交易并抵御“双花”攻击。其次，认定加密货币属于财物既契合我国刑民法体系，也符合刑法学界对财物的主流界定标准。此外，司法实践中也不乏将加密货币认定为财物的先例。

（一）加密货币的价值性

价值性是财物最根本的特征。加密货币的价值性根植于其背后的区块链，但加密货币与区块链二者时常容易混淆。应当指出，加密货币的生成和流通都必须依托于区块链存在，然而二者不是等同概念。笔者总结公众认知的“区块链”有三种界定角度。从技术角度，区块链是一个简单的哈希指针链接的单向链表结构；从组织形式角度，区块链是一种无须中心化组织参与的数据共识协议；从现实应用角度，区块链则是一个整合分布式记账、块链式数据、梅克尔树、工作量证明等以往技术的创新型解决方案；从纯技术角度，区块链并不拥有任何去中心化、公开性等特征；从现实应用角度看，区块链是一套成熟的技术解决方案。这套解决方案可以实现彼此无信任关系的节点不借助任何第三方中心机构，以相对较慢的速度就一个链式数据的真实性、连续性达成全网一致的结果，且结果的达成过程具有无中心化节点参与、数据公开等特点①。至关重要的是，链接数据块之间的哈希指针需要极其复杂的计算（常常是基于哈希函数）才能得到，因此需要消耗极大算力资源，即该过程还具有能源耗费性。由于更改数据链中的任何一个“区块”都会导致所有之后数据块的哈希指针失效，而重新计算又是无比困难的一件事，所以从经济学的角度，如果攻击者权衡利弊发现篡改数据所要消耗的成本远大于自己的收益，就会放弃篡改。也就是说技术上对数据进行篡改是可行的，但由于哈希指针算法的复杂性，一旦区块链延伸较长，形成了一定数量级的哈希指针，篡改数据就成为一件从经济学上难以做到的事。

此外，为达成区块链延伸方向在全网的最终一致性②，需要假设大多数节点都是“自私的”。这种自私在区块链系统里表现为对正确记录数据者的奖励与对错误记录数据者的惩罚。其中的奖惩体现为正确记录数据者可以获得一定数额的加密货币并与其他拥有者进行交易（错误记录者则无法获得）。当交易规模足够大时，即形成了一个使用该加密货币的经济体。在该经济体中，加密货币可以用于交换商品和服务，因而具备了价值性。

① 即所谓去中心化、匿名性与公开性。

② 即经过足够长的时间后全网可以达成一致，中间有修正错误的过程，这与中心化体系中的瞬时一致性是不同的。

另外值得指出的是，加密货币本身并不拥有区块链所具有的诸多性质，而是使用加密货币的经济体节点间相互交易所形成的数据链具有去中心化确认、节点匿名、数据公开等特性。易言之，如果一种虚拟货币没有采取区块链技术，则其背后的数据必然不拥有上述特性，也就不构成加密货币。这意味着区分加密货币与非加密货币最关键的方法就是判断其交易数据是否由真实有效的区块链支撑。具有区块链支撑的虚拟货币就是加密货币，反之则不是。该区分对于判断虚拟货币是否具有刑法上的财物属性具有重要意义。

现实中，部分加密货币如比特币的价值已得到市场充分肯定，在经历早期价格大幅波动后，目前其世界价格已经趋于平稳。如图 1 所示，2020 年以来比特币的公开交易价格基本稳定在 8 000 美元左右，说明比特币已经成为一类得到市场普遍认可、具备高流动性的数字资产。

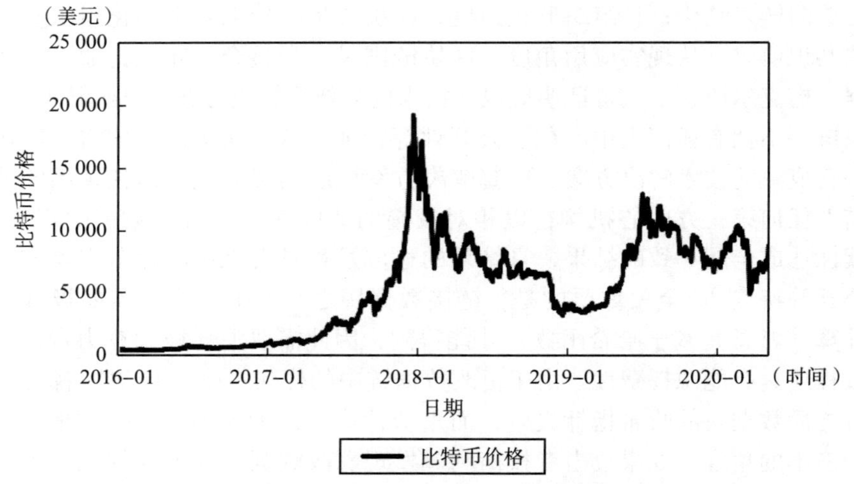

图 1　2016 年 1 月 ~2020 年 4 月比特币价格走势图[①]

此外，加密货币的价值性还体现在其与全球金融市场紧密相连。据 2018 年 6 月美国国会法律图书馆发布的《全球加密货币规则》报告[②]，世界上已有许多国家监管当局将加密货币视为货币、证券、外汇或金融工具，促进了加密货币的合法流通。经历十余年的发展，除了加密货币公开交易所交易数百种基础加密货币以外，加密货币还衍生出了各类复杂的交易方法，如期权交易、期货交易与掉期交易等。相关金融衍生品甚至已经登陆国际主流交易

① 资料来源：CoinMarketCap，https：//coinmarketcap. com，最后访问于 2020 年 5 月 6 日。

② 详见 The Law Library of Congress，Global Legal Research Center，*Regulation of Cryptocurrency Around the World*，http：//www. loc. gov/law/help/cryptocurrency/regulation-of-cryptocurrency. pdf，最后访问于 2020 年 5 月 6 日。

所，如2017年12月10日与18日，比特币期货先后在芝加哥期权交易所与芝加哥商品交易所上市交易。较之新兴市场，加密货币在传统资本主义国家市场中流通更为活跃，也获得了监管部门的许可。以美国为例，据2020年全球法律洞察组织发布的《区块链与加密货币监管》报告[①]，美国已经出现了与各类加密货币相关的基础交易与衍生合约，分别由美国证券交易委员会以及美国商品和期货交易委员会监管。在美国，加密货币的价值性也为民事领域所认可。加密货币可以作为信托财产或遗产进行继承，与之相关的交易合同也受到法律保护。如果某种加密货币被认定为证券，还将受到更严苛的美国证券法的约束。

对于加密货币在部分国家具有价值性，在我国却不具有价值性的观点，笔者认为值得商榷。尽管我国规定金融机构不能从事加密货币业务，加密货币交易所也并不合法，但加密货币持有者完全可以在遵守外汇管理制度的前提下，自由地进行加密货币持有、兑换和交易，或者委托持有。任何人也都可以通过“挖矿”的方式直接获取加密货币并自由处置。也就是说在我国现行的制度规定下，加密货币并不被认为是货币或外汇，也不能成为金融市场的一部分，但允许被人们直接或间接持有，也就能通过交易市场实现其价值。至少不能以我国不允许加密货币公开交易而否定加密货币的价值性。此外，笔者应当强调，加密货币是否属于货币、外汇或证券与其价值性无关。是否具有价值性更对应于是否构成商品的判断，因此有部分人士认为加密货币类似于一种虚拟商品，从价值性的角度观察不无道理。另外，司法实践中还常容易混淆财物的价值性与合法性。我国刑法界近些年已经逐渐承认财产犯罪的保护法益是人们对财产的占有而非所有。毒品、赃物等非法物、违禁品，都可以构成财产犯罪的对象。同理，即便加密货币持有者获取加密货币的过程违反了法律规定乃至构成犯罪行为，刑法依然对其所持有的加密货币施以保护。简言之，财物非法性也不能否定财物的价值性。

（二）加密货币的不可复制性

不可复制性赋予了财物只能被排他性占有的特性，也是加密货币与其他电子数据的重要区分。加密货币的不可复制性源自两方面：一方面是前述的加密过程具有能源耗费性，因此伪造加密货币得不偿失；另一方面是其自发抵御“双花”攻击[②]的能力。“双花”攻击如同“一房二卖”，指加密货币持有者用同一交易货币与不同交易对手方进行交易，利用全网延迟和局部信息

① 详见 Global Legal Insights, *Blockchain & Cryptocurrency Regulation* 2020, https://www.global-legalinsights.com/practice-areas/blockchain-laws-and-regulations，最后访问于2020年5月6日.

② 计算机术语，英文名称为 double spending attack。

差实现不正当牟利。“双花”攻击严重扰乱加密货币经济体秩序，但在限制措施不足的情况下，趋利的持有者们必然会实施。

阻止“双花”攻击最有效的设计其实就是法定货币电子账户的“清算”过程本身。在实体支付中，货币实体的不可复制性决定了价款的支付必然伴随着所有权的转移；在中心化的支付体系中，健全的清算体系可以确保一个账户内的余额减少只会增加另外一个账户内对应的余额；但在去中心化的支付体系中，数据既具有可复制性，又没有一个机构组织清算。于是加密货币创造性地引入了“挖矿”机制，使得所有成功进行清算工作的“矿工”，都能获得体系自动发出的奖励。这一清算过程可以粗略地概括为两步：一是倾听并收集全网所有的交易请求，积累到一定程度后开始“打包区块”。“打包区块”需要进行繁复的哈希运算，将消耗大量的计算机算力资源。目前，这一算力消耗所需的成本包括购买专门用于进行哈希计算的“矿机”，“矿机”计算和冷却过程消耗的大量电力与人力成本。二是如果哈希计算成功，第一个完成的“矿工”就会向全网广播自己所打包的区块。当这笔交易被其他节点所确认，“矿工”就相当于获得了系统给予的加密货币奖励。如果某位“矿工”率先公布了新的区块，其他“矿工”只能放弃正在进行打包的区块，开始新的打包工作。由于哈希计算的结果是完全随机的且不具有时序相关性的，所以这一工作对所有“矿工”在所有时间都是绝对公平的。当然这也意味着“矿工”很可能在付出很大成本后未能率先完成任务，因而浪费大量算力。对此，加密货币体系设计了自动定期调节算力难度的机制，保证矿工的付出与收获相对持平。

通过以上机制，加密货币体系实现了去中心化管理下的自我“清算”。简言之，就是让最先正确记录交易的人得到奖励，并将这些正确的交易记录向所有人公开，记录到自己的账本上。通过自我“清算”阻止“双花”攻击，加密货币利用精巧的体系设计实现了不可复制性。需要注意的是，此处的不可复制特指经济意义上的不可复制，而非严谨科学意义上的不可复制。由于哈希算法的结果随机性与单向运算性，不存在比加密时更简单的算法反向求解账户的私钥并复制数据链。但如果花费上千亿美元的电费，集合足够多的算力，经历漫长的时间，理论上任何人都是可以复制一条与特定加密货币一模一样的交易数据链从而“复制”特定加密货币的。

（三）认定加密货币属于财物契合我国刑民法体系

我国刑法并不区分“财产”与“财物”概念，理由有二：一是刑法分则第五章“侵犯财产罪”下所有条款的犯罪对象基本都是“财物”；二是刑法总则第六十四条规定追缴或责令退赔的对象是“一切财物”，但不能理解为财产性利益不属于“财物”而不予追缴或退赔。两高司法解释也普遍认可财产性利益属于盗窃罪、抢劫罪的犯罪对象。因此，我国刑法体系下的“财产”就是“财物”。那么刑法总则第九十二条对于“私人所有财产”的定义也可以理解为对“财物”的定义，即公民的合法收入、储蓄及归个人、家庭所有的生产资料都属于“财物”。易言之，财物就是“不为法秩序所禁止的具有经济价值的利益”，或“未经法定程序没收之利益”。现在还没有正式法律对加密货币的获取、持有和交易进行规制。按照2017年9月七部委发布的《关于防范代币发行融资风险的公告》，加密货币只是不具有法偿性和强制性，私人持有和互相交易并不被禁止。因此只要获取加密货币的手段是合法的，就应该属于合法收入或储蓄，进而纳入财物范畴。

此外，加密货币属于网络虚拟财产，是民法明确保护的权利客体。将其认定为财物是最理想的刑法保护方式。“网络虚拟财产”概念存在广狭义之分，但对于必须依赖网络环境中各节点间信息传递和算法验证，现实生活中完全不存在对应实体的加密货币而言，显然应该归属于其中。而就“网络虚拟财产”属于哪类权利客体的问题，民法学界争论已久，有物权说、债权说、知识产权说、新型权利说等各类学说。目前物权说因理论较完善、自洽且能较好地保护网络虚拟财产所有者利益而成为主流学说。其论证思路主要分为两条：一是积极地论证网络虚拟财产具有必备的物权权能，如支配权；二是使用排除法，在确认网络虚拟财产权是权利客体后，排除其构成债权、知识产权等可能。物权说学者指出，尽管网络虚拟财产权之实现有赖于他人意思或行为的介入，但它仍满足“支配意志对所支配财产具有最终选择权与决定权”这一支配权要义。而且随着时代发展，“物必有体”的刻板思路早已应当被摒弃。通过承认“无形的有体物”概念，完全可以将网络虚拟财产划入物权法体系内的“物”。债权说的主要观点在于网络虚拟财产权利人的权利行使需要服务器和网络运营商的技术支持，其法律关系实际上是网络用户与运营商的混同合同关系①，所以网络虚拟财产权属于相对权而非绝对权。但就加密货币而言，其可不依赖于任何中心化机构独立存在，并无技术支持方，相对权无从谈起。且债权说因其理论中存在自相矛盾，已日渐式微。其他学说或实质上与以上两种学说相同，或存在较大的理论缺陷，为笔者所不采。综上，按现在的我国民法权利客体规定②，加密货币属于物权客体。较于对加密货币按数据进行保护的路径，以财物对其进行保护与民法体系更相契合。

---

① 如网络虚拟财产买卖与存储合同、网络服务合同、软件授权使用合同等。

② 既包括2021年1月1日前有效的《中华人民共和国民法总则》《中华人民共和国物权法》的规定，也包括2021年1月1日后生效的《中华人民共和国民法典》的规定。

（四）加密货币契合我国刑法学界的财物界定

我国多位刑法学者已就虚拟财产的刑法属性发表观点，但大都集中在2016年以前。彼时加密货币的概念尚未在我国普及，相关案件也十分稀少，所以鲜有学者论及这一新事物。尽管之前学界所称的虚拟财产主要指网络游戏中的虚拟装备、虚拟货币，然而他们对于财物的各类界定标准对考察加密货币的属性仍富有意义。考察加密货币体系的运行机制可以发现，加密货币的性质与学者们的界定标准相契合。

加密货币有两种获取方式：一种是通过加密货币交易所或私人渠道，以人民币或外币进行购买，获得的加密货币多存储于加密货币交易所的账户中，这也是最常见的加密货币获取方式。另一种是通过加密货币体系“挖矿”或交易获得加密货币，存储于加密货币体系的一个独特“地址”之内。获得者通过只有自己掌握的“私钥”证明其所有者身份，并行使处分权。这种获取方式相对少见，但最原始、最基础。

前种获取方式类似于购买股票、债权等有价凭证，有中心化的证券交易所等机构记录交易、确认所有权。其处分方式也与有价证券相类似，可以自由交易、转移。后种获取方式背后的机制相对复杂。以比特币为例，其初始分配有且仅有“打包区块”获得奖励这唯一手段。初始分配随区块链延伸逐渐进行，到目前也未停止，但定期衰减以保证总量有限。验证比特币交易的矿工，会回溯一笔交易所即将消耗的比特币在此之前全部的流通过程。由于加密算法的精巧设计，尽管逆向解密用户的私钥十分困难，但验证每笔交易只需要已属于用户公开信息的公钥（不准确地比方，可以理解为可公开查询到的用户名），十分简单。通过这样的方式，用户可以安全、持久地对自己的比特币行使独占性管理，并使得比特币具备转移可能性。

如按张明楷教授于《非法获取虚拟财产的行为性质》一文中提出的“财物”应当具备管理可能性、转移可能性与使用价值的界定标准，通过上述两种途径获取的加密货币显然属于财物。陈兴良教授在《虚拟财产的刑法属性及其保护路径》一文中对“财物”的界定相对更宽。其认为只有部分不具排他性使用价值的电磁数据应当剔除于财物范围之外。加密货币既可以用于支付，通过交易所又可以兑换成法币，具有很高的财产价值，而且也可以排他性占有，应当划归陈兴良教授所称的财物概念。传统学说在这一问题上相对张明楷教授的观点差异仅在于“财物”究竟是需要可以被占有还是可以被所有。对于前一种获取方式而言，拥有加密货币交易所的账号和密码即表明加密货币占有者身份，使用密码登录账号即可进行买卖操作。对于后一种获取方式，加密货币的占有通过掌握“私钥”实现，有且仅有“私钥”持有者可以交易加密货币，行使所有权。因此无论哪种方式获取的加密货币都既可以被占有，也可以被所有。

可能的反对观点来自刘明祥教授。其于《窃取网络虚拟财产行为定性探究》中反对将网游虚拟财产作为盗窃罪的犯罪对象，理由包括网游财产存在环境的特定性，转移占有的困难性，对现实影响的无形性的特点，以及财产性利益不能成为盗窃罪对象之考虑。笔者认为，这些理由与考虑并不能否定加密货币的财物属性。其一，加密货币必然不依赖于特定项目方或运营方。如果某种虚拟货币依赖于特定主体机构，如Q币、游戏币，就说明主体机构拥有虚拟货币的发行权和控制权，属于“伪加密货币”。“伪加密货币”可以以较低成本增发，不具有不可复制性。其二，加密货币拥有很强的跨地域转移能力和流动性。只要拥有网络和计算机，加密货币持有者可以随时在世界任何地方登录，并转移给世界任何地方的人，转移占有的困难并不存在。其拥有者可以在世界金融市场中通过各种方式以较低成本进行交易和变现。其三，对现实不具有形性影响，本身定义不清。如果认为只有客观物质存在才能被认定为物，那么银行账户中的存款、证券账户中的金融衍生品等都不能作为财物看待，显然为刑法界所不取；如果认为只要能“对客观世界发挥直接作用”，那么各类虚拟财产都能实现这一点，它们或多或少都能影响人们的生活状态与幸福感。而且“财物”对现实的影响也不应限于有限次性“耗尽”的说法。现实生活中的物质尚可衰减，但能量却只能转化。货币也只会流通，而不会湮灭。如果这种“耗尽”只针对所有者，那么加密货币禁止“双花”的性质本身也限制了所有者只能使用一次。缺少现实的有形性影响对加密货币而言并不能成立。其四，刘明祥教授主张的财产性利益不能被盗窃的原因是其不能被人直接夺取。但加密货币完全可以通过盗窃私钥等手段来实现。综上所述，即便这些财物属性否定说的理由对网游虚拟财产成立，也不影响将加密货币认定为财物。

（五）司法实践中对加密货币属于财物的认定

事实上，已有司法实践开始选择将加密货币认定为财物。黄方骏盗窃比特币一案[①]中，终审法院审理认为被告人帮助他人投资比特币，掌握被害人账户密码后“盗取0.22个比特币转入自己账户”，销赃获利24 000元，构成盗窃罪。陈甲盗窃案[②]中，被告人登录他人在火币网的账户，卖出比特币获利并提现至自己账户内的行为，也被法院认定为以非法占有为目的，秘密窃取被害人网上钱款的行为。上述两案清晰地指明比特币可以成为盗窃罪的犯

① 湖北省武汉市中级人民法院（2018）鄂01刑终字第1001号刑事判决书。

② 上海市普陀区人民法院（2014）普刑初字第1162号刑事判决书。

罪对象。刘刚等诈骗案①中，法院指出交易网站将客户的比特币变现占有后伪造网站被黑客攻击，关闭网站并逃匿的行为已属于诈骗罪。房霞婷诈骗案、林毅坤诈骗案、贺挺诈骗案、刘士剑诈骗案等案②中，法院认为骗取他人比特币、以太币的行为也造成了他人经济损失，属于诈骗。以上各案说明加密货币可以成为诈骗罪的犯罪对象。徐洋洋容留他人吸毒案③中，更是将已被判为“传销币”的“维卡币”认定为财产，转移被害人“维卡币”并套现的行为使“维卡币”脱离了被害人控制并致使其遭受经济损失，属于盗窃行为。法院的判决与本文理论并无矛盾，因为加密货币必然构成财物，但非加密货币中只要满足价值性和不可复制性，也可以构成财产犯罪的对象。尽管“维卡币”的运营方可以简单地复制“维卡币”，但被害人与被告人并无法实现复制，因此对徐洋洋案而言，“维卡币”是符合本文所支持的财产犯罪对象的。在赵志刚敲诈勒索案④中，被告人利用被害公司泄露的数据信息敲诈勒索比特币的行为，被法院判定为敲诈勒索“公私财物”。潘峰敲诈勒索案⑤中，被告人以 DDOS 攻击为要挟向多家公司索取比特币。法院认为，公司在比特币交易网站上实际支付了货币，受到数额巨大的直接财产损失，且比特币在网络上可以自由交易、价格稳定，被告人明知其可获得的收益金额，此类行为已属敲诈勒索。但似乎法院更倾向于将比特币作为勒索的手段，而非勒索对象本身。实践中，也有法院直接指明在要求被害人通过购买比特币支付赎金的勒索行为中，比特币只是支付财产的手段，从而规避了对比特币财物属性的讨论。⑥ 本文认为上述判决具有可取之处，因为敲诈勒索的对象并非被害人所持有的比特币，而是用于购买比特币的款项。比特币只是因为具有节点匿名性而难以追踪，而成为勒索财物的转移媒介。但应注意到，如果被害人直接持有加密货币，则加密货币仍可以成为敲诈勒索罪的犯罪对象。如张恒源敲诈勒索案、张君敲诈勒索案、张云飞敲诈勒索案等案⑦中，法院分别将直接威胁他人索要以太币、比特币未果的行为认定为敲诈勒索罪未遂。总而言之，司法实践认可加密货币可以成为盗窃、诈骗、敲诈勒索等财产犯罪的对象并无太大阻力，尽管在具体案件中还需要区分加密货币究竟是“财

① 浙江省金华市中级人民法院（2016）浙 07 刑终字第 67 号刑事判决书。

② 宁波市鄞州区人民法院（2019）浙 0212 刑初字第 865 号刑事判决书；绍兴市柯桥区人民法院（2018）浙 0603 刑初字第 849 号刑事判决书；东阳市人民法院（2017）浙 0783 刑初字第 784 号刑事判决书；湛江市赤坎区人民法院（2018）粤 0802 刑初字第 249 号刑事判决书。

③ 淮南市谢家集区人民法院（2019）皖 0404 刑初字第 61 号刑事判决书。

④ 苏州市吴中区人民法院（2017）苏 0506 刑初字第 66 号刑事判决书。

⑤ 北京市海淀区人民法院（2017）京 0108 刑初字第 725 号刑事判决书。

⑥ 四川省成都市中级人民法院（2018）川 01 刑终字第 851 号刑事判决书。

⑦ 北京市朝阳区人民法院（2019）京 0105 刑初字第 499 号刑事判决书、宿迁市宿城区人民法院（2018）苏 1302 刑初字第 856 号刑事判决书、龙岩市新罗区人民法院（2019）闽 0802 刑初字第 976 号刑事判决书。

物”还是转移“财物”的手段。

三、非法占有加密货币的行为犯罪定性

（一）以财产犯罪为主线

不同于以计算机犯罪为定性主线，本文主张对于非法占有加密货币的行为，首先应以财产犯罪进行认定。如果行为人通过计算机犯罪手段窃取他人虚拟货币，则定盗窃罪和计算机犯罪想象竞合，择一重罪论处。这样才能充分评价公法益层面上计算机被侵入或数据泄露，以及私法益层面上他人财产损失这两个不同层面的实害结果。

“实际支配或者控制是刑法占有的核心要素。”根据加密货币持有者对加密货币的支配方式不同，可以区分不同非法占有加密货币行为的性质。对于通过原始的加密货币体系直接持有加密货币者，其占有方式不是通过持有电子财产的账户，而是持有加密货币的私钥。如前所述，加密货币的私钥是一串哈希运算得到的复杂数字，用于证明加密货币所依靠的数据链的真实性与可靠性。转移加密货币，必须且仅需私钥签名，即可完成交易。由此可见，私钥是加密货币占有者行使占有、转移、处分等行为的唯一且必备要件。私钥作为一串具有加密货币占有证明力的数字，一旦灭失，即宣告加密货币占有者失去对加密货币的控制力。此种控制力的失去不能通过类似于银行账户挂失这样的方式找回，也不可能通过修复计算机或网络数据恢复。若行为人未通过侵入他人计算机信息系统的方式获得了他人的私钥，并用某种方法使他人失去对所有加密货币私钥及其备份的控制，即可认为其获得了该加密货币。如果行为人的行为是以非法占有为目的，则应当属于取得型财产犯罪；如果行为人只是使他人丧失私钥及其备份的控制，则只属于毁坏型财物犯罪。

对于通过加密货币交易所账户间接持有加密货币者，其占有权的行使不依赖于持有私钥，而是通过持有密码等方式。一旦占有人的账户密码为他人非法获得，其往往可以通过冻结账户、申诉找回等方式恢复对非加密货币或账户中虚拟货币的控制。如对盗窃而言，无论按“财产转移视角”还是“财产损失视角”判断，行为人单纯窃取账户密码并更改的方式可能还不足以认定为完成了占有，而是需要将账户内的加密货币交易到其他由行为人控制的账户中或提现才算盗窃既遂，这与信用卡犯罪中的盗窃既遂认定标准相同。但如果运营方或发行方并未提供申诉修改密码的服务，则更改密码就应当算盗窃既遂。另外，加密货币交易所中的加密货币因为权利人可以通过申诉找

回的方式重新取得，所以不存在毁坏型财产犯罪。

如果行为人同时还存在非法侵入、破坏他人计算机系统，非法获取数据的行为，则应当以财产犯罪和计算机犯罪想象竞合论处。如孟陈林、刘铸案中，法院将“拉黑”并“删除”被害人微信的方式认定为利用“其他技术手段非法获取计算机信息系统数据”。本文认为该论证实在过于牵强，有违罪行法定原则。现实中，计算机犯罪主要与盗窃罪相结合，一般都是行为人通过非法技术手段获取了被害人的加密货币账号或私钥，卖出获利或直接转移至自己名下。相对更为典型的案例是戴永华案①。该案被告人通过暗置于被害人计算机内的比特币钱包后门获取了被害人的比特币私钥，并转移被害人比特币至自己控制下后通过直接交易和虚拟货币平台撮合交易的方式销赃，获利300多万元。检察院与法院均认为此种行为构成非法获取计算机信息系统数据罪，最终判处被告五年零八个月有期徒刑。但如按本文观点，行为人以一行为同时触犯盗窃罪与计算机犯罪，构成想象竞合。按2013年两高司法解释②，行为人的盗窃行为当属“数额特别巨大”，应处十年以上有期徒刑，法院量刑明显畸轻。而且该案并非孤例，类似案件还有通过复杂技术手段盗窃海外比特币持有人账户内比特币的许武浩、朴敏哲团伙案，购买木马程序用于盗窃比特币的梁宇鑫案，利用交易公司漏洞虚假充值获取比特币、以太币的吴某某、邓某某案，登录他人交易所账户卖出比特币并转移收益至自己名下的陈某案等。③

同时触犯财产犯罪和计算机犯罪时都要进行定罪，而非只认定计算机犯罪的评价模式不止是罪刑法定原则对充分评价罪行的要求，从法律经济学的视角出发，这也矫正了罪犯的犯罪激励。法律经济学创始人之一的美国联邦上诉法官理查德·波斯纳在《法律的经济分析》中指出：刑事司法制度严重依赖于徒刑的原因是罪犯偿付能力的限制。这使得罚金征收成本随罚金数额上升而迅速上升，因此大多数犯罪的法定刑罚都是自由刑。易言之，自由刑的不足可能导致刑罚并不能打消理性犯罪分子的犯罪动机。无论法律对加密货币实际保护与否，其可以在全球市场中交易流通，容易变现，因而具备实质的价值性是客观事实。如果非法获取数额特别巨大的加密货币，也只能按

---

① 河南省濮阳市中级人民法院（2019）豫09刑终字第110号刑事判决书。

② 《最高人民法院、最高人民检察院关于办理盗窃刑事案件适用法律若干问题的解释》（法释20138号）第一条第一款：“盗窃公私财物价值一千元至三千元以上、三万元至十万元以上、三十万元至五十万元以上的，应当分别认定为《刑法》第二百六十四条规定的‘数额较大’‘数额巨大’‘数额特别巨大’。”

③ 河南省南阳市中级人民法院（2018）豫13刑终字第1203号刑事判决书；河南省南阳市中级人民法院（2018）豫13刑终字第1204号刑事判决书；河南省南阳市中级人民法院（2019）豫13刑终字第1号刑事判决书；南阳市卧龙区人民法院（2019）豫1303刑初字第185号刑事判决书；焦作市博爱县人民法院（2018）豫0822刑初字第405号刑事判决书；上海市奉贤区人民法院（2019）沪0120刑初字第435号刑事判决书；江苏省金湖县人民法院（2015）金刑初字第00090号刑事判决书。

非法获取计算机信息系统数据处以最高七年的有期徒刑，而非按数额达到30万~50万元以上的盗窃罪或诈骗罪处以10年以上有期徒刑乃至无期徒刑，犯罪分子将有充分的激励铤而走险，实施加密货币相关的犯罪行为。这甚至激励犯罪分子诱使被害人将其转换为具备节点匿名性的加密货币再进行犯罪，更不利于犯罪追索。一旦犯罪被发现，犯罪分子的财产和未来收入不足以偿付损失和罚金，过低的刑期就导致了明显的法律漏洞。这与将非法占有非法品、违禁品的法经济学原理是相通的，即在相关犯罪不能百分之百被发现并起诉之时，自由刑必须达到一定严厉程度，否则就会导致罚金刑的漏洞被放大，难以对理性犯罪人进行实质性约束，达到一般预防犯罪的效果。财产犯罪相对计算机犯罪量刑更重，以此为主线量刑能更好地实现刑法约束犯罪、保护法益的目的。

此外，同时评价侵犯计算机和被害人财产损失两个后果的定罪方法也是其他国家的通行做法。如美国诉克瓦舒克（Kvashuk）案①中，被告人通过侵入雇主电脑窃取加密货币的行为被法院认定涉嫌存取装置欺诈、使用受保护计算机促进欺诈与严重身份盗窃等多重罪名，就同时评价了两个法益侵害后果。

（二）既遂时点

以财产犯罪为主线进行犯罪定性的另一个好处是既遂时点明晰，能及时充分地保护法益。例如孟陈林、刘铸案中，如果依法院思路，被告人的犯罪既遂时点是“拉黑”被害人并将其“踢出群聊”之时。但如按财产犯罪进行认定，被告人以非法占有目的骗得被害人转移加密货币即为诈骗罪既遂。显然，后一种认定方法对法益保护更及时、更充分，也不会出现被告人在骗得被害人财物后不采取任何技术措施即无罪的悖论。

本文主张，按加密货币持有者不同的持有方法，适合将加密货币全部私钥的毁损、点对点交易的发生，或成功卖出交易账户中的加密货币作为虚拟货币财产犯罪的既遂时点。对于盗窃加密货币的行为，登录他人加密货币账户或加密货币“钱包”即为着手。通过修改密码、转移加密货币至行为人控制的账户或转卖加密货币取得收益使得原占有者失去对加密货币实际控制的效果，即属于盗窃既遂。尽管加密货币交易所都宣称采用撮合交易的方式，但实际上受加密货币交易确认时间过长及交易所不正当牟利的动机影响，其大多采用做市交易的方式。只要行为人侵入受害者在虚拟货币交易所的账户并发出卖出指令，无须等待，受害者便已失去对加密货币的控制。因此实务中可将行为人发出卖出指令作为盗窃既遂的时点。在此之前获得他人加密货

① United States v. Kvashuk, 2020 WL 1083711 (W. D. Wash., 2020).

币的私钥或交易账户的密码行为属性类似于为盗窃他人家中财物而偷配钥匙，属于犯罪预备，实务中多不处罚。如果上述行为伴有侵入他人计算机的行为，则以侵入之时作为计算机犯罪的着手时点，实际完成计算机功能的破坏或取得加密货币账户的密码、“钱包”的私钥为既遂时点。

另外，涉及加密货币的诈骗、敲诈勒索犯罪可能并不需要侵入他人计算机，此时应该将向受害人索要虚拟货币的时点为着手时点。如果受害人给付即为既遂，因为行为人意志以外因素而未给付即为未遂。这点与诈骗、敲诈勒索其他财物的行为判定无异，且已为司法实践所证实。①

四、加密货币犯罪的数额认定

尽管实务界与理论界都有加密货币犯罪数额难以认定的声音，但这不应该成为加密货币持有者不受到刑法保护，侵害加密货币持有者法益的行为得不到对应处罚的理由。而且本文认为，虚拟货币价值的确定并不困难，可依以下思路进行：

对大多数加密货币而言，可以按犯罪当时其公开市场交易所的价格来定价。因为加密货币持有者获得加密货币大都是通过交易所，所以按犯罪时交易所公开价格确定能反映受害人遭受的真实损失。极少数人是通过自己“挖矿”获得，但对于加密货币而言，其动态调整“区块”打包难度的机制使得“挖矿”所消耗的平均电力成本与所获得的加密货币奖励可以基本持平，因此交易所价格也大致能反映“矿工”获取加密货币的成本。如果加密货币价格波动过大，投资人交易时点难以确定，也可依照证券犯罪中确定损失额的方法确定犯罪数额。

部分司法实践中有意回避加密货币犯罪数额的问题会造成严重的漏罪、轻判的后果，也不利于保护受害人的法益。例如孟陈林、刘铸案中，如果以诈骗罪定罪，被告人的量刑区间应当在有期徒刑四至六年，法院以非法获取计算机信息系统罪最终判罚有期徒刑三年十个月实属轻判。另如仲崇杰案②中，被告人作为比特大陆公司员工，非法远程侵入公司计算机系统中，将公司比特币钱包程序中的100个比特币转移至自己的钱包中。案发后被告人退还公司90个比特币，另有10个比特币无法找回。法院在认定被告人行为时，仅将公司向网络安全公司支付的“安全服务费”“信息技术服务费”3.6万元纳入公司财产损失中，最终做出被告人犯非法获取计算机信息系统数据罪，

---

① 宿迁市宿城区人民法院（2018）苏1302刑初字第856号刑事判决书；贵阳市观山湖区人民法院（2018）黔0115刑初字第32号刑事判决书。

② 北京市海淀区人民法院（2018）京0108刑初字第1410号刑事判决书。

处有期徒刑一年三个月，并追缴违法所得比特币 10 个的判决。本文认为不甚妥当。如果考虑到 10 个比特币的财产损失，按案发时 2017 年 9 月比特币的交易所价格，比特大陆公司的实际损失应当在 30 万元左右。由于比特币价格波动较大，被告人的退赔金额也应该以此确定，而非退赔 10 个比特币，以免判决时间的长短对损失确定产生较大影响。如依本文观点按盗窃罪与非法侵入计算机信息系统数据罪的想象竞合认定，被告人盗窃 100 个比特币相当于盗窃 300 万元左右的财物，已经属于犯罪数额特别巨大的盗窃，当处十年以上有期徒刑或无期徒刑。由此可见，加密货币犯罪数额认定上的不周可能导致的漏罪、轻判后果也是极其严重的。

五、结　语

本文从部分司法实践中对于非法占有加密货币行为犯罪性质的误解切入，指出法院以计算机犯罪为主线定性加密货币犯罪容易造成判罚漏洞、量刑畸轻。本文认为将加密货币评价为财物并不存在任何司法障碍。无论是从财物本身的性质出发，还是从刑法体系和刑法学界的界定标准进行考量，加密货币都应当构成刑法上所称的“财物”。以财产犯罪为主线对非法占有加密货币的行为进行定性，既可以更及时完善地保护加密货币持有者的法益，又可以充分评价行为人的行为结果。有关犯罪形态的判断也与行为人所侵害法益的结果更为协调一致。犯罪数额可以参照犯罪时市场交易所的公开价格确定，避免确认损失不当导致量刑偏差、疏于保护受害人法益。

参考文献

1. 陈兴良：《虚拟财产的刑法属性及其保护路径》，载于《中国法学》2017 年第 2 期。

2. 黄京磊等：《解码区块链：原理机制、场景案例与通证经济》，清华大学出版社 2020 年版。

3. 黎宏：《论财产犯中的占有》，载于《中国法学》2009 年第 1 期。

4. 黎宏：《论财产犯罪的保护法益》，载于《人民检察》2008 年第 23 期。

5. 刘明祥：《窃取网络虚拟财产行为定性探究》，载于《法学》2016 年第 1 期。

6. 张明楷：《非法获取虚拟财产的行为性质》，载于《法学》2015 年第 3 期。

7. ［美］理查德·波斯纳：《法律的经济分析》（上册），蒋兆康译，法律出版社 2012 年版。

The Nature of Illegal Possession of Cryptocurrency

Xie Danxia　Huang Jinglei

(School of Social Science, Tsinghua University, 100084)

Abstract: Regarding the illegal possession of cryptocurrency, some courts have convicted the perpetrators of computer crimes on the ground that cryptocurrency does not belong to property. This kind of sentence ignores the property attribute of cryptocurrency, which contradicts the criminal law system and theory, violates the principle of a legally prescribed punishment for a specified crime, fails to deter potential crimes, and creates additional social cost. There are no judicial obstacles to take property crime as the main principle to convict similar acts, which can be utilized to fully protect the interests of cryptocurrency holders in time, evaluate the nature of the perpetrators' behavior, avoid additional social cost, and facilitate the judgment of crime forms. The amount of crime can be determined by referring to the market price of the cryptocurrency.

Keywords: Cryptocurrency　Property Crime　Computer Crime

JEL Classifications: K14　L51　L86

相对语言难度影响了中国的对外贸易吗？

——基于“一带一路”相关国家的数据分析

杨博文　余建刚*

【摘　要】语言作为一种社会因素，对经济发展中起到重要作用。语言和经济关系密切，不同的语言在交往过程中的交易成本不同，因此对于国与国的贸易有着直接的影响。本文在前人的研究成果上，将其他语言相对于汉语的相对难度这一指标作为变量构筑经济模型，从而研究在中国和“一带一路”沿线国家的经济往来的过程中，不同的语言难度对于国际贸易的影响程度。本文发现：相对语言难度对于中国和“一带一路”相关国家的对外贸易产生显著负向影响。相对语言难度影响了中外贸易。与此同时，语言对中国和相关国家的贸易进口影响系数较大于贸易总额和出口额，说明中国的产品出口向技术密集型产品过渡，而进口逐渐向原材料和初级产品转化。中国在未来应着力发展相关的语言产业，并通过语言规制，增强语言对于经济的促进作用。

【关键词】**相对语言难度　对外贸易　一带一路　语言**

中图分类号：**F121.3**　文献标识码：**A**

一、引　言

自习近平总书记2013年提出“丝绸之路经济带”和“21世纪海上丝绸之路”以来，中国与“一带一路”沿线国家的经济互动取得了较快的进展。千年之前的古丝绸之路起源于沿线各国的贸易活动，因此新时代“一带一

* 杨博文，中国政法大学马克思主义学院；地址：（100088）北京市海淀区西土城路25号；邮箱：yangbw0924@163.com；余建刚，辽宁大学经济学院博士研究生。

路”建设的重心是中国同沿线各国的贸易往来。贸易引力模型在近些年的研究中作为主流的研究方法得到了广泛的应用，热度不减。以贸易引力模型为基础，地理、文化、制度等要素开始进入人们的视线。

语言作为一种关键的社会文化因素，更是影响国际贸易的关键。语言作为各国人们进行沟通交流的工具，对“一带一路”双边贸易势必产生重要影响。“一带一路”沿线具有60个国家和地区，有近60种语言，且复杂多样。而现阶段，我国关于语言对于国际贸易影响的研究仍旧很有限。因此，研究语言因素对“一带一路”沿线各国的贸易具有重要意义。

然而，国内关于语言的相关研究相对有限。已有的研究分为以下几类：①基于欧美国家尤其是欧盟国家测量英语同其他语言之间的差距，用来分析中国同英语国家之间的贸易往来；②近些年研究语言的成果多基于语言距离的测算，中国同世界各国语言距离成为热点，学者们多研究语言距离对中国同世界各国之间的影响；③在研究国内的经济行为上，学者们利用方言作为衡量文化的变量，用来研究文化差异对经济活动的影响。但仍有以下不足：关于“一带一路”多以非英语为主要语言的国家研究较少，同时关于“相对语言难度”这一语言变量关于经济的影响缺乏深入探讨。

基于此，在前人研究的基础上，本文将语言经济学理论与时下热点问题“一带一路”的贸易问题相结合，着重探究相对语言难度对国际贸易的影响。本文的贡献如下：将研究对象从传统的中国内部方言和国内经济扩展至外国语言以及中外之间的经济贸易，实证检验了相对语言难度作为交易成本对于国际贸易的影响，为中国未来“一带一路”经济带的发展和语言产业提供了一些参考和借鉴。

二、经济与语言的相关理论基础

在研究语言对于中国同世界各国贸易的影响因素方面，学者们多倾向于使用语言距离这一变量。谢孟军、郭艳茹（2013）发现语言是一种交易成本，并由小国承担。我国出口贸易额与投入人力资本正相关，正式约束中的政治、经济和法律制度安排对我国出口贸易有引力作；张卫国、孙涛（2016）利用扩展的引力模型，发现国民英语能力与我国对外服务贸易流量呈显著正向关系，改善和提高国民英语能力对我国经贸往来大为有益；徐珺、自正权（2016）运用引力模型，加权处理WALS指数，研究发现语言距离与双边贸易流量呈负相关。语言距离是影响中国对外贸易不可忽视的因素；余路（2017）使用CEPII数据库中的各语言指数，实证研究表明共同口语对“一带一路”总体双边贸易影响最大。其他依次是共同民族语言、共同官方语言和语言相近性；曲如晓、刘霞（2019）将国民英语沟通能力引入 Melitz 异质企业模型框架下，基于35个OECD国家的出口数据发现国民英语沟通能力的提高对企业出口概率和出口强度均有显著的正向影响。

部分学者认识到了语言难度这一指标的重要性，采取测度量化语言难度的方式进行研究。哈奇森（Hutchinson，2005）测算语言障碍指数表明语言障碍对进口贸易的影响比出口贸易要大；罗曼（Lohmann，2011）研究发现语言障碍与双边贸易呈负相关。在控制其他变量不变的情况下，语言障碍指数每上升10%，贸易便降低7%～10%；苏剑、葛加国（2013）将语言距离设置为变量，实证研究证明在其他条件不变的条件下，两国的语言距离和贸易流量呈负相关关系；苏剑、葛加国（2018）利用"一带一路"沿线国家的面板数据，发现通用语言能够降低交易成本，促进双边贸易、语言传播，能给国家贸易带来利益。且语言差异可能会对双边贸易产生负面影响。

在研究国内的语言对于经济活动的影响方面，学者们多倾向于研究方言这一要素。魏下海、陈思宇、黎嘉辉（2016）通过对中国创业者所具备的方言进行分析，得出了具有当地方言的流动人口更容易成为创业者的结论；徐现祥、刘毓芸、肖泽凯（2015）则根据《汉语方言大词典》构建了方言多样性指数，并通过实证检验发现消除方言多样性可以提高30%的人均产出；刘毓芸、戴天仕、徐现祥（2017）则发现了方言上的差异增大了相邻县市资源上的错配；同时，刘毓芸、徐现祥、肖泽凯（2015）还通过计算中国地级市的方言距离，在理论上证明了方言具有先促进、后抑制劳动力流动的"倒U型"的特征；赵子乐、林建浩（2017）构建语言距离指标测度文化差异，实证发现文化差异对于地区收入差距同时具有阻碍效应和直接效应。一方面阻碍技术扩散，另一方面影响地区收入差距；李广勤、曹建华、邵帅（2017）基于中国276个地级市的语言多样性与对外贸易数据集，发现较高的语言多样性会阻碍人力资本积累，抑制对外开放。而加强普通话推广，有助于推进区域经济发展；高超、黄玖立、李坤望（2019）基于中国企业调查数据，考察了方言距离对企业跨省份销售行为的影响，发现企业所在城市与销售目的市场之间的方言距离越大，企业进入该市场的可能性越小；冯伟、李嘉佳（2019）基于引力模型，发现方言多样性对各省区市的对外贸易具有文件的抑制作用，且表现出明显的空间差异性和时间演变性。

综上所述，我们提出如下假设：

假设1：语言难度对于一个国家的对外贸易具有显著影响。

语言难度对于贸易具有影响。语言作为一种日常交往的工具，在人们的工作、学习、生产活动中占据着重要的地位。有学者认为：人类和动物最大的一个区别，就是人类拥有了语言。语言作为信息的载体，可以传输人类的意识、思想，是人类文明生生不息的重要一环。任何两个人、两个团体和两个国家之间的贸易往来都需要两种不同的语言，用来测算难度系数和产生的成本。如果A语言和B语言完全属于不同的两种语言，则二者难度系数为1。反之，如果A语言和B语言属于完全相同的两种语言，则二者难度系数为0。由于世界上以汉语为官方语言的国家只有中国，因此语言难度的系数在0和1之间变化。我们认为，语言难度对于贸易有着显著影响，相对难度越难，对于贸易的阻碍越大。

假设2：不同的相对语言难度对于同一国家对外贸易的影响程度不同。

由于不同的语言归属于不同的语系、语族、语支，而且同一语支的语言内部往往也有较大差异。以汉语为例，汉语属于汉藏语系、汉白语族，而蒙古国、哈萨克斯坦虽然与中国在地理位置上相近，但是其语言蒙古语和哈萨克语属于阿尔泰语系中的蒙古语族和突厥语族，与汉语的差异相当大。英语虽然属于印欧语系中的日耳曼语族，但是由于从屈折语（英语）向分析语（汉语）发生了转化，两种不同语系、语族、语支的语言竟出现了相似性。因此，对于今天绝大多数的中国人而言，对于英语的接受程度远远超过对于蒙古语的接受程度。换言之，克服蒙古语所需要的成本远远高于克服英语所需要的成本。这样，对于同一国家而言，不同相对难度的语言对于同一国家对外贸易的影响程度也有很大差异。

假设3：相同的语言难度对于不同经济水平的国家对外贸易影响程度不同。

这一假设相对容易理解，而且也比较符合经济学的道理。对于一些经济水平相对较低的国家来说，出口的主要产品多为初级产品，例如赞比亚出口铜矿、索马里出口牲畜、老挝出口木材和一些简单的手工制品。而相对发达的国家则向外输出技术、知识、医疗等服务型产品，例如美国的麦肯锡、波士顿、贝恩等著名咨询公司，负责向客户提供公司战略、企业金融、商业技术和运营等多种服务。我们发现：随着国家经济水平的不断提高，进出口的主要产品从以物质为基础的工、农业制成品逐渐转变为高端服务类产品。对于发达国家而言，对外经济贸易多为技术密集型的服务产品，容易受到语言影响。因此，我们认为，相对语言难度对于不同经济水平的国家贸易影响程度不同，对经济水平较低的国家影响程度相对较低，而对经济水平较高的国家影响程度则相对较高。

三、理论模型、变量和数据来源

（一）理论模型

在研究国际贸易的相关理论中，我们发现引力模型是一个很好的出发点。

早在20世纪，丁伯根（Tinbergen，1962）和波洪能（Poyhonen，1963）分别从美国和欧洲的经济现实出发，分别利用时间序列数据和面板数据，将引力模型引入了国际贸易中，用来分析影响两个国家贸易量的因素。本文参照了国内外关于贸易的相关文献，基于已有的知识特设定引力模型如下：

$$\ln Output = \beta_0 + \beta_1 Hard + \beta_2 Organization + \beta_3 \ln Gdp \times chGdp + \beta_4 \ln perGdp \times chperGdp + \beta_5 \ln Population + \beta_6 \ln Distance + \beta_7 line$$

$$\ln Input = \beta_0 + \beta_1 Hard + \beta_2 Organization + \beta_3 \ln Gdp \times chGdp + \beta_4 \ln perGdp \times chperGdp + \beta_5 \ln Population + \beta_6 \ln Distance + \beta_7 line$$

$$\ln Trade = \beta_0 + \beta_1 Hard + \beta_2 Organization + \beta_3 \ln Gdp \times chGdp + \beta_4 \ln perGdp \times chperGdp + \beta_5 \ln Population + \beta_6 \ln Distance + \beta_7 line$$

（二）解释变量和被解释变量

（1）被解释变量。

本文的被解释变量主要有中国对外贸易进口额的对数（lnoutput），中国对外贸易进口额的对数（lninput）以及中国对外贸易进出口的总额的对数（lntrade）（见表1）。

（2）解释变量。

本文的解释变量为各国语言对于汉语的相对难度。相对语言难度来源于语言障碍指数，是语言障碍指数的一种表现形式。语言障碍指数通过对比两国所使用语言的差异及相似，并进行量化，是一种测度两种语言相似程度的指标。约翰尼斯·罗曼（Johannes Lohmann，2011）根据《世界语言结构图谱》（WALS）研究了各种语言的结构特征，包括音韵、修辞、时态、语态、简单句、复杂句等多种特征。根据语言障碍指数理论，王立非、崔璨（2018）根据WALS的指标计算各种语言相对于汉语的难度。作者将语言特征划分为小、较小、一般、较大和大五个等级，运用虚拟变量赋值，如果两种语言相同赋值为0，不同则赋值为1。将所有语言特征赋值之后，加权取平均数即求得两种语言的语言障碍指数。语言障碍指数越高，证明该国语言相对于汉语越难，反之则越容易。同时，本文借鉴了王立非、崔璨的研究成果的基础上进行修改和筛选，将多民族国家波黑的相对语言难度利用加权平均法得出，将新加坡、马来西亚、菲律宾、印度、不丹的外语设置为英语。其余国家的外语基本以官方语言或者占据人口主体所使用语言为主。根据语言经济学的相关理论，较难的语言在交流的过程中会形成成本，从而影响经济交往行为。因此，我们认为相对汉语语言难度越高，对中国同该国贸易往来成本越大。相对汉语语言难度越低，对中国同该国贸易往来成本越小（见表1）。

表 1　　　　解释变量、被解释变量及控制变量说明

变量名称	变量含义	解释说明
Hard	i 国语言相对汉语语言难度	反映 i 国语言（例如英语）相对汉语语言难度，取值范围为 0 ~ 1
Output	第 t 年中国对 i 国贸易出口额（美元）	反映第 t 年中国同 i 国贸易出口水平
Input	第 t 年中国从 i 国贸易进口额（美元）	反映第 t 年中国同 i 国贸易进口水平
Trade	第 t 年中国对 i 国贸易出口总额（美元）	反映第 t 年中国同 i 国贸易进出口水平
chGdpt	第 t 年中国的 GDP（美元）	反映第 t 年中国的经济规模
Gdpit	第 t 年 i 国的 GDP（美元）	反映第 t 年 i 国的经济规模
chperGdpt	第 t 年中国的人均 GDP（美元）	反映第 t 年中国的人均购买力
perGdpit	第 t 年 i 国的人均 GDP（美元）	反映第 t 年 i 国的人均购买力
Orga	i 国是否与中国同属某一经贸组织	虚拟变量，如果 i 国和中国同属一贸易组织（WTO、APEC）取 1，如果不属则取 0
Distance	i 国与中国之间的地理距离（千米）	取中国首都北京至 i 国首都（例如卡拉奇）的直线距离
Populationion	第 t 年 i 国的人口（万人）	反映第 t 年 i 国的人口规模
Line	该国与中国是否接壤	虚拟变量，如果 i 国和中国国土接壤取 1，如果不接壤则取 0

根据表 2 我们发现："一带一路"沿线国家地区语言种类繁多，且语言难度大小不一。总体来看，东南亚国家的相对语言难度较低（英语 0.41，印尼语、泰语、越南语 0.37）。而中亚（哈萨克语 0.77，土库曼语 0.76）、南亚（孟加拉语 0.70，乌尔都语 0.73）、东南欧（摩尔多瓦语 0.82，波斯尼亚语 0.79）的相对语言难度较高。这种现状与"一带一路"倡议背景恰好相符合：中国传统的贸易对象以东南亚国家为主，相对语言难度较低，交流也相对容易，而开发交往较少的中亚、南亚与东南欧地区的相对语言难度较高，在未来"一带一路"建设过程中需要对各国语言，尤其是相对汉语难度较高的语言予以高度重视。因此，在新时代"一带一路"背景下研究相对语言难度问题具有深刻意义。

表 2　基于语言障碍指数的“一带一路”语言服务难度评级

序号	语言	国名	与汉语的障碍指数	序号	语言	国名	与汉语的障碍指数
1	摩尔多瓦语	摩尔多瓦	0.82	27	立陶宛语	立陶宛	0.65
2	波斯尼亚语	波黑	0.81	28	黑山语	黑山	0.64
3	斯洛伐克语	斯洛伐克	0.79	29	阿尔巴尼亚语	阿尔巴尼亚	0.64
4	马来语	文莱	0.79	30	葡萄牙语	东帝汶	0.63
		马来西亚		31	泰米尔语	新加坡	0.61
		新加坡		32	尼泊尔语	尼泊尔	0.61
5	蒙古语	蒙古国	0.77	33	保加利亚语	保加利亚	0.60
6	哈萨克语	哈萨克斯坦	0.77	34	波兰语	波兰	0.60
7	土库曼语	土库曼斯坦	0.76	35	罗马尼亚语	罗马尼亚	0.60
8	迪维希语	马尔代夫	0.75	36	拉脱维亚语	拉脱维亚	0.59
9	塔吉克语	塔吉克斯坦	0.75	37	亚美尼亚语	亚美尼亚	0.58
10	捷克语	捷克	0.73	38	印地语	印度	0.57
11	乌尔都语	巴基斯坦	0.73	39	格鲁吉亚语	格鲁吉亚	0.55
12	白俄罗斯语	白俄罗斯	0.70	40	希腊语	塞浦路斯	0.54
13	孟加拉语	孟加拉国	0.70	41	希伯来语	以色列	0.54
14	马其顿语	马其顿	0.69	42	阿拉伯语	阿联酋	0.50
15	爱沙尼亚语	爱沙尼亚	0.68			阿曼	
16	僧伽罗语	斯里兰卡	0.68			巴勒斯坦	
17	老挝语	老挝	0.68			巴林	
18	乌克兰语	乌克兰	0.67			卡塔尔	
19	克罗地亚语	克罗地亚	0.67			科威特	
		波黑				黎巴嫩	
20	斯洛文尼亚语	斯洛文尼亚	0.65			沙特阿拉伯	
21	塞尔维亚语	塞尔维亚	0.65			叙利亚	
		波黑	0.65			也门	
22	普什图语	阿富汗	0.65			伊拉克	
23	阿塞拜疆语	阿塞拜疆	0.65			以色列	
24	柯尔克孜语	吉尔吉斯斯坦	0.65			约旦	
25	乌兹别克语	乌兹别克斯坦	0.65			埃及	
26	德顿语	东帝汶	0.65	43	菲律宾语	菲律宾	0.49

续表

<table>
<tr><th>序号</th><th>语言</th><th>国名</th><th>与汉语的障碍指数</th><th>序号</th><th>语言</th><th>国名</th><th>与汉语的障碍指数</th></tr>
<tr><td>44</td><td>土耳其语</td><td>土耳其</td><td>0.49</td><td rowspan="4">51</td><td rowspan="4">英语</td><td>菲律宾</td><td rowspan="4">0.41</td></tr>
<tr><td>45</td><td>匈牙利语</td><td>匈牙利</td><td>0.49</td><td>新加坡</td></tr>
<tr><td>46</td><td>宗卡语</td><td>不丹</td><td>0.48</td><td>印度</td></tr>
<tr><td>47</td><td>缅甸语</td><td>缅甸</td><td>0.48</td><td>不丹</td></tr>
<tr><td>48</td><td>波斯语</td><td>伊朗</td><td>0.47</td><td>52</td><td>印尼语</td><td>印度尼西亚</td><td>0.37</td></tr>
<tr><td>49</td><td>高棉语</td><td>柬埔寨</td><td>0.47</td><td>53</td><td>泰语</td><td>泰国</td><td>0.37</td></tr>
<tr><td rowspan="2">50</td><td rowspan="2">俄语</td><td>俄罗斯</td><td rowspan="2">0.45</td><td rowspan="2">54</td><td rowspan="2">越南语</td><td rowspan="2">越南</td><td rowspan="2">0.37</td></tr>
<tr><td>白俄罗斯</td></tr>
</table>

（3）控制变量。

国内生产总值（GDP）：反映了一个国家的经济规模。经济规模对国际贸易的进出口有直接影响，经济规模越大，对外出口以及对内进口的总量也就越大。

人均国内生产总值（PCGDP）：反映了一个国家的人均购买力。人均购买力越高，对一个国家的进口影响越大。

人口规模（POPULATION）：反映了一个国家的人口多少。一方面，人口规模越大，人均 GDP 即人均购买力越小。而另一方面，人口规模越大，对外出口和对内进口的总量越大。二者同时产生影响，因此无法预先判断人口规模对于进出口贸易的影响，后文的实证结果会给出结论。

是否属于同一经贸组织（TA）：同一经贸组织之内的国家具有法律上和规则上的优惠政策和便利条件，相对于不属于同一经贸组织的国家具有很大的优势。本文根据中国的现实情况，取 WTO 和 APEC 两个经贸组织作为范围。

地理距离（DIST）：两个国家之间的地理距离会影响两国贸易成本。两个国家距离越远，其交通运输成本越大，同时增加了对于对方的信息采集的难度。因此，地理距离对于双边贸易额具有负面影响。本文根据中国首都（北京）与外国首都（卡拉奇）的直线距离取值。

（三）数据来源

相对汉语语言难度出自王立非、崔璨的论文《基于语言障碍指数的“一带一路”语言服务难度评级研究》；进出口分项额和总额来源于联合国商业数据，GDP 的相关数据和人口规模来源于世界银行；地理距离来源于谷歌地图的测度。

四、实证结果与分析

（一）基础回归

综合相关的计量经济学理论和相关文献，为了检验贸易引力模型的合理性以及语言难度的解释力，本文决定利用可行性的广义最小二乘法（FGLS）与随机效应模型（RE）对数据进行回归。可行性的广义最小二乘法（FGLS）能够利用权重，有效地克服普通最小二乘法（OLS）所带来的估计偏误，因此具有较高的应用价值。同时，由于相对语言难度是不随时间变化的常量，采用固定效应模型会因与国家个体效应存在高度共线性而被提出，故采取随机效应模型进行估计。本文数据中语言难度系数过小（<1），而相关控制变量的数额过大，为了确保数据的平稳性以及估计的合理性，本文将主要较大数据取相关对数后进行分析。

具体来看，如表 3 所示，根据回归的结果，我们发现：各主要变量大多通过了显著性检验。经过调整的 R^2 基本都大于 0.7，证明设定的回归方程和真实值具有良好的拟合性。各个国家人口以及人均生产总值的交互项两大变量对于中国进口具有负向的影响，这说明这两处变量对于经济的影响是复杂的（或是因为数据的原因所致），具体原因需要更为细致的方法和研究。除此之外，中国 GDP 和外国 GDP 乘积的交互项、地理距离、是否属于同一贸易组织等变量都通过了检验。各个主要变量几乎都在 1% 的水平上显著，这在很大程度上证实了引力模型的解释力，说明事实与引力模型相契合。

表 3　　　　基础回归

变量	FGLS	FGLS	FGLS	RE	RE	RE
	lntrade	lnoutput	lninput	lntrade	lnoutput	lninput
hard	-1.135*** (0.252)	-0.496** (0.247)	-2.592*** (0.469)	-1.871** (0.933)	-0.722 (0.918)	-3.785** (1.629)
orga	0.645*** (0.0730)	0.572*** (0.0724)	1.289*** (0.131)	0.703** (0.275)	0.652** (0.270)	1.406*** (0.479)
line	-0.144 (0.0927)	0.166* (0.0912)	-0.772*** (0.165)	-0.113 (0.346)	0.0410 (0.341)	-0.651 (0.605)

续表

变量	FGLS	FGLS	FGLS	RE	RE	RE
	lntrade	lnoutput	lninput	lntrade	lnoutput	lninput
lngdpchgdp	0.839 *** (0.102)	0.229 ** (0.0993)	2.243 *** (0.185)	0.521 *** (0.0758)	0.224 *** (0.0802)	1.114 *** (0.141)
lnpergdpchpergdp	0.204 ** (0.0933)	0.733 *** (0.0904)	0.916 *** (0.169)	0.433 *** (0.0640)	0.711 *** (0.0677)	-0.0729 (0.119)
lnpopulation	0.253 ** (0.103)	0.854 *** (0.0997)	0.930 *** (0.185)	0.412 *** (0.0969)	0.763 *** (0.100)	-0.0744 (0.176)
lndistance	-1.564 *** (0.0966)	-1.210 *** (0.0913)	-2.360 *** (0.179)	-1.493 *** (0.370)	-1.213 *** (0.363)	-2.146 *** (0.645)
Constant	-5.493 ** (2.338)	3.512 (2.277)	-32.71 *** (4.215)	-4.956 (3.839)	-2.759 (3.844)	-16.24 ** (6.807)
观测值	1 053	1 053	1 045	1 053	1 053	1 045
R^2	0.845	0.835	0.738	—	—	—

注：括号内数字为 t 值；*** 、** 和 * 分别表示在 1%、5% 和 10% 的水平上显著。

在最主要的语言因素方面，我们发现以下几点：①相对语言难度在贸易出口、贸易进口和贸易总量方面呈 5% 水平显著。这说明外语相对于汉语的语言难度对于贸易具有相当强的相关性；②相对语言难度的回归系数为负值，说明外语相对汉语的语言难度对于贸易起了阻碍和抑制作用；③外语相对汉语的语言难度关于贸易进口的回归系数分别为 -2.592 和 -3.785，远远高于贸易出口和贸易总量的系数，说明相对语言难度主要影响中国从国外进口的贸易，而对中外贸易的出口影响较小。

究其原因，我们认为：一方面，由于中国的生产力不断提高、技术创新日新月异，因此以劳动密集型和资源密集型为主的产品输出逐渐向以医疗卫生、文化教育、科学技术为主的服务型输出转化，这些对于语言的要求较之前相比具有大幅度提高。而中国从“一带一路”沿线国家进口的贸易多以初级原材料为主，包括有色金属、矿产资源、石油等原始资源，较服务型产业对于语言的要求较低。另一方面，随着中国经济实力的增强，中国逐渐在同世界各国的交往中获得了肯定和认同。尤其“一带一路”和“亚投行”的建设，使世界各国更加信任和依靠中国，对于中国经济的需求也与日俱增。中国贸易出口形成的需求“刚性”，超过了中国对其他各国贸易的进口需求。因此，相对语言难度对中国贸易进口的影响远远大于对贸易出口的影响。

（二）稳定性检验

为了检验相对语言难度对于贸易的影响这一理论的正确性，同时也为了检测模型设定（可行的广义最小二乘法与随机效应模型）的科学性，本文决定进行稳定性检验。本文选取了《中国统计年鉴》中的贸易总额（trade）、出口总额（output）以及进口总额（input），替换之前联合国商业部门中的相关数据，并以此为基础再次进行回归分析，用以测度模型的合理性。检验结果如表4所示。

表4　　稳定性检验

变量	FGLS	FGLS	FGLS	RE	RE	RE
	lntrade	lnoutput	lninput	lntrade	lnoutput	lninput
hard	−0.868*** (0.269)	−0.520* (0.272)	−0.505 (0.568)	−1.348* (0.931)	0.0678 (0.918)	−3.773** (1.635)
orga	0.0807 (0.0702)	0.245*** (0.0741)	0.0325 (0.142)	0.607** (0.274)	0.504* (0.270)	1.403*** (0.481)
line	0.657*** (0.0817)	0.664*** (0.0882)	0.728*** (0.161)	−0.0126 (0.346)	0.195 (0.340)	−0.652 (0.606)
lngdpchgdp	0.584*** (0.0866)	0.176* (0.0923)	1.586*** (0.174)	0.548*** (0.0575)	0.357*** (0.0610)	0.958*** (0.108)
lnpergdpchpergdp	0.594*** (0.0913)	0.967*** (0.0980)	−0.163 (0.181)	0.557*** (0.0651)	0.809*** (0.0690)	0.0829 (0.122)
lnpopulation	0.474*** (0.0905)	0.913*** (0.0969)	−0.309* (0.180)	0.441*** (0.0892)	0.718*** (0.0918)	0.0795 (0.163)
lndistance	−1.533*** (0.0754)	−1.211*** (0.0834)	−2.240*** (0.145)	−1.624*** (0.369)	−1.408*** (0.364)	−2.156*** (0.647)
Constant	−11.02*** (1.950)	−6.568*** (2.098)	−31.19*** (3.873)	0.711 (3.591)	0.325 (3.572)	−5.180 (6.359)
观测值	1 054	1 054	1 047	1 053	1 053	1 045
R^2	0.866	0.838	0.723	—	—	—

注：括号内数字为t值；***、**和*分别表示在1%、5%和10%的水平上显著。

回归结果显示：语言难度与贸易总额、出口额的关系同时通过了检验，FGLS下贸易总额的显著性最为明显，为1%水平高度显著，而出口额也呈

10%水平显著。RE 回归下的贸易总额与进口额呈显著性。而且与前文相比，语言难度对于贸易总额与出口总额的影响系数相对初次回归相差不大，相对语言难度关于贸易总额的影响系数仍然维持在 1 左右，而 RE 回归下的进口额系数为 -3. 773，说明相对语言难度对于进口额的影响较大。其余各项控制变量也基本通过了检验，且正负相关关系及系数与初次回归结果无明显差异。在整体上，语言难度关于贸易的影响这一机理通过了实证检验，其合理性得到了证实。

鉴于相对语言难度与贸易总额及进出口额之间可能存在严重的内生性，本文决定采取广义矩估计法对内生性进行检验。系统 GMM 是对差分 GMM 的扩展。差分 GMM 是对原方程作差分，使用变量滞后阶作为工具变量。差分 GMM 的缺陷有：差分时消除了非观测截面个体效应及不随时间变化的其他变量，且有时变量滞后阶并非理想工具变量。系统 GMM 相当于联立了差分方程和原水平方程，使用变量滞后阶作为差分方程的工具变量，同时使用差分变量的滞后项作为水平方程的工具变量。因此，我们选择更好的系统 GMM 法对数据进行回归。

从表 5 的结果中我们看到数据通过了系统 GMM 检验，Arellano—Bond 检验结果说明，扰动项存在一阶序列自相关，但是不存在二阶自相关。而且 Sargan 统计量也没有拒绝“所有工具变量都有效”的原假设，这也说明本文选取的工具变量是有效的，同时系统 GMM 得出的结果也是可信的。在系统 GMM 方法估计的结果中，正负号以及显著性都基本通过了检验，但是整体上的显著度与 FGLS 方法得出的结果相比较出现下降。其中，贸易总额、出口总额两项均通过了检验，但结果系数同之前相比较为扩大。而进口额一项没有通过检验，这与之前稳健性检验的结果相同。这让我们有一定的理由怀疑相对语言难度对于贸易进口之间的影响机理的合理性。综合来看，虽然有部分控制变量没有通过检验，但鉴于核心被解释变量以及主要解释变量均通过检验，我们有理由认为相对语言难度对于贸易的负向影响是稳健的。

表 5　　内生性检验（系统 GMM 估计）

变量	(1)	(2)	(3)
	lntrade	lnoutput	Lninput
L. lntrade	0. 867 *** (0. 0918)		
L. lnoutput		0. 807 *** (0. 0973)	
L. lninput			0. 513 *** (0. 112)

续表

变量	(1)	(2)	(3)
	lntrade	lnoutput	Lninput
Hard	-5.942 * (3.292)	-4.569 * (2.585)	-1.640 (4.264)
Orga	0.0479 * (0.556)	0.203 ** (0.525)	-0.490 (0.861)
Line	-1.438 (1.335)	-1.071 (1.336)	-1.702 (2.069)
Lngdpchgdp	-0.000222 (0.188)	-0.00414 (0.186)	0.610 ** (0.251)
Lnpergdpchpergdp	0.198 * (0.227)	0.212 * (0.231)	0.00328 (0.192)
Lndistance	0.168 (1.745)	0.117 (1.316)	-0.239 (1.786)
Constant	3.407 ** (6.24)	2.977 * (3.80)	-17.32 ** (8.66)
Sargan	0.1583	0.1678	0.3197
AR (1)	0.0025	0.0086	0.0009
AR (2)	0.1672	0.4359	0.2584

注：括号内数字为 t 值；*** 、** 和 * 分别表示在 1%、5% 和 10% 的水平上显著。

（三）异质性检验

我们依据世界银行的分类标准，按照收入将“一带一路”的相关国家按照人均国民收入分类：中低收入国家和高收入国家①。这里对中低收入国家和高收入国家进行异质性检验。

中低收入国家（人均国民生产总值低于 12056 美元）：伊朗、伊拉克、土耳其、叙利亚、约旦、黎巴嫩、也门、阿曼、印度、巴基斯坦、孟加拉国、阿富汗、斯里兰卡、马尔代夫、尼泊尔、不丹、哈萨克斯坦、乌兹别克斯坦、土库曼斯坦、塔吉克斯坦、吉尔吉斯斯坦、俄罗斯、乌克兰、白俄罗斯、格鲁吉亚、阿塞拜疆、亚美尼亚、摩尔多瓦、波黑、塞尔维亚、阿尔巴尼亚、罗马尼亚、保加利亚、马其顿。

① 低收入国家样本过少且数据波动较大（叙利亚等），故不进行分析。

高收入国家（人均国民生产总值高于 12056 美元）：捷克、斯洛伐克、爱沙尼亚、拉脱维亚、立陶宛、克罗地亚、斯洛文尼亚、波兰、塞浦路斯、以色列、阿联酋、阿曼、巴林、卡塔尔、科威特、沙特阿拉伯、匈牙利、文莱、新加坡。

如表 6 所示，从异质性检验的结果看，相对语言难度对于中国同高收入国家质检的贸易总量以及贸易出口都存在着明显的相关关系，其系数分别为 -1.004 和 -0.712。与同中等收入国家的出口项呈 -0.786 程度的负向相关关系。结合之前的检验结果，除系统 GMM 之外，相对语言难度对于被解释变量的影响系数基本在 -1 左右上下浮动。整体上这与前文的结果相一致。虽然高收入国家的贸易出口和贸易总量都通过了检验，但相对语言难度对中国同高收入国家以及中等收入国家的进口却没有相关性，高收入国家与中等收入国家的进口项均没有通过检验。结合上文的回归分析结果，我们发现在稳健性检验以及异质性检验中，进口项均呈现不显著的特征。这说明初次 FGLS 回归的结果具有偏误，其结果的可靠性存在问题。我们有理由认为：相对语言难度对于中国同外国进口不存在影响，即语言难度对进口没有形成阻碍。

表 6　　相对语言难度对于中国对外服务进出口的影响（FGLS 法的异质性检验）

变量	高收入国家			中等收入国家		
	lntrade	lnoutput	lninput	lntrade	lnoutput	lninput
hard	-1.004** (0.505)	-0.712** (0.310)	-0.941 (0.963)	-0.529 (0.623)	-0.786*** (0.558)	2.792 (1.080)
o. orga	—	—	—	0.0647 (0.114)	-0.134 (0.105)	0.488** (0.200)
o. line	—	—	—	0.0245 (0.178)	0.340* (0.179)	0.586* (0.317)
lngdpchgdp	0.851*** (0.185)	0.204 (0.125)	2.525*** (0.341)	1.049*** (0.161)	0.851*** (0.148)	1.208*** (0.283)
lnpergdpchpergdp	0.259 (0.207)	1.075*** (0.138)	1.480*** (0.381)	0.206 (0.174)	0.376** (0.159)	-0.0178 (0.305)
lnpopulation	0.303 (0.199)	0.869*** (0.136)	1.293*** (0.368)	-0.00876 (0.183)	0.0944 (0.166)	0.314 (0.320)
lndistance	-0.829*** (0.136)	-0.871*** (0.175)	-1.357*** (0.243)	-1.563*** (0.121)	-1.030*** (0.118)	-2.472*** (0.213)

续表

变量	高收入国家			中等收入国家		
	lntrade	lnoutput	lninput	lntrade	lnoutput	lninput
Constant	-16.95*** (4.049)	-2.720 (3.142)	-49.87*** (7.446)	-13.60*** (3.413)	-12.02*** (3.194)	-20.43*** (6.000)
观测值	323	323	323	323	323	317
R^2	0.815	0.883	0.640	0.882	0.898	0.777

注：括号内数字为 t 值；***、**和*分别表示在 1%、5%和 10%的水平上显著。由于高收入国家都与中国同属某一贸易组织，且均与中国不存在领土相邻，因此 organization 项与 line 项不显示。

关于这一点，我们可以从中国目前发展的现状中得到答案：随着中国的发展越来越迅速，经济水平越来越高，进出口结构也发生变化。对外出口的产品从商品向服务转化，而进口产品也逐渐从服务转变为商品。医疗、卫生、通信、教育等类型等技术密集型和知识密集型产品取代了水泥、钢铁、纺织品、手工制品等资本密集型和劳动密集型商品成为中国出口的主力。而进口恰恰与之相反，原材料大宗商品开始取代技术密集型产品成为我国需求的主体。

其他各项也基本通过了检验。其中，中国和外国国民生产总值的交互项、中国和外国人均国民生产总值的交互项多数显著。除人口项对中等收入国家没有呈现显著性外，其余各项整体上的结果都与前文的检验相一致，再次佐证了文章的结论。

五、结论与启示

本文基于扩展的引力模型，对“一带一路”几十个国家的面板数据进行分析。我们发现人口规模、地理距离、人均收入水平、国民经济水平等因素等控制变量基本都呈显著因素，在此基础上，最核心的经济变量相对语言难度和中外贸易呈显著关系，而且为负向显著关系。这说明相对语言难度不仅影响中国对外贸易总量，而且相对语言难度越高，对于贸易的影响越大。同时，相对语言难度对于中国的进口影响较大，而贸易总额和出口影响较小。这与中国现阶段以技术密集型和服务类产品为出口、以原材料为进口的现状相一致，验证了模型的合理性，也说明了中国现阶段产业升级与经济进步的事实。

但是回归现实，关于语言的问题仍然存在。首先，我国的语言教育制度很不均衡，英语呈现一家独大的态势，虽然英语作为通用语言具有其存在的合理性，但是却使其他小语种的学习遭到挤压；日语作为仅次于英语的外语，与其他小语种相比又具有优势；诸如俄语、法语、德语，尤其是第三世界国家的语言则显得投入与重视不足。其次，我国的语言政策受外交政策影响大，经常被国际关系所左右。新中国成立之初，我国受苏联的援助，俄语成为主流外语；20 世纪 80 年代左右，中日关系处于“蜜月期”，日语成为主流外语；21 世纪中国加入 WTO 以及申奥成功，全民又掀起学习英语的热潮。从长远来看，这不利于我国语言以及相关行业的发展。最后，相对于西方国家，关于我国语言经济学的研究还相对滞后。我国对于语言经济学的研究仅十几年，对于语言和经济之间的相互关系、机理作用的研究不足。除了对语言作为人力资本这一维度的研究外，对语言规制的研究也需要深入。因此，对于语言，尤其是从语言经济学的角度出发，我们应当给予足够的重视。

在对外贸易的内容上，我们也能找到一些与语言的结合点。我国的对外贸易结构同一些发达国家相比，仍然相对落后。知识密集型产品和资本密集型产品，诸如电子产品、金融业务、医疗服务和计算机通信等产品服务仍然有待提高，这样就为语言和对外贸易构建了一座桥梁。发展高端服务业，自身的科技进步固然不可少，但语言方面的投入也是重要的一环。新时期，我们应当在发展巩固通用语言（英语、俄语、阿拉伯语）的基础上，兼顾发展小语种（捷克语、哈萨克语、乌尔都语等）。随着语言的作用越来越明显，语言有望作为一种独立的因素，通过承载文化和民族情感，增进中外人民的交往合作，作用于经济发展，成为未来中国振兴的新动力。

参考文献

1. 方虹、彭博、冯哲、吴俊洁：《国际贸易中双边贸易成本的测度研究——基于改进的引力模型》，载于《财贸经济》2010 年第 5 期。

2. 刚翠翠、任保平：《语言特质对经济增长的影响：理论解释与经验检验》，载于《经济科学》2015 年第 3 期。

3. 谷克鉴：《国际经济学对引力模型的开发与应用》，载于《世界经济》2001 年第 2 期。

4. 黄少安、苏剑：《语言经济学的几个基本命题》，载于《学术月刊》2011 年第 9 期。

5. 黄少安、张卫国、苏剑：《语言经济学及其在中国的发展》，载于《经济学动态》2012 年第 3 期。

6. 阚大学、罗良文：《文化差异与我国对外贸易流量的实证研究——基于贸易引力模型》，载于《中央财经大学学报》2011 年第 7 期。

7. 刘毓芸、戴天仕、徐现祥：《汉语方言、市场分割与资源错配》，载于《经济学（季刊）》2017 年第 4 期。

8. 刘毓芸、徐现祥、肖泽凯:《劳动力跨方言流动的倒U型模式》, 载于《经济研究》2015年第10期。

9. 罗来军、罗雨泽、刘畅:《自由贸易区促进贸易了吗? ——来自国家层面的经验考察》, 载于《世界经济》2015年第12期。

10. 宋一淼、李卓、杨昊龙:《文化距离、空间距离哪个更重要——文化差异对于中国对外贸易影响的研究》, 载于《国际贸易问题》2015年第9期。

11. 苏剑:《语言距离影响国际贸易的理论机理与政策推演》, 载于《学术月刊》2015年第12期。

12. 苏剑、黄少安、张卫国:《语言经济学及其学科定位》, 载于《江汉论坛》2012年第6期。

13. 苏剑、张雷:《语言经济学的成长》, 载于《西部论坛》2010年第4期。

14. 田晖、蒋辰春:《国家文化距离对中国对外贸易的影响——基于31个国家和地区贸易数据的引力模型分析》, 载于《国际贸易问题》2012年第3期。

15. 魏下海、陈思宇、黎嘉辉:《方言技能与流动人口的创业选择》, 载于《中国人口科学》2015年第6期。

16. 徐现祥、刘毓芸、肖泽凯:《方言与经济增长》, 载于《经济学报》2015年第6期。

17. 张卫国:《作为人力资本、公共产品和制度的语言》, 载于《经济研究》2008年第2期。

18. 张卫国、陈贝:《引力模型与国际贸易问题中的语言因素:一个文献评述》, 载于《制度经济学研究》2014年第1期。

19. 张卫国、孙涛:《语言的经济力量:国民英语能力对中国对外服务贸易的影响》, 载于《国际贸易问题》2016年第8期。

20. 张卫国、刘国辉:《中国语言经济学研究述略》, 载于《语言教学与研究》2012年第6期。

21. 张卫国:《语言经济学的几个基本问题》, 载于《学术月刊》2012年第12期。

22. 张志明、崔日明:《服务贸易、服务业FDI与中国服务业工资水平——基于行业面板数据的经验研究》, 载于《国际贸易问题》2015年第8期。

23. Tinbergen J., 1962, "An Analysis of World Trade Flows", In J. Tinbergen (ed.), Shaping the World Economy: Suggestions for an International Economic Policy, New York: The Twentieth Century Fund.

24. Melitz J., 2008, "Language and Foreign Trade", European Economic Review, 52.

25. Hutchinson, W. K. , 2002, "Does Ease of Communication Increase Trade? Commonality of Language and Bilateral Trade", Scottish Journal of Political Economy, 49 (5).

26. Fidrmuc, Jan, and Jarko Fidrmuc, 2016, "Foreign Languages and Trade: Evidence from a Natural Experiment", Empirical Economics, 50 (1).

27. Bedassa Tadesse, Roger White, 2010, "Cultural Distance as a Determinant of Bilateral Trade Flows: Do Immigrants Counter the Effect of Cultural Differences?", Applied Economics Letters, 17 (2).

28. Roger White, Bedassa Tadesse, 2008, "Cultural Distance and the US Immigrant-trade link", The World Economy, 31 (8).

29. Anderson J. E and van Wincoop, 2004, Trade Costs. Journal of Economic Literature, 3.

30. Kua H, Zussman A. , 2010, "Lingua Franca: The Role of English in International Trade", Journal of Economic Behavior & Organization, 75.

31. Selten, R. Pool. J, 1991, "The Distribution of Foreign Language Skills As a Game Equilibrium" . In: Selten, R (Ed.), Game Equilibrium Models, 4. Springer – Verlag, Berlin, 30 (4).

32. Kokka A. , Tingvallb P G. , 2014, "Distance, Transaction Costs, and Preferences in European Trade", The International Trade Journal, 28.

33. Chiswick, Barry R. , 1991, "Speaking, Reading, and Earnings among Low – Skilled Immigrants", Journal of Labor Economics, 9 (4).

34. Oh, C. H. , Selmier II, W. T. , and D. Lien, 2011, "International Trade, Foreign Direct Investment, and Transaction Costs in Languages", Journal of Socio – Economics, 40 (6).

Does Relative Language Difficulty Affect China's Trade?

—Data Analysis Based on the Belt and Road Related Countries

Yang Bowen

(College of Marxism, China University of Political Science and Law, 100088)

Yu Jiangang

(School of Economics, Liaoning University, 110036)

Abstract: Language, as a social factor, plays an important role in economic development. Language and economy are closely related. Different languages have different transaction costs in the process of communication, so they have a direct impact on the trade between countries. In this paper, the relative difficulty of other languages relative to Chinese is used as a variable to construct an economic model, so as to study the influence of different language difficulties on international trade in the process of economic exchanges between China and the "one belt and one road" country. It is found that the relative language difficulty has a significant negative impact on the foreign trade of China and the "one belt and one way" countries. Relative language difficulty affects Chinese and foreign trade. At the same time, the impact coefficient of language on China's trade imports and related countries is larger than the total trade and export volume, which indicates that China's exports of products are transiting to technology-intensive products, while imports are gradually transforming to raw materials and primary products. In the future, China should focus on the development of related language industries, and strengthen the role of language in promoting the economy through language regulation.

Keywords: Relative Language Difficulty Foreign Trade Belt and Road Language

JEL Classifications: F10 F13

制度经济学在中国的应用、拓展和深化

——“第三届（2020 年度）中国制度经济学论坛”会议综述

李增刚*

2020 年 10 月 17 ~ 18 日，山东大学经济研究院、北京大学国家发展研究院、《经济研究》杂志社在北京联合主办第三届（2020 年度）中国制度经济学论坛。来自北京大学、清华大学、中国人民大学、浙江大学、中山大学、复旦大学、武汉大学、厦门大学、重庆大学、山东大学和中国社会科学院等全国著名高校和科研院所的 100 多位学者参加了论坛。山东大学经济研究院院长和“制度经济学论坛”理事长黄少安教授、北京大学国家发展研究院院长姚洋教授、《经济研究》编辑部副主任、中国社会科学院经济研究所研究员谢谦分别在开幕式上致辞。

开幕式之后，举行了主题报告。中国社会科学院经济研究院研究员张曙光教授做了题为《使用权中心的企业制度和企业理论》的报告，提出了从所有权为中心的企业制度向以使用权为中心的企业制度的转变，在理论上分析了这种转变的可能性。厦门大学王亚南经济研究院龙小宁教授做了题为《高质量发展中的知识产权行业的挑战与机遇》的报告，从产权保护、制度实验和制度环境改善三个层面、八个方面量化评估了知识创新政策激励的效果，明确了政府在知识产权行业发展中的作用以及知识产权行业未来的研究议题。中国人民大学经济学院的聂辉华教授做了题为《朝向一个最优政企理论》的报告，从政府是否干预企业、如何干预企业两个维度将政企关系分为四种类型：政企合作、政企合谋、政企分治和政企伤害；从静态和动态两个维度分别分析了不同政企关系的决定因素，并指出了政企关系的未来研究议题。中山大学岭南（大学）学院的徐现祥教授做了题为《人事调整与商事制度改革》的报告，以地级市发文落实数据比较分析了 2012 年之后的商事制度改革落实情况，并从工商部门领导人事调整的角度解释了落实情况的差异。17 日

* 李增刚，经济学博士，山东大学经济研究院教授、博士生导师，《制度经济学研究》编辑部主任；地址：（250100）山东省济南市山大南路 27 号山东大学（中心校区）经济研究院；E-mail：cass-lzg@ 126. com。

晚上，浙江大学资深文科教授史晋川教授做了题为《诺思悖论与政府职能》的报告，以各地开发区用地流转和“宿迁医改”为案例，讲解了政府推动制度变革效果差异的根源。

17 日下午和 18 日上午，论坛分为 16 个平行会场分别进行了专题汇报，分别为“产权改革与高质量发展”“制度与经济增长”“宏观经济研究”“政治经济学理论”“中国特色社会主义政治经济制度与增长”“有为政府对创新的作用”“行政组织与公共管理”“制度、文化和法经济学”“环境保护与高质量发展”“制度环境与实体经济”“经济史”“收入差距与扶贫”“文化与疫情”“金融学”（两个平行会场）、“政策与企业微观行为”。需要说明：第一，本综述的论文为会议议程中参与会议讨论的入选论文；第二，本综述各部分的标题及所包含的论文与各平行会场的标题及论文不一致，这里根据主题和内容进行了调整。

一、对制度变迁的经济学解释

山东大学经济研究院的黄少安等从英国敞田制和中国家庭联产承包责任制变迁的历史比较视角，研究了经济社会转型过程中农村土地产权变迁的经济逻辑和一般规律。研究发现，以工业化、城市化和市场化为主要内容的经济社会转型，是推动农村土地产权制度变迁的重要驱动力。无论一国土地产权制度的初始安排如何，随着经济社会转型所引起的对土地流转的需求增加，将驱动农村土地产权制度朝着保障土地转让权、实现土地顺畅流转的制度方向演进。尽管中国和英国土地产权制度的初始状态和变迁过程中的具体称谓不同，但它们变迁背后的推动力量和演变方向是一致的，都是为应对经济社会转型而做出的反应，最终建立起了适应经济社会转型要求、能够最大限度促进土地流转的产权制度。通过构建包含经济社会转型和土地产权变迁的一般均衡模型，进一步证明了经济社会转型是驱动农村土地产权制度向有利于土地流转方向演变的重要因素。

清华大学的王明等基于西南 3 省 40 府的面板数据，通过双重差分法与 2SLS 方法验证了“改土归流”这一制度变迁的内生动因：中央政府通过流官取代土司治理地方，以加强对地方资源尤其是铜矿资源的控制，因而铜矿分布影响了“改土归流”进程。与没有铜矿的府相比，京局铸币数量每增加 1%，拥有铜矿的府中土司势力下降的幅度要增加 7.453%；京局采买铜料价格相较于 1685 年每增加 1%，土司势力降低 8.44%。进一步对流官制度建立的实证检验显示，拥有铜矿的府每万平方千米的流官数量比没有铜矿的府多 0.731 个，即“改土归流”不仅是废除土司，还需要建立流官制度。

流官制度的牢固确立，使得中央对地方控制力的加强，为获取地方资源提供了基础性的条件。

辽宁大学的孙思迪从新制度经济学的视角关注清代两淮盐政制度变迁的历史过程，应用利益集团及制度变迁理论，运用委托—代理与讨价还价模型对盐政改革的动因以及三大利益集团在制度变迁中的博弈过程进行探析，并最终得出结论：利益集团是阻碍清代盐政制度变迁的重要原因，利益集团间的讨价还价使制度变迁陷入僵局，而引入外生变量和竞争机制是破解改革阻力的关键。

二、制度与经济增长

山东大学经济研究院的李业梅等以全要素生产率为中介变量，探究了粮食流通体制变革对中国经济增长影响的传导机制，研究表明，新中国成立初期，统购统销式的粮食流通体制通过虚拟税收作用，促进了工业部门的资本积累，从而促进了经济增长；改革开放后，市场化逐渐加强的粮食流通体制则通过提高农业部门的全要素生产率促进了经济增长。实证结果表明，粮食流通体制改革显著正向影响了全要素生产率，全要素生产率与粮食流通体制对经济增长影响的传导机制具有显著的部分中介效应。分样本研究表明，南方及市场化程度较高的地区，粮食流通体制的现有水平居于"U"型曲线最低点右侧，随粮食流通体制市场化程度提升，全要素生产率增速提高。

山东大学经济研究院的陈言等从社会资本的经济属性和社会属性出发，将其纳入技术创新方程和消费者效用函数，从而构建内生经济增长模型。模型结果显示，社会资本能够有效促进经济增长，对社会资本的投资越大，经济增长的速度提升越显著；实证结果验证了社会资本的提升能够显著作用于经济增长这一结论；而社会资本对经济增长的助力主要是通过技术创新这一中介实现的，且以上结论均显著。

西南财经大学的许坤等从理论上深入分析了中国特色金融制度——开发性金融与金融分权——对经济增长的作用机制，证明开发性金融对经济长期产出具有双重效应，两者之间的权衡导致开发性金融规模与经济增长之间的倒"U"型关系；适度的金融分权有利于提高开发性金融的经济增长效应。实证研究结果表明：①开发性金融占比在5%水平上显著为正，其平方项在5%水平上显著为负，说明开发性金融与经济增长之间确实存在显著的倒"U"型关系；从时间和地区分组看，实证结果一致，证实了上述结论的稳健。②当金融分权低于门槛值时，金融分权与开发性金融占比交互项在10%水平上显著为正，当金融分权高于门槛值时，金融分权与开发性金融占比交互项在1%水平上显著为负，说明适度金融分权有利于提高开发性金融的经济增长效应。从时间和地区分组看，2008～2012年，金融分权与开发性金融交互作用的增长效应作用最为显著；中部地区金融分权对开发性金融增长效应的作用最强。

吉林大学的冯永琦等探讨了制度质量、金融结构以及二者的交互效应对金融发展的影响。研究发现：第一，金融结构对一国金融发展水平有显著影响，直接融资金融模式对金融发展的影响更显著；第二，制度质量的改善总体上能够促进金融发展；第三，法制完善度、政治民主度的提升、产权自由度和财政自由度的改进能够促进金融发展水平，而政治稳定度和贸易自由度的改进会对金融发展水平具有阻碍作用；第四，金融市场相对银行机构的活动和制度因素中腐败控制或货币自由度的质量提升，会阻碍彼此对金融发展的促进效应。金融市场相对银行机构的运行效率和制度因素中政治民主度或货币自由度水平的质量提升，也会阻碍彼此对金融发展的促进效应。但金融市场相对银行机构的规模和法律完善度的质量提升会促进彼此对金融发展的促进效应。

中央财经大学的刘传明将2008年环境信息披露制度的实施作为一项外生政策冲击，基于2005～2017年中国278个城市数据构建准自然实验，采用DID和PSM－DID方法研究环境信息披露对城市绿色全要素生产率的影响。研究结果显示：①环境信息披露制度能够显著提高城市的绿色全要素生产率，环境信息披露能够使城市绿色全要素生产率提高5%～8%，采用PSM－DID方法的稳健性估计结果与基准回归结果一致；②环境信息披露影响城市绿色全要素生产率的机制分析表明，环境信息披露通过提高城市创新水平、降低环境污染水平、提高环境治理能力等途径提高城市绿色全要素生产率；③在区域异质性层面，东部地区环境信息披露的城市环境信息披露对城市绿色全要素生产率的影响显著为正，而中西部欠发达城市的环境信息披露对城市绿色全要素生产率的影响并不显著。在环境规制强度和创新水平异质性层面，低环境规制强度和低创新能力的城市，环境信息披露提高绿色全要素生产率的系数较高，在经济发展水平异质性层面，经济发展水平较高城市，环境信息披露提高绿色全要素生产率的系数要高于经济发展水平较低城市。

邵阳学院的杨琴等基于资源的特色及其禀赋效应，分析了资源特色、有效投资和市场预期对乡村旅游业供给侧行为决策的作用机制；并通过讨价还价博弈的公理化构建和均衡分析，发现资源利用矛盾可以被讨价还价过程所缓解。拓展研究表明：资源特色程度会影响乡村旅游业高质量发展的方向和水平，使得资源特色及其有效投资比成为乡村旅游业供给侧改革的关键制约。

大连理工大学的姜照华等从制度创新对提高生产要素配置结构和效率理论出发，运用数据包络分析（DEA）方法分析和测算了制度创新对美国、英国、中国等经济增长的贡献率。结果表明：制度创新在几乎所有国家的经济增长中都起到了重要作用。

华中科技大学的李卫兵等研究了地区民族自治政策对生产率的影响。结果表明：地区民族自治提高了自治区企业生产率，大约为23%；一系列的稳健性检验确证了该结果。机制研究表明，地区民族自治通过影响人力资本、创新、开放、补贴和税收减免等影响企业生产率。

三、制度与创新

山东大学经济研究院的孙锦萍和李亚飞基于中国创新发展中出现的“南北分化”现象，研究了企业创新行为的区域“同群效应”及其所有制动因。研究发现：我国企业的创新行为存在显著的区域同群效应，国有控股公司同时存在同行业的地区同群效应和不同行业的地区同群效应，而非国有控股公司只存在同行业的地区同群效应；南方企业同样存在两种类型的地区同群效应，其中国有控股公司两种类型的地区同群效应依然同时存在，而非国有控股公司只存在同行业的地区同群效应；北方企业只存在不同行业的地区同群效应，其中国有控股企业只存在不同行业的地区同群效应，而非国有控股企业不存在同群效应。山东大学经济研究院的李亚飞等研究了政府通过公共创新奖励提高企业创新增长的可能性。研究发现：政府的研发补贴能够影响企业的创新绩效。

山东大学经济研究院的李欣泽等以省级开发区升级成国家高新区为“准自然实验”，研究了开发区升级对城市创新水平的作用效果。结果表明，省级开发区升级为国家高新区后，能显著提升其所在城市的创新水平，并且那些具有创新比较优势城市的创新提升效应相对更大。进一步分析表明，开发区升级的创新提升效应主要由城市的产业集聚度上升（“集聚效应”）、企业的税负下降（“政策效应”）和高新技术企业进入（“创业效应”）来实现，而不是城市内部的市场竞争程度提高（“选择效应”）的结果。

山东大学经济研究院的李芳慧等在一个包含创新的内生增长模型中引入经济个体异质性，研究了在此模型框架下对创新的补贴如何影响经济增长以及经济结构转型。通过求解基础模型可知，刀锋条件成立的情况下，广义平衡增长路径（GBGP）存在，且在 GBGP 上，经济增长率随着补贴率的提高而上升。此外，在确定的创新补贴率下，随着时间推移，农业部门会不断收缩，而制造业与服务业将不断扩张。但从长期来看，当时间趋于无穷时，三个部门的就业份额将趋于稳定。在拓展模型中引入了资本收入税，结果表明，资本收入税的增加不会影响 GBGP 上的经济增长率，但会加快经济结构转型，不过这种加速伴随着最终产品产量的下降。

西南政法大学的肖忠意等构建了 2007～2017 年地级市创新环境的综合评价指标，研究了城市创新环境改善对所辖上市公司创新能力的影响。研究发现，一方面，中国各个地级市的创新环境水平存在差异；另一方面，城市创新环境对于所辖上市公司创新能力提升有显著的正向促进作用，虽然城市创新环境对实质性创新和策略性创新均有显著的促进作用，但研究结果发现其对于实质性创新的促进作用显著大于策略性创新。进一步中介因子效应检验发现，城市创新环境能够通过降低税负对上市公司创新能力提升形成正向的“税收激励”效应，且不同税负的影响效应存在一定的差异。

中央财经大学的林高怡等研究了混合所有制改革对中国企业升级的影响，从纵向整合和横向整合的角度解释了混合所有制改革促进企业升级的机制。研究发现：混合所有制改革可以有效推动以全要素生产率为表征的中国企业升级；降低纵向整合度和提高横向整合度是国有企业混合所有制改革促进企业升级的有效渠道；当以企业劳动密集度降低和技术密集度提高衡量企业转型升级时，依然发现混合所有制改革对企业升级起推动作用；进一步检验发现，混合所有制改革对企业升级的影响存在异质性；国有企业改制后国有资本股权占比 38.86% 时促进企业升级作用最优。

四、制度与家庭收入

山东大学经济研究院的李金玮等研究了高等教育能否帮助家庭脱贫、改善家庭生活条件的问题，结果表明：发现大学生毕业后短期内非但不能改善家庭消费水平，甚至会出现“致贫”作用；但是，长期内却会显著改善家庭生活状况，实现“反哺”家庭。高等教育短期致贫效应会引起父母减少对子女高等教育投资的短视行为，长远来看不利于人力资本的积累。

中央财经大学的杨甜娜等利用北京大学数字普惠金融指数与 CFPS 微观数据库，研究了中国数字普惠金融发展对家庭多维贫困状况的影响，结果表明：数字普惠金融能够显著缓解家庭多维贫困；数字普惠金融对缓解收入、生活水准、健康维度的贫困有显著影响，但对保险和教育维度的贫困无显著影响。在进一步的机制分析中，得出数字普惠金融通过促进家庭消费、增加金融投资缓解多维贫困，并证明数字金融平台的发展为家庭提供更多获得贷款的机会。

西南大学的高远东基于中国家庭追踪调查数据（CFPS2016），利用再中心化影响函数回归（RIF），实证检验了认知和结构两种形态的社会资本对家庭收入差距的作用及其在治理能力现代化进程中的变化，研究表明：认知性和结构性社会资本均缓解了家庭收入差距，证实了“社会资本是穷人的资本”这一假说；随着政府治理水平提高，认知性和结构性社会资本嵌入正式制度之中缓解家庭收入差距的作用进一步增强；政府治理扩大了家庭转移性收入差距，出现了“使命漂移”的现象。

南京信息工程大学的何文剑等研究了集体林权改革对农户家庭收入的影响。他们分析了集体林权改革对农户家庭收入影响的理论机制，证实了集体林权改革显著提高了农户营林收入、非农收入以及农户总收入。

五、宏观经济政策及其绩效

中央财经大学的黄乃静等基于金融机构的宏观预测数据，比较了套索模型（Lasso）、梯度提升模型（GBM）、随机森林等机器学习模型在通货膨胀预测上的表现，研究发现套索模型显著优于基准模型；基于经济学理论利用机构特征变量影响机器学习的调优过程，发现这些“订制”模型在现有机器学习方法基础上进一步提高了预测精度。

西南财经大学的刘定等基于各类结构向量自回归（SVAR）模型研究中国货币政策冲击时实证结果的差异，阐述了如何借助结构参数考察不同结果的准确性；采用多信息源策略进行识别，比较了价格型和数量型货币政策在效应、传导渠道和宏观冲击应对方面的差异，主要发现有：价格型货币政策对产出和通胀的影响稳定且持久，其传导主要通过投资和消费渠道，更适合应对供给冲击；数量型货币政策的影响短期更大但持续时间较短，其传导主要通过投资和信贷渠道，更适合应对需求冲击。

清华大学的张红等构建了考虑影子银行业务与商业银行业务独立共生的新凯恩斯 DSGE 模型，考虑货币政策利率作为利率锚定基准联系两类银行之间的利率关系，探讨宏观审慎、货币政策以及双支柱政策共同影响宏观经济的内在机理。研究结果表明：第一，宏观审慎工具商业银行资本充足率要求提升货币政策传导效果，资本充足率要求中包含影子银行信贷数量的政策作用更为有效，提升企业信贷约束资产抵押比率有助于抑制经济系统风险；第二，影子银行独立性弱化货币政策传导效果并增大经济波动的顺周期性，影子银行业务与商业银行业务替代互补性显著；第三，资本充足率要求与货币政策配合能够优化双支柱政策调控效果，提高宏观审慎工具与货币政策工具之间的协同一致性以及宏观审慎工具之间的协同一致性能够有效提升双支柱政策作用效果的“溢出效应”。

山东大学经济研究院的张恒国从行业和产业链两个层面上分别研究了 COVID－19 疫情下中国防控政策和货币政策对病毒传播和经济复苏的影响。

研究发现：①利用LDA模型对中国资讯行数据库中26 568篇与疫情防控相关的新闻建模，构建了中国防控政策指数，克服了因数据时间跨度短就突发公共卫生事件本身对经济冲击进行全面分析的困难。②选择因果网络模型对CSMAR数据库中与房地产产业链相关的1 743家上市公司进行研究。在大数据环境下同时分析变量间的相互因果影响，准确计算了防护政策对病毒传播和经济复苏的影响途径与作用力度。③COVID－19疫情下，中国防控政策可以有效阻止新冠病毒传播。在货币政策配合下，对土木工程建筑业、建筑装饰和其他建筑业、房地产业、租赁业是正向因果影响大些；而对房屋建筑业和建筑安装业是负向因果影响大些。

六、政治制度的经济影响

中南财经政法大学的魏福成等基于微观主体行为构建了一个无限期界、内生化模型，分析了征税能力直接和间接影响在位者是否会激励民众积累人力资本，从而影响是否会走上发展型国家的道路。他们认为，征税能力是一把“双刃剑”，一方面使得在位者有更有效的财政工具征收更多的税收收入（经济效应），但另一方面会提高民众的讨价还价能力和集体行动能力，从而可能会降低其在政治竞争中获胜的概率（政治效应）。当“政治效应”超过“经济效应”时，在位者会阻止民众的人力资本积累，反之则会促进人力资本积累和走上发展型国家的道路。在以下情况下，较高的征税能力带给在位者的收益超过征税能力较低时的收益，从而在位者会选择较高的征税能力水平及较高的民众人力资本水平，促进经济增长与发展：①与征税能力提高相伴随的民众的讨价还价能力充分小、民众人力资本水平提高带来的民众解决集体行动的能力充分小；②在位者法定政治权力的在位优势充分大；③民众集体行动能力的分布函数变化充分缓慢；④技术或生产率水平充分大；⑤来自非生产性收入（如自然资源收益和接受的援助）充分小。

西南财经大学的洪正等基于控制权对金融分权的指标进行了重构，并以此为基础重新梳理了金融分权的总体演变和地区差异的特征事实，在此基础上对金融分权影响因素进行了实证分析，找到了产业升级和公共投资对金融分权影响的关键证据；考虑工业化、城市化进程和地方政府间的金融竞争，从产业升级视角出发，构建了国企发挥先导产业跃升作用的动态一般均衡模型，分析了金融资源在中央与地方（金融分权Ⅰ）、政府与市场（金融分权Ⅱ）两个层面的最优配置（即最优金融分权）的形成机制与演变特征。分析表明：中国特色的金融分权形成主要是由经济赶超发展过程中国企主导的产业升级所致。在有序产业升级下，最优金融分权表现出向地方和市场逐渐倾斜的特点；当考虑国企过度跃升与延迟退出情形时，金融资源配置会偏离最优金融分权，出现短暂调整，这与我国金融分权总体演变趋势和阶段性变化一致。当地方政府为地方经济发展而对金融资源展开竞争时，地方产业结构差异会导致金融分权Ⅱ的不同。具体来说，产业结构较为先进的地区会吸引落后地区的金融资源，最终产业结构先进地区的金融分权Ⅱ高于产业结构落后地区。城市化进程也会影响金融分权Ⅱ的变化，过快或过慢的城市化均会导致金融资源向市场配置比例降低。

清华大学的朱旭峰等使用量化文本分析方法测量 2003 ~ 2012 年 42 个中央社会监管类政策及对应的 848 个省级贯彻文件中“限权控制”与“赋权控制”的程度，考察中央科层治理手段如何通过省级政府向下传递。结果显示：中央政策与省级贯彻文件在科层治理手段的使用上高度一致。但是，“限权控制”的高昂执行成本使财政能力（与谈判能力）强的省级政府倾向于通过拖延发布贯彻文件，或在贯彻文件内容上弱化“限权控制”来规避中央科层治理手段对地方的影响。

北京大学光华管理学院的张建君等基于地方官员在地区发展中的重要作用，探究了地方官员个人特征如何影响地区经济与社会发展平衡。结果表明：①年长的、有上级部门任职经历的、有多种部门工作经历的官员，能更好地平衡地区经济增长和社会发展；②地方官员的个人特征通过影响晋升，促进地区发展平衡；③政绩考核观转型后，上述官员个人特征对地区平衡发展的积极影响仍旧显著，但影响程度减弱；④省级政府对 GDP 增长的重视程度和地区 GDP 水平，会调节官员个人特征的影响。

西安交通大学的鞠逸飞等从新制度经济学的视角，以政府信任理论为基础推导政务公开对促进公共服务质量提升的内在逻辑；基于 IS 成功模型，以人民调解服务为切入点，从信息质量和系统质量两个维度探究政务公开影响公共服务质量的模式。研究发现：较高的公开信息完整性是高质量的基层公共服务的必要条件；在政务公开上存在不足的区县依然可能提供较高水平的公共服务，这主要包括政府信息公开的“少而便捷”和“多而及时”两种模式。

七、文化、法律和经济

山东大学经济研究院的姜树广等设计了一个具有软腐败特征的礼物交换博弈实验以同时测度个体作为礼物赠送者和接受者的行为特征。实验中，通过启动的心理学实验技术使儒家文化在被试心智中被激活进而考察其对礼物交换行为的影响。在此基础上，引入道德提示的干预机制考察儒家文化与道德提示的交互作用。研究发现，在没有道德提示的情况下，启动儒家文化并不能降低礼物赠送方的赠送行为；而在引入道德提示的情况下，启动儒家文化可以微弱减少礼物赠送方的礼物赠送行为。不论是否引入道德提示，启动儒家文化均可以提高礼物接受方的行为公正性。儒家文化通过个体内在道德评价影响礼物交换行为一定程度受到自我导向的道德正当化调节范围的限制。

山东大学经济研究院的韦倩等针对不同国家和地区在抗击新冠疫情结果中的巨大差异提出了一个基于文化差异视角的解释，他们认为：由于个体主义文化相比集体主义文化更加注重个人权利而不易采取集体行动，在面对新冠疫情这类公共危机中导致政府采取相应措施的反应迟钝和更加不宜遵守社交距离规定，从而导致更为严重的疫情结果；实证结果显示，文化差异对不论以百万人口病例数、死亡数还是病例增长率等指标度量的疫情结果均具有显著的解释力，且该发现在 3 月 31 日、4 月 30 日、5 月 31 日三个时间节点的数据中均保持了稳健性。

重庆大学的周洲等选取 1998 ~2016 年的省级面板数据，创新性地对法制环境的消费促进效应进行了实证检验。结果表明，法制环境对中国居民消费具有显著的促进作用，并且还可以通过增强科技创新和加强社会信任间接促进居民消费。此外，法制环境对城镇居民和沿海地区居民的消费具有更显著的正面影响，随着居民消费水平的提高，法制环境的消费促进效应也不断增大。从消费结构的角度来看，目前法制环境的改善只对中国居民的生存型消费具有正向影响。

重庆大学的周洲等基于行为信号理论的拓展性运用，利用民营制造业上市公司数据匹配高院院长更替数据，证实了在依法治国战略营造的有利信号环境下，高院院长更替行为信号通过“凸显效应”在短期内使民营企业产生正向心理偏差，并增加研发投入。此外，高院院长更替通过促进商业信用、扩大地区技术交易市场规模以及国外直接投资规模，缓解民营企业的融资约束和技术信息约束，间接推动民营企业加大研发投入。进一步研究表明，对于在高科技行业、竞争激烈行业中、无政治关联、处于成长期的民营企业而言，高院院长更替对其研发投入的正向作用更加显著；相比法院内部提拔或来自其他政府部门的高院院长，来自其他政法部门的高院院长对民营企业的创新具有最显著的促进效应；籍贯为外省、在政法系统长期任职的高院院长对民营企业创新有更大的促进作用；省委书记和高院院长同年更替不利于民营企业的研发投入。

山东大学经济研究院的李增刚对意大利学者贝卡里亚的《论犯罪与刑罚》进行文本解读，阐释了其法经济学思想：一是从社会契约论解释刑罚的起源；二是对犯罪动因的解释，特定环境下的趋利避害；三是刑罚的程度以预防犯罪为限度；四是刑罚的必要性、及时性和确定性；五是量刑的依据：

犯罪的社会成本；六是对刑讯和死刑等具体问题的分析。

陕西师范大学的姚宇将行业声誉看作一种公共品进行了实验研究，研究发现：相比正式惩罚制度，正式惩罚与非正式制度的结合能够显著地提高公共品合作水平，非正式制度借助内部信息优势提升了对于“搭便车”行为惩罚的指向性、加大了惩罚力度并增加了对向公共品投资行为的奖励；进一步比较非正式制度间差异，相比正式惩罚与非正式惩罚结合制度，正式惩罚与非正式惩罚/奖励结合制度不仅同样可以实现对“搭便车”行为的抑制还能显著提升被试平均收益。

兰州大学经济学院的马福国等运用生产网络破坏理论来重新解释转型性衰退与中俄转型差异的网络根源，揭示了不同速度的价格市场化改革冲击如何与特定的链式生产网络相互作用最终导致乘数倍的总产出波动的结果，澄清了价格改革冲击的产出效应不但与政策的覆盖面或速度有关系，而且与每个改革的生产部门在生产网络当中的位置有关。结果表明：激进式价格市场化改革带来的产出波动效应最大，首先放开上游部门产品价格的渐进式改革的产出波动效应次之，首先放开下游部门产品价格的渐进式改革的产出波动效应最小。

八、制度环境与实体经济

西南政法大学的于文超等基于三期中国私营企业调查（CPES）数据，通过企业家时间利用信息刻画企业家活动配置，实证考察政府信息公开对企业家活动配置的影响及其机制。结果表明，政府信息公开会激励企业家花费更多时间开展生产性活动，但对企业家非生产性活动时间无显著影响。机制检验表明，政府信息公开对生产性活动的促进效应主要存在于规模较大、企业家参政议政、当地政府未发生人事变更的样本企业中。

山东财经大学的李泽鑫等从微观企业层面考察了经济政策不确定性冲击对中间产品内向化程度的影响。研究发现：①外部经济政策不确定性促进了我国企业中间产品内向化发展；②存货成本提高引起的成本变动、国外供给收缩引致的进口产品质量降低和供应链风险增大导致的贸易预期效应，是经济政策不确定性推动企业供应链向“中间产品内向化”新形态演变的重要途径；③经济政策不确定性对中间品供给结构的重构效应在沿海地区和加工贸易企业更为突出，且具有显著的规模门槛。

天津工业大学的秦海林等基于准自然实验的思想，运用双重差分模型来实证检验 2015 年的强制去杠杆政策能否增加控股股东的质押比例。研究发现，强制去杠杆政策显著地增加了控股股东的股权质押比例。异质性检验显示，对于中小板、创业板上市公司和融资约束小的公司来说，强制去杠杆政策显著地增加了这三类上市公司的股权质押比例。调节效应检验显示，大股东持股比例是强制去杠杆影响股权质押的调节变量。中介效应检验显示，第二类代理成本是强制去杠杆影响股权质押的中介变量。

天津工业大学的秦海林等基于2013～2018年A股上市公司数据，运用双重差分模型，实证检验了强制性去杠杆政策对于企业绩效的影响，并在此基础上探讨了该影响的作用机制。研究发现：①强制性去杠杆政策会降低企业绩效；②相对于国有企业，强制性去杠杆政策对于非国有企业绩效的抑制作用更为显著；③相对于绝对控股型和股权分散型的企业，强制性去杠杆政策对于相对控股型的企业绩效的抑制作用更为显著。

武汉大学的李青原等基于企业IPO这一特殊场景，运用注册制改革前的IPO样本，研究股票市场能否促进企业投资。研究发现：相比IPO前，企业IPO后投资水平显著提高，表明股票市场能够显著促进企业投资，从而支持融资约束观。异质性检验发现，股票市场对企业投资的促进作用主要发生在非国有、IPO超募、有风投机构参与及董事长和CEO两职合一的企业。作用机制检验发现，股票市场可以通过缓解融资约束及产品市场竞争两种渠道促进企业投资。进一步检验发现，虽然企业IPO后投资水平显著提高，但投资效率却显著降低，且主要体现为加剧过度投资；企业IPO后金融化程度也显著提高，但上市公司资金监管制度变迁使得企业实体投资和金融化投资呈反方向变动。

北京航空航天大学的闫伟宸基于2011～2018年沪深两市A股上市公司数据，探讨了数字金融对企业盈余管理的影响和内在机理。研究发现，数字金融的发展降低了企业盈余管理的动机，且这一影响主要在数字金融的“使用深度”和“数字化程度”维度发挥作用。在合理的金融监管的约束之下、在非国有企业和经营状况良好的企业中，数字金融对企业盈余管理的抑制作用更加明显。机制检验表明，数字金融发展能够有效缓解企业在“融资约束”“融资需求”和“信息不对称”方面存在的问题，这些都有助于降低企业的盈余管理行为。

厦门大学的于李胜等考察了交易所信息披露监管与上市公司债务融资的关系。实证发现，上市公司年度报告被交易所问询之后，会提高信息披露质量，从而使偿债风险被银行更合理地评估，进而获得更低成本与更大规模的债务融资；回函质量更高的公司与被问询投资相关问题的公司，债务融资成本更显著地降低，融资规模更显著地增加；对于面临融资约束的公司和所在地区金融市场化程度较高的公司，问询函监管对其债务融资的影响更显著。

山东财经大学的董骥等通过构建博弈理论模型，分析企业交叉持股能够有效规避市场风险的理论机制，并探讨不同类型伙伴选择对市场风险产生不同影响的理论机制，进而搜集 2014～2019 年涉及交叉持股的上市公司数据，实证研究交叉持股的风险规避效应及其影响路径。研究发现：①交叉持股企业市场风险规避会受到交叉持股投资规模的影响，还会受到合作企业经营状况的影响；②合作伙伴所有制会显著影响联合波动率水平，这一影响是通过国有企业声誉传导实现的，与交叉持股企业间的投资规模无关；③合作伙伴规模、是否属于同一行业会显著影响联合波动率水平，并对投资规模风险规避效应有调节作用。

天津工业大学的秦海林等基于 2014～2019 年非金融企业的上市公司的数据，使用双重差分模型实证检验了去杠杆政策对存货周转率的影响作用。研究结果表明，去杠杆政策的实施提高了企业的存货周转率，并且这种效应存在显著的异质性；相对于审计质量较高的企业和公司规模大的企业，去杠杆政策的实施将显著提高审计质量较低的企业和公司规模小的企业的存货周转率水平；进一步中介效应模型检验表明，第一类代理成本部分中介了去杠杆政策对企业存货周转率的影响。因此，在去杠杆进程中，公司治理各方应积极利用这一政策效应来提高企业的运营资金管理效率，同时注意防范在此过程中代理成本攀升所带来的负面效应问题。

中南财经政法大学的孔令文等选取 2 287 家 A 股上市公司 2007～2019 年间的微观数据为研究对象，采用多种形式的 OLS 回归和倾向得分匹配法检验了我国高新技术企业认定对企业技术创新的激励效应。对全部样本、分年份样本的 OLS 回归检验和 Kernel 倾向得分匹配法检验均得出了十分一致的结论：无论是对研发投入的纵向增减，还是对研发投入与固定资产投资之间的横向资金分配，高新技术企业认定的影响均不显著。

在论坛期间，中国制度经济学论坛理事会还举行了年度会议，达成了两个共识或决定：一是从 2021 年起“中国制度经济学论坛”，除开每年度的年会以外，还将根据实际情况，每年举办若干专题论坛，以小规模的方式充分讨论相对集中领域的若干论文或话题，将重点培养年轻学者；二是 2021 年的第四届中国制度经济学论坛将由河南大学经济学院承办。

中国制度经济学论坛由山东大学经济研究院、北京大学国家发展研究院、浙江大学经济学院和《经济研究》编辑部联合发起，从 2018 年起已经连续举办了三届，极大地推动了制度经济学相关理论在中国的应用和发展。

后　记

《制度经济学研究》已经入选中国社会科学引文索引（CSSCI）来源集刊，加入中国学术期刊网全文数据库（www. cnki. net）、中国台湾·华艺数位股份有限公司中文电子期刊服务数据库（www. ceps. com. tw），成为中国人民大学书报资料中心、《中国社会科学文摘》等收录来源书刊。为进一步规范格式，要求所有来稿必须符合以下体例：

1. 除海外学者外，稿件一律使用中文。应将打印稿一式三份寄至：山东省济南市山大南路27号山东大学经济研究院《制度经济学研究》编辑部，邮编：250100；或者通过电子邮件发送至：zdjjxyj@126. com 或者 casslzg@126. com。

2. 稿件第一页应包含以下信息：（1）文章标题；（2）作者姓名、单位以及通信地址、电话和电子邮箱；（3）感谢语（如果有的话）。

3. 稿件的第二页应提供以下信息：（1）文章标题；（2）200字左右的文章摘要；（3）三个中文关键词；（4）中图分类号；（5）文献标识码；（6）文章的英文标题；（7）200字左右的英文摘要；（8）三个JEL（Journal of Economic Literature）分类号。（注："中图分类号""文献标识码""JEL分类号"可以直接从 http://www. cer. sdu. edu. cn 中"制度经济学"栏目中查询）。

4. 稿件一律用 Microsoft Word 软件编辑。文章正文的标题、表格、图、等式必须分别连续编号；注释一律采用脚注，不得采用尾注，并请采用自动格式，按页编号；大标题居中，用中文数字一、二、三等编号，字体为四号、加粗、宋体；小标题左对齐，用中文数字（一）、（二）、（三）等编号，字体为五号、加粗、宋体；正文字体采用五号、宋体；其他编号一律使用阿拉伯数字；正文行距为单倍行距，页边距采用自动格式（上下各为2. 54厘米；左右各为3. 17厘米）。

5. 正文中的外国人名、地名翻译成中文。在文章中第一次出现时，在中文译名后用括号标出外文，以后再出现时直接采用中文，参考文献除外。

6. 文章的参考文献必须一律放在结尾处，按照先中文文献、后英文文献根据作者姓名的汉语拼音（或英文字母）顺序排列。以下为参考体例：

［1］黄少安：《关于制度变迁的三个假说及其验证》，载于《中国社会科学》2000年第4期。

［2］张军：《"双轨制"经济学：中国的经济改革（1978～1992）》，上海三联书店、上海人民出版社1997年版。

[3] Alchian, Armen A., 1950, Uncertainty, Evolution, and Economic Theory, *Journal of Political Economy*, Vol. 58 No. 3, June, pp. 211 – 221.

[4] Tullock, Gordon, 1998, *On Voting: A Public Choice Approach*, Northampton, MA: Edward Elgar Publishing, Inc.

7. 译文须注明原文出处，是否取得原文作者授权（投稿时同时提供作者或原出版单位的授权许可）；译文可以不提供中英文摘要，参考文献不必译成中文。

8. 《制度经济学研究》不采用已经发表过的学术成果；稿件一经发表，未经允许不得转载或在其他地方再次发表。所有稿件自发出后三个月若无回音，请自行处理，恕不退稿；作者也可以在稿件发出两个月之后，通过 E-mail 或电话询问审稿信息，联系电话：0531 – 88364050。

山东大学经济研究院
2020 年 12 月